40 PREGUNTAS SOBRE CÓMO interpretar la Biblia

Segunda edición

Robert L. Plummer

Benjamin L. Merkle, editor de la serie

La misión de *Editorial Portavoz* consiste en proporcionar productos de calidad —con integridad y excelencia—, desde una perspectiva bíblica y confiable, que animen a las personas a conocer y servir a Jesucristo.

A Mark Seifrid y Robert Stein,
maestros sabios y amigos.

Título del original: *40 Questions About Interpreting the Bible* © 2010, 2021 por Robert L. Plummer y publicado por Kregel Publications, una división de Kregel, Inc., 2450 Oak Industrial Dr. NE, Grand Rapids, MI 49505. Traducido con permiso.

Las cursivas añadidas en el texto bíblico son énfasis del autor.

EDITORIAL PORTAVOZ
2450 Oak Industrial Dr. NE
Grand Rapids, Michigan 49505 USA
Visítenos en: www.portavoz.com

ISBN 978-0-8254-5988-7 (rústica)
ISBN 978-0-8254-6955-8 (Kindle)
ISBN 978-0-8254-7848-2 (epub)

2 3 4 5 / 30 29 28 27 26 25

Impreso en los Estados Unidos de América
Printed in the United States of America

"Lea este excelente manual y como resultado leerá la Biblia mejor".

—Darrel Bock
Profesor de investigación de estudios del Nuevo Testamento,
Dallas Theological Seminary

"Tiene en sus manos un libro bien escrito y cuidadosamente investigado, creo que *40 preguntas sobre cómo interpretar la Biblia* es un recurso inestimable para cualquier persona que tiene preguntas serias acerca de las Sagradas Escrituras".

—Daniel Akin
Presidente, Southeastern Baptist Theological Seminary

"Aristóteles dijo una vez que aquellos que deseaban tener éxito deben hacer las preguntas preliminares correctas. Plummer plantea muchas de esas preguntas. Aún mejor, él las contesta y da al estudiante que comienza todo lo que necesita saber acerca de la interpretación bíblica en general y de los tipos específicos de textos que se encuentran en el Antiguo y Nuevo Testamentos en particular para empezar a interpretar la Biblia de la mejor forma".

—Kevin J. Vanhoozer
Blanchard profesor de Teología, Wheaton College

"Cuán apropiado es que el libro de Plummer, *40 preguntas sobre cómo interpretar la Biblia,* sea en sí mismo un libro tan comprensible, claro, atractivo e interesante. La organización y amplitud de cobertura hace de este libro una delicia leerlo y sumamente instructivo. Cada capítulo concluye con preguntas para la reflexión, y al final del libro hay una lista de recursos recomendados. No me puedo imaginar una introducción más útil para el tema de la interpretación bíblica que la que Plummer ha producido".

—Bruce A. Ware
Profesor de Teología Cristiana, The Southern Baptist Theological Seminary

"Siendo suficientemente completo como para usarse en cursos de seminario y lo bastante accesible para que lo usen los grupos de estudio en la iglesia, *40 preguntas sobre cómo interpretar la Biblia* familiariza eficazmente por igual a los estudiantes y a los líderes de iglesia con los principios centrales de la interpretación bíblica y las cuestiones relacionadas con la inspiración, el canon, la traducción y las discusiones actuales. Esta obra cálida y atractiva será un libro de texto excelente para los cursos de interpretación bíblica en universidades y seminarios".

—Christopher W. Morgan
Profesor de Teología, California Baptist University

"Es algo maravilloso enseñar a una persona la Biblia. Es incluso más maravilloso enseñarle cómo estudiar la Biblia por sí misma. Plummer nos ha dado un estudio muy útil sobre la forma de entender la Biblia. Usted se beneficiará en gran medida de sus ideas".

—Jerry Vines
Pastor emérito, First Baptist Church, Jacksonville, Florida

"*40 preguntas sobre cómo interpretar la Biblia* es un estudio condensado de una amplia variedad de cuestiones importantes para el estudiante que comienza en el área de los estudios bíblicos. El formato de preguntas y respuestas es una buena manera de despertar el interés del estudiante y, al mismo tiempo, dar respuestas a sus preguntas".

—Paul D. Wegner
Profesor de Antiguo Testamento, Phoenix Seminary

"En los veinte semestres que he impartido clases de Métodos de Estudio Bíblico, *40 preguntas sobre cómo interpretar la Biblia* siempre ha sido el recurso que más recomiendo a mis estudiantes. Se lo aconsejo de todo corazón a cualquiera que desee estudiar las Escrituras por sí mismo".

—Andy Deane
Profesor, Calvary Chapel Bible College, Murrieta, CA

Las preguntas 36–39 de la primera edición de este libro están disponibles en formato PDF de forma gratuita en www.portavoz.com/estudios-biblicos/40-preguntas-sobre-como-interpretar-la-biblia/.

Libros de la serie "40 preguntas sobre..."

40 preguntas sobre cómo interpretar la Biblia
Robert L. Plummer

40 preguntas sobre el ministerio pastoral
Phil A. Newton

40 preguntas sobre la teología bíblica
Jason S. DeRouchie, Oren R. Martin y Andrew David Naselli

40 preguntas sobre la tipología y alegoría
Mitchell L. Chase

Preguntas y respuestas sobre ancianos y diáconos
Benjamin L. Merkle

Contenido

Tercera parte: Acercamiento a textos específicos

Sección A: Géneros compartidos (Preguntas que se aplican igualmente al Antiguo y Nuevo Testamentos)

Sección B: Géneros principalmente del Antiguo Testamento

Sección C: Géneros principalmente del Nuevo Testamento

Cuarta parte: Temas prácticos y actuales

Prólogo

¿Quién introdujo la división en capítulos y versículos que encontramos normalmente en nuestras Biblias actuales? ¿Qué queremos decir con "autógrafos"? ¿Cuál es la definición adecuada de "inerrancia"? ¿Cómo fueron los manuscritos bíblicos copiados y transmitidos a través de los siglos? ¿Cuál es el fragmento más antiguo conservado del Nuevo Testamento, y cuál es su fecha? ¿Quién determinó lo que se incluyó en el canon? ¿Qué son los libros apócrifos? ¿Está el canon cerrado? ¿Cuál es el mensaje principal de la Biblia? ¿Por qué la gente no puede ponerse de acuerdo sobre lo que la Biblia quiere decir?

En este libro fascinante y bien elaborado, Robert Plummer se ocupa de estas y muchas otras preguntas relacionadas con la comprensión de la Biblia. Se basa en estudios recientes, y presenta la información en un formato accesible que es a la vez práctico y relevante. Es un placer leer este volumen. El autor nos ha proporcionado, en esencia, un libro sobre la interpretación bíblica separado en pequeñas porciones, utilizando un formato que hace que sea más fácil de digerir un tema que, a menudo, se les atraganta a los nuevos estudiantes.

Plummer cita a uno de sus mentores, Robert Stein, el cual le dijo una vez: "Escribí mi propio libro de texto sobre hermenéutica porque no podía entender los otros libros sobre el tema". Como alguien que está justo ahora tratando de escribir un libro sobre la interpretación bíblica (*Invitation to Biblical Interpretation* [Invitación a la interpretación bíblica], y como alguien que ha enseñado la interpretación bíblica en los niveles de doctorado y de máster en universidades y seminarios desde hace más de quince años, valoro los retos que enfrentan aquellos que se animan a escribir un trabajo sobre interpretación bíblica que los lectores puedan entender.

El presente volumen es un rotundo éxito en hacer que la tarea y el proceso de la interpretación bíblica sea transparente y en iniciar al estudiante que comienza a un estudio de toda la vida de la Palabra de Dios. Como Pablo escribió a Timoteo: "Procura con diligencia presentarte a Dios aprobado, como obrero que no tiene de qué avergonzarse, que usa bien la palabra de verdad" (2 Ti. 2:15). Para todo aquel que aspire a adquirir las habilidades necesarias para manejar la Palabra de la verdad de Dios correctamente, este libro le será de gran valor. Lo recomiendo encarecidamente.

Andreas J. Köstenberger, Fundador de Biblical Foundations,
Profesor de Nuevo Testamento y Teología Bíblica,
Director de estudios para el doctorado
Southeastern Baptist Theological Seminary, Wake Forest, NC

Introducción a la segunda edición

Me complace que el Señor haya permitido que la primera edición de este libro ayude a las personas a leer sus Biblias de forma más fiel. Es mi deseo que la segunda edición haga lo mismo. Los últimos cuatro capítulos de la primera edición están disponibles como PDF gratuito en www.portavoz.com/estudios-biblicos/40-preguntas-sobre-como-interpretar-la-biblia/. Se agregaron cuatro capítulos nuevos como resultado de los comentarios recibidos de profesores y estudiantes que han utilizado el libro. Gracias a Greg Wolff por su cuidadosa corrección de toda la edición revisada (en inglés).

Los sentimientos y sugerencias expresados en la introducción de la primera edición no han cambiado, por lo que le animo a seguir leyendo la Introducción de la primera edición. Además, tenga en cuenta que este libro está disponible también en inglés (ISBN: 9780825446665), coreano (ISBN: 9788934111795), chino (ISBN: 9787542651341), portugués (ISBN: 9788581324098) y kazajo (ISBN: 9789965561726).

Introducción a la primera edición

Este libro está pensado para ayudarle a entender la Biblia. Como profesor de Nuevo Testamento, imparto con regularidad un curso de introducción a la hermenéutica bíblica (interpretación) en el Seminario Teológico Bautista del Sur en Louisville, Kentucky. He tenido dificultades para encontrar un libro de texto que cubra con precisión y brevedad todas las cuestiones que examinamos en el curso. (Los temas tratados en mi curso incluyen: el canon, la transmisión de los manuscritos, traducciones al inglés de la Biblia, cuestiones en general de interpretación, enfoques de los principales tipos literarios en la Biblia y los actuales debates hermenéuticos). He escrito este libro con el fin de abordar esas cuestiones en un solo volumen. Lo ideal sería que este libro sirva como un libro de texto para un curso introductorio de la Biblia en seminarios e institutos bíblicos, pero traté de escribirlo de tal manera que sea beneficioso para cualquier cristiano curioso. Mi objetivo era ser accesible sin ser simplista y erudito sin caer en la pedantería, teniendo siempre en mente las cuestiones prácticas y las aplicaciones a la vida real del lector cristiano.

Aunque usted puede elegir leer todo el libro siguiendo el orden establecido, está organizado de manera que pueda acceder a temas particulares que desee sin el conocimiento de los contenidos anteriores. Le animo a examinar las preguntas en el índice de contenido antes de comenzar a leer. ¿Hay un tema en particular que le llama la atención? ¿Por qué no empezar por ahí? Cada capítulo termina también con preguntas de reflexión y al final del libro encontrará una lista de libros recomendados para estudios posteriores.

Hay muchas personas a quienes debo agradecer por su ayuda en hacer que este libro sea una realidad. Ante todo, quisiera expresar mi agradecimiento a la administración del Seminario Teológico del Sur que amablemente me concedió un año sabático en el año 2008, durante el cual escribí este libro. Agradezco también a mi querido amigo Ben Merkle, el editor de la serie, que me proporcionó un estímulo constante. También quiero dar las gracias a mis asistentes Andy Hassler, Ben Stubblefield y Matt Smethurst, por la corrección de pruebas y su ayuda en la investigación. Entre los que ofrecieron sus valiosos comentarios sobre el manuscrito se encuentran Robert Stein, Danny Akin, Chuck Deglow, Laura Roberts, Wes Smith, Jonathan Pennington y Robert Peterson. Mi agradecimiento especial va para Valerie Angel por haber verificado el índice de referencias bíblicas (en la edición en inglés). Gracias también al personal en la biblioteca del Seminario del Sur por su valiosa ayuda, sin olvidar a Michael Strackeljahn.

Mi querida esposa Chandi y nuestras tres hermosas hijas (Sarah Beth, Chloe, y Anabelle) me han mantenido anclado en la realidad aun cuando las exigencias mentales de la escritura me hayan inclinado más hacia el lado excéntrico en el espectro de la personalidad. En realidad, sin ellas podría haberme convertido en un ermitaño o algo peor. Al ir escribiendo este libro pensé a menudo en mis hijas, y espero que algún día lean este libro y se beneficien de los consejos de su padre sobre cómo acercarse a la Biblia. Sigo creciendo en mi entendimiento de las Escrituras y, si tengo la oportunidad de revisar este libro en el futuro, estoy seguro de que habrá adiciones y cambios.

Este libro está dedicado a dos de mis antiguos profesores, Robert Stein y Mark Seifrid. Ambos sirvieron en mi comité de tesis doctoral. El doctor Stein me contagió con su enfoque de sentido común a la interpretación y su gran claridad en la comunicación. Mark Seifrid, mi director de tesis, y ahora también un colega, se ha convertido en un amigo querido en la última década. Su atención a los matices de las Escrituras, así como su comprensión de varios temas espinosos de interpretación, me han ayudado a ver mucho más de lo que yo podría ver por mí mismo. Su amistad cristiana genuina es poco común y muy apreciada.

Aunque agradezco mucho a todas estas personas por su valiosa ayuda para crear este libro, también asumo la responsabilidad personal por cualquier defecto que pueda tener el producto final. Me alienta que Dios usa todas las cosas, incluso nuestras debilidades y fracasos, para conseguir un buen resultado final para nosotros, conformándonos a la imagen de su Hijo, y elevando a Jesucristo como el tesoro más grande (Ro. 8:28-30).

Abreviaturas

AB	Anchor Bible
ABD	*The Anchor Bible Dictionary*. Editado por D. N. Freedman. Nueva York: Doubleday, 1992.
ANF	*Ante-Nicene Fathers*, ed. A. Roberts y J. Donaldson. 10 vols. 1885. Peabody, MA: Hendrickson, reimpreso, 2004.
BDAG	W. Bauer, F. W. Danker, W. F. Arndt, y F. W. Gingrich. *Greek-English Lexicon of the New Testament and Other Early Christian Literature*. 3ª ed. Chicago: University of Chicago Press, 2000.
BECNT	Baker Exegetical Commentary on the New Testament
BT	*The Bible Translator*
DHH	Biblia Dios Habla Hoy
DJG	*Dictionary of Jesus and the Gospels*. Editado por Joel B. Green, Scot McKnight y I. Howard Marshall. Downers Grove, IL: InterVarsity Press, 1992.
DNTB	*Dictionary of New Testament Background*. Editado por Craig A. Evans y Stanley E. Porter. Downers Grove, IL: InterVarsity Press, 2000.
DPL	*Dictionary of Paul and His Letters*. Editado por Gerald F. Hawthorne, Ralph P. Martin y Daniel G. Reid. Downers Grove, IL: InterVarsity Press, 1993.
EBC	The Expositor's Bible Commentary. Editado por Frank E. Gaebelein.
EDNT	*Exegetical Dictionary of the New Testament*. Editado por H. Balz y G. Schneider. Grand Rapids: Eerdmans, 1990-1993.
ICBI	International Council on Biblical Inerrancy
JBR	*Journal of Bible and Religion*
JETS	*Journal of the Evangelical Theological Society*
JSNT	*Journal for the Study of the New Testament*
JSNTSup	Journal for the Study of the New Testament: Supplement Series
LBLA	La Biblia de las Américas
NAC	New American Commentary
NBLA	Nueva Biblia de las Américas
NICOT	New International Commentary on the Old Testament

NIDNTT	*New International Dictionary of New Testament Theology.* Editado por Colin Brown. 4 vols. Grand Rapids: Zondervan, 1975-1985.
NIGTC	New International Greek Testament Commentary
NPNF1	*Nicene and Post-Nicene Fathers,* 1st series. Editado por Philip Schaff. 14 vols. 1886–1889, reprint, Peabody, MA: Hendrickson, 2004.
NTS	*New Testament Studies*
NTV	Nueva Traducción Viviente
NVI	Nueva Versión Internacional
OTP	*The Old Testament Pseudepigrapha.* Vol. 1. Editado por J. H. Charlesworth. Nueva York: Doubleday, 1983.
RVA	Reina-Valera Antigua
RVC	Reina-Valera Contemporánea
SBJT	*The Southern Baptist Journal of Theology*
TDNT	*Theological Dictionary of the New Testament*
TNTC	Tyndale New Testament Commentaries
TrinJ	*Trinity Journal*
TS	*Theological Studies*
TynBul	*Tyndale Bulletin*
W.A.	*D. Martin Luthers Werke, kritische Gesammtausgabe.* Editado por J. K. F. Knaake, *et al.* 57 vols. Weimar: Hermann Böhlau, 1883ss.
WTJ	*Westminster Theological Journal*

PRIMERA PARTE

Primeros pasos: El texto, el canon y la traducción

PREGUNTA **1**

¿Qué es la Biblia?

La mayoría de las personas que adquieren este libro estarán familiarizadas con la Biblia. Sin embargo, incluyo esta primera pregunta básica por dos razones: (1) Algunas personas que leen este libro tendrán poco o ningún conocimiento de las Escrituras cristianas. Si eso lo describe a usted, no hay mejor lugar para empezar que aquí mismo. (2) Incluso las personas que han pasado muchos años leyendo la Biblia pueden beneficiarse de volver a los fundamentos. Tengo la esperanza de que la respuesta que sigue sea comprensible para la gente que no conoce la Biblia, pero no tan simplista como para no ser de algún beneficio para los que ya están bien versados en las Escrituras cristianas.

Visión general de la Biblia

La Biblia es una colección de escritos que los cristianos consideran singularmente inspirados y autoritativos. Si bien es como un libro unificado, la Biblia es también una recopilación de sesenta y seis libros más pequeños, u obras literarias. Estos trabajos, producidos por hombres de diferentes períodos históricos, orígenes, personalidades y culturas, afirman que el Espíritu Santo es la máxima autoridad y la garantía detrás de su escritura. Como afirma 2 Timoteo 3:16: "Toda la Escritura es inspirada por Dios".

Se puede dividir la Biblia en dos grandes secciones: el Antiguo Testamento y el Nuevo Testamento. La palabra *testamento* viene del latín *testamentum*, que significa "pacto" o "acuerdo". Por tanto, en su división básica, la Biblia registra dos relaciones de pacto entre Dios y la humanidad.[1] La primera relación de pacto (el antiguo) fue ratificada en el Monte Sinaí entre Dios y la nación judía (Éx. 19—31). Este pacto fue una anticipación y referencia a un nuevo pacto, prometido en Jeremías 31:31, cuando Dios llamaría a un pueblo propio de entre todas las naciones y escribiría sus palabras en sus corazones (Is. 49:6). De hecho, este nuevo pacto no era otra cosa en realidad que el cumplimiento de muchas otras promesas redentoras que Dios había hecho a lo largo de la historia: que Satanás sería aplastado por un descendiente humano de Eva

1. Para una explicación magistral de cómo los diversos pactos a lo largo de las Escrituras se relacionan entre sí y con el tema general del reino, vea la obra de Peter J. Gentry y Stephen J. Wellum, *God's Kingdom through God's Covenants: A Concise Biblical Theology* (Wheaton: Crossway, 2015).

(Gn. 3:15), que a través de la descendencia de Abraham todas la naciones del mundo serían bendecidas (Gn. 22:18), etc.

En el Antiguo Testamento hay treinta y nueve libros de diversos géneros (relatos históricos, proverbios, poemas, salmos, etc.). El Nuevo Testamento contiene veintisiete libros, también integrado por diversos géneros literarios (relatos históricos, cartas, parábolas, etc.). Vea la segunda pregunta para más información sobre la organización de la Biblia (es decir, el orden de los libros, el origen de la divisón en capítulos y versículos, etc.). Además, vea la segunda mitad de este libro para los enfoques interpretativos de determinados géneros bíblicos.

El propósito de la Biblia

La Biblia misma es la prueba de una de sus principales afirmaciones, es decir, que el Dios que hizo los cielos, la tierra y el mar, y todo lo que hay en ellos es un comunicador que se deleita en revelarse a los seres humanos rebeldes. Leemos en Hebreos 1:1-2: "Dios, habiendo hablado muchas veces y de muchas maneras en otro tiempo a los padres por los profetas, en estos postreros días nos ha hablado por el Hijo, a quien constituyó heredero de todo, y por quien asimismo hizo el universo".

Estos versículos de Hebreos apuntan a la culminación de la revelación bíblica en el Hijo eterno de Dios. Este Hijo se encarnó en Jesús de Nazaret, uniendo para siempre a Dios y al hombre en una persona, 100 por ciento Dios y 100 por ciento hombre (Jn. 1:14). Las profecías, promesas, anhelos y anticipaciones bajo el antiguo pacto encuentran su cumplimiento, significado y culminación en la vida, muerte y resurrección de Jesucristo. Como el apóstol Pablo dice en 2 Corintios 1:20: "Porque todas las promesas de Dios son en él Sí, y en él Amén, por medio de nosotros, para la gloria de Dios".

El propósito de la Biblia es, pues, "hacer sabio [a la persona] para la salvación por la fe que es en Cristo Jesús" (2 Ti. 3:15). La Biblia no es un fin en sí misma. Como dijo Jesús a los expertos religiosos de su época: "Escudriñad las Escrituras; porque a vosotros os parece que en ellas tenéis la vida eterna; y ellas son las que dan testimonio de mí" (Jn. 5:39). Por tanto, bajo supervisión divina, el objetivo de la Biblia es llevar a sus lectores a recibir el perdón de Dios en Cristo y de ese modo la posesión de la vida eterna en la relación con el Dios trino (Jn. 17:3).

La línea argumental básica de la Biblia

La Biblia explica el origen del universo (Dios lo creó todo, Gn. 1—2). También revela por qué existe el pecado, la enfermedad y la muerte (los seres humanos se rebelaron contra Dios y eso trajo el pecado y la decadencia al mundo, Gn. 3:1-24). Y la Biblia promete que Dios enviará al Mesías (Jesús) que derrotará a la muerte y a Satanás y renovará al final todas las cosas (Gn. 3:15; Ap. 22:1-5).

Dios preparó la venida de este Mesías centrando su obra de revelación y salvación en los descendientes de Abraham, es decir, en los hijos de Israel o los judíos. Aunque Dios dio sus santas leyes y envió a sus profetas a la nación de Israel, estaba claro que tenía planeada una bendición para todas las personas que brotaría de los judíos en el futuro. Dios prometió a Abraham: "¡por medio de ti serán bendecidas *todas las familias* de la tierra!" (Gn. 12:3). Del mismo modo, en el libro de Isaías, leemos de Dios que habla proféticamente de la venida del Mesías: "No es gran cosa que seas mi siervo, ni que restaures a las tribus de Jacob, ni que hagas volver a los de Israel, a quienes he preservado. *Yo te pongo ahora como luz para las naciones, a fin de que lleves mi salvación hasta los confines de la tierra*" (Is. 49:6, NVI). Según la Biblia, Jesús ha inaugurado esta salvación para todo el mundo, y será consumada a su regreso. Aunque todas las personas están justamente condenadas bajo la ira santa de Dios, la muerte de Jesús en la cruz provee perdón para aquellos que confían en Él. La persona creyente se convierte en parte del pueblo de Dios —un súbdito del reino del Rey Jesús— cuando se arrepiente de su rebelión y confía en la muerte vicaria del Salvador por su pecado. Como leemos en Juan 3:36: "El que cree en el Hijo tiene vida eterna; pero el que rehúsa creer en el Hijo no verá la vida, sino que la ira de Dios está sobre él".

La consumación de la salvación de Dios no se ha revelado aún. La Biblia enseña que Jesús ciertamente vendrá de nuevo (1 Ts. 4:13-18). Aunque los eruditos debaten algunos de los detalles relativos a la segunda venida de Jesús, las Escrituras son claras en que la muerte y el pecado (ahora ya derrotados por la cruz) se acabarán entonces para siempre (Ap. 20:14—21:4). Todos los que han recibido el perdón de Dios en Cristo morarán con Dios para siempre en un gozo sin fin (Jn. 14:2-3; 17:24). Los que han permanecido en rebelión contra Dios no recibirán una segunda oportunidad para el arrepentimiento después de la muerte, sino que serán castigados por medio de la separación eterna de Dios (Jn. 3:36; Mt. 25:46).

Las funciones de la Biblia

En el marco del propósito general de revelar a Dios y de llevar a las personas a una relación salvadora con Él por medio de Jesucristo, la Biblia tiene una serie de funciones relacionadas que incluyen las siguientes:

- *Convicción de pecado*. El Espíritu Santo aplica la Palabra de Dios al corazón humano, convenciendo a la persona de no haber cumplido con la norma sagrada de Dios y convenciéndola de su justa condenación y de su necesidad de un Salvador (Ro. 3:20; Gá. 3:22-25; He. 4:12-13).

- *Corrección e instrucción.* La Biblia corrige e instruye al pueblo de Dios, enseñándoles quién es Dios, quiénes son ellos y qué Dios espera de ellos. Tanto a través del estudio individual como por medio de maestros talentosos de la iglesia, Dios edifica y corrige a su pueblo (Jos. 1:8; Sal. 119:98-99; Mt. 7:24-27; 1 Co. 10:11; Ef. 4:11-12; 2 Ti. 3:16; 4:1-4).

- *Fecundidad espiritual.* A medida que la Palabra de Dios se arraiga profundamente en los verdaderos creyentes, produce una cosecha de justicia: una genuina manifestación de amor a Dios y al prójimo (Mr. 4:1-20; Stg. 1:22-25).

- *Perseverancia.* Fortalecidos por el Espíritu Santo, los creyentes se aferran al mensaje salvador de las Escrituras a través de las pruebas y las tentaciones de la vida. Por medio de esta perseverancia, adquieren mayor confianza en la promesa de Dios de que Él los guardará hasta el final (Jn. 10:28-29; 1 Co. 15:2; 2 Co. 13:5; Gá. 3:1-5; Fil. 1:6; Col. 1:23; 1 Ti. 3:13; 1 Jn. 2:14).

- *Gozo y deleite.* Para aquellos que conocen a Dios, la Biblia es una fuente de gozo y deleite sin fin. Como afirma el Salmo 19:9-10: "Los juicios de Jehová son verdad, todos justos. Deseables son más que el oro, y más que mucho oro afinado; y dulces más que miel, y que la que destila del panal".

- *Autoridad suprema en la doctrina y la conducta.* La Biblia es la autoridad suprema para el cristiano en cuanto al comportamiento y las creencias (Lc. 10:26; 24:44-45; Jn. 10:35; 2 Ti. 3:16; 4:1-4; 2 P. 3:16). La exactitud de toda predicación, credos, doctrinas y opiniones se resuelve de forma decisiva con esta pregunta: ¿Qué dice la Biblia? Como señala John Stott: "La Escritura es el cetro real por el cual el Rey Jesús gobierna a su iglesia".[2]

Cronología de la composición de la Biblia

Los primeros cinco libros del Antiguo Testamento, los libros de Moisés (Génesis, Éxodo, Levítico, Números y Deuteronomio), fueron muy probablemente escritos alrededor del año 1400 a.C.[3] Como los libros describen acon-

---

2. John R. W. Stott, *John Stott on the Bible and the Christian Life: Six Sessions on the Authority, Interpretation, and Use of Scripture* (Grand Rapids: Zondervan, 2006). Esta cita está tomada de la primera conferencia en DVD: "La autoridad de las Escrituras".
3. Algunos eruditos piensan que Job es anterior a los libros de Moisés.

tecimientos que ocurrieron miles de años antes, es casi seguro, sin embargo, que muchas fuentes orales y escritas subyacen en nuestro texto actual. Por supuesto, la selección o edición hecha por Moisés de esas fuentes se llevó a cabo bajo la supervisión de Dios. Malaquías, el último libro del Antiguo Testamento, fue escrito alrededor del 430 a.C. Así que los treinta y nueve libros del Antiguo Testamento fueron escritos a lo largo de un período de mil años por unos cuarenta autores diferentes. (Algunos libros en el Antiguo Testamento fueron escritos por el mismo autor, como Jeremías y Lamentaciones por ejemplo. Otros libros, como 1 y 2 Reyes, no indican explícitamente el autor. Otros, como Salmos o Proverbios, citan varios autores para diferentes partes). El Antiguo Testamento fue escrito en hebreo con unas pocas porciones pequeñas en arameo (Esd. 4:8—6:18; 7:12-26; Dn. 2:4b-7:28; Jer. 10:11).[4]

El primer libro del Nuevo Testamento (posiblemente Santiago o Gálatas) fue probablemente escrito a mediados de la década de los años 40 d.C. La mayoría de los libros del Nuevo Testamento fueron escritos en los años 50 y 60. El último libro del Nuevo Testamento, el libro de Apocalipsis, también llamado el Apocalipsis de Juan, fue probablemente escrito alrededor del año 90. El Nuevo Testamento fue escrito en griego, la lengua más universal de aquel tiempo, aunque contiene unas pocas transliteraciones de palabras arameas y latinas.

CUADRO 1: CRONOLOGÍA DE LOS SUCESOS Y LIBROS BÍBLICOS	
Adán y Eva	H.m.t.[5]
Noé	H.m.t.
El llamamiento de Abraham	2000 a.C.
El éxodo	1446 a.C. (primeros libros de la Biblia escritos por Moisés)
Comienzo de la monarquía	1050 a.C. (Dios escoge a Saúl)
Reinado del rey David	1010–970 a.C.
Reinado de Salomón	970–930 a.C.

4. Dos palabras en Génesis 31:47 están también en arameo: *Jegar-sahaduta* ("el majano del testimonio").
5. H.m.t. significa "Hace mucho tiempo". Aunque creo que Adán y Eva fueron personajes históricos, no me atrevo a adivinar el año en que Dios los creó. Eso sucedió (todos estamos de acuerdo) hace mucho tiempo.

División del reino	931 a.C. (Israel y Judá se separan)
El exilio asirio	722 a.C. (destrucción de Samaria)
El exilio babilónico	586 a.C. (destrucción de Jerusalén)
El período persa	537 a.C. (regreso de los judíos bajo Ciro)
Finalización del segundo templo	515 a.C.
Nehemías/Esdras	mediados del siglo V a.C.
Malaquías (último libro del Antiguo Testamento)	430 a.C.
Período intertestamentario	430 a.C.–45 d.C.
Nacimiento de Jesús	7–4 a.C.[6]
Ministerio de Jesús	27–30 d.C.
Crucifixión de Jesús	30 d.C.
Escritura del primer libro del Nuevo Testamento	45 d.C.
Escritura de Apocalipsis	90 d.C. (último libro del Nuevo Testamento)

En resumen

La Biblia es una colección de sesenta y seis "libros", que los cristianos afirman ser exclusivamente inspirados y autoritativos, y consta de dos grandes partes —el Antiguo Testamento (la anticipación) y el Nuevo Testamento (el cumplimiento). El Antiguo Testamento fue escrito en líneas generales entre el 1400 a.C. y el 430 d.C. El Nuevo Testamento se redactó entre el 45 y el 90 d.C. La Biblia registra las intervenciones de Dios en la historia conforme Él fue revelando su plan de proveer salvación a un mundo quebrantado y manchado de pecado. El plan salvador de Dios halla su culminación en Jesús el Mesías, cuya muerte en la cruz proporciona el perdón de los pecados a todos los que depositen su fe en Él.

La Biblia es la autoridad suprema en cualquier pregunta de creencia o conducta. Cuando el Espíritu Santo la aplica al corazón, la Biblia no solo produce convicción, corrección y verdadero conocimiento de Dios, sino

---

6. Es de conocimiento general que, aunque la división entre a.C. y d.C. en nuestro calendario se supone que gira en torno a la fecha real del nacimiento de Jesús, el creador de ese marcador calendárico, Dionisio el Exiguo (470-544 d.C.), cometió un error de cálculo.

que también es una fuente de deleite. El cristiano puede alabar a Dios con el salmista, que escribió: "Mejor me es la ley de tu boca que millares de oro y plata" (Sal. 119:72).

Preguntas para la reflexión

1. ¿Qué dato nuevo ha aprendido acerca de la Biblia? (O, posiblemente, algo que ya conocía previamente pero que ahora le llamó más la atención).
2. Uno de los propósitos de la Biblia es llevar a las personas a una relación salvadora con Dios por medio de Jesucristo. ¿Se ha conseguido ese propósito en su vida? ¿Cómo lo sabe?
3. ¿Cómo calificaría usted su conocimiento de la Biblia en una escala del 1 al 10? ¿Cómo aprendió lo que sabe de la Biblia? (O mejor, ¿por qué no sabe mucho acerca de la Biblia?).
4. ¿Ha leído usted toda la Biblia? Si no es así, considere la posibilidad de comprometerse a hacerlo durante el próximo año.
5. ¿Tiene usted una pregunta general acerca de la Biblia que no aparece en esta sección? ¿Cuál es?

PREGUNTA **2**

¿Cómo está organizada la Biblia?

Tal vez usted creció en una iglesia donde los niños participaban en concursos de memorización de la ubicación de los libros en la Biblia. O quizás usted no esté seguro del orden de los libros de la Biblia y se siente intimidado cuando le piden que busque un versículo. ¿Hay algún orden discernible o alguna lógica en la forma en que los libros de la Biblia están organizados? ¿Cuándo fueron añadidas las divisiones en capítulos y versículos? Esas son algunas de las preguntas que se contestarán en esta sección.

La división básica: Los testamentos

Las primeras tres cuartas partes de la Biblia fueron escritas entre los años 1400 a.C. y 430 a.C. Eso incluye treinta y nueve libros en el idioma hebreo (Daniel y Esdras tienen unas pocas porciones pequeñas en arameo, una lengua semítica relacionada).[1] Esta parte de la Biblia se llama el Antiguo Testamento. Los judíos no cristianos se refieren, por supuesto, a estos libros como sus Escrituras, o TaNaK (acróstico hebreo para la Ley [*Torah*], los Profetas [*Nebi'im*] y los Escritos [*Kethubim*]). Los judíos que rechazan a Jesús como el Mesías no reconocen como inspirado el Nuevo Testamento.

La palabra *testamento* viene de la palabra latina *testamentum* que significa "pacto" o "acuerdo". Al parecer, la primera persona en utilizar este término para describir las divisiones de la Biblia fue Tertuliano, uno de los primeros apologistas cristianos (160–225 d.C.).[2] Sin embargo, la idea de la Biblia organizada en torno a dos pactos entre Dios y la humanidad no era nueva para Tertuliano, sino que se encuentra explícitamente en varios textos bíblicos.

Jeremías 31:31-33, escrito entre 626 y 580 a.C., predice la venida del Mesías con referencia explícita a un nuevo pacto.

> He aquí que vienen días, dice Jehová, en los cuales haré *nuevo pacto* con la casa de Israel y con la casa de Judá. No como el *pacto* que hice con sus padres el día que tomé su mano para sacarlos de la tierra de Egipto; porque ellos invalidaron mi *pacto*, aunque fui yo un marido para ellos, dice Jehová. Pero este es el *pacto* que haré con la casa de

1. Jeremías 10:11 está también en arameo, como las dos palabras en Génesis 31:47, *Jegar-sahaduta* ("el majano del testimonio").
2. *Contra Marción* 3.14; 4.6.

Israel después de aquellos días, dice Jehová: Daré mi ley en su mente, y la escribiré en su corazón; y yo seré a ellos por Dios, y ellos me serán por pueblo.

Al instituir la Cena del Señor en la noche que fue traicionado, Jesús se refirió al cumplimiento de la profecía de Jeremías en su muerte, diciendo: "Esta copa es el *nuevo pacto* en mi sangre, que por vosotros es derramada" (Lc. 22:20). Debido a que Jesús enseñó que su muerte y resurrección instituían el nuevo pacto prometido por Dios, era natural que los libros que daban testimonio y exponían esa realidad se conocieran como el Nuevo Testamento. Por tanto, los cristianos llamaron Nuevo Testamento a los veintisiete libros inspirados que provenían de los apóstoles de Jesús y de sus acompañantes. Estos libros, que constituyen la última cuarta parte de la Biblia, fueron escritos entre los años 45 y 90 d.C.

Número y orden de los libros del Antiguo Testamento

El Antiguo Testamento incluye treinta y nueve libros individuales. Estos libros varían en género literario desde la narración histórica a la poesía romántica. Tal y como los encontramos actualmente en nuestras Biblia en español, están un tanto organizados por temas (vea el cuadro 2).

CUADRO 2: EL ANTIGUO TESTAMENTO

LA LEY	LIBROS HISTÓRICOS	LIBROS POÉTICOS	LIBROS PROFÉTICOS
			Profetas mayores
Génesis	Josué	Job	Isaías
Éxodo	Jueces	Salmos	Jeremías
Levítico	Rut	Proverbios	Lamentaciones
Números	1 y 2 Samuel	Eclesiastés	Ezequiel
Deuteronomio	1 y 2 Reyes	Cantar de Cantares	Daniel
	1 y 2 Crónicas		
	Esdras		**Profetas Menores**
	Nehemías		Oseas—Malaquías
	Ester		(Los Doce)

- *La Ley (Génesis—Deuteronomio).* Estos cinco libros se conocen también como los Libros de Moisés o el Pentateuco. (*Pentateuco* es una palabra griega que significa "cinco libros"). Estos libros describen el origen del mundo, los inicios de la nación de Israel, la elección de Israel por parte de Dios, la entrega de sus leyes para ellos, y su dirección para llevarles hasta la frontera de la Tierra Prometida.

- *Los libros históricos (Josué—Ester).* Estos doce libros relatan la relación de Dios con Israel, usando sobre todo la narración histórica.

- *Los libros poéticos y sapienciales (Job—Cantar de los Cantares).* Estos cinco libros incluyen proverbios, otra literatura antigua de sabiduría y canciones.

- *Los profetas mayores (Isaías—Daniel).* Estos cinco libros son conocidos como los profetas mayores, no porque sean más importantes, sino porque son más largos. Estos libros dan testimonio de las muchas advertencias, instrucciones y promesas que Dios envió a Israel a través de los profetas, sus divinos portavoces.

- *Los profetas menores (Oseas—Malaquías).* Estos libros proféticos son más cortos y por eso se llaman los menores. En la antigua colección judía de las Escrituras, fueron tenidos como un libro, llamado El Libro de los Doce (es decir, los doce libros proféticos).

Si usted va hoy de visita a una sinagoga de los judíos ("templo") y abre allí un ejemplar de las Escrituras hebreas, verá que incluyen exactamente los mismos libros que el Antiguo Testamento cristiano, aunque en un orden diferente. Desde tiempos antiguos, los judíos han organizado sus escritos sagrados en tres divisiones principales: La Ley (*Torá*), los Profetas (*Nebi'im*) y los Escritos (*Kethubim*). Los primeros cinco libros de la Biblia hebrea son los mismos que en el Antiguo Testamento cristiano: los libros de Moisés, o la Ley. Después de eso, sin embargo, el orden cambia notablemente y, en ocasiones, múltiples libros aparecen agrupados. El último libro en la Biblia hebrea es 2 Crónicas.

Jesús alude posiblemente al orden tradicional judío de las Escrituras hebreas en Lucas 11:49-51, donde dice:

> Por eso la sabiduría de Dios también dijo: Les enviaré profetas y apóstoles; y de ellos, a unos matarán y a otros perseguirán, para que se demande de esta generación la sangre de todos los profetas que se ha derramado desde la fundación del mundo, desde la sangre de Abel hasta la sangre de Zacarías, que murió entre el altar y el templo; sí, os digo que será demandada de esta generación.

De acuerdo con el orden canónico judío, la Biblia hebrea comienza con Génesis y termina con 2 Crónicas. Por tanto, Abel es el primer mártir (Gn. 4:8), y Zacarías es el último (2 Cr. 24:20-22). Jesús también hace referencia a la triple división del canon judío cuando habla de "la ley de Moisés, en los profetas y en los salmos" (Lc. 24:44). (A veces se referían a la sección de los Escritos usando sencillamente el nombre del libro más utilizado en esa sección: los Salmos).[3] Cuando la Biblia hebrea se tradujo al griego y al latín, los libros comenzaron a aparecer en un arreglo más temático, del que, en última instancia, viene nuestro orden en la Biblia en español. Incluso así, no hay una uniformidad completa en el orden de los libros entre los primeros manuscritos griegos y latinos o traducciones posteriores. Saber que existe esa variedad en los manuscritos debe evitar que los intérpretes modernos reclamen autorización o significado divinos de un determinado orden de los libros en la Biblia actual en los idiomas modernos.

Número y orden de los libros del Nuevo Testamento

Durante el ministerio terrenal de Jesús, Él utilizó una variedad sorprendente de recursos mnemotécnicos (p. ej., la rima, detalles inesperados e historias cautivadoras). Además, prometió a sus discípulos que el Espíritu Santo les recordaría todas sus enseñanzas (Jn. 14:26). Después de la resurrección y ascensión de Jesús, las enseñanzas y las historias de Jesús fueron al parecer contadas por un tiempo principalmente como tradición oral, que fue cuidadosamente protegida y transmitida por testigos presenciales (Lc. 1:1-4). Con el tiempo, las colecciones autoritativas de esas historias fueron escritas y reconocidas por la Iglesia como teniendo la sanción apostólica, esto es, los cuatro Evangelios: Mateo, Marcos, Lucas y Juan.[4] Lucas escribió también un segundo volumen, los Hechos, explicando cómo vino el Espíritu Santo tal como se predijo y propulsó la naciente iglesia hacia el exterior para testificar acerca de Jesús el Mesías.

A medida que los apóstoles fundaron iglesias en todo el antiguo Imperio Romano, ellos continuaron instruyendo a las comunidades por medio de cartas. Desde el primer momento, estas cartas apostólicas fueron copiadas, distribuidas, y reconocidas como autoritativas e intemporales para la vida de la iglesia (Col. 4:16; 2 P. 3:15-16). Trece de las cartas o epístolas del Nuevo Testamento fueron escritas por el apóstol Pablo (Romanos—Filemón). Las

---

3. Paul D. Wegner señala que incluso en el siglo X, el historiador árabe al-Masudi se refiere al canon judío como "la Ley, los Profetas y los Salmos, que son los 24 libros" (*The Journey from Texts to Translations: The Origin and Development of the Bible* [Grand Rapids: Baker, 1999], 109).
4. Vea la obra de Craig S. Keener, *Christobiography: Memory, History, and the Reliability of the Gospels* (Grand Rapids: Eerdmans, 2019).

cartas de Pablo se organizan en el Nuevo Testamento por orden decreciente de tamaño, primero a las comunidades y luego a individuos.[5] Si más de una carta fue escrita a la misma comunidad o individuo, las cartas se mantienen juntas. La carta anónima "a los Hebreos" (es decir, a los cristianos judíos) se incluyó al parecer después de las cartas de Pablo, porque algunos líderes en la naciente iglesia creían que Pablo, o un compañero del apóstol, la escribió.

Otras cartas del Nuevo Testamento fueron escritas por Santiago, Pedro, Juan y Judas. Tal vez estas cartas fueron dispuestas en un orden decreciente de importancia de los autores. Pablo habla en Gálatas 2:9 de "Jacobo [Santiago], Cefas [Pedro] y Juan" como los "pilares" de la iglesia de Jerusalén. Esta lista paulina refleja el orden de sus respectivas cartas en el Nuevo Testamento (Santiago, 1 Pedro, 2 Pedro, 1 Juan, 2 Juan, 3 Juan). La carta de Judas, un medio hermano de Jesús, aparece a continuación. El último libro del Nuevo Testamento, el Apocalipsis de Juan, es un género mixto e incluye cartas, profecías y apocalipsis. Como gran parte del libro se compone de visiones e imágenes simbólicas que apuntan al fin del mundo, es apropiado que sea el último libro de los veintisiete que forman el canon del Nuevo Testamento (vea el cuadro 3).

CUADRO 3: EL NUEVO TESTAMENTO

EVANGELIOS Y HECHOS	CARTAS PAULINAS	CARTAS GENERALES Y APOCALIPSIS
Mateo	Romanos	Hebreos
Marcos	1 y 2 Corintios	Santiago
Lucas	Gálatas	1 y 2 Pedro
Juan	Efesios	1, 2 y 3 Juan
Hechos	Filipenses	Judas
	Colosenses	Apocalipsis
	1 y 2 Tesaloniceneses	
	1 y 2 Timoteo	
	Tito	
	Filemón	

Vale la pena señalar que la práctica de incluir múltiples obras literarias dentro de un libro no estuvo ampliamente probada hasta por lo menos el siglo

5. Una excepción es Gálatas, que, aunque es ligeramente más corta que Efesios, "puede haber sido colocada antes de Efesios como frontispicio de la colección de las epístolas de la prisión (Efesios, Filipenses, Colosenses) debido a su uso del término *kanōn* o 'regla' (Gá. 6:16)" (William W. Klein, Craig L. Blomberg y Robert L. Hubbard, *Introduction to Biblical Interpretation*, ed. rev. [Nashville: Thomas Nelson, 2004], 114).

II d.C. Antes de este tiempo, la mayoría de los libros de la Biblia estuvieron circulando como rollos individuales. Una comunidad de creyentes habría tenido probablemente un armario en el que guardaban los diversos rollos con etiquetas en el extremo para identificar su contenido. En los siglos II y III, sin embargo, libros con múltiples hojas (es decir, los códices) comenzaron a aparecer con mayor frecuencia. Algunos eruditos han sugerido que el impulso canónico de los primeros cristianos fue lo que estuvo detrás de la creación del códice.

División en capítulos

Los primeros cristianos y judíos citaron a menudo las Escrituras haciendo referencia a un libro, autor o evento textual, pero con poca especificidad. Jesús, por ejemplo, en referencia al relato de Moisés, se refiere al texto simplemente con la frase "en la zarza" (Mr. 12:26; Lc. 20:37). A medida que los textos bíblicos eran copiados, leídos y comentados, algunos hicieron varios intentos de subdividirlos y etiquetarlos más aún. Por ejemplo, Eusebio (ca. 260-340 d.C.), un historiador prominente de la iglesia, dividió los cuatro Evangelios en una serie de cánones, o divisiones. Los cánones de Eusebio se incluyen en manuscritos antiguos tales como el Códice Sinaítico. Del mismo modo, los antiguos rabinos judíos aplican diferentes subdivisiones de organización en el texto.

Nuestra división actual de capítulos fue añadida al Antiguo y Nuevo Testamentos por Stephen Langton (1150-1228), arzobispo de Canterbury a comienzos del siglo XIII, mientras él se encontraba enseñando en la Universidad de París.[6] Langton añadió las divisiones al texto en latín, y las publicaciones posteriores siguieron ese formato. Las divisiones en capítulos de Langton fueron insertadas en el texto hebreo en una forma modificada por Salomón ben Ismael alrededor del año 1330 d.C.[7] A la luz de estos antecedentes, parece poco prudente reclamar algún significado divino detrás de la división en capítulos de Langton, puesto que se reconoce ampliamente que dividió el texto de forma poco natural en algunos puntos. Por ejemplo, la división de los capítulos 10 y 11 en 1 Corintios introduce una separación inusual en el pensamiento de Pablo.

División en versículos

La división en versículos en las versiones modernas del Antiguo Testamento está basada en la versificación estandarizada por la familia Ben Asher

---

6. Bruce M. Metzger, *Manuscripts of the Greek Bible: An Introduction to Palaeography* (Nueva York: Oxford University Press, 1981), 41.
7. Wegner, *The Journey from Texts to Translations*, 176.

(escribas judíos) alrededor del año 900 d.C. Cuando la división en capítulos de Langton fue añadida a la Biblia hebrea en una fecha posterior (vea más arriba), las divisiones de los capítulos se ajustaron en ocasiones para adaptarse al esquema de Ben Asher.[8] Eso explica que haya a veces pequeñas diferencias entre los números de capítulos y versículos de la Biblia hebrea y nuestras Biblias actuales. Los estudiosos reconocen en general la superioridad del hebreo en las divisiones pues mantienen juntas unidades de pensamiento.

La división de versículos en el Nuevo Testamento fue añadida en 1551 por Robert "Stephanus" Estienne, un impresor de París, a la edición de un texto bilingüe latino-griego. Basándose en un comentario poco claro del hijo de Estienne, algunos estudiosos han afirmado que el impresor hizo las divisiones de versículos mientras viajaba a caballo de París a Lyon (lo que explica los saltos a veces no naturales). Lo más probable es que la intención del hijo de Estienne fuera decir que su padre dividió el texto mientras descansaba en posadas durante el viaje.[9]

Antes de la división en versículos de Estienne, los eruditos bíblicos se vieron obligados a referirse a los textos con frases como "a la mitad del capítulo 4 de Gálatas". Con todo lo defectuosa que pueda parecer la división de Estienne, fue un avance importante para permitir la especificidad en la cita de las Escrituras. La primera Biblia en tener la división en versículos fue la Biblia de Ginebra de 1560. Aunque Estienne es todavía criticado por algunas de sus segmentaciones, es prácticamente impensable que cualquier otro esquema vaya a retar alguna vez la aceptación universal de su sistema. Una vez más, conocer la historia de nuestra división actual en versículos debería impedir la participación en las matemáticas bíblicas creativas y las afirmaciones de significado divino detrás de los números de los versículos actuales.

En resumen

Las primeras tres cuartas partes de la Biblia forman el Antiguo Testamento, que incluye treinta y nueve libros escritos en hebreo, entre el 1400 y el 430 a.C. Si bien los judíos antiguos agruparon sus Escrituras en tres divisiones principales (la Ley, los Profetas, y los Escritos), nuestra Biblia moderna sigue un orden más temático: la Ley (cinco libros), los libros históricos (doce libros), los libros poéticos y sapienciales (cinco libros), los profetas mayores (cinco libros) y los profetas menores (doce libros), Así, el orden de los libros, en nuestro Antiguo Testamento se guía por la Vulgata Latina, que modifica ligeramente el orden de los libros hallados en las traducciones antiguas grie-

8. Ibíd.
9. Metzger, *Manuscripts of the Greek Bible*, 41n.106.

gas (la Septuaginta o LXX). Sin embargo, el contenido de nuestro Antiguo Testamento es el mismo que el de las Escrituras hebreas usadas por los judíos tanto en los tiempos de Jesús como en nuestra época.

La última cuarta parte de la Biblia se compone de los veintisiete libros del Nuevo Testamento, escritos entre el 45 y el 90 a.C. Los cuatro Evangelios (biografías teológicas de la vida de Jesús)[10] inician el Nuevo Testamento, seguido de un relato histórico de la iglesia apostólica (Hechos); las trece cartas de Pablo a las iglesias; una carta "a los hebreos"; cartas de Santiago, Pedro, Juan y Judas y, finalmente, el Apocalipsis de Juan.

Las divisiones de los capítulos fueron añadidas a la Biblia por Stephen Langton, arzobispo de Canterbury, a comienzos del siglo XIII. La división de los versículos del Antiguo Testamento tiene su origen en la segmentación del texto de la familia rabínica Ben Asher (ca. 900 d.C.). Las del Nuevo Testamento fueron añadidas por el impresor parisino Robert "Stephanus" Estienne en 1551.

Preguntas para la reflexión

1. Cuando usted ha hablado sobre el Antiguo y el Nuevo Testamentos, ¿ha pensado en el término *testamento* en el sentido de "pacto"? ¿Cómo afecta a su lectura ver la Biblia como basada en pactos entre Dios y la humanidad?
2. Antes de haber leído el material más arriba, ¿dónde creía usted que se habían originado las divisiones en capítulos y versículos de la Biblia?
3. ¿Qué dato nuevo ha aprendido acerca de la Biblia en esta sección?
4. ¿Ha planteado esta sección alguna nueva pregunta para usted?
5. ¿Puede usted recitar los libros del Antiguo y del Nuevo Testamentos en orden? Si no es así, fíjese la meta de aprenderlos para la próxima semana.

10. Los Evangelios podrían clasificarse también como narrativa histórica, pero son relatos históricos que se centran en una persona (Jesús) con la intención de explicar la relevancia teológica de su enseñanza, su vida, su muerte y su resurrección.

PREGUNTA 3

¿Quién escribió la Biblia: Seres humanos o Dios?

"Dios lo dijo. Yo lo creo. Asunto resuelto". Así dice un mantra popular fundamentalista acerca de la Biblia. Pero si Dios escribió la Biblia, ¿por qué dice Pablo en su carta a Filemón: "Yo Pablo lo escribo de mi mano" (Flm. 19)? O bien, al final del Evangelio de Juan, leemos: "Este es el discípulo que da testimonio de estas cosas, y escribo estas cosas" (Jn. 21:24). Entonces, ¿quién escribió la Biblia: los seres humanos o Dios?

Teorías de inspiración

Todo el que profesa ser "cristiano" estará de acuerdo en que las Escrituras son inspiradas. No obstante, al adjetivo "inspirado" se unen una gran variedad de significados. ¿Cuáles son algunas de las principales teorías de inspiración?[1]

- *La teoría de la intuición.* Según este punto de vista, los escritores de la Biblia muestran una intuición natural religiosa que se encuentra también en otros grandes pensadores filosóficos o religiosos, como Confucio o Platón. Obviamente, los que sostienen este punto de vista de inspiración niegan las afirmaciones de verdad absoluta de las Escrituras.
- *La teoría de la iluminación.* Este punto de vista sostiene que el Espíritu de Dios imprimió de alguna manera objetiva la realidad de su presencia en la conciencia de los escritores bíblicos, pero no de una manera que es esencialmente diferente de la forma en que el Espíritu se comunica con toda la humanidad. Esa influencia del Espíritu fue diferente solo en grado, no en naturaleza.
- *La teoría dinámica.* Este punto de vista afirma que Dios dio a los autores bíblicos impresiones o conceptos definidos y específicos, pero que permitió a los escritores comunicar esos conceptos en sus propias palabras. Es

1. Vea el capítulo 3 ("The Inspiration of Scripture: How has the church come to believe that all the words of Scripture are 'God-breathed' such that the Bible is the actual Word of God?) de Gregg R. Allison, *Historical Theology: An Introduction to Christian Doctrine* (Grand Rapids: Zondervan, 2011), 59-78.

decir, la redacción exacta de las Escrituras se debe a la elección humana, mientras que el tenor principal del contenido está determinado por Dios.

- *La teoría del dictado.* Este punto de vista sostiene que Dios dictó las palabras exactas a los autores humanos. Al igual que los taquígrafos de la corte, los autores de las Escrituras no ejercieron la voluntad humana en la composición de sus escritos. A veces los que sostienen la teoría verbal plenaria (ver más abajo) son acusados sin razón de creer en ese dictado mecánico.

- *La teoría verbal plenaria.* Este punto de vista (el único bíblico, creo yo) afirma que hay una doble autoría de las Escrituras. Si bien los autores de la Biblia escribieron como seres humanos pensantes y con sentimientos, Dios, de forma misteriosa, supervisó el proceso para que cada palabra escrita fuera también la palabra exacta que Él quería que se escribiera, libre de todo error. Al etiquetar este punto de vista como teoría "verbal plenaria" se reconoce que afirma la plena ("plenaria") superintendencia divina de cada palabra de las Escrituras (*verbum* significa "palabra" en latín). Este punto de vista se llama a veces la teoría verbal. La exploraremos con mayor detalle en las siguientes secciones.[2]

La doble autoría de las Escrituras

Al escribir una carta a los Corintios, Pablo no entró en un estado de éxtasis, dictó a un secretario, y luego, cuando estaba terminada, recogió la composición completa y dijo: "¡Vamos a ver lo que Dios ha escrito!". No obstante, como apóstol, Pablo esperaba que su enseñanza fuera completamente obedecida y creída; recibida, de hecho, como la misma palabra de Dios (1 Co. 7:40; 14:36-37; 2 Co. 2:17; 4:2; Col. 1:25; 1 Ts. 2:13; 2 Ts. 3:14). Del mismo modo, el Salmo 95 está claramente escrito por un antiguo israelita que dirige en el culto a otros antiguos israelitas. El salmo comienza diciendo: "Venid, aclamemos alegremente a Jehová; cantemos con júbilo a la Roca de nuestra salvación. Lleguemos ante su presencia con alabanza; aclamémosle con cánticos" (Sal. 95:1-2). Sin embargo, cientos de años más tarde, el autor de Hebreos podía citar el Salmo 95 con las palabras introductorias: "Por lo cual, como dice el Espíritu Santo" (He. 3:7). Esas aparentes inconsistencias (Pablo como autor y su comunicación como la palabra de Dios, un antiguo israelita y el Espíritu Santo como el autor del mismo salmo) de hecho transmiten una profunda

2. Este resumen de cinco teorías está tomado de la obra *Christian Theology*, 2ª ed., de Millard J. Erickson, (Grand Rapids: Baker, 1998), 231-233. Erickson llama a la teoría verbal plenaria "teoría verbal".

verdad acerca de las Escrituras: su doble autoría. Cada palabra en la Biblia es la palabra de un autor humano consciente y al mismo tiempo la palabra exacta que Dios quiere para la revelación de sí mismo.

Variaciones dentro de la doble autoría

Como se desprende de un vistazo somero de la Biblia, Dios se reveló "muchas veces y de muchas maneras" (He. 1:1). Algunos profetas del Antiguo Testamento dieron denuncias orales, a menudo con la repetida frase introductoria: "Así ha dicho Jehová el Señor" (p. ej. Is. 7:7; Ez. 2:4; Am. 1:3; Abd. 1:1; Mi. 2:3; Nah. 1:12; Hag. 1:5; Zac. 1:3; Mal. 1:4). En otras partes, los siervos de la revelación de Dios recibieron visiones y profecías, a veces cuando los profetas mismos reconocían su ignorancia de todos los significados de su proclamación (Dn. 12:8-9; cp. 1 P. 1:10-12). En otros géneros, el papel consciente del autor en la composición o la selección del material se ve más claramente en el texto. Por ejemplo, en el comienzo de su Evangelio, Lucas escribe:

> Puesto que ya muchos han tratado de poner en orden la historia de las cosas que entre nosotros han sido ciertísimas, tal como nos lo enseñaron los que desde el principio lo vieron con sus ojos, y fueron ministros de la palabra, me ha parecido también a mí, después de haber investigado con diligencia todas las cosas desde su origen, escribírtelas por orden, oh excelentísimo Teófilo, para que conozcas bien la verdad de las cosas en las cuales has sido instruido (Lc. 1:1-4).

Fíjese en que Lucas no dice: "Yo oré y el Espíritu Santo trajo a mi mente las historias de Jesús que tenía que escribir". Lucas fue un historiador dedicado a la investigación histórica real. Sin embargo, como un compañero inspirado de los apóstoles, Lucas era también agente revelador de Dios. Del mismo modo, el papel de Pablo en la composición de sus propias cartas se ve sin lugar a dudas en el texto. Por ejemplo, en Gálatas 4:19-20, Pablo está exasperado con los gálatas por su negación implícita del evangelio que les predicó. Él escribe: "Hijitos míos, por quienes vuelvo a sufrir dolores de parto, hasta que Cristo sea formado en vosotros, quisiera estar con vosotros ahora mismo y cambiar de tono, pues estoy perplejo en cuanto a vosotros". Sin lugar a dudas, dependiendo de la situación, los autores fueron más o menos conscientes de relatar la revelación divina (por ejemplo, transmitiendo un mensaje profético anunciando "Así dice el Señor" frente a la redacción de una carta personal).

Gran parte de la Biblia aparece como literatura de situación (los documentos dirigidos a personas específicas que enfrentan situaciones particulares históricas), por lo que vale la pena preguntarse cómo la literatura de situación puede ser la Palabra eterna de Dios. Los musulmanes, por ejemplo, tienen en el Corán poesía abstracta que en su mayor parte alaba los atributos de Alá. Los musulmanes afirman que esa poesía le llegó a Mahoma en expresiones extáticas. La Biblia, por el contrario, da testimonio de Dios revelándose en la historia a través de formas repetidas, coherentes y anticipatorias. Es decir, Dios le habló en repetidas ocasiones a su pueblo; fue coherente en su mensaje; y, aunque Dios mismo se dirigió a la gente en su situación presente, su revelación anterior anticipa y apunta a una intervención decisiva que en última instancia se produjo en la vida, muerte y resurrección de Cristo.[3] Sin embargo, no es en la poesía abstracta, sino en la realidad de la vida cotidiana que la Palabra de Dios vino. Es sorprendente que cuando la Palabra de Dios se hizo carne (la encarnación), Él apareció también en la aparente normalidad de la vida.

Algunas implicaciones de la doble autoría

El hecho de que la Biblia se presenta como un libro de doble autoría tiene una serie de implicaciones para la forma en que nos acercamos a ella.

1. El objetivo claro del autor humano es un buen lugar para empezar a comprender la Biblia. Las Escrituras no pueden significar *menos* de lo que conscientemente tenían en mente los autores humanos. Es cierto que hay ocasiones donde el autor humano confiesa su ignorancia sobre la revelación que estaba recibiendo (p. ej. Dn. 12:8-9), pero esas son excepciones. Los autores humanos, por lo general, parecen muy conscientes de estar transmitiendo mensajes oportunos para sus oyentes contemporáneos.

2. Dios, como Señor de la historia y de la revelación, incluyó patrones o vislumbres de lo que los autores humanos no fueron del todo conscientes. Bajo la mano soberana de Dios, sus intervenciones históricas anteriores eran en sí mismas proféticas, apuntando hacia Cristo. Acerca de las normas del Antiguo Testamento dadas a Israel, el autor de Hebreos dice: "La ley es sólo una sombra de los bienes venideros, y no la presencia misma de estas realidades" (He. 10:1, NVI). Del mismo modo, Pablo indica que la inclusión de los gentiles y judíos en la obra salvadora de Cristo era un "misterio" presente en las Escrituras, pero que no fue revelado plenamente hasta que el Espíritu declaró esa verdad por medio de los profetas y apóstoles del Nuevo Testamento (Ef. 3:3-6).

---

3. Vea la obra de Trent Hunter y Stephen Wellum, *Christ from Beginning to End: How the Full Story of Scripture Reveals the Full Glory of Christ* (Grand Rapids: Zondervan, 2018).

Debemos buscar las declaraciones explícitas en la revelación posterior para aclarar tal intencionalidad divina. Debemos ser prudentes a la hora de encontrar detalles simbólicos o proféticos en el Antiguo Testamento cuando ningún autor del Nuevo Testamento ha dado una interpretación autorizada del texto.

3. A veces se afirma que la Biblia nunca puede pretender decir algo de lo que el autor humano no era consciente mientras escribía. Es posible, sin embargo, afirmar un enfoque hermenéutico sobre la base de la intención del autor, sin afirmar la declaración anterior. Los autores bíblicos eran conscientes de ser usados por Dios para transmitir su palabra, y creían que su revelación era parte de un gran esquema de la historia. Los autores del Antiguo Testamento sabían que estaban en algún lugar a lo largo de los escalones de la revelación, pero pocos, si acaso hubo alguno, sabía lo cerca que estaban de la parte superior de la escalera (es decir, Cristo). A pesar de que no podían conocer todos los eventos futuros, los profetas ciertamente no negaban el control providencial de Dios de la historia, que superaba su reflexión consciente[4] (vea la pregunta 24, "¿Cómo se interpreta la profecía? [Tipología]").

La inspiración y la encarnación

A menudo se observa que la doble autoría divina-humana de las Escrituras puede ser comparada con el Señor Jesucristo, que es a la vez plenamente humano y plenamente Dios. Hasta cierto punto, esta comparación puede ser útil. Así como nadie puede explicar con exactitud cómo las naturalezas humana y divina pueden estar completamente presentes en la persona de Jesús, tampoco se puede explicar por completo cómo Dios supervisó la redacción de las Escrituras de manera que cada palabra es divinamente inspirada y, no obstante, es también la palabra elegida por un autor humano. Para afirmar las naturalezas divina y humana de Cristo y la autoría divina-humana de las Escrituras, no es necesario ser capaz de explicar plenamente el misterio de esas verdades reveladas.

Vale la pena citar en detalle la aguda y perspicaz comparación de T. C. Hammond entre la inspiración y la encarnación.

---

4. Se puede afirmar con razón tanto la intención del autor como la tipología bíblica. Vea el artículo de Robert L. Plummer, "Righteousness and Peace Kiss: The Reconciliation of Authorial Intent and Biblical Typology", *SBJT* 14/2 (2010): 54-61. Este artículo puede consultarse libremente en línea: https://equip.sbts.edu/wp-content/uploads/2014/07/SBJT-V14-N.2-Plummer.pdf (consultado el 31 de marzo de 2020).

> La Revelación viviente entró misteriosamente en el mundo sin la intervención de un padre humano. El Espíritu Santo fue el Agente designado para su realización. La revelación escrita llegó a existir mediante un proceso similar sin la ayuda de abstracciones filosóficas humanas. El Espíritu Santo volvió a ser el Agente para hacerlo realidad. La madre de nuestro Señor siguió siendo una madre humana y sus experiencias a todo lo largo del proceso parecen haber sido las de cualquier otra madre, salvo que ella fue consciente de que su hijo iba a ser el Redentor de Israel tan esperado. Los escritores de los libros bíblicos siguieron siendo autores humanos, y sus experiencias parecen haber sido igualmente naturales, aunque a veces eran conscientes de que Dios le estaba dando al mundo por medio de ellos un mensaje de gran importancia (p. ej., "Porque yo recibí del Señor lo que también os he enseñado...", 1 Co. 11:23). María, la madre de nuestro Señor, probablemente trajo al mundo otros hijos por el proceso normal de nacimiento. Los escritores de los libros bíblicos probablemente escribieron otras cartas puramente personales que no son necesariamente de importancia canónica. Lo que es aún más importante, ningún estudiante debería dejar de comprender el hecho de que la vida personal humana-divina de nuestro Señor es una e indivisible por cualquier medio humano de análisis. No tenemos constancia de ocasiones donde podamos decir que en un caso hubo pensamiento *puramente divino*, y en otro un pensamiento *puramente humano*. Las dos naturalezas estaban unidas en una Persona indisoluble. Desde el pesebre hasta la cruz, el Señor siempre debe ser considerado y descrito desde ese punto de vista. Del mismo modo, aunque el paralelismo no es del todo completo, el estudiante se salvará de pensar de manera errónea, de confusión innecesaria, y de dañar su fe, mediante la observación de que en las Escrituras los elementos divinos y humanos están combinados de tal manera que en pocos casos podemos, con alguna certeza, analizar la información para demostrar elementos puramente humanos.[5]

También hay que destacar que la dimensión divina-humana de la Biblia se refiere a su autoría, *no* a su naturaleza. Escuchamos la Biblia con reverencia como la Palabra escrita de Dios, pero adoramos a Jesús como el Hijo de Dios encarnado. Es oportuno recordar las palabras de Jesús a las autoridades religiosas judías de su época: "Escudriñad las Escrituras; porque a vosotros

---

5. T. C. Hammond, *In Understanding Be Men: An Introductory Handbook of Christian Doctrine*, rev. y ed. por David F. Wright, 6ª ed. (Leicester: Inter-Varsity Press, 1968), 34-35. He conservado el uso de mayúscula no estándar del autor.

os parece que en ellas tenéis la vida eterna; y ellas son las que dan testimonio de mí; y no queréis venir a mí para que tengáis vida" (Jn. 5:39-40).

En resumen

Se han propuesto diversas teorías para explicar cómo Dios inspiró a los escritores de la Biblia. Si se es fiel al texto bíblico, uno se ve obligado a afirmar que la Biblia tiene doble autoría. Los autores humanos escribieron de manera consciente mientras Dios supervisaba misteriosamente cómo se plasmaba cada palabra. A este punto de vista se le suele llamar la teoría verbal plenaria (o simplemente verbal) de la inspiración.

Al estudiar la Biblia, reconocimos que el texto no puede significar menos de lo que conscientemente tenían en mente los autores humanos. Sin embargo, siendo Dios el inspirador divino y el Señor de la historia, muchos textos apuntaban hacia adelante, de un modo que excedía las capacidades de la plena comprensión de los autores originales.

Preguntas para la reflexión

1. ¿Cómo puede una carta de un hombre muerto dirigida a personas muertas (la carta de Pablo a los Gálatas, por ejemplo) tener importancia para las personas de hoy en día?
2. Además de los versículos de la Biblia antes citados, ¿puede usted mencionar otros que apuntan a la doble autoría de las Escrituras?
3. ¿Se pierde algo ignorarando o negando el elemento humano en la escritura de la Biblia? ¿Es demasiado simplista decir sencillamente: "Dios lo escribió"?
4. Si se afirma la doble autoría de las Escrituras, ¿qué control nos queda para evitar el descubrimiento de significados "divinos" ocultos en otras partes?
5. ¿De qué manera son las naturalezas humana y divina de Jesús similares a y diferentes de la autoría divina y humana de las Escrituras?

PREGUNTA 4

¿Contiene la Biblia errores?

No es raro encontrar personas que afirman que la Biblia contiene errores. Este punto de vista, sin embargo, no cuadra con las afirmaciones que la Biblia hace de sí misma o con la visión histórica de la Iglesia cristiana. ¿Qué queremos decir cuando decimos que la Biblia es inerrante, y cómo podemos apoyar esa afirmación a la luz de las supuestas discrepancias en la Biblia?

El vocabulario de la inerrancia[1]

Hasta mediados del siglo XVII, esencialmente todas las personas que profesaban ser cristianas aceptaban que la Biblia era completamente veraz en todo lo que afirmaba. Sin embargo, con la elevación de la razón humana en la Ilustración, algunas personas comenzaron a tener una visión más escéptica de lo que con anterioridad se consideraban textos sagrados. La gente empezó a juzgar la revelación (es decir, la Biblia), sobre la base de su propia razón humana, rechazando y criticando varias partes según lo que parecía razonable o probable para ellos. Muchos de estos críticos querían mantener alguna relación con la Iglesia cristiana, mientras que, al mismo tiempo, se hacían a sí mismos los árbitros finales de la verdad. Por supuesto, el testimonio histórico de la Iglesia sobre la completa veracidad de las Escrituras ha continuado a pesar de los desafíos, pero los que la critican también han seguido hasta este día.[2]

En los últimos cincuenta años, debido al aumento de los debates cristianos sobre la veracidad de las Escrituras, se ha desarrollado un vocabulario para resumir varias afirmaciones acerca de la veracidad de la Biblia. A continuación se presentan algunos de los términos que se utilizan regularmente.

---

1. Los cristianos no están de acuerdo en cómo articular y calificar la doctrina de la inerrancia. Vea la obra de Stanley N. Gundry, J. Merrick y Stephen M. Garrett, eds, *Five Views on Biblical Inerrancy* (Grand Rapids: Zondervan, 2013).
2. Siguen apareciendo nuevos retos en contra de la inerrancia. Para una defensa moderna de la inerrancia en contra de los detractores recientes, véanse Steven B. Cowan y Terry L Wilder, eds., *In Defense of the Bible: A Comprehensive Apologetic for the Authority of Scripture* (Nashville: B&H Academic, 2013); Norman L. Geisler y William C. Roach, *Defending Inerrancy: Affirming the Accuracy of Scripture for a New Generation* (Grand Rapids: Baker, 2011); Vern Sheridan Poythress, *Inerrancy and the Gospels: A God-Centered Approach to the Challenges of Harmonization* (Wheaton, IL: Crossway, 2012); y G. K. Beale, *The Erosion of Inerrancy in Evangelicalism: Responding to New Challenges to Biblical Authority* (Wheaton, IL: Crossway, 2008).

- *Inerrante/inerrancia.* La doctrina de la inerrancia, o la afirmación de que las Escrituras son sin error, significa que la Biblia es completamente veraz en todas las cosas que los autores bíblicos afirman, ya sea en detalles geográficos, cronológicos o teológicos. Los defensores de la inerrancia afirman un punto de vista verbal y plenario de la inspiración. Es decir, aunque los autores humanos de las Escrituras eran compositores pensantes, Dios supervisó de tal manera el proceso de escritura que *cada palabra* escrita fue de acuerdo a su voluntad. Las palabras fueron protegidas por Dios de todo error. Wayne Grudem ofrece esta definición útil de la inerrancia: "La inerrancia de la Biblia significa que la Biblia en los manuscritos originales no afirma nada que sea contrario a la verdad".[3] De manera similar, Kenneth Kantzer escribe: "Dicho con sencillez… la inerrancia sostiene que la Biblia nos dice la verdad y nunca dice lo que no es así".[4]

- *Infalible/infalibilidad. Infalible*, de acuerdo con los diccionarios modernos, también significa "incapaz de error".[5] Sin embargo, la palabra ha adquirido connotaciones más estrechas en los debates actuales sobre la Biblia. Afirmar que las Escrituras son infalibles es sostener que están libres de errores en las cuestiones de la teología o la fe. A este punto de vista también se le llama a veces la inerrancia limitada. Los defensores de la completa inerrancia afirman sin duda que las Escrituras son infalibles, pero no todas las personas que afirman la infalibilidad de la Biblia afirman también la completa inerrancia. La palabra *infalible* es más débil en la connotación y no incluye en sí la afirmación de que la Biblia está libre de todo error (intencional o no intencional, teológico o no teológico). Los que están menos familiarizados con las connotaciones limitadas del término *infalible*, pueden sin querer usarlo como un sinónimo de *inerrante*.

- *Inspirado/inspiración.* Afirmar que la Biblia está inspirada por Dios es aseverar que Dios estaba de alguna manera detrás de su escritura. Sin más aclaraciones, esta afirmación es más ambigua que los términos anteriores. Algunos de los que afirman que la Biblia es inspirada también sostienen que los documentos no bíblicos están también ins-

---

3. Wayne Grudem, *Teología sistemática: Una introducción a la doctrina bíblica* (Miami: Editorial Vida, 2007), 92.
4. Kenneth S. Kantzer, en el Prólogo a *Encyclopedia of Bible Difficulties*, por Gleason L. Archer (Grand Rapids: Zondervan, 1982), 7.
5. Esta es la primera definición de *infallible* en el dicccionario en línea de Merriam-Webster, www.merriam-webster.com (consultado el 31 de marzo de 2020).

pirados o que Dios sigue inspirando a las personas de la misma manera hoy en día. Los defensores de la inerrancia afirman que la Biblia está inspirada de una manera única, verbal y plenaria ("plenamente cada palabra"). Vea la pregunta 3 ("¿Quién escribió la Biblia: Seres humanos o Dios?") para una breve discusión de puntos de vista contrapuestos sobre la inspiración.

- *Neo-ortodoxo/Neo-ortodoxia. Neo-ortodoxia* significa literalmente "nueva ortodoxia" y es un término usado para describir un movimiento teológico de los años 1920 a 1960. Los estudiosos neo-ortodoxos afirman en general que Dios se reveló en la historia a través de actos poderosos, pero que los seres humanos falibles registraron estos actos de manera imperfecta. Según los teólogos neo-ortodoxos, esos escritos se convierten en la Palabra de Dios al ser de nuevo proclamados y las personas tienen un encuentro existencial con el Dios vivo. A pesar de que la neo-ortodoxia ya no es un movimiento reconocible, las obras de algunos teólogos neo-ortodoxos (p. ej., Karl Barth, Emil Brunner) siguen ejerciendo influencia.
- *Fidedigna/verdadera/autoritativa.* A veces los críticos insisten en que palabras como *inerrante* e *infalible* no se encuentran en las Escrituras y estas se centran sin razón en la negación (es decir, *no* hay error). ¿No sería mejor, se preguntan, usar términos positivos e históricos, tales como *verdadera, fidedigna* o *autoritativa*? Si bien esas afirmaciones positivas son sin duda beneficiosas, el debate moderno sobre las Escrituras ha necesitado la precisión de palabras como *inerrante* (junto con otras explicaciones sobre lo que *inerrante* significa y no significa). Una mirada a la historia de la teología cristiana muestra que a menudo se requieren nuevos términos de resumen y calificaciones para combatir el error teológico.

Lo que las Escrituras afirman sobre ellas mismas

Dentro de la propia Biblia, encontramos numerosas afirmaciones y suposiciones de que las Escrituras son completamente veraces en todo lo que afirman (afirmaciones intencionales o no, información teológica o no teológica). A continuación aparece una breve muestra de tales pasajes bíblicos con algunos comentarios explicativos.

- *Números 23:19: "Dios no es hombre, para que mienta, ni hijo de hombre para que se arrepienta. Él dijo, ¿y no hará? Habló, ¿y no lo ejecutará?".*

Si Dios es completamente veraz y la Biblia es la comunicación de Dios a la humanidad (He. 1:1-3), entonces se deduce que la Biblia, como Palabra de Dios, es totalmente veraz.

- *Salmo 12:6: "Las palabras de Jehová son palabras limpias, como plata refinada en horno de tierra, purificada siete veces"*. Salmos y Proverbios están llenos de alabanzas repetidas de las perfecciones de la Palabra de Dios. Vea especialmente el Salmo 119.

- *2 Timoteo 3:16: "Toda la Escritura es inspirada por Dios, y útil para enseñar, para redargüir, para corregir, para instruir en justicia"*. Este versículo afirma que, si bien la Biblia tiene autores humanos, las palabras que escribieron deben ser atribuidas en última instancia a la divina inspiración de Dios.

- *2 Pedro 1:21: "Porque nunca la profecía fue traída por voluntad humana, sino que los santos hombres de Dios hablaron siendo inspirados por el Espíritu Santo"*. Una vez más, este versículo nos recuerda que cada palabra escrita en la Biblia es la palabra exacta que Dios quiso que se escribiera.

- *Juan 10:35: "La Escritura no puede ser quebrantada"*. En sus enseñanzas y debates, Jesús apeló reiteradamente a las Escrituras del Antiguo Testamento, con la clara suposición de que esos textos eran completamente verdaderos en todo lo que informaban. Jesús hizo referencia a muchas personas y sucesos del Antiguo Testamento, dando por sentada la veracidad de todos los detalles. Si bien Jesús criticó con frecuencia las interpretaciones distorsionadas de la Biblia, Él nunca cuestionó la veracidad de las Escrituras mismas.[6] Al igual que Jesús (como consta en los Evangelios), todos los autores del Nuevo Testamento están unidos en sus citas del Antiguo Testamento como una obra históricamente exacta.[7]

- *Hebreos 1:1-2: "Dios, habiendo hablado muchas veces y de muchas maneras en otro tiempo a los padres por los profetas, en estos postreros días nos ha hablado por el Hijo, a quien constituyó heredero de todo, y por quien asimismo hizo el universo"*. Si la anterior revelación antici-

6. Vea el estudio definitivo de John Wenham, *Christ and the Bible*, 3ª ed. (Grand Rapids: Baker, 1994).
7. Vea la lista de Grudem de otras referencias aparte de las que aparecen en los cuatro Evangelios (*Teología sistemática*, 96).

pada de Dios (el Antiguo Testamento) era completamente veraz ("Dios habló"), cuánto más debe la culminación de la revelación de Dios en Cristo ser recibida como de absoluta confianza y autoridad.

El punto de vista histórico de la iglesia cristiana[8]

Durante los siglos XIX y XX, la cuestión de la veracidad de las Escrituras se convirtió en una importante línea divisoria entre los cristianos en los Estados Unidos. Las denominaciones se dividieron, y nuevas denominaciones, seminarios y agencias misioneras fueron fundadas como resultado de este debate. Algunos que no creían en la inerrancia afirmaron que la llamada doctrina de la inerrancia era en realidad la creación de los protestantes conservadores modernos, no el testimonio histórico de la iglesia cristiana.[9] Como respuesta, y para demostrar lo contrario, ha sido presentada una evidencia abrumadora. Si bien el término exacto de *inerrancia* (u otro término equivalente) no aparece en la historia de la iglesia primitiva, medieval, o reformada, el *concepto* o la *idea* de la inerrancia es la posición histórica de la iglesia en todos los tiempos.[10] Desde 1977 hasta 1988, los partidarios de la inerrancia trabajaron a través del Concilio Internacional de la Inerrancia Bíblica y produjeron tres declaraciones formales y firmadas sobre la inerrancia y la interpretation.[11] El más importante de estos documentos, la "Declaración de Chicago sobre la inerrancia bíblica" (1978), continúa sirviendo como un punto de referencia para la definición de inerrancia.

---

8. Vea el capítulo 5 ("The Inerrancy of Scripture: How has the church come to believe that the Bible is completely true and without error in everything that it affirms?") de Gregg R. Allison, *Historical Theology: An Introduction to Christian Doctrine* (Grand Rapids: Zondervan, 2011), 99-119.
9. Vea Jack B. Rogers y Donald K. McKim, *The Authority and Interpretation of the Bible: An Historical Approach* (San Francisco: Harper & Row, 1979); o, de manera similar, Russell H. Dilday, *The Doctrine of Biblical Authority* (Nashville: Convention Press, 1982), 57-59.
10. Vea John D. Woodbridge, *Biblical Authority: A Critique of the Rogers and McKim Proposal* (Grand Rapids: Zondervan, 1982). Erickson está de acuerdo: "La iglesia en toda su historia ha creído que la Biblia está libre de toda falsedad" (Millard J. Erickson, *Christian Theology*, 2ª ed. [Grand Rapids: Baker, 1998], 252). Vea también el artículo XVI de la Declaración de Chicago sobre la inerrancia bíblica: "Afirmamos que la doctrina de la inerrancia ha sido parte integral de la fe de la Iglesia a lo largo de su historia. Negamos que la inerrancia sea una doctrina inventada por el protestantismo académico, o sea una posición reaccionaria postulada en respuesta a la alta crítica negativa".
11. Según una publicación de 1980 por el Concilio Internacional de Inerrancia Bíblica: "El Concilio Internacional de Inerrancia Bíblica es una organización con sede en California fundada en 1977. Tiene como fin la defensa y la aplicación de la doctrina de la inerrancia de la Biblia como un elemento esencial para la autoridad de las Escrituras y una necesidad para la salud de la Iglesia. Fue creado para contrarrestar la desviación de este importante fundamento doctrinal por segmentos significativos del cristianismo evangélico y la negación pura y simple del mismo por otros movimientos de iglesia" (tomado del interior de la cubierta del libro de R. C. Sproul, *Explaining Inerrancy: A Commentary*, ICBI Foundation Series, vol. 2 [Oakland, CA: International Council on Biblical Inerrancy, 1980]).

Calificaciones de la inerrancia

La doctrina de la inerrancia hay que explicarla y calificarla debidamente para evitar malentendidos. A continuación se enumeran algunas calificaciones importantes.

1. *La inerrancia se aplica solo a los autografos (manuscritos originales de las Escrituras).*[12] Nadie niega que hay algunos errores de copiado en todos los manuscritos hebreos y griegos de la Biblia (sobre todo, por ejemplo, en relación con números). No obstante, debido a la gran cantidad de manuscritos griegos y hebreos que tenemos y su cuidadosa transmisión, estamos en condiciones de reconstruir el texto original del Antiguo y Nuevo Testamento con gran exactitud.[13] Para más detalles sobre la exactitud de manuscritos, vea la pregunta 5 ("¿Fueron transmitidos con exactitud los antiguos manuscritos de la Biblia?").

2. *La inerrancia respeta la intención del autor del pasaje y los usos y costumbres literarias en las que el autor escribió.* Si el autor se propuso una afirmación literal, debemos entenderlo así. Si el pasaje es figurado, hay que interpretarlo en consecuencia del mismo modo. Debemos respetar el nivel de precisión destinado, así como las normas de escritura de ese tiempo. Por ejemplo, en Marcos 1:2-3, Marcos cita tres diferentes textos del Antiguo Testamento (Éx. 23:30; Is. 40:3; Mal. 3:1) con la frase introductoria: "Como está escrito en Isaías el profeta". Según nuestra normas modernas para citar, esto es un error porque parte de la cita viene de Éxodo y de Malaquías. Pero, como los antiguos judíos mencionaban a veces solo un portavoz profético cuando citaban textos amalgamados, debemos respetar las costumbres literarias de los tiempos de Marcos.[14]

---

12. En el Artículo X de la Declaración de Chicago sobre la inerrancia bíblica leemos: "Afirmamos que la inspiración, estrictamente hablando, solo se aplica al texto original de las Escrituras, que en la providencia de Dios puede determinarse con gran precisión a partir de los manuscritos disponibles. Afirmamos además que las copias y traducciones de las Escrituras son Palabra de Dios en la medida en que representan fielmente el original. Negamos que cualquier elemento esencial de la fe cristiana esté afectado por la ausencia de los escritos originales. Además, negamos que esa ausencia haga que la afirmación de la inerrancia de la Biblia sea inválida o irrelevante".
13. Grudem escribe, "...para más de 99 por ciento de las palabras de la Biblia, *sabemos* lo que decían los manuscritos originales" (*Teología sistemática*, 98, cursivas en el original). D. A. Carson dice que para el Nuevo Testamento es entre el 96 y el 97 por ciento ("Who Is This Jesus? Is He Risen?" un documental patrocinado por D. James Kennedy y Jerry Newcombe [Fort Lauderdale, FL: Coral Ridge Ministries, 2000]). Ninguna cuestión doctrinal queda pendiente por variaciones en el texto.
14. J. Marcus escribe: "Esa combinación de textos del AT es familiar en el judaísmo posterior al período bíblico, sobre todo en los Rollos del Mar Muerto" (*Mark 1–8: A New Translation with Introduction and Commentary*, AB 27 [Nueva York: Doubleday, 2000], 147).

Podemos considerar como otro ejemplo el orden de los acontecimientos en los Evangelios sinópticos. Es evidente que los autores de los Evangelios no tienen la intención de dar un relato cronológico estricto del ministerio de Jesús.[15] Con frecuencia, el material aparece dispuesto por temas. Por tanto, no debería sorprendernos encontrar un orden diferente en las tentaciones de Jesús en Lucas 4:1-13 y Mateo 4:1-11. Puesto que el templo es un motivo en Lucas (p. ej., Lc. 1:9; 18:10; 23:45; 24:53; Hch. 2:46; 5:20; 26:21), parece que Lucas ha reorganizado las tentaciones de Jesús para colocar el pináculo del templo como el clímax de las tentaciones.[16] O, posiblemente, como las montañas tienen a menudo un valor simbólico en el Evangelio de Mateo (5:1; 8:1; 14:23; 15:29; 17:1; 28:16), Mateo ha hecho esa reorganización. Parte de la interpretación fiel es respetar los matices y propósitos individuales de los diferentes autores, y permitir fielmente que esos énfasis originales aparezcan en nuestra enseñanza y predicación.

3. *La inerrancia permite el uso parcial de informar, parafrasear y resumir.* Las palabras de un orador, por ejemplo, se podrían resumir o parafrasear en vez de repetirlas al pie de la letra. Siempre que se transmita con precisión el significado del que habla, esa información es completamente veraz. Además, al igual que los escritores modernos pueden optar por dejar de lado ciertos detalles o hacer hincapié en otros puntos, los escritores bíblicos hicieron lo mismo al informar sobre los mismos acontecimientos desde diferentes puntos de vista. Por ejemplo, Juan informa más sobre el ministerio de Jesús en Jerusalén, mientras que Mateo, Marcos y Lucas se centran en su ministerio itinerante en Galilea.

4. *La inerrancia permite el lenguaje fenomenológico (es decir, la descripción de los fenómenos como se observan y se experimentan).* Los seres humanos suelen informar de los sucesos que ven desde su punto de vista experiencial en lugar de proporcionar una explicación científica

15. Incluso Papías (70-155 d.C.), indica: "Y el anciano [¿el apóstol Juan?] solía decir lo siguiente: 'Marcos, habiéndose convertido en el intérprete de Pedro, escribió con exactitud todo lo que recordaba, aunque no en orden, de las cosas dichas o hechas por Cristo. Porque él no escuchó al Señor ni le siguió, pero después, como dije, siguió a Pedro, que adaptó sus enseñanzas, según era necesario, pero no tuvo ninguna intención de dar una explicación ordenada de los dichos del Señor. Por tanto, Marcos no hizo nada malo en escribir algunas cosas tal como las recordaba, pues lo hizo preocupado por no omitir nada de lo que escuchó y por no introducir ninguna declaración falsa en ellas'" (*Fragments of Papias* 3.15 en *The Apostolic Fathers: Greek Texts and English Translations*, editado y traducido por Michael W. Holmes, 3ª ed. [Grand Rapids: Baker, 2007], 739-741).

16. La palabra *templo* aparece 46 veces en Lucas–Hechos (NVI).

objetiva. Por tanto, no podríamos acusar de error a un autor bíblico cuando habla del sol naciente (Sal. 19:6) más de lo que podríamos castigar a un meteorólogo moderno por hablar de la hora prevista de la salida del sol para mañana. Ni el salmista ni el meteorólogo tienen la intención de negar un sistema solar heliocéntrico (centrado en el sol).

5. *La inerrancia permite la comunicación del discurso sin la aprobación de la veracidad de ese discurso (o la implicación de que todo lo demás que dijo esa persona es veraz).* Salmo 14:1 dice: "No hay Dios". Por supuesto, en un contexto más amplio, el pasaje dice: "Dice el necio en su corazón: No hay Dios". Obviamente, en la presentación del discurso de "el necio", el salmista no está de acuerdo con él. Del mismo modo, al citar a los autores paganos en su discurso ante los atenienses (Hch. 17:22-31), Pablo (y por extensión, Lucas, que registra el discurso) no tiene la intención de respaldar la veracidad de todo lo escrito por Epiménides o Arato (Hch. 17:28).

6. *La inerrancia no significa que la Biblia ofrecezca información definitiva o exhaustiva sobre cada tema.* Ningún autor de la Biblia, por ejemplo, intenta hacer una clasificación de los moluscos o dar lecciones en la física subatómica. La Biblia toca tangencialmente estos temas cuando afirma que Dios es el creador de todas las cosas, marinas o subatómicas, pero no hay que presionar las Escrituras para que digan más de lo que ofrecen. Si usted quiere aprender a hornear pasteles franceses, por ejemplo, no hay ningún texto bíblico que pueda sugerirle. Puedo, sin embargo, exhortarle a hacer todas las cosas con diligencia para la gloria de Dios (Col. 3:17) y no caer en la glotonería (Pr. 23:20). Y yo estaría encantado de probar cualquiera de los pasteles que usted haga.

7. *La inerrancia no queda desvirtuada por la gramática u ortografía coloquial o no estándar.* La ortografía y la gramática varían dentro de los diversos grupos lingüísticos, culturales, geográficos y económicos sin afectar a la veracidad de la comunicación real. Como señala Wayne Grudem: "Un leñador analfabeto en algún área rural puede ser el hombre de mayor confianza en el condado aunque su gramática sea calamitosa, porque se ha ganado la reputación de nunca decir una mentira. O bien, podría estar escribiendo rápidamente y enviar un correo electrónico que diga: "Doy claases de teología en el Seminaario de Phoenix", una afirmación que es completamente veraz aunque dos

palabras estén mal escritas. De modo similar, hay unas cuantas afirmaciones en la Biblia (en los idiomas originales) que no son gramaticalmente correctas (según las normas corrientes de gramática apropiadas en ese tiempo) o contienen ortografía irregular de las palabras, pero estas declaraciones siguen siendo *inerrantes* porque son completamente veraces. La cuestión con la doctrina de la inerrancia *la veracidad* de lo que se dice".[17]

Recomendaciones para lidiar con textos difíciles en la Biblia

A continuación damos algunas recomendaciones para lidiar con supuestas discrepancias en la Biblia.

1. *Asegúrese de que está interactuando con textos reales.* No permita que el escepticismo mal informado de otra persona envenene su propio intelecto.

2. *Acérquese al texto bíblico confiando en él, no como un escéptico.* Debemos estimular la investigación de la veracidad del cristianismo.[18] El cristianismo no tiene nada que temer de los hechos. Sin embargo, llega un momento en que uno se da cuenta de que la Biblia es internamente coherente y sus afirmaciones son con frecuencia confirmadas por datos externos verificables (es decir, por otras fuentes antiguas como la arqueología, etc.). Así como en un matrimonio saludable uno confía en su cónyuge y no vive en la duda o en la sospecha constante, del mismo modo un cristiano confía en el texto bíblico en áreas que no pueden ser confirmadas por criterios externos. Por ejemplo, no contamos con información externa que confirme la visita de los magos a Herodes (Mt. 2:1-12). Sin embargo, el comportamiento celoso, desconfiado de Herodes el Grande en el Evangelio de Mateo está sin duda de acuerdo con la información extrabíblica de su carácter (vea Josefo, *Antigüedades* 17.6.5).

---

17. Grudem, *Teología sistemática*, 94. Los comentaristas del libro del Apocalipsis hablan con frecuencia de los solecismos (irregularidades gramaticales) que aparecen en el libro. Vea Laurențiu Florentin Moț, *Morphological and Syntactical Irregularities in the Book of Revelation: A Greek Hypothesis, Linguistic Biblical Studies* 11 (Leiden: Brill, 2015).

18. Vea, por ejemplo, Credo House Ministries (credohouse.org); Josh McDowell y Sean McDowell, *Evidencia que demanda un veredicto: Verdades transformadoras para un mundo escéptico* (El Paso, TX: Casa Bautista de Publicaciones, 2019); Lee Strobel, *El caso de la fe: Un periodista investiga las objeciones más difíciles contra el cristianismo* (Miami: Editorial Vida, 2001); Craig A. Evans, *El Jesús deformado: Cómo algunos estudiosos modernos tergiversan los evangelios* (Santander: Sal Terrae, 2007); y J. P. Moreland, *Scaling the Secular City: A Defense of Christianity* (Grand Rapids: Baker, 1987).

3. *Ore acerca de un texto difícil.* Dios es un Padre amoroso que cuida de sus hijos. Jesús enseñó:

> Pedid, y se os dará; buscad, y hallaréis; llamad, y se os abrirá. Porque todo aquel que pide, recibe; y el que busca, halla; y al que llama, se le abrirá. ¿Qué hombre hay de vosotros, que si su hijo le pide pan, le dará una piedra? ¿O si le pide un pescado, le dará una serpiente? Pues si vosotros, siendo malos, sabéis dar buenas dádivas a vuestros hijos, ¿cuánto más vuestro Padre que está en los cielos dará buenas cosas a los que le pidan? (Mt. 7:7-11).

4. *Tenga en cuenta "las calificaciones de la inerrancia" cuando se trata de textos difíciles (vea más arriba).* No exija que los escritores antiguos se ajusten a las normas que usted espera (exigiendo, por ejemplo, citas textuales que sean perfectamente paralelas).

5. *Busque consejo cuando lidie textos difíciles.* Hable con un amigo cristiano, pastor o profesor sobre su pregunta. A veces los colmillos de la serpiente del error aparente desaparecen al expresar nuestra pregunta. Consulte los mejores comentarios evangélicos sobre el tema.[19]

6. *Esté dispuesto a dejar un texto a un lado para su examen posterior en lugar de armonizarlo por la fuerza.* Agustín (uno de los llamados padres de la Iglesia, 354-430 d.C.) habla de su planteamiento confiado y paciente a las Escrituras canónicas:

> He aprendido a tratar con este respecto y honor solo a los libros canónicos de las Escrituras: de solo estos creo firmemente que los autores escribieron completamente libres de error. Y si en estos escritos estoy algo perplejo por algo que me parece opuesto a la verdad, no dudo en suponer que o bien el [manuscrito] es defectuoso, o el traductor no ha captado bien el significado de lo que se dijo, o yo mismo no he sido capaz de comprenderlo por completo.[20]

---

19. Para una sugerencia de los mejores comentarios, vea bestcommentaries.com; Tremper Longman III, *Old Testament Commentary Survey*, 5ª ed. (Grand Rapids: Baker, 2013); y D. A. Carson, *New Testament Commentary Survey*, 7ª ed. (Grand Rapids: Baker, 2013). También puede consultar obras de referencia tales como *Encyclopedia of Bible Difficulties* de Gleason L. Archer, o una Biblia de estudio tal como la *Biblia de Estudio NVI* (Miami: Editorial Vida, 2002); o *The ESV Study Bible* (Wheaton, IL: Crossway, 2008).
20. Agustín, *Cartas* 82.3. Traducción de J. G. Cunningham, *NPNF1* 1:350.

En resumen

Al afirmar que la Biblia es "inerrante" (sin error en todas sus afirmaciones), estamos prestando nuestra conformidad al testimonio que la Biblia da de sí misma y al testimonio histórico de la iglesia cristiana. No obstante, para mantener una opinión defendible de la inerrancia, se deben reconocer unas calificaciones necesarias (por ejemplo, permitir las convenciones literarias antiguas, los informes parciales, el parafraseo, los resúmenes, el lenguaje fenomenológico, etc.). Los cristianos deben ser conscientes de las percepciones distorsionadas de la Biblia y estar preparados con respuestas documentadas. Aun así, la afirmación verbal de la doctrina correcta no basta. Debemos demostrar nuestra sumisión a la Palabra inerrante por medio de unas vidas victoriosas de fe y amor (Mt. 7:21; Stg. 2:14).

Preguntas para la reflexión

1. ¿Le ha presentado alguien alguna vez un supuesto error en la Biblia como un argumento que demuestra que no es cierta? ¿Cuál fue su respuesta?
2. ¿Cuál es para usted el texto más desconcertante de la Biblia?
3. ¿Por qué la gente no se pone de acuerdo en su evaluación de la veracidad de la Biblia, pues algunos la ven como Palabra inerrante de Dios y otros la ven como una colección poco fiable de documentos contradictorios?
4. Si un vecino le dijera que él no cree en la Biblia porque está "llena de errores", ¿cómo respondería usted?
5. ¿Conoce usted a alguien que afirma verbalmente la veracidad de la Biblia, pero que su comportamiento deja mucho que desear? ¿Qué dice la Biblia acerca de esa situación?

PREGUNTA **5**

¿Fueron transmitidos con exactitud los antiguos manuscritos de la Biblia?

Cuando hablamos de la Biblia con los no cristianos, podemos oír esta objeción: "Sí, la Biblia se lee de esa manera *ahora*, pero todos sabemos que se ha cambiado".[1] ¿Tiene esta objeción algo de verdad en ella? ¿Cómo sabemos que la Biblia que tenemos en nuestras manos es una transmisión fiel de las palabras que los autores inspirados escribieron originalmente?

Visión general de las cuestiones textuales

El Antiguo Testamento fue originalmente escrito en hebreo (con unas pocas porciones en arameo) entre el 1400 y 430 a.C. El Nuevo Testamento fue escrito en griego entre los años 45 y 90 d.C. Las copias originales de los documentos antiguos se llaman los autógrafos (o *autographa*). Todos los autógrafos de los libros bíblicos se han perdido o destruido, aunque disponemos de miles de copias antiguas. El proceso de comparación y el estudio de estos ejemplares para reconstruir la redacción de los originales se conoce como la crítica textual. La crítica textual comenzó a florecer en la Europa del siglo XVI por una serie de razones. Primera, la imprenta ya era conocida y usada a mediados del siglo XV, lo cual permitía múltiples copias exactas del mismo libro, lo que era ideal para la recopilación y comparación de las variantes en los manuscritos.[2] Segunda, hubo un resurgimiento del aprendizaje en Europa, dando como resultado un gran interés en las lenguas, culturas y textos antiguos. Tercera, la Reforma protestante y la Contrarreforma católica centraron la atención de los estudiosos en la Biblia.

---

1. De hecho, los apologistas musulmanes explican la aparente aceptación de Mahoma del Antiguo y Nuevo Testamentos (Sura 3:3) argumentando que los textos bíblicos fueron corrompidos posteriormente. Por supuesto, nosotros tenemos manuscritos completos del Antiguo y Nuevo Testamentos que son dos siglos anteriores a Mahoma (ca. 570-632 d.C.). Estos manuscritos, aunque contienen variantes, están fundamentalmente de acuerdo con las bases textuales de las traducciones modernas de la Biblia.
2. La primera impresión (en una imprenta) del Antiguo Testamento hebreo apareció en 1488. El Nuevo Testamento griego, impreso bajo los auspicios del Cardenal Cisneros (como parte de la Biblia Políglota Complutense), se completó en 1514. El primer Nuevo Testamento griego impreso fue obra de Erasmo en 1516. Vea la obra de Paul D. Wegner, *The Journey from Texts to Translations: The Origin and Development of the Bible* (Grand Rapids: Baker, 1999), 266-267; Amy Anderson y Wendy Widder, *Textual Criticism of the Bible*, Lexham Methods Series (Bellingham, WA: Lexham, 2018).

La ciencia de la crítica textual siguió desarrollándose, llegando a nuevas alturas con el descubrimiento de muchos manuscritos antiguos en los siglos XIX y XX. Al igual que con cualquier otra ciencia, los datos de la crítica textual son muy complejos. (Por ejemplo, considere el conocimiento y la pericia arqueológica, paleográfica y lingüística que se necesitan para fechar con precisión y descifrar un solo manuscrito antiguo). Al mismo tiempo, la mayoría de los estudiosos, tanto liberales como conservadores, coinciden en que la crítica textual ha servido para confirmar la transmisión fiable de los manuscritos del Antiguo y Nuevo Testamentos. D. A Carson, un destacado erudito bíblico, afirma que los autógrafos del Nuevo Testamento pueden ser reconstruidos con una exactitud de aproximadamente el 96-97 por ciento.[3] Por otra parte, ningún texto en cuestión afecta a la doctrina cristiana. Es decir, todas las doctrinas cristianas están firmemente establecidas sin recurrir a los textos debatidos. La mayoría de los problemas textuales no resueltos tienen muy poca o ninguna importancia doctrinal.

Algunas traducciones modernas de la Biblia (esto es, NVI, NTV, RVC, etc.) incluyen las notas de variantes significativas. Por ejemplo, al pie de la página, usted puede darse cuenta de notas tales como: "Algunos manuscritos dicen..." o "La mayoría de los manuscritos más antiguos no incluyen...". Al repasar rápidamente esas notas, se puede tener una idea de los problemas textuales que todavía se siguen debatiendo.

El proceso de copiar textos antiguos

Debido a que en nuestra cultura moderna estamos tan acostumbrados a los métodos tecnológicamente avanzados de comunicación, a veces mostramos desconfianza hacia los métodos más antiguos de producción de literatura. Sin embargo, cabe señalar que los antiguos rabinos judíos y los primeros escribas cristianos trabajaban, por lo general, con una gran precisión en el copiado de los textos bíblicos. Los escribas judíos siguieron sistemas detallados para contar las letras en los manuscritos y verificar las variantes accidentales.[4] Del mismo modo, los escribas cristianos mostraron mucha cautela, usando a menudo múltiples correctores para leer sus ejemplares y comprobar si había

3. Carson dice: "Casi todos los críticos de texto reconocen que el 96, incluso el 97 por ciento, del Nuevo Testamento griego es moralmente cierto. No se discute". ("Who Is This Jesus? Is He Risen?" un documental auspiciado por D. James Kennedy y Jerry Newcombe [Fort Lauderdale, FL: Coral Ridge Ministries, 2000]). Klein, Blomberg, y Hubbard hacen una evaluación similar: "Las estimaciones sugieren que entre el 97 y el 99 por ciento del Nuevo Testamento original puede ser reconstruido a partir de los manuscritos existentes más allá de toda duda razonable. El porcentaje para el Antiguo Testamento es un poco menor, pero al menos el 90 por ciento o más" (William W. Klein, Craig L. Blomberg, y Robert L. Hubbard, *Introduction to Biblical Interpretation*, ed. rev. [Nashville: Thomas Nelson, 2004], 122).
4. Vea Wegner, *The Journey from Texts to Translations*, 167, 171-172.

errores. Inevitablemente, todos los manuscritos copiados a mano tienen algunas variaciones, pero se pone de manifiesto la precisión sorprendente en las copias más antiguas de nuestros Antiguo y Nuevo Testamentos.

El Antiguo Testamento

En 1947 se descubrió la primera parte de un alijo de documentos antiguos judíos en unas cuevas cerca del Mar Muerto. Según se cuenta, un joven árabe, pastor de cabras, estaba explorando una cueva después de tirar una piedra y escuchar cómo se rompía una pieza de cerámica (un recipiente para rollos). Los documentos descubiertos en estas cuevas pertenecían al parecer a la secta judía de los esenios, que vivían en una comunidad separatista en el desierto de Judea cerca del Mar Muerto. Cuando los esenios huyeron del ataque de los romanos cerca del 70 d.C., dejaron allí un tesoro de manuscritos para los críticos textuales de hoy en día. Además de muchos documentos de interés sobre la secta y la literatura extrabíblica, los eruditos han encontrado partes de todos los libros del Antiguo Testamento, excepto Ester y Nehemías. Estos manuscritos han llegado a ser conocidos como los rollos del Mar Muerto. Los documentos son manuscritos y copias de manuscritos desde aproximadamente el año 250 a.C. al año 50 d.C. Antes del descubrimiento de los rollos del Mar Muerto, los más importantes manuscritos hebreos existentes del Antiguo Testamento eran el Códice de Leningrado (1008 d.C.) y el Códice de Alepo (ca. 900 d.C.). Los rollos del Mar Muerto llevaron la evidencia de los manuscritos hebreos a un milenio antes.[5]

Aunque no sin algunos enigmas textuales, los rollos del Mar Muerto han confirmado que los libros hebreos de la Biblia eran meticulosa y fielmente copiados. El Antiguo Testamento conservado en el Códice de Leningrado (1008 d.C.) y Rollos del Mar Muerto (250 a.C. al 50 d.C.) es fundamentalmente el mismo texto hebreo de base utilizado en la traducción de las versiones modernas de la Biblia. Las variantes significativas del texto se hacen constar en las notas al pie de página en las traducciones modernas, a veces después de la abreviatura "RMM" (Rollos del Mar Muerto). Incluso cuando se consideran todos los manuscritos conocidos del Antiguo Testamento y variaciones, Shemaryahu Talmon, de la Universidad Hebrea de Jerusalén, declara: "Debe… hacerse hincapié en que estos errores y divergencias textuales entre las versiones afectan materialmente el mensaje intrínseco solo en relativamente pocos casos".[6]

Además de los antiguos textos hebreos, contamos también con copias

5. Sin embargo, existen muchas copias de la Septuaginta (la traducción griega del Antiguo Testamento), que datan varios siglos antes de los códices de Leningrado y Alepo.
6. Shemaryahu Talmon, "The Old Testament Text", en *The Cambridge History of the Bible: From the Beginnings to Jerome*, eds. P. R. Ackroyd y C. F. Evans (Cambridge: Cambridge University Press, 1970), 1:162.

antiguas del Antiguo Testamento traducido a otros idiomas: griego, latín, siríaco, etc. Las traducciones antiguas del Antiguo Testamento pueden a veces ayudar a descifrar palabras o frases hebreas difíciles. Más importante aún, esos textos pueden servir a veces como testigos útiles para lecturas variantes en el hebreo antiguo (es decir, que fueron traducidos a partir de un texto hebreo que varía de lo que conocemos en la actualidad). Si los traductores sospechan que una traducción temprana puede preservar mejor el texto hebreo original, ellos pueden seguir esa redacción en su traducción o poner una nota al pie de la variante. De nuevo, consulte las notas pertinentes al pie de la Biblia para ver si se están siguiendo el texto Masorético (hebreo), los Rollos del Mar Muerto, la Septuaginta (griego) o los manuscritos siríacos. Si la Biblia carece de esas notas, puede ver las notas extensas que aportan los traductores de la Biblia Textual publicada por la Sociedad Bíblica Interamericana y Holman Bible Publishers, o consultando la Biblia NET (New English Translation) en www.netbible.org.

El Nuevo Testamento

Incluso dentro de la propia Biblia, encontramos evidencia de documentos del Nuevo Testamento que habían sido copiados a mano y circulaban (Col. 4:16; 1 Ts. 5:27; 2 P. 3:15-16). A medida que esas copias continuaron aumentando y se hicieron copias de copias, ciertas tendencias de los escribas a uniformar llegaron a ser incluidas en varias familias de textos, que normalmente se clasificaban de acuerdo a la procedencia geográfica: occidental, alejandrino, bizantino, etc. El Imperio Bizantino de habla griega era una región que continuó necesitando producir más copias griegas del Nuevo Testamento, por lo que la familia de texto bizantino fue copiada con más frecuencia. Sin embargo, la mayoría de los eruditos coinciden en que la familia de texto bizantino no representa por lo general la lectura más antigua y fiable.

El influyente crítico de texto J. K. Elliott asevera que se debe rechazar la clasificación tradicional de las familias de texto y su uso a la hora de determinar las interpretaciones originales por considerarlas extremadamente simplistas.[7] Gerd Mink, del Instituto de Investigación Textual del Nuevo Testamento de Münster, Alemania, ha defendido un nuevo Método Genealógico Basado en la Coherencia (MGBC), que usa un detallado análisis informático de los manuscritos recopilados para determinar con mayor precisión las relaciones genealógicas entre ellos.

Mediante la comparación de los manuscritos antiguos, podemos acercarnos con cautela y con asombrosa exactitud al texto de los autógrafos. Al hablar

7. J. K. Elliot, "Recent Trends in Textual Criticism of the New Testament: A New MIllenium, a New Beginning?". *Bulletin de l'Académie Belge pour l'Étude des Langues Anciennes et Orientales* 1 (2012): 128-129.

de variantes de manuscritos, el lector no erudito puede saltar a conclusiones erróneas acerca de la cantidad o importancia de las variantes en los manuscritos antiguos. La mayoría de las variantes tienen poco o ningún efecto en el mensaje global unificado del Nuevo Testamento. Como un profesor enseña crítica bíblica a estudiantes de griego a nivel intermedio, he encontrado que un estudio detallado de la crítica textual sirve para aumentar la confianza de los estudiantes en la Biblia.

Contamos con más de cinco mil manuscritos antiguos, o porciones de los manuscritos del Nuevo Testamento. (Para una fotografía de uno de los manuscritos más famosos, vea la figura 6). El fragmento más antiguo conservado del Nuevo Testamento proviene de alrededor del año 130 d.C.[8] No hay ningún otro texto antiguo que se aproxime a tener esa cantidad de evidencia textual temprana. En su reciente libro *Can We Trust the Gospels?*, Peter J. Williams, director de Tyndale House, Cambridge, ofrece una comparación útil de la fecha y cantidad de pruebas existentes en las cuatro fuentes biográficas principales antiguas de dos contemporáneos: Jesús de Nazaret y el emperador romano Tiberio (42 a.C.–37 d.C.).[9] Al comparar las tablas más abajo, también merece la pena recordar que los Evangelios fueron escritos por testigos oculares del ministerio de Jesús (Mateo, Juan), o se basaron en el testimonio ocular (Marcos, Lucas).[10]

CUADRO 4: PRINCIPALES FUENTES SOBRE EL EMPERADOR TIBERIO

AUTOR Y OBRA	PALABRAS	COPIA MÁS TEMPRANA	FECHA DE ESCRITURA	IDIOMA
Veleyo Patérculo *Historia Romana* 2.94–131	6.489	Siglo XVI	30 d.C.	Latín
Tácito, *Anales* 1–6	48.200	Siglo IX	Después del 110 d.C.	Latín
Suetonio, *Tiberio*	9.310	Siglo IX	Después del 120 d.C.	Latín
Dion Casio, *Historia Romana* 57–58	14.293	Siglo IX	Después del 200 d.C.	Griego

8. El fragmento de John Rylands de Juan 18:31-33, 37-38.
9. Peter J. Williams, *Can We Trust the Gospels?* (Wheaton, IL: Crossway, 2018), 40. Recomiendo encarecidamente la lectura de este libro.
10. Richard Bauckham, *Jesus and the Eyewitnesses: The Gospels as Eyewitness Testimony* (Grand Rapids: Eerdmans, 2008).

CUADRO 5: PRINCIPALES FUENTES SOBRE JESÚS DE NAZARET

AUTOR Y OBRA	PALABRAS	COPIA COMPLETA MÁS TEMPRANA	COPIA INCOMPLETA MÁS TEMPRANA	IDIOMA
Mateo	18.347	Siglo IV	Siglo II/III	Griego
Mark	11,103	Siglo IV	Siglo III	Griego
Luke	19,463	Siglo IV	Siglo III	Griego
John	15,445	Siglo IV	Siglo II	Griego

Es impresionante ver las pruebas tan tempranas de los manuscritos de los Evangelios.

FIGURA 6: INICIO DEL EVANGELIO DE JUAN EN EL CÓDICE SINAÍTICO

El Códice Sinaítico es un manuscrito de la segunda mitad del siglo IV. Puede ver todo el manuscrito en www.codexsinaiticus.org.

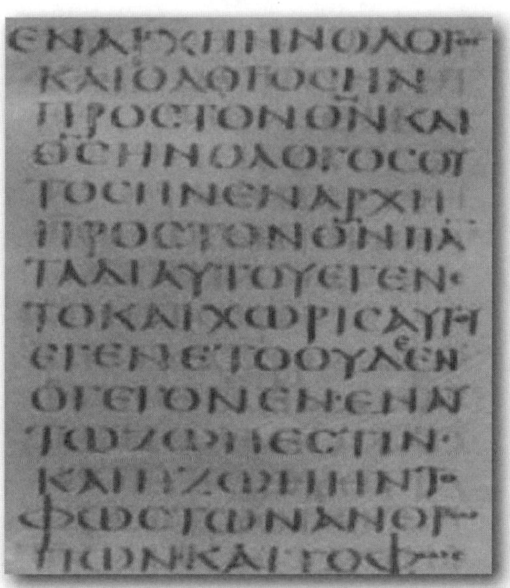

Muestras de las variantes textuales

Para dar una idea mejor sobre el tipo de variantes que se producen en los manuscritos antiguos, aportamos a continuación algunos ejemplos. Tomaremos estos ejemplos del Nuevo Testamento, aunque podían sacarse muestras similares del Antiguo Testamento.[11]

11. Para una lista similar de ejemplos del Antiguo Testamento, vea Wegner, *The Journey from Texts to Translations*, 180-181.

Errores no intencionales

De acuerdo con un cómputo, el 95 por ciento de las variantes textuales son accidentales, son variantes no intencionales producidas por el cansancio o por escribas incompetentes.[12] Tales variantes incluyen las siguientes:[13]

1. *Errores de vista*. Los escribas copiaban a veces los textos mirando primero a los originales y luego a la copia. Mediante este método, cometieron inevitablemente una serie de errores de la vista. Por ejemplo, confundían letras que parecían similares en apariencia, dividían mal las palabras (los manuscritos griegos más antiguos de la Biblia no tienen espacios entre las palabras), repetían palabras o secciones (es decir, copiaban la misma palabra o frase dos veces), omitían por accidente las letras, palabras o secciones, o cambiaban el orden de las letras de una palabra o palabras en una oración. En el Códice Vaticano, por ejemplo, en Gálatas 1:11, un escriba escribió sin querer τὸ εὐαγγέλιον ("el evangelio") tres veces seguidas.

2. *Errores de audición*. Cuando los escribas copiaban manuscritos por medio del dictado (es decir, los escribas escribían un manuscrito que era leído), se cometían errores de audición, como en Mateo 2:6 en el Códice Sinaítico, donde ἐκ σοῦ ("de ti") se ha escuchado mal y se ha escrito erróneamente como ἐξ οὗ ("de quien"). Las vocales, los diptongos, u otros sonidos a veces los oían mal. (Se cometen errores similares en español al escribir, por ejemplo, "cabello" cuando alguien dice "caballo").

3. *Errores de escritura*. A veces los escribas introducían errores en los textos simplemente escribiendo las cosas mal. Por ejemplo, un escriba podría escribir accidentalmente una o varias letras equivocadas, dando como resultado un significado diferente. En el Códice Alejandrino, en Juan 13:37, un escriba escribió accidentalmente δύνασαί μοι en lugar de δύναμαί σοι. En vez de decirle a Jesús: "¿por qué no te puedo seguir ahora?", Pedro le pregunta: "¿por qué no me puedes seguir ahora?".

4. *Errores de juicio*. Algunas veces los escribas cometieron errores de juicio a través de la incorporación de notas explicatorias marginales en el cuerpo del texto o influencias corruptoras similares no intencionales.

---

12. Arthur G. Patzia, *The Making of the New Testament: Origin, Collection, Text and Canon*, 2ª ed. (Downers Grove, IL: InterVarsity Press, 2011), 230.
13. El material que sigue está tomado de Patzia, *The Making of the New Testament*, 230-242. Estoy en deuda con Elijah Hixson por señalar muchas de las variantes que se ofrecen como ejemplos en esta sección.

En el Códice 109 del siglo XIV, por ejemplo, un escriba incompetente ha copiado aparentemente líneas continuas de texto de un manuscrito que enumeraba la genealogía de Jesús (Lc. 3:23-38) en dos columnas. La genealogía resultante tiene todas las relaciones familiares desordenadas, e incluso incluye a Dios como hijo de Aram.[14]

Errores intencionales

El restante 5 por ciento de las variantes textuales son el resultado de una actividad intencional por parte de los escribas. Tales cambios incluyen:

1. *Modificar la gramática y la ortografía.* En un intento de uniformar la gramática o la ortografía, los escribas corregían a veces lo que ellos percibían como errores ortográficos o gramaticales en el texto que copiaban. Por ejemplo, aunque Juan puso originalmente el caso nominativo después de la preposición ἀπό en Apocalipsis 1:4, los escribas posteriores han insertado una forma genitiva.[15]

2. *Armonizar pasajes similares.* Los escribas tenían la tendencia a armonizar los pasajes paralelos y de introducir uniformidad para estilizar expresiones. Por ejemplo, los detalles sobre el mismo incidente en múltiples Evangelios podrían ser incluidos cuando copiaban alguno de los evangelios. Como profesor de griego, he encontrado interesante notar que los estudiantes a veces sin querer insertan *Señor* o *Cristo* cuando traducen un pasaje con el nombre de *Jesús.* Los estudiantes, por supuesto, no tienen la intención de promover una cristología más alta, sino que simplemente están conformando su discurso con una referencia estilizada al Salvador. Los escribas antiguos se comportaban de forma similar.

3. *Eliminar aparentes discrepancias y dificultades.* Los escribas arreglaban a veces lo que ellos percibían como un problema en el texto. Por ejemplo, en Marcos 1:2-3, algunos manuscritos citan el texto fusionado diciendo que es de "los profetas" en lugar de "Isaías", como Marcos escribió. Vea la pregunta 4 ("¿Contiene la Biblia errores?") para un análisis más detallado de este texto y la cuestión de las discrepancias.

---

14. Bruce M. Metzger y Bart D. Ehrman, *The Text of the New Testament: Its Transmission, Corruption, and Restoration*, 4ª ed. (Nueva York: Oxford University Press, 2005), 259.
15. Metzger y Ehrman, 262.

4. *Combinar textos.* A veces, cuando un escriba tenía conocimiento de lecturas variantes del manuscrito base del que estaba copiando, incluía ambas dentro de su copia, fusionándolas. Por ejemplo, en Hechos 20:28, algunos manuscritos tempranos leen τὴν ἐκκλησίαν τοῦ θεοῦ ("la iglesia de Dios"), mientras que otros leen τὴν ἐκκλησίαν τοῦ κυρίου ("iglesia del Señor"). Los manuscritos posteriores fusionan las lecturas como τὴν ἐκκλησίαν τοῦ κυρίου καὶ [τοῦ] θεοῦ ("la iglesia del Señor y de Dios").[16]

5. *Adaptar diferentes tradiciones litúrgicas.* En unos pocos lugares aislados, es posible que la liturgia de la Iglesia (es decir, oraciones o alabanzas estilizados) influyeran en algunas adiciones o cambios de redacción textuales (p. ej., Mateo 6:13: "Porque tuyo es el reino, y el poder, y la gloria, por los siglos. Amén").

6. *Realizar cambios teológicos o doctrinales.* A veces los escribas hacían cambios teológicos o doctrinales, ya sea omitiendo algo que ellos veían como erróneo o agregando notas aclaratorias. Por ejemplo, en Mateo 24:36, algunos manuscritos omiten la referencia a la ignorancia del Hijo sobre el día de su regreso, un pasaje que es obviamente difícil de entender.[17]

Por supuesto, con tantos textos antiguos a su disposición, los especialistas en crítica textual pueden descartar la mayoría de las variantes mencionadas anteriormente y, por tanto, no hay necesidad de citarlas en las traducciones modernas. Para los curiosos, discusiones más detalladas de las variantes de los manuscritos se pueden encontrar en las obras de referencia para los críticos textuales, ediciones críticas del Antiguo y Nuevo Testamentos, y comentarios académicos (vea la pregunta 13, "¿Qué libros o herramientas útiles hay disponibles para la interpretación bíblica?").

La ortodoxia cristiana temprana y otros manuscritos antiguos

Algunos escritos sensacionalistas han afirmado que el Antiguo y Nuevo Testamentos muestran solo las creencias de los que ganaron las batallas doctrinales en el antiguo judaísmo y el naciente cristianismo. En otras palabras, existía una pluralidad de opiniones religiosas que competían en el judaísmo antiguo y el cristianismo primitivo. Cuando se impuso un punto de vista (el

---

16. Metzger y Ehrman, 265.
17. En este texto, como en algunos otros lugares (p. ej., Juan 4:6), las Escrituras parecen hablar de Jesús desde la perspectiva de su naturaleza humana, y no se pretende negar la omnisciencia o la omnipotencia de su naturaleza divina. Otros han explicado este pasaje afirmando que, antes de su exaltación, Jesús se despojó de ciertas prerrogativas divinas (es decir, la teoría kenótica).

judaísmo monoteísta o el cristianismo ortodoxo), los ganadores reescribieron la historia para que pareciera que los perdedores nunca habían participado en el juego. A nivel académico, este punto de vista está representado por la obra *Ortodoxia y herejía en el cristianismo primitivo* de Walter Bauer (original alemán de 1934). A nivel popular, este enfoque se manifiesta en las obras cargadas de conspiración de Dan Brown (*El Código de Da Vinci*) y Bart Ehrman (*Jesús no dijo eso*). Detrás de estos planteamientos hay un escepticismo extremo hacia la Biblia que no se sostiene en el marco de una evaluación más objetiva. Una refutación completa de puntos de vista tan aberrantes excede los parámetros de este libro, pero para su mejor estudio remito al lector a las obras *The Missing Gospels* de Darrell L. Bock (en respuesta a Bauer o Brown), y al libro *Misquoting Truth* de Timothy Paul Jones (en respuesta a *Jesus no dijo eso* de Ehrman), y *Fabricating Jesus* de Craig Evans.[18]

Recientes estudios de crítica textual

En décadas recientes, el campo de la crítica textual del Nuevo Testamento ha experimentado un renovado interés. La digitalización de los manuscritos griegos antiguos más relevantes del Nuevo Testamento ha democratizado el acceso a materiales primarias. Las computadoras también han cambiado la catalogación tradicional y extremadamente simplista de los manuscritos en amplias familias de texto. Los algoritmos informáticos nos están ayudando a descifrar las complejas relaciones genealógicas entre los manuscritos antiguos y se encuentran en el núcleo central de la revisión constante de las ediciones críticas estándares del Nuevo Testamento Griego (es decir, las ediciones de *Editio Critica Major*, Nestle-Aland y las Sociedades Bíblicas Unidas). Asimismo, se ha florecido un interés por las tendencias de los escribas y lo que revelan respecto a las predilecciones teológicas de los antiguos escribas y de las comunidades a las que representan. No ha existido tiempo más emocionante que este para explorar el campo de la crítica textual.

En resumen

Hasta finales del siglo XV, todos los manuscritos hebreos y griegos de la Biblia se copiaron a mano. Si bien las técnicas de los escribas evidencian gran cuidado, se infiltraron de manera inevitable errores de copiado. Como no poseemos los autógrafos (copias originales) de los libros de la Biblia, practicar la crítica textual (estudiar y comparar los manuscritos antiguos) es necesario

18. Darrell L. Bock, *The Missing Gospels: Unearthing the Truth Behind Alternative Christianities* (Nashville: Thomas Nelson, 2006); Timothy Paul Jones, *Misquoting Truth: A Guide to the Fallacies of Bart Ehrman's Misquoting Jesus* (Downers Grove, IL: InterVarsity Press, 2007); y Craig A. Evans, *Fabricating Jesus: How Modern Scholars Distort the Gospels* (Downers Grove, IL: InterVarsity Press, 2008).

para confirmar la redacción original de los autores bíblicos. Con el número y la calidad de los manuscritos disponibles, los eruditos pueden reconstruir el Antiguo y el Nuevo Testamento con una exactitud extrema. Además, ninguna doctrina cristiana depende de los restantes textos discutidos. Para obtener una sensación de la clase de variantes textuales en los manuscritos antiguos, consulte las notas al pie en cualquier traducción moderna de la Biblia.

Preguntas para la reflexión

1. Antes de leer esta pregunta, ¿había usted pensado alguna vez en la transmisión de las copias antiguas del Antiguo y Nuevo Testamentos? Si es así, ¿qué motivó su interés?
2. Cuando lee la Biblia, ¿suele fijarse usted en las notas al pie que tienen que ver con variantes del texto? ¿Por qué sí o por qué no?
3. ¿Qué es algo nuevo que ha aprendido acerca de la transmisión de los manuscritos bíblicos?
4. ¿Ha leído alguna vez el libro de Bart Ehrman (*Jesús no dijo eso*) o el de Dan Brown (*El código de Da Vinci*), o se ha encontrado con alguna persona influenciada por esas obras?
5. ¿Le queda alguna pregunta pendiente sobre las variantes del texto o la crítica textual?

Sitios web recomendados

https://evangelicaltextualcriticism.blogspot.com/. Este blog proporciona una ventana evangélica a los debates actuales sobre la crítica textual.

https://podcasts.apple.com/us/podcast/the-basics-of-new-testament-textual-criticism/id446655163. Por medio de este podcast gratuito tendrá acceso a lecturas fundamentales de Dan Wallace sobre la crítica textual del Nuevo Testamento.

www.credocourses.com/product/textual-criticism/. Esta clase de crítica textual, también impartida por Dan Wallace, es más extensa que los videos de los podcasts gratuitos (ver más arriba). La clase y los recursos que la acompañan están disponibles para su adquisición en el ministerio apologético Credo House.

www.csntm.org. El Center for the Study of New Testament Manuscripts (CEMNT) es un ministerio sin ánimo de lucro dirigido por Dan Wallace, que se centra en la digitalización de los manuscritos del Nuevo Testamento Griego.

PREGUNTA 6

¿Quién determinó qué libros debían incluirse en la Biblia?

El canon es la lista cerrada de libros que los cristianos ven como singularmente autoritativos e inspirados. El término griego *kanōn* significaba originalmente "caña" o "vara de medir" y solo más tarde "norma" o "regla".[1] Si bien el concepto de un canon limitado es antiguo (Dt. 31:24-26; Dn. 9:2), la primera persona en utilizar la palabra griega *kanōn* para referirse a la lista restringida de los libros inspirados del cristianismo fue al parecer Atanasio, obispo de Alejandría (ca. 352 d.C., *Decretos del Sínodo de Nicea* 5.18).[2] El primer concilio de la Iglesia en utilizar la palabra *kanōn* de esta manera fue el Sínodo de Laodicea (363 d.C.).[3] En poco tiempo el término llegó a ser ampliamente utilizado y aceptado.[4]

Para los cristianos protestantes, el canon no es una colección autorizada de escritos (sobre el que la Iglesia confiere su autoridad o aprobación de una lista de libros). Por el contrario, el canon es una colección de escritos autoritativos. Los escritos bíblicos tienen una autoridad inherente como obras inspiradas de forma única por Dios. La canonización es el proceso de reconocimiento de esa autoridad inherente, no el otorgamiento de ella por una fuente externa.

La mayoría de los cristianos dan por supuesto el canon sin pensar en el proceso de reconocimiento de los libros. A menudo, solo cuando un cristiano se encuentra con una persona (no cristiana) que rechaza el canon por completo o alguien que apoya una variante del canon (un católico-romano, por ejemplo, que acepta los libros apócrifos) tiene que comenzar a pensar más profundamente acerca de este tema. ¿Quién determinó que treinta y nueve libros estarían en el canon del Antiguo Testamento y veintisiete libros en el

1. *Kanōn* nos viene de la palabra hebrea *qāneh* que significa caña o vara de medir. Vea H. W. Beyer, "κανών," en *TDNT*, 3:596-602; Michael J. Kruger, *Canon Revisited: Establishing the Origins and Authority of the New Testament Books* (Wheaton, IL: Crossway, 2012), 27.
2. Como lo cita R. K. Harrison en *Introduction to the Old Testament* (Grand Rapids: Eerdmans, 1969; Peabody, MA: Prince [Hendrickson], 1999), 261.
3. Aunque la lista de los libros canónicos del sínodo es igual a la nuestra (excepto por la omisión de Apocalipsis) la mayoría de los eruditos creen que la lista es un añadido posterior (Bruce M. Metzger, *The Canon of the New Testament: Its Origin, Development, and Significance* [Oxford: Oxford University Press, 1987], 210).
4. David S. Dockery, *Christian Scripture: An Evangelical Perspective on Inspiration, Authority and Interpretation* (Nashville: Broadman & Holman, 1995), 89.

canon del Nuevo Testamento? ¿Cuándo y por qué fueron elegidos estos libros y no otros? ¿Está el canon cerrado o se pueden añadir más libros?

El canon del Antiguo Testamento

Los treinta y nueve libros en el canon del Antiguo Testamento fueron escritos entre 1400 y 430 a.C. No tenemos información detallada acerca de la discusión que probablemente rodeó la inclusión o rechazo de los escritos en el Antiguo Testamento. Parece que algunos libros fueron reconocidos inmediatamente como autoritativos sobre la base de su naturaleza y autenticación propias o una palabra profética cumplida (Éx. 24:3-7; Dt. 18:15-22; Dn. 9:2). Otros libros pueden haber requerido algo de tiempo para ser editados o reconocidos plenamente (Is. 30:8; Pr. 25:1). Walter Kaiser resume la aparente historia del canon del Antiguo Testamento: "[Hubo] un *reconocimiento progresivo* de ciertos libros como canónicos desde el principio por los lectores y oyentes que fueron contemporáneos con los escritores y que están así en la mejor posición para determinar las afirmaciones de los escritores".[5] Parece claro que, para el tiempo de Jesús, la mayoría de los judíos estaban de acuerdo en cuanto a su propio canon, una lista que coincide con el contenido de nuestro actual Antiguo Testamento.

Los samaritanos (los medio judíos) del tiempo de Jesús reconocían solo una copia editada del Pentateuco (los cinco primeros libros del Antiguo Testamento) como sus Escrituras, pero los judíos nunca vieron a los samaritanos como descendientes legítimos de Abraham (Mt. 10:5-6; Lc. 17:18). Los saduceos, un partido judío pequeño, pero muy conocido e influyente en tiempos de Jesús, veían los libros fuera del Pentateuco como menos autoritarios o inspirados (Mt. 22:23; Hch. 23:8). Jesús rechazó la opinión de los saduceos, y respaldó el triple canon judío (La Ley, los Profetas y los Escritos) tal como estaba en su día (Lc. 24:44; téngase en cuenta que los Salmos, como la sección más grande de los Escritos, a veces se utilizaba para referirse a toda la sección). Para los cristianos, la aceptación del canon de treinta y nueve libros del Antiguo Testamento es relativamente fácil. Uno podría decir: "Jesús y sus apóstoles confirmaron en su día el canon judío de las Escrituras hebreas. Yo, como seguidor de Jesús, afirmo lo mismo".

En la historia reciente, algunos eruditos del Antiguo Testamento han afirmado que el canon judío no se cerró hasta el llamado Concilio Judío de Jamnia (o Jabneh) en el año 90 d.C.[6] Sin embargo, el término *concilio* y una

---

5. Walter C. Kaiser Jr., *The Old Testament Documents: Are They Reliable and Relevant?* (Downers Grove, IL: InterVarsity Press, 2001), 31.
6. H. H. Graetz es al parecer el originador de esta idea (*Kohélet oder der Salominishe Prediger* [Leipzig: Winter, 1871], 160-163), seguido por H. E. Ryle, *The Canon of the Old Testament* (London:

fecha específica son engañosas. En realidad, tras la destrucción del templo de Jerusalén por los romanos en el año 70, las discusiones rabínicas en Jamnia continuaron sobre una variedad de temas durante las siguientes seis décadas.[7] Nuevas reconsideraciones a posteriori de la discusión rabínica en Jamnia favorecen la visión tradicional cristiana de que el canon estaba ya establecido en el primer siglo para la mayoría de los judíos.[8] Jamnia sirvió de escenario para la discusión de los retos del texto del Antiguo Testamento, pero no hubo decisiones vinculantes canónicas.[9] Josefo afirma que el canon judío, que coincide con el contenido de nuestro Antiguo Testamento moderno, había quedado establecido desde el tiempo del rey persa Artajerjes (465-423 a.C.). Los judíos en los tiempos de Josefo y Jesús ordenaron sus escrituras hebreas de manera diferente, dando lugar a veinticuatro libros, lo que equivale a nuestro número actual de treinta y nueve libros (vea el cuadro 7).[10] La declaración de Josefo sobre el cierre del canon hebreo (vea el recuadro en la página siguiente) es especialmente llamativo. Resulta difícil ver por qué tenemos que desprendernos de sus afirmaciones sin ambigüedades a favor de reconstrucciones modernas débiles.

El canon del Nuevo Testamento

En comparación con el canon del Antiguo Testamento, sabemos mucho más sobre el reconocimiento formal de los libros en el Nuevo Testamento. Al hablar sobre el canon, la Iglesia de los primeros siglos insistió en que los libros reconocidos fueran:

Macmillan, 1892). Más recientemente, vea, por ejemplo, Bernhard Anderson, *Understanding the Old Testament*, 4ª ed. (Englewood Cliffs, NJ: Prentice-Hall, 1986), 641. Las teorías liberales de la formación del canon también fechan más tarde los libros del Antiguo Testamento.

7. Jack P. Lewis, "Jamnia (Jabneh), Council of", *ABD* 3:635-636.
8. Jack Lewis escribe: "Al parecer la afirmación frecuente que se hace de que se tomó [en Jamnia] una decisión vinculante que abarca todas las escrituras es en el mejor de los casos una conjetura". ("What Do We Mean by Jabneh?" *JBR* 32 [1964]: 132). Según Sid Leiman: "La opinión generalizada de que el Concilio de Jamnia cerró el canon bíblico, o que canonizó los libros, no está respaldada por la evidencia, y ya no hay que seguir tomándola en serio" ("The Canonization of Hebrew Scripture: The Talmudic and Midrashic Evidence", *Transactions of the Connecticut Academy of Arts and Sciences* 47 [Hamden, CT: Archon, 1976], 124).
9. Es cierto que una minoría de judíos cuestionaron la idoneidad de algunos textos o libros (p. ej., Cantar de los Cantares, Eclesiastés), pero tal cuestionamiento continuó, y, de hecho, continúa incluso hoy entre algunos eruditos judíos. Dándole a Jamnia el mayor mérito que puede merecer, Bruce escribe: "Los libros que [los participantes] en Jamnia decidieron reconocer como canónicos ya eran generalmente aceptados, aunque se habían planteado cuestiones acerca de ellos. Los que ellos se negaron a admitir nunca habían sido incluidos. Ellos no sacaron del canon ningún libro que previamente había sido admitido. El Concilio de Jamnia, como J. S. Wright lo expresó: 'Fue la confirmación de la opinión pública, no su formación'" (F. F. Bruce, *The Books and the Parchments*, ed. rev. [Londres: Marshall Pickering, 1991], 88-89).
10. Josefo cuenta Jueces-Rut como un solo libro, así como también Jeremías-Lamentaciones, lo que reduce el número total de libros a veintidós.

- *Apostólicos:* Escritos o relacionados estrechamente con un apóstol (un testigo autorizado de Jesús).
- *Católicos:*[11] Reconocidos ampliamente, sino universalmente, por las iglesias.
- *Ortodoxos*: No estar en contradicción con ningún libro o doctrina apostólica.

Josefo (37-100 d.C.), el historiador judío no cristiano, escribió acerca de los debates sobre el canon hebreo:

> Debido a que nosotros no tenemos una innumerable cantidad de libros, en desacuerdo o contradicción unos con otros, [como tienen los griegos], sino solo veintidós libros, que contienen los registros de todos los tiempos del pasado; que justamente creemos ser divinos; y cinco de ellos pertenecen a Moisés, que contienen sus leyes y las tradiciones del origen de la humanidad hasta su muerte. Este intervalo de tiempo fue poco menos que tres mil años; pero en el tiempo transcurrido desde la muerte de Moisés hasta el reinado de Artajerjes, rey de Persia, que reinó después de Jerjes, los profetas, que fueron después de Moisés, escribieron en trece libros lo que sucedió en su tiempo. Los restantes cuatro libros contienen himnos a Dios, y preceptos para la conducta de la vida humana. Es cierto, nuestra historia se ha escrito muy especialmente desde Artajerjes, pero no ha sido estimada por nuestros antepasados con la misma autoridad que con los primeros, porque no ha habido una sucesión exacta de profetas desde ese tiempo, y la firmeza con que hemos reconocido estos libros de nuestra propia nación es evidente por lo que hacemos; pues, durante tantos siglos que ya han pasado, nadie ha sido tan audaz como para añadir nada a ellos, o quitar cualquier cosa de ellos, o para hacer cualquier cambio en ellos; pero es natural para todos los judíos, de inmediato y desde su nacimiento, considerar que estos libros contienen doctrinas divinas y persistir en ellas, y, si llega la ocasión, morir de buen grado por ellas (*Contra Apión* 1:38-42, traducción de Whiston).

---

11. La palabra *católico* significa universal. Su utilización aquí no debe confundirse con la forma en que se usó la palabra para identificar las distintas ramas del cristianismo (p. ej., La Iglesia Católica Romana).

La primera lista canónica que coincide exactamente con nuestros veintisiete libros del Nuevo Testamento es la lista dada por Atanasio en su carta de Pascua (carta 39) en el 367 d.C. Dos concilios de la iglesia (Hippo Regius, en el 393 d.C., y Cartago, 397 d.C.) confirmaron la lista de veintisiete libros.

A pesar de ser una simplificación excesiva, T. C. Hammond presenta un resumen útil del reconocimiento del canon del Nuevo Testamento.

- Los libros del Nuevo Testamento fueron escritos durante el período del 45 al 100 d.C.
- Fueron reunidos, guardados y leídos en las iglesias durante 100-200 d.C.
- Fueron cuidadosamente examinados y comparados con escritos falsos en los años 200-300 d.C.
- Se llegó a un completo acuerdo sobre los libros entre los años 300-400 d.C.[12]

A veces los estudiantes tienen problemas al descubrir que no tenemos una lista canónica de los libros del Nuevo Testamento que coincida exactamente con la nuestra hasta la carta de Atanasio en el 367 d.C. Sin embargo, hay que recordar varios hechos. Primero, todos los documentos del Nuevo Testamento eran vistos como autoritativos y estaban circulando entre las iglesias por el año 90 o 100 d.C. (Col. 4:16; 2 P. 3:16). Segundo, desde el primer momento después de los escritos cristianos del Nuevo Testamento (los padres apostólicos), es evidente que existía un canon implícito. Por las frecuentes citas que hacían de ellos, los padres apostólicos atribuyeron autoridad única a lo que vino a llamarse el Nuevo Testamento.[13] Tercero, en ausencia de una jerarquía eclesiástica unificada y en una situación en la que los documentos eran copiados a mano, no es de extrañar encontrar iglesias que debatían qué escritos eran verdaderamente apostólicos. Eusebio de Cesarea (ca. 260-340 d.C.) menciona tres categorías de libros en su día: los aceptados universalmente,

---

12. T. C. Hammond, *In Understanding Be Men: An Introductory Handbook of Christian Doctrine*, rev. y ed. David F. Wright, 6ª ed. (Leicester: Inter-Varsity Press, 1968), 29. Hammond pone los libros del Nuevo Testamento como escritos entre el 50 y 100 d.C., por lo que he ajustado aquí su plan en cinco años. Además, los debates canónicos continuaron en el Oriente por más tiempo.
13. John Barton escribe: "La importancia central de la mayoría de los escritos que llegaron a formar el Nuevo Testamento ya estaba establecida a principios del segundo siglo" (*Holy Writings, Sacred Text: The Canon in Early Christianity* [Louisville, KY: Westminster John Knox, 1997], 64).

los debatidos, y los espurios.[14] Cuarto, hay que tener en cuenta las grandes distancias geográficas entre algunas de las primeras comunidades cristianas, así como las persecuciones que hicieron prácticamente imposible la comunicación y las reuniones de los órganos de decisión hasta la conversión del emperador romano en el siglo IV d.C.

La observación de Barker, Lane y Michaels es apropiada:

> El hecho de que substancialmente toda la Iglesia llegó a reconocer los mismos 27 libros como canónicos es notable cuando se recuerda que el resultado no fue planeado. Todo lo que las diversas iglesias en todo el Imperio podían hacer era dar testimonio de su propia experiencia con los documentos y compartir cualquier conocimiento que pudieran tener acerca de su origen y carácter. Cuando se tiene en cuenta la gran diversidad de orígenes culturales y la orientación hacia los elementos esenciales de la fe cristiana dentro de las iglesias, su acuerdo común acerca de los libros que pertenecen al Nuevo Testamento sirve para sugerir que la decisión final no se originó exclusivamente en el plano humano.[15]

Sin embargo, más allá de las preguntas históricas válidas sobre la formación del canon, los cristianos se acercan al canon de la Biblia con ciertas presuposiciones. Si Dios preservó con precisión la anterior revelación de sí mismo en los escritos del Antiguo Testamento (que Jesús respaldó), ¿cuán probable es que la culminación de la revelación —la persona y las enseñanzas de su Hijo—dejara de quedar registrada y preservada (He. 1:1-2)? En efecto, Jesús prometió a sus apóstoles la presencia del Espíritu Santo para que les recordara su enseñanza con fidelidad y precisión y transmitiera otra información adicional necesaria a sus seguidores (Jn. 14:26).

Los libros apócrifos

Los católicos romanos y los cristianos ortodoxos (ortodoxos orientales, ortodoxos rusos, ortodoxos etíopes, etc.) tienen algunos libros adicionales en su Antiguo Testamento que los protestantes no consideran Escrituras[16] (vea el cuadro 8). Los protestantes se refieren a estos libros como los apócrifos, aunque los católicos romanos los llaman libros deuterocanónicos (literalmente "en segundo lugar canónicos", porque fueron formalmente reconocidos como canónicos más tarde, a diferencia de los protocanónicos, o libros "canónicos

14. Eusebio de Cesarea, *Historia eclesiástica* 3.25.1-5.
15. Glenn W. Barker, William L. Lane y J. Ramsey Michaels, *The New Testament Speaks* (Nueva York: Harper & Row, 1969), 29.
16. Vea Hans Peter Rüger, "The Extent of the Old Testament Canon", *BT* 40 (1989): 301-308.

CUADRO 7: ORDENACIÓN DE LAS ESCRITURAS HEBREAS EN EL PRIMER SIGLO

ESCRITURAS HEBREAS (24 LIBROS)	EL ANTIGUO TESTAMENTO CRISTIANO (39 LIBROS)
LEY	LIBROS HISTÓRICOS
Génesis Éxodo Levítico Números Deuteronomio	Génesis Éxodo Levítico Números Deuteronomio Josué Jueces Rut 1 y 2 Samuel 1 y 2 Reyes 1 y 2 Crónicas Esdras Nehemias Ester
PROFETAS ANTERIORES	LIBROS POÉTICOS
Josué Jueces Samuel Reyes	Job Salmos Proverbios Eclesiastés Cantar de los Cantares
PROFETAS POSTERIORES	
Profetas mayores	
Isaías Jeremías Ezequiel	
Profetas menores	
Oseas—Malaquías (Los 12)	
ESCRITOS	LIBROS PROFÉTICOS
Salmos Job Proverbios Rut Cantar de los Cantares Eclesiastés Lamentaciones Ester Daniel Esdras—Nehemías Crónicas	**Profetas mayores** Isaías Jeremías Lamentaciones Ezequiel Daniel **Profetas menores** Oseas—Malaquías (Los 12)

en primer lugar"). Estos libros fueron escritos por los judíos en el período más o menos de quinientos años entre el Antiguo y el Nuevo Testamentos (430 a.C. al 40 d.C.).

Los protestantes no consideran los libros apócrifos como Escrituras por una serie de razones.

1. Los judíos que escribieron estos libros nunca los aceptaron en su canon. Este es un argumento de peso en el sentido de que aquellos que escribieron y conservaron esos libros los pusieron en una categoría diferente de las Escrituras hebreas reconocidas. De hecho, comentarios dentro de los libros apócrifos distinguen a los escritores contemporáneos de los profetas inspirados por Dios, que ya llevaban mucho tiempo en silencio (1 Mac. 4:41-46; 9:27; 14:40).

2. Los libros apócrifos contienen de hecho claros errores y, desde el punto de vista protestante, errores teológicos (como orar por los muertos, véase 2 Mac. 12:43-45).[17]

3. La Iglesia Católica Romana no reconoció oficialmente los libros apócrifos como canónicos hasta el Concilio de Trento en 1546.[18] De hecho, Jerónimo (340-420 d.C.), el traductor de la Vulgata (la Biblia oficial Católica Romana en latín durante más de un milenio), dijo que los libros apócrifos son para edificación cristiana, pero no "para el establecimiento de autoridad en doctrinas de la iglesia".[19] En el Concilio de Trento, los católicos romanos reconocieron los libros deuterocanónicos como reacción a los líderes protestantes que exigían un retorno al cristianismo bíblico, despojado de añadidos posteriores y distorsiones. Los católicos romanos incluyeron los libros apócrifos dentro de su canon del Antiguo Testamento, añadiendo algunas veces libros enteros y, otras veces, la combinación de porciones apócrifas con libros que los protestantes reconocen como libros canónicos (p. ej., tres adiciones a Daniel: La oración de Azarías, Susana, y Bel y el Dragón). Estos

17. Para ejemplos de errores, vea el cuadro 8.4 ("Inaccuracies in the Apocryphal Books") en Paul D. Wegner, *The Journey from Texts to Translations: The Origin and Development of the Bible*,(Grand Rapids: Baker, 1999), 125.
18. Varios concilios regionales (p. ej., Hipona, 393 d.C., o Cartago, 393, 397, 419 d.C.) afirmaron los apócrifos como canónicos en una fecha anterior, aunque no sin que circularan diferentes opiniones en ese momento.
19. Jerónimo, *Prologus Galeatus*, como aparece citado por Gleason L. Archer, *A Survey of Old Testament Introduction*, ed. rev. (Chicago: Moody Press, 1994), 81n.8.

CUADRO 8: EL CANON EN DISTINTAS TRADICIONES CRISTIANAS

PROTESTANTISMO	CATOLICISMO ROMANO	ORTODOXOS GRIEGOS
ANTIGUO TESTAMENTO	**ANTIGUO TESTAMENTO**	**ANTIGUO TESTAMENTO**
Pentateuco (Gn.—Dt.)	Pentateuco (Gn.—Dt.)	Pentateuco (Gn.—Dt.)
Profetas	Profetas	Profetas
• Anteriores (Jos.—Reyes)	• Anteriores (Jos.—Reyes)	• Anteriores (Jos.—Reyes)
• Posteriores	• Posteriores	• Posteriores
Mayores (Is., Jer., Ez.)	Mayores (Is., Jer., Ez.)	Mayores (Is., Jer., Ez.)
Menores (Los Doce)	Menores (Los Doce)	Menores (Los Doce)
Escritos	Escritos	Escritos
	APÓCRIFOS	**APÓCRIFOS**
	Tobías	Tobías
	Judit	Judit
	Adiciones a Esther	Adiciones a Esther
	Sabiduría de Solomón	Sabiduría de Solomón
	Eclesiático (Sirácida)	Eclesiático (Sirácida)
	Baruc (+ Carta de Jeremías)	Baruc (+ Carta de Jeremías)
	Oración de Azarías	Oración de Azarías
	Susana	Susana
	Bel y el Dragón	Bel y el Dragón
	1 Macabeos	1 Macabeos
	2 Macabeos	2 Macabeos
		1 Esdras (o 3 Esdras)
		Oración de Manasés
		3 Macabeos
		4 Macabeos (apéndice)
		Salmo 151
NUEVO TESTAMENTO	**NUEVO TESTAMENTO**	**NUEVO TESTAMENTO**
Evangelios	Evangelios	Evangelios
Hechos	Hechos	Hechos
Pablo (y Hebreos)	Pablo (y Hebreos)	Pablo (y Hebreos)
Epístolas generales	Epístolas generales	Epístolas generales
Apocalipsis	Apocalipsis	Apocalipsis

añadidos y combinaciones dan como resultado un canon de cuarenta y seis libros del Antiguo Testamento para los Católicos Romanos.[20]

4. Si bien hay algunas alusiones discutibles en el Nuevo Testamento a los apócrifos, los autores del Nuevo Testamento no mencionan en ninguna parte los libros apócrifos como Escritura (es decir, con una fórmula como "La Escritura dice"). Casi todos los libros en el Antiguo Testamento aparecen citados como Escritura.[21]

Los libros apócrifos son útiles para entender los cambios históricos y culturales que nos llevan al Nuevo Testamento. Por ejemplo, mediante la lectura de 1 y 2 Macabeos, podemos aprender sobre los orígenes de la Fiesta de la Dedicación (mencionada en Juan 10:22). Los libros apócrifos también contienen historias de entretenimiento (p. ej., Tobías, que serviría para una gran película de Disney, o Susana, o Bel y el Dragón, que se leen como novelas policíacas). Otras partes de los libros apócrifos suenan de vez en cuando de forma similar a los Salmos o los Proverbios (p. ej., Sirácida). De hecho, los protestantes, a veces sin querer, cantan himnos basados en los textos apócrifos ("A medianoche se oyó aquel dulce refrán", basado en Sabiduría de Salomón 18:14-15, y "Ahora todos le agradecemos a nuestro Dios", basado en Eclesiástico (Sirácida) 50:22-24). Sin embargo, está claro que los líderes de la Reforma protestante eran prudentes para volver a la iglesia a su primera comprensión de los textos apócrifos como interesante, a veces beneficioso, pero no escritos inspirados.[22]

¿Está cerrado el canon?

De acuerdo a las categorías de la Iglesia de los primeros siglos para la canonicidad (apostólica, católica, ortodoxa, vea más arriba), sería imposible tener cualquier adición al canon. Por ejemplo, incluso si una carta auténtica y ortodoxa del apóstol Pablo se descubriera, esa carta no hubiera tenido un amplio uso en la naciente iglesia (es decir, nunca podría reclamar su catolicidad). El canon de las Escrituras está cerrado.

---

20. *Catechism of the Catholic Church* (Liguori, MO: Liguori Publications, 1994), 34.
21. Gleason Archer señala que todos los libros del Antiguo Testamento aparecen citados o aludidos en el Nuevo Testamento, excepto Ruth, Esdras y Cantar de los Cantares (*A Survey of Old Testament Introduction,* 83n.16). La mayoría de los libros del Antiguo Testamento aparecen citados inequívocamente como Escritura.
22. En tiempos de la Reforma Protestante, luteranos y anglicanos (a diferencia de calvinistas y anabautistas) estaban más abiertos a ver los libros apócrifos como devocionalmente beneficiosos (Norman L. Geisler y Ralph E. MacKenzie, *Roman Catholics and Evangelicals: Agreements and Differences* [Grand Rapids: Baker, 1995], 157n.1).

En resumen

El canon es la lista de los libros que los cristianos consideran Escritura inspirada y autoritativa. El canon del Antiguo Testamento consta de treinta y nueve libros escritos entre el 1400 y el 430 a.C. Fueron reconocidos de un modo progresivo por los que fueron contemporáneos de su composición y cumplimiento. El contenido de nuestro Antiguo Testamento de treinta y nueve libros corresponde con el canon hebreo de la época de Jesús. Así, al confirmar los treinta y nueve libros del Antiguo Testamento, los cristianos afirman las Escrituras hebreas reconocidas por Jesús y sus apóstoles.

El reconocimiento del Nuevo Testamento de veintisiete libros siguió esta progresión histórica: (1) Los libros del Nuevo Testamento se escribieron durante el período del 45 al 100 d.C. (2) Fueron reunidos, guardados y leídos en las iglesias durante 100-200 d.C. (3) Fueron cuidadosamente examinados y comparados con escritos falsos en los años 200–300 d.C. (4) Se llegó a un completo acuerdo entre los años 300–400 d.C.

Los protestantes no consideran los apócrifos como Escrituras. Estos libros fueron escritos por judíos en el período entre el Antiguo y el Nuevo Testamento (es decir, 430 a.C. al 40 d.C.). Los judíos que escribieron los apócrifos nunca los reconocieron tampoco como Escrituras, y la Iglesia Católica Romana solo los admitió en el Concilio de Trento en 1546. Varias ramas del cristianismo (p. ej., el catolicismo romano, la ortodoxia oriental, la ortodoxia rusa, etc.) reconocen listas ligeramente distintas de libros (apócrifos) deuterocanónicos.

Preguntas para la reflexión

1. Antes de la lectura de este capítulo, ¿había usted investigado lo relacionado con el canon? ¿Qué motivó su interés para leer esta pregunta?
2. Explique la diferencia entre "una colección autorizada de escritos" y "una colección de escritos autoritativos". ¿Es esta una distinción importante?
3. Si un vecino católico romano le preguntara: "¿Por qué ustedes los protestantes eliminan algunos libros de la Biblia?", ¿cómo respondería usted?
4. ¿Es posible ser cristiano y, no obstante, tener una comprensión equivocada del canon (como le sucedería, por ejemplo, a una persona ortodoxa de etiopía)? Explique su respuesta.
5. ¿Deja el estudio que hemos hecho sobre el canon alguna pregunta sin responder para usted?

PREGUNTA 7

¿Cuál es la mejor traducción de la Biblia en español?

Una de las preguntas más frecuentes que me hace la gente sobre la interpretación bíblica es: ¿cuál versión de la Biblia en español debo utilizar? El legado de traducciones que tenemos en español es tan rico, que es indispensable conocer un poco de la historia de cómo nos han llegado a nuestros días; así podremos tomar una decisión más informada.

Los lenguajes originales de la Biblia

La Biblia fue originalmente escrita en tres idiomas diferentes en un período de casi mil quinientos años (entre 1400 a.C. y 90 d.C.). El Antiguo Testamento fue escrito en hebreo, con algunas porciones en arameo. El Nuevo Testamento fue escrito en griego. Aunque algunas secciones del Antiguo Testamento habían sido previamente traducidas a otros idiomas (griego en su mayoría) tan pronto el evangelio comenzó a esparcirse a otras culturas, la Biblia entera fue pronto traducida a muchos otros idiomas (sirio, cóptico, etíope, latín, etc.).

La historia del idioma español

Por su belleza y fonética, algunos poetas han descrito al idioma español como "la lengua del cielo". El idioma español es conocido como una lengua romance por su descendencia del idioma utilizado por el Imperio *romano*: el latín.

No es posible fijar un momento exacto para el nacimiento del español, pero lo que sí está documentado son las primeras manifestaciones escritas donde se puede advertir que la lengua del pueblo ya no era el latín vulgar. Fue a partir del siglo IX y XI que se datan los primeros escritos usando una variante del latín, denominado castellano por encontrarse en la zona de Castilla y León, en Hispania, o lo que hoy conocemos como España. Hoy día, el español es el cuarto idioma más hablado en todo el mundo, después del inglés, chino mandarín e hindi.

La historia de la Biblia en español

Aunque hubo algunos esfuerzos previos al siglo XVI por traducir la Biblia entera al español (como la Biblia Alfonsina del siglo XIII derivada del latín, patrocinada por el rey Alfonso X), lo cierto es que no fue hasta 1569 que se publicó la primera Biblia completa proveniente de los idiomas *originales*: hebreo, arameo y griego.

La historia de esta primera versión comienza en el año 1520, cuando en Alemania Martín Lutero rehusaba retractarse de sus escritos ante el papa León X. Entonces nacía también otro hombre en Montemolín —un municipio contiguo a Reina, en España—, un hombre cuya influencia sería de incalculable valor para todo el mundo hispano. Su nombre era Casiodoro, quien sería luego conocido como Casiodoro de Reina. Casiodoro fue formado como un monje jerónimo en el monasterio de San Isidoro del Campo en Sevilla. Los monjes de este monasterio habían recibido animosamente la influencia reformada de Martín Lutero, Erasmo, Juan Calvino y Ulrico Zuinglio, a través de la osadía de un hombre llamado Julianillo, quien había logrado infiltrar literatura reformada dentro del monasterio. A pesar de haber pasado algunos años desde que Lutero clavó sus 95 tesis en la iglesia de Wittenberg, la Biblia aún no había sido traducida en su plenitud al castellano; esto debido a que la Inquisición española había prohibido la lectura e incluso la posesión de una Biblia, a menos que estuviera en el idioma latín.

Los cristianos valientes que se atrevían a traducir porciones de la Biblia a su propio lenguaje y la compartían eran sentenciados a la hoguera. Ellos eran violentados, humillados y torturados en el castillo de la Inquisición y se les juzgaba como herejes. Luego eran llevados a la plaza de San Francisco, cruzando el río Guadalquivir. Allí eran asesinados cruel e injustamente en frente de toda la ciudadanía. Todos podían ver cómo se les obligaba a confesar en contra de su fe; los azotaban, los ahorcaban y los quemaban vivos hasta que sus cuerpos eran consumidos por el fuego, como una advertencia para todo aquel que se atreviera a desafiar la Inquisición.

La persecución de la Inquisición hizo que doce monjes del monasterio huyeran con dirección a Ginebra. Entre los doce, se encontraban Casiodoro de Reina y Cipriano de Valera. Tras el exilio, Reina y Valera jamás volverían a ver su amada España, pero fue en el exilio cuando Dios usó sus dones para desarrollar su obra más grande.

Ya en Ginebra, Casiodoro se refugió con un grupo de españoles y posteriormente conoció a Juan Calvino. Tras algunas diferencias por la condena a su compatriota Miguel Servet, Reina dejó Ginebra y se estableció en Londres donde formaría una pequeña iglesia de españoles exiliados. Mientras esto ocurría, Casiodoro de Reina trabajaba intensamente en el proyecto de su vida, la traducción del texto masorético hebreo y el *Textus Receptus* al castellano.

La vida en Londres no sería fácil para Casiodoro. Sus enemigos elaboraron un plan para acusarlo de haber cometido sodomía, llevándolo a juicio ante las autoridades. Y, aunque su inocencia fue probada, su espíritu fue gravemente afectado.

Luego de esta amarga experiencia, el 21 de septiembre de 1563, Casiodoro de Reina huyó de Londres y se refugió en Amberes, Bélgica y esperó a su esposa que huía de Londres disfrazada de marinero para juntos partir de Amberes a Fráncfort, Alemania.

Aquí se enfocaría en pastorear, enseñar y terminar su traducción, y viajaría constantemente a Basilea, Suiza, por motivos de negocios y para poder concentrarse en los detalles finales de su traducción. Fue aquí, en Basilea, que, tras once años de arduo trabajo, Casiodoro de Reina terminó su traducción de la Biblia al castellano e imprimió la primera Biblia en castellano en marzo de 1568 y terminó en agosto de 1569, después de sufrir grandes aflicciones de salud y tras la muerte del dueño de la imprenta. Este arduo trabajo le costaría once años hasta su publicación el 28 de septiembre de 1569. De esta traducción, el historiador católico Menéndez Pelayo asevera que Reina es "el escritor a quien debió nuestro idioma igual servicio que el italiano a Diodati".[1]

Esta primera versión es conocida como la Biblia del Oso, gracias a su gráfico frontal, que probablemente era el sello de la pequeña imprenta en Basilea. Tras completar su obra magna, Casiodoro de Reina sirvió en una iglesia de Fráncfort hasta morir a los 74 años de edad, en 1594.

Tras la muerte de Casiodoro, su amigo Cipriano de Valera (conocido así por haber nacido en Valera la Vieja) serviría como destacado profesor del colegio magdaleno de la ciudad de Oxford, Inglaterra. Fue ahí que empezaría a trabajar en la revisión de la Biblia de Casiodoro de Reina. Entre sus aportaciones más notorias a la traducción de Casiodoro, estaría la eliminación de los libros apócrifos, así como la mejora de la sintaxis en castellano.

En 1602, al terminar su revisión, y debido a que en Londres no había imprentas capaces de abarcar tan vasto proyecto, Valera viajaría a Ámsterdam para imprimir la Biblia del Cántaro, conocida así por el sello de la imprenta en su portada. Esta versión, ahora conocida como la Biblia Reina-Valera, sería revisada en repetidas ocasiones, y su alcance lograría un nivel exponencial con la revisión de 1960, siendo la versión más distribuida en español en la historia.

---

1. A. Gordon Kinder, *Casiodoro de Reina: Spanish Reformer of the Sixteenth Century* (Londres: Tamesis Books Limited, 1975), 91. Publicado en español por Noubooks con el título *Casiodoro de Reina: Reformador español del siglo XVI*. Diodati tradujo la Biblia al italiano en 1603, influenciando con ella el idioma italiano.

CUADRO 9: PRIMERAS TRADUCCIONES DE LA BIBLIA AL ESPAÑOL		
FECHA	**OBRA**	**DESCRIPCIÓN**
1280	Biblia Alfonsina	Primera Biblia completa en español traducida de la Vulgata (latín)
1543	NT de Enzinas	Primer Nuevo Testamento en español traducido del griego
1553	AT de Ferrara	Primer Antiguo Testamento en español traducido del hebreo
1569	Biblia del Oso	Primera Biblia completa en español traducida del griego y hebreo, por Casiodoro de Reina
1602	Biblia del Cántaro	Revisión de la Biblia del Oso por Cipriano de Valera
1790	Biblia de Scío	Primera Biblia en español impresa en España (basada en el latín)
1823	Biblia Torres-Amat	Versión parafraseada por Francisco Torres Amat
1909	Biblia RVR1909	Edición de alto impacto en la primera parte del siglo XX
1944	Biblia Nacar-Colunga	Primera Biblia católica traducida de los idiomas originales
1960	Biblia RVR60	La edición de la Biblia Reina-Valera más vendida a nivel mundial
1967	Biblia de Jerusalén	Biblia católica renombrada, editada por José Ángel Ubieta
1972	Biblia Latinoamericana	Traducción popular realizada por dos sacerdotes chilenos

La Biblia en español moderno

Además de las múltiples ediciones que se le han hecho a la Reina-Valera en el siglo XX, han surgido desde entonces otras buenas adiciones al acervo de traducciones modernas. Dios Habla Hoy (DHH) fue traducida por la Sociedades Bíblicas Unidas en 1979, con el propósito de tener una Biblia fácil de leer. La Biblia de las Américas (LBLA) fue publicada en 1986 y patrocinada por la fundación Lockman, quien de igual forma financió la traducción de su equivalente en inglés (New American Standard Bible [NASB]). La Nueva Versión Internacional (NVI) nació en 1999 a raíz del patrocinio de la fundación *Biblica*, mismo ministerio que elaboró la versión en inglés (New International Version [NIV]). La Nueva Traducción Viviente (NTV) surgió de los esfuerzos de la editorial Tyndale, quienes también patrocinaron primero su versión en inglés (New Living Translation [NLT]).

A pesar de las nuevas traducciones disponibles hoy día, lo cierto es que ninguna de estas ha podido sobrepasar en distribución a la Reina-Valera 1960, versión que hasta la fecha domina más del ochenta por ciento de Biblias distribuidas en español.

Filosofías de traducción

Existen dos filosofías de traducción bíblica, y todas las traducciones se encuentran en algún lugar del espectro entre estos dos extremos (vea el cuadro 10). De un lado tenemos a la traducción funcionalmente equivalente, a veces llamada equivalencia dinámica. Esta es una traducción que busca resaltar el mismo mensaje en un nuevo idioma, sin enfocarse tanto en preservar el mismo número de palabras o una construcción gramatical equivalente. La Nueva Traducción Viviente (NTV) es un buen ejemplo de una traducción de equivalencia dinámica. Del otro lado del espectro se encuentra la traducción de equivalencia formal. Este tipo de traducción se esmera en preservar, en cuanto sea posible, el número de palabras y construcciones gramaticales del idioma original. Debido a que los lenguajes son tan diversos, una traducción de equivalencia formal, casi invariablemente, resulta en un estilo un poco artificial del español. La Reina-Valera, la Biblia Textual (elaborada por la Sociedad Bíblica Iberoamericana) y la Nueva Biblia de las Américas (NBLA, una actualización de la LBLA) son ejemplos de buenas traducciones de equivalencia formal. La Nueva Versión Internacional (NVI) se posiciona en medio, siendo más funcional que la Reina-Valera, pero más formal que la Nueva Traducción Viviente.

Para leer porciones más largas de la Escritura (p. ej., planes anuales de lectura), se recomienda escoger una traducción de equivalencia dinámica. Para un estudio detallado, verso a verso, uno pudiera preferir una traducción de equivalencia formal. Al explicar un pasaje en una predicación o enseñanza, a veces resulta útil citar varias traducciones para aclarar el significado de un pasaje. Asimismo, leer varias traducciones de un pasaje durante el estudio personal de la Biblia resulta en una mejor comprensión. Yo recomiendo variar las traducciones bíblicas que uno lee para examinar el texto desde una nueva perspectiva.

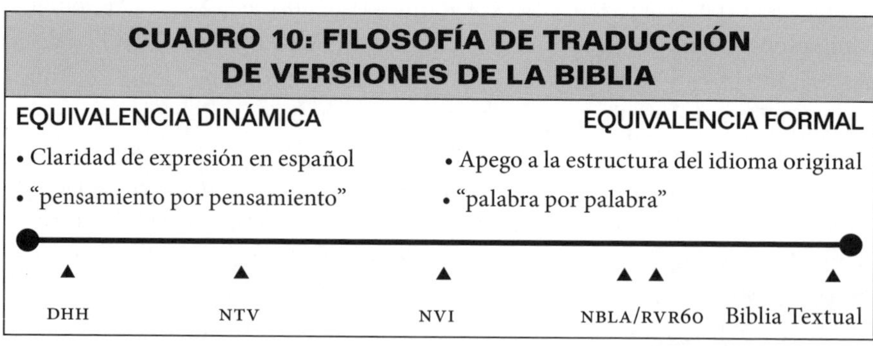

Paráfrasis

Una paráfrasis no es realmente una traducción bíblica, sino un intento de interpretar libremente un texto bíblico. Una paráfrasis a menudo es realizada por una sola persona y contiene más interpretaciones que una traducción de equivalencia funcional (dinámica). A veces una paráfrasis busca reestructurar la narrativa bíblica con los anteojos de una subcultura. En inglés, por ejemplo, existe una paráfrasis llamada *The Word on the Street* [La Palabra en la calle], por Rob Lacey, donde busca parafrasear la Biblia en un contexto de "arte urbano". *Dios Habla Hoy* busca esclarecer pasajes oscuros y colocarlos en un contexto de lenguaje cotidiano. Contrario a las paráfrasis, las traducciones bíblicas siempre son basadas en los textos originales en griego y hebreo, y se elaboran por grandes comités de diversos eruditos, previniendo así una interpretación sesgada y garantizando que la obra sea en verdad una traducción, en vez de una interpretación idiosincrásica o una paráfrasis.

Debates recientes sobre algunas traducciones

En años recientes, algunos traductores conservadores de la Biblia han debatido en cuanto a cómo traducir pronombres genéricos y construcciones similares. Por ejemplo, el pronombre *él* (*autos* en griego) se usa para referirse tanto a hombres como a mujeres. Algunos traductores bíblicos se han preguntado si traducir *autos* ("él") como "él o ella" o *anthrōpos* ("hombre") como "persona" representa fielmente el significado del original. Aunque el debate a veces puede ser apasionado, ambos lados están más de acuerdo de lo que parece, ya que ambas posturas afirman que la audiencia original entendía que el lenguaje de género específico aplicaba también a mujeres. Por ejemplo, casi todos los traductores reconocen que las cartas de Pablo dirigidas a los *adelphoi* ("hermanos") en las iglesias eran para todos los cristianos, hombres y mujeres. La pregunta que los traductores bíblicos se hacen es si la expresión *adelphoi* debe traducirse como "hermanos" o "hermanos y hermanas". ¿Es "hermanos y hermanas" una traducción o una interpretación? Como es de verse, el debate involucra la distinción entre teorías de equivalencia formal y funcional. Los eruditos que favorecen las traducciones de género más neutrales son aquellos que se inclinan más por una teoría de equivalencia funcional. Aquellos que favorecen la expresión de género estricta son también aquellos más cargados a una equivalencia formal. Debe aclararse en este punto que los eruditos conservadores que sostienen la inerrancia de la Biblia están de acuerdo en que el pronombre masculino para Dios en hebreo y griego debe permanecer masculino en español ("Él"), puesto que Dios se ha revelado a sí mismo como Padre.

En resumen

El Antiguo Testamento fue escrito en hebreo y arameo del 1400–430 a.C. El Nuevo Testamento fue escrito en griego del 45–90 d.C. La Biblia ha sido traducida a muchos idiomas y dialectos, y en español contamos con diversas traducciones que son muy confiables y fieles a los manuscritos originales.

Aunque hubo algunos esfuerzos previos, fue Casiodoro de Reina quien produjo la primera Biblia completa en español en 1569, la llamada Biblia del Oso. El legado que hombres como Reina, Valera, Enzinas y otros han dejado a los hispanoparlantes es algo por lo cual siempre debemos estar agradecidos a nuestro buen Dios. Asimismo, nuestra gratitud va a hacia aquellos ministerios que han trabajado en ediciones modernas para que los lectores del siglo XXI podamos entender la Palabra de Dios en nuestro propio tiempo y espacio. Sin duda, tenemos un gran privilegio al contar con tan amplia gama de buenas traducciones en nuestro idioma.

Todas las traducciones bíblicas caen dentro de dos filosofías: equivalencia funcional (o dinámica, pensamiento por pensamiento) y equivalencia formal (palabra por palabra). Es aconsejable que todos los cristianos puedan tener acceso a diferentes traducciones bíblicas para leer, estudiar y citar.

Preguntas para la reflexión

1. ¿Qué versión o versiones de la Biblia tiene usted? (Si no lo sabe, consulte las primeras páginas de su Biblia). ¿Por qué utiliza esa Biblia (o esas Biblias)?
2. Si su iglesia tiene Biblias congregacionales, ¿qué traducción utiliza? ¿Alguna vez ha juzgado usted a una persona por la traducción de la Biblia que prefiere usar?
3. ¿Prefiere usted leer una versión de equivalencia formal (palabra por palabra) o una de equivalencia funcional (o dinámica, pensamiento por pensamiento)? ¿Por qué?
4. Si obtuviera usted una nueva traducción para complementar su estudio, ¿cuál sería?
5. ¿Qué traducción de la Biblia usaría para los siguientes escenarios: (a) estudiar cuidadosamente versículo a versículo, (b) dar como regalo a un estudiante internacional (c) leer toda la Biblia en un año con un grupo de estudiantes de la universidad?

SEGUNDA PARTE

Acercamiento general a la Biblia

Sección A: Preguntas relacionadas con la interpretación

PREGUNTA **8**

¿Por qué es importante la interpretación bíblica?

Apelando a la misma Biblia, los cristianos, los mormones y los Testigos de Jehová pueden llegar a conclusiones sorprendentemente divergentes. Los cristianos, por ejemplo, creen que hay un solo Dios, un Ser trino (Padre, Hijo y Espíritu), que ha existido y existirá siempre. Los mormones citan versículos para afirmar que el Dios de la Biblia es solo uno entre incontables deidades y que nosotros mismos (si somos varones), también podemos convertirnos en dioses. Los Testigos de Jehová afirman que es una blasfemia decir que Jesús o el Espíritu es una persona divina. Incluso personas que afirman ser cristianas están en fuerte desacuerdo sobre si la Biblia condena el comportamiento homosexual. En otro nivel, los creyentes cristianos pueden sentirse perplejos después de leer un texto del Antiguo Testamento sobre la regulación de las enfermedades infecciosas de la piel o la redistribución de la tierra en el antiguo Israel (vea la pregunta 19, "¿Tienen todos los mandamientos de la Biblia aplicación para hoy?"). ¿De qué forma son esos textos aplicables en la actualidad? Es evidente que no basta con decir simplemente: "Creo en la Biblia". Una correcta interpretación de la Biblia es esencial.

¿Qué es la interpretación?

Interpretar un documento es expresar su significado a través del habla o de la escritura. Participar en la interpretación supone que hay, de hecho, un significado propio e impropio de un texto y que debemos tener cuidado para no tergiversar el significado. En lo que se refiere a las Escrituras, interpretar correctamente un texto es transmitir fielmente el significado del texto que el autor humano inspirado comunicó, pero sin olvidar la intención divina (vea la pregunta 3, "¿Quién escribió la Biblia: Seres humanos o Dios?").

Las Escrituras muestran la necesidad de interpretación Bíblica

Numerosos textos de la Biblia demuestran claramente que hay a la vez una manera correcta e incorrecta de entender las Escrituras. A continuación verá una muestra de estos textos con un breve comentario.

- *2 Timoteo 2:15: "Procura con diligencia presentarte a Dios aprobado, como obrero que no tiene de qué avergonzarse, que usa bien la palabra de verdad"*. En este versículo, Pablo exhorta a Timoteo a "explicar correctamente" o "interpretar rectamente" (*orthotomounta*), la palabra de verdad, es decir, las Escrituras. Tal advertencia implica que las Escrituras puedan ser explicadas o interpretadas de forma equivocada.

- *Salmo 119:18: "Abre mis ojos, y miraré las maravillas de tu ley"*. Aquí el salmista suplica al Señor que le permita entender y deleitarse con el significado de las Escrituras. Esta petición muestra que la experiencia gozosa de la comprensión de la Escritura no es universal ni automática.

- *2 Pedro 3:15–16: "Y tened entendido que la paciencia de nuestro Señor es para salvación; como también nuestro amado hermano Pablo, según la sabiduría que le ha sido dada, os ha escrito, casi en todas sus epístolas, hablando en ellas de estas cosas; entre las cuales hay algunas difíciles de entender, las cuales los indoctos e inconstantes tuercen, como también las otras Escrituras, para su propia perdición"*. Se desprende de las instrucciones de Pedro que es posible distorsionar el significado de las Escrituras. Y, lejos de aprobar esa licencia interpretativa, Pedro dice que pervertir el significado de las Escrituras es un pecado de graves consecuencias.

- *Efesios 4:11–13: "Y él mismo [Cristo] constituyó a unos, apóstoles; a otros, profetas; a otros, evangelistas; a otros, pastores y maestros, a fin de perfeccionar a los santos para la obra del ministerio, para la edificación del cuerpo de Cristo, hasta que todos lleguemos a la unidad de la fe y del conocimiento del Hijo de Dios, a un varón perfecto, a la medida de la estatura de la plenitud de Cristo"*. Si las Escrituras se entendieran correctamente por todos de forma automática, no habría necesidad de maestros divinamente dotados para instruir y edificar la iglesia. La provisión de Dios del oficio de la enseñanza en la iglesia demuestra la necesidad de personas que puedan entender y explicar la Biblia correctamente.

- *2 Timoteo 4:2-3: "Que prediques la palabra; que instes a tiempo y fuera de tiempo; redarguye, reprende, exhorta con toda paciencia y doctrina. Porque vendrá tiempo cuando no sufrirán la sana doctrina, sino que teniendo comezón de oír, se amontonarán maestros conforme a sus propias concupiscencias"*. Estas instrucciones de Pablo a Timoteo muestran que hay una manera correcta de proclamar la revelación bíblica, y habría también distorsionadores de esa revelación.

La lengua y la cultura muestran la necesidad de interpretación bíblica

La mayoría de las personas que reciban un texto como este de Génesis 1:1:

בְּרֵאשִׁית בָּרָא אֱלֹהִים אֵת הַשָּׁמַיִם וְאֵת הָאָרֶץ׃

o este de Mateo Mateo 1:1:

Βίβλος γενέσεως Ἰησοῦ Χριστοῦ υἱοῦ Δαυὶδ υἱοῦ Ἀβραάμ.

reconocerán inmediatamente su necesidad de una traducción del texto. En cierto modo, la traducción es la forma más fundamental de la interpretación. El texto en su idioma original es ininteligible para una nueva audiencia, por lo que debe ser puesto en un nuevo idioma. Sin embargo, la traducción de un texto no es como la repetición de reglas matemáticas, simplemente con diferentes símbolos. Todas las lenguas tienen elementos culturales y antecedentes históricos supuestos que no pueden expresarse con el mismo número de palabras o construcciones gramaticales exactamente paralelas. Por tanto, existe la necesidad de estudio, explicación e interpretación adicionales de un texto. Por ejemplo, en Mateo 1:18, a María y José se les describe como "comprometidos", y, sin embargo, en Mateo 1:19, hallamos a José reflexionando sobre "divorciarse" de María. A diferencia de las costumbres modernas de compromiso en los Estados Unidos, las antiguas costumbres judías necesitaban un divorcio para romper un compromiso matrimonial. Ciertamente, este concepto se puede explicar, pero es difícil de transmitir de manera sucinta en una traducción. De hecho, aún cuando se comunican en la lengua materna, a menudo existe la necesidad de una mayor clarificación de conceptos ambiguos.

Hace un tiempo, leí un informe sobre una práctica extraña que se desarrollaba entre algunos jóvenes cristianos en Asia. Estos nuevos creyentes consideraron que era un signo de la verdadera fe llevar con ellos una pequeña cruz de madera. Al parecer, basándose en las instrucciones de Jesús en Lucas 9:23 ("Si alguno quiere venir en pos de mí, niéguese a sí mismo, tome su cruz cada día, y sígame"), estos cristianos habían llegado a pensar que poner una cruz de madera en el bolsillo era un mandato de Cristo. "Tomar su cruz", sin embargo, es una figura retórica, que significa negar las propias ambiciones y deseos en sumisión al señorío de Cristo.

Si estamos familiarizados con los diferentes períodos de tiempo, géneros, y las anticipaciones y los cumplimientos en las Escrituras, estamos en mejores condiciones para abordar con seguridad cualquier parte individual de la Biblia. Dando por supuesta la naturaleza unificada de la Biblia, así como el desarrollo progresivo de los planes de Dios (He. 1:1-3), está claro que una persona con una comprensión de los propósitos generales establecidos de Dios estará mejor preparada para entender las piezas individuales de la historia. Por supuesto, se requiere tiempo y estudio para adquirir una mayor familiaridad con el texto.

A veces se dice que el mejor intérprete de las Escrituras son las Escrituras mismas. Esto significa que el contexto más amplio de la Biblia le ayudará a comprender correctamente cualquier pasaje individual. Sin conocer todo el libro de 1 Juan, por ejemplo, 1 Juan 5:6 parece irremediablemente oscuro ("Este es Jesucristo, que vino mediante agua y sangre; no mediante agua solamente, sino mediante agua y sangre. Y el Espíritu es el que da testimonio, porque el Espíritu es la verdad"). Si conocemos el contexto más amplio de la carta, damos por supuesto un mensaje unificado en el Nuevo Testamento y tenemos algún conocimiento del entorno cultural del gnosticismo incipiente, podemos concluir razonablemente que el versículo afirma la naturaleza divino-humana de Cristo, vista tanto en su bautismo (agua) como en su muerte/resurrección (la sangre).[1]

Una adecuada comprensión del significado original del autor es también fundamental para la correcta aplicación del texto en la actualidad. Por ejemplo, Proverbios 22:28 dice: "No cambies de lugar los linderos antiguos que establecieron tus antepasados" (NVI). Así como los mojones fueron utilizados para marcar las líneas antiguas de propiedad, este proverbio prohíbe la adquisición fraudulenta de las tierras de un vecino. Aplicado de manera más amplia, el texto señala el desagrado divino por cualquier robo con astucia, ya sea moviendo las piedras antiguas, participando en intrigas para entrar en el correo electrónico de otros o cualquier otro robo furtivo. El principio ("no robar de una manera furtiva") debe ser aplicado a partir de un mandato culturalmente condicionado ("no cambies de lugar los linderos antiguos").

La interpretación cuidadosa es importante porque las presuposiciones teológicas a menudo guían las interpretaciones. Algunos intérpretes bienintencionados, por ejemplo, debido a sus predilecciones hermenéuticas, insisten en una interpretación literal de un texto que los autores bíblicos quisieron que fuera interpretado en sentido figurado.[2] A través de una cuidadosa interpre-

---

1. Vea John R. W. Stott, *The Letters of John*, ed. rev., TNTC 19 (Grand Rapids: Eerdmans; Leicester: Inter-Varsity Press, 1988), 179-182.
2. Vea las sugerencias de Richard D. Patterson para el manejo hábil del lenguaje figurativo en "Wonders in the Heavens and on the Earth: Apocalyptic Imagery in the Old Testament", *JETS* 43, no. 3 (2000): 385-403.

tación de la Biblia, el estudiante de las Escrituras puede llegar a ser consciente de los prejuicios de los demás, así como llegar a reconocer y evaluar las predilecciones propias de los estudiantes de hermenéutica.

En resumen

Interpretar un texto es explicar su significado; es decir, lo que el (los) autore(es) pretendió (pretendieron) transmitir en la composición del texto. Con la Biblia, se debe considerar la intención consciente del autor humano así como cualquier intención divina aclarada por el uso canónico posterior. La Biblia enseña con claridad que las personas interpretan las Escrituras correcta e incorrectamente. Además, la naturaleza del lenguaje y de la cultura muestra que suele ser a menudo necesaria una explicación adicional para comprender del modo adecuado un texto que fue escrito originalmente en otra lengua, época y cultura. La rebeldía espiritual, o simplemente la falta de capacidad, puede resultar en la interpretación errónea de las Escrituras. Si bien todas las personas tienen ciertas predisposiciones hermenéuticas, un intérprete introspectivo será más consciente de sus prejuicios y de las parcialidades de los demás. El objetivo supremo es, por supuesto, no tener una predisposición que las Escrituras mismas no imponen.

Preguntas para la reflexión

1. Al leer la Biblia, ¿es usted consciente del peligro de interpretarla mal, es decir, de no entender su significado y distorsionarlo al explicarlo a los demás?
2. ¿Cómo es diferente la interpretación de la Biblia de la interpretación de cualquier otra obra de literatura?
3. Considere la posibilidad de otros cristianos cuyas interpretaciones de la Biblia ha leído o escuchado. ¿A quién considera más confiable? ¿Por qué?
4. ¿Cómo podría ser usted un intérprete más fiel de la Biblia?
5. ¿Es consciente de algún sesgo teológico o de interpretación que usted tiene al estudiar las Escrituras? ¿Puede defender esos prejuicios usando la propia Biblia?

PREGUNTA **9**

¿Cómo se ha interpretado la Biblia a lo largo de la historia de la Iglesia?

"Aquellos que no pueden recordar el pasado están condenados a repetirlo".[1] Así dice el famoso e histórico dicho. Del mismo modo que un niño sabio aprende de los aciertos y errores de sus padres y abuelos, un cristiano sabio aprende de sus antepasados en la fe, de las generaciones de cristianos que vivieron antes que él. A lo largo de los siglos, ¿cómo han interpretado los cristianos la Biblia? ¿Qué podemos aprender de sus métodos? ¿Dónde debemos tener cuidado con sus pasos en falso? Vamos a tratar de responder a estas preguntas brevemente y a grandes rasgos. También comenzamos con esta advertencia: para examinar casi dos mil años de historia interpretativa en un espacio tan corto, hay que emplear una serie de simplificaciones. Para un análisis más detallado, vea los libros sugeridos al final de este libro.

El uso del Antiguo Testamento en el Nuevo Testamento (45-90 d.C.)

El primer lugar en el que vemos la interpretación cristiana de las Escrituras es en las citas de textos del Antiguo Testamento por los autores del Nuevo Testamento. Las citas de esos textos tienen varias características.

1. Los autores y personajes (en las narraciones) del Nuevo Testamento citan las Escrituras del Antiguo Testamento como testimonios fidedignos de las intervenciones y comunicaciones anteriores de Dios (p. ej., Mt. 12:40-41; Ro. 4:1-25).[2] Para los autores del Nuevo Testamento, las Escrituras fueron Palabra inspirada e inerrante de Dios (vea la pregunta 4, "¿Contiene la Biblia errores?").

2. Los autores del Nuevo Testamento respetaron los contextos de los pasajes que citaron. A veces los autores del Nuevo Testamento son erróneamente difamados por citar los textos al azar. Pero una mirada

---

1. George Santayana, *The Life of Reason or the Phases of Human Progress: Introduction and Reason in Common Sense* (Nueva York: Charles Scribner's Sons, 1905), 284.
2. Vea John Wenham, *Christ and the Bible*, 3ª ed. (Grand Rapids: Baker, 1994).

más comprensiva y cuidadosa de su uso demuestra que esa acusación es infundada.[3]

3. Los autores del Nuevo Testamento emplearon el Antiguo Testamento de manera tipológica y mesiánica (vea la pregunta 24, "¿Cómo se interpreta la profecía? [Tipología]" para una explicación más detallada). Esto quiere decir que ellos vieron la revelación anterior de Dios como anticipatoria, alcanzando su clímax en el cumplimiento de la venida del Mesías Jesús. Las intervenciones previas de Dios apuntaban a la venida de Cristo Jesús y podían ser citadas como anticipaciones históricas del sacrificio final, de la redención final, de la liberación final, de la solución final, etc.

4. Los autores del Nuevo Testamento no usaron el Antiguo Testamento de forma alegórica. Es decir, no asignaron significados a los detalles de los textos del Antiguo Testamento que los autores originales no habrían aprobado. Es cierto que en un solo lugar en el Nuevo Testamento (Gá. 4:24), Pablo dice que Agar y Sara pueden ser entendidas "alegóricamente" o "con un sentido figurado" para representar los dos pactos, uno de la esclavitud y otro de la promesa. Incluso aquí, sin embargo, Pablo no pretende estar interpretando estos textos del Antiguo Testamento, sino que admite abiertamente que está ofreciendo una reflexión homilética que él clasifica explícitamente como figurativa.

Algunos estudiosos cristianos debaten si el uso que los autores del Nuevo Testamento hacen del Antiguo Testamento debe considerarse normativo para la interpretación moderna. La cuestión principal aquí se refiere al uso tipológico del Antiguo Testamento, especialmente amplio en Mateo y Hebreos. Parece seguro decir que cualquier uso tipológico del Antiguo Testamento no sancionado explícitamente en el Nuevo Testamento debe ser contemplado con cautela.

Otro debate entre los eruditos cristianos se refiere a los primeros métodos de interpretación judía, y si estos influyeron en Jesús y los escritores del Nuevo Testamento. Es cierto que algunas formas de la exégesis judía (p. ej., midrash y pésher) se alejan regularmente de la intención del autor de las Escrituras y proponen significados secretos insostenibles, a veces basados en el valor numérico de las palabras e incluso en la forma de las letras.[4] La interpretación

3. Vea G. K. Beale y D. A. Carson, eds., *Commentary on the New Testament Use of the Old Testament* (Grand Rapids: Baker; Nottingham, England: Apollos, 2007).
4. Henry A. Virkler y Karelynne Gerber Ayayo, *Hermeneutics: Principles and Processes of Biblical Interpretation*, 2ª ed. (Grand Rapids: Baker, 2007), 45.

mesiánica y tipológica del Antiguo Testamento que se encuentra en el Nuevo Testamento, aunque comparable a los midrash o pésher, está muy lejos de las interpretaciones caprichosas de los rabinos.

El auge de la interpretación alegórica (100-500 d.C.)

Poco después del período del Nuevo Testamento, muchos padres de la Iglesia comenzaron a emplear métodos de interpretación alegórica. La alegoría es un género literario que asigna un significado simbólico a los detalles textuales. Por ejemplo, la famosa obra de John Bunyan, *El progreso del peregrino*, es una alegoría en la que cada personaje tiene un significado en relación con la vida cristiana. Si esa es la intención del escritor y es entendida por el lector, la alegoría puede ser un medio literario muy útil. Sin embargo, si la alegoría no está prevista por el autor pero se emplea como un método de interpretación por parte del lector, entonces puede acabar siendo una peligrosa distorsión del significado del autor. Hay varias razones por las que los primeros cristianos cayeron presa de la aplicación hermenéutica incorrecta de la alegoría.

1. Una de las razones por las que los primeros cristianos se sintieron atraídos por la alegoría fue la escasa presencia de la alegoría en la misma Biblia. Sí, Jesús dio una interpretación alegórica a por lo menos una de sus parábolas (Mr. 4:1-20; vea también Mt. 13:24-30, 36-43). Pablo también parece emplear la alegoría una vez (Gá. 4:24, vea más arriba). Obviamente, allí donde Jesús y Pablo *tienen la intención* de dar un significado alegórico en el Nuevo Testamento, la fiel interpretación exige el respeto a ese género. El problema del que aquí hablamos es la importación ilegítima de la alegoría.

2. Una mirada superficial a la historia o a la sociedad actual nos muestra que la naturaleza humana está a menudo fascinada con el secreto o la conspiración. A la gente le encanta sentir que tiene un conocimiento especial o que tiene acceso a una realidad más profunda que otros. Parece muy probable que algunos de los primeros escritores y oradores cristianos alegorizaran los textos con el fin de ganar fama como proveedores de las cosas profundas y secretas de Dios. Del mismo modo, la popularidad de esta enseñanza, ya sea antigua o moderna, a menudo está impulsada por un interés malsano en la especulación en vez de aferrarse al sentido claro de las Escrituras (p. ej., tenga en cuenta la popularidad de *El código de la Biblia* o *El código Da Vinci*). Si bien la Biblia tiene la pretensión de revelar los misterios de Dios, lo hace a través de una proclamación apostólica inequívoca (1 Co. 2:1-7).

3. Quizá lo más significativo, los métodos interpretativos alegóricos eran de uso común en el mundo antiguo greco-romano para interpretar textos religiosos difíciles.[5] Las acciones inmorales y caprichosas de los dioses greco-romanos se hicieron apetecibles e instructivas a través de la alegoría. Posiblemente, esos métodos alegóricos tenían sus raíces en una visión platónica del mundo, en busca de la realidad última detrás del mundo o texto visibles.[6] Al extenderse la fe cristiana, los paganos convertidos aplicaron las reconocidas costumbres literarias de su tiempo a los textos retadores en sus nuevas Escrituras. Por ejemplo, leyes inusuales del Antiguo Testamento o las acciones extrañas o inmorales de los personajes de las Escrituras fueron leídas en formas alegóricas. Cuando los primeros cristianos se sintieron amenazados por el hereje Marción, que rechazaba el Antiguo Testamento, y grupos que defendían puntos de vista similares, llegó a ser importante para ellos mostrar que el Antiguo Testamento era inspirado y relevante.[7] No solo los primeros cristianos, sino también los primeros judíos inmersos en la cultura greco-romana, adoptaron el método alegórico. Filón (20 a.C.-50 d.C.), un judío del primer siglo que vivía en Alejandría (Egipto), empleaba regularmente el método alegórico de las Escrituras hebreas. Por ejemplo, en Génesis 9:20-21, leemos que después del diluvio, Noé plantó una viña y se embriagó. Claramente, la Biblia no aprueba la embriaguez (Pr. 23:29-35), pero en Génesis 9 no hay censura explícita de la conducta de Noé. ¿Cómo explica Filón que Noé, un héroe de la fe, se embriagara? En lugar de observar que no toda la conducta descrita en el relato es normativa, Filón escribe:

> ¿Cuál es el significado de la declaración: "Y despertó Noé de su embriaguez" (Gn. 9:24)?
>
> El significado literal es bien notorio. Por tanto, solo tenemos que hablar aquí de lo que se refiere al sentido interno de las palabras. Cuando el intelecto se fortalece, es capaz en su sobriedad de discernir con una cierta precisión todas las cosas, antes y detrás de ello, quiero decir, tanto en el presente como el futuro; pero el hombre que no puede ver con exactitud ni lo que está en el presente ni en el

5. Jean Pépin, *Mythe et Allégorie: Les origines grecques et les contestations judéo-chrétiennes,* ed. rev. (París: Études Augustiniennes, 1976). Vea especialmente la segunda parte del volumen.
6. William W. Klein, Craig L. Blomberg y Robert L. Hubbard, *Introduction to Biblical Interpretation*, ed. rev. (Nashville: Thomas Nelson, 2004), 25-26.
7. David S. Dockery, *Biblical Interpretation Then and Now: Contemporary Hermeneutics in the Light of the Early Church* (Grand Rapids: Baker, 1992), 45.

> futuro, se ve afectado por la ceguera; pero el que ve el presente, pero no puede también prever el futuro, y no es del todo prudente, un hombre así es vencido por la embriaguez; y, por último, aquel que encuentra que es capaz de mirar a su alrededor, y ver y discernir y comprender las diferentes naturalezas de las cosas, presentes y futuras, la vigilancia de la sobriedad está en ese hombre.[8]
>
> Por tanto, al igual que Filón, el judío que vivía en una cultura pagana, llegó a aplicar a las Escrituras hebreas los métodos literarios aceptados; por lo que los predicadores y estudiosos cristianos que vivían en situaciones similares emplearon métodos alegóricos en la interpretación de las Escrituras.

Un ejemplo notable de este tipo de principio de exégesis alegórica cristiana aparece en la epístola de Bernabé 9.6-9. En este texto, el autor combina Génesis 14:14 y Génesis 17:23, afirmando que Abraham circuncidó a 318 miembros de su familia. Apelando a las letras griegas mayúsculas utilizadas para abreviar el número 318 (*IHT*), el autor afirma que la práctica de Abraham de la circuncisión tenía la intención de señalar a Jesús (cuyo nombre empieza por *IH* en los textos griegos) y la cruz (la forma de la cual es similar a la griega letra *tau* [*T*]).

De hecho, el significado alegórico de un texto llegó a ser visto por algunos como el más alto significado del pasaje. Orígenes, el prominente padre de la iglesia primitiva (185-254 d.C.) cita Proverbios 22:20-21 y 1 Tesalonicenses 5:23 como la base para su método hermenéutico.[9] Así como la persona es tripartita (cuerpo, alma y espíritu), Orígenes afirmaba que el texto también tiene un cuerpo (significado literal), alma (significado moral o enseñanza ética) y espíritu (significado espiritual o alegórico). Por supuesto, Orígenes hace ciertas advertencias en cuanto a su método interpretativo, alegando que nunca se podría introducir un significado alegórico que es contrario a la "regla de fe" (primer resumen doctrinal cristiano).[10] Pero incluso con estas garantías,

---

8. *Questions and Answers on Genesis 2.73* en *The Works of Philo: New Updated Edition*, trad. C. D. Yonge (Peabody, MA: Hendrickson, 1993), 838.
9. Orígenes, *De Principiis* 4.2.4-17 (*ANF*: 4:359). Orígenes cita una variante de lectura (no del texto masotérico) de Proverbios 22:20-21. Esta variante de lectura la sigue también la edición Americana de Douay-Rheims (1899): "He aquí te lo he descrito en *tres maneras posibles*, en pensamientos y conocimiento: Para que yo pueda mostrarte la certeza, y las palabras de verdad, a fin de que respondas a los que te envían" (cursivas añadidas). La traducción Douay-Rheims hace una interpretación literal de la Vulgata Latina. Primera Tesalonicenses 5:23 dice: "Que Dios mismo, el Dios de paz, los santifique por completo, y conserve todo su ser —espíritu, alma y cuerpo— irreprochable para la venida de nuestro Señor Jesucristo" (NVI).
10. Dockery, *Biblical Interpretation Then and Now*, 89-91. Tomás de Aquino (1225-1274 d.C.) argumentó que toda interpretación alegórica de las Escrituras debe estar basada en el sentido literal

es importante tener en cuenta que el intérprete está dando un significado al texto que el autor inspirado no tenía en mente para nada.

Si bien el enfoque alegórico de las Escrituras llegó a ser dominante en la iglesia de los primeros siglos, es importante tener en cuenta que algunas voces continuaron afirmando una lectura literal de la Biblia, respetando la intención de los autores inspirados. Uno de esos grupos fue el de los padres de Antioquía: Luciano (240-312 d.C.), Diodoro de Tarso (fallecido ca. 394 d.C.), Juan Crisóstomo (347-407 d.C.), Teodoro de Mopsuestia (350-428 d.C), Teodoreto (393-457 d.C.) y otros. Por desgracia, los líderes de Antioquía eran una minoría entre los intérpretes de la iglesia primitiva, y el movimiento quedó prácticamente disuelto hacia el siglo VIII.

Las interpretaciones de los padres de la Iglesia de los textos bíblicos, aunque por lo general cristológicas y ortodoxas en definitiva, estaban a menudo muy lejos de la intención del autor de los textos explicados. En ese ambiente, se hizo cada vez más importante tener algunas garantías teológicas objetivas para que los herejes no pudieran reclamar validez para sus interpretaciones igualmente sin base, aunque poco ortodoxas. La "regla de fe" (el resumen aceptado y a menudo dado por supuesto de la doctrina cristiana ortodoxa), junto con una reverencia cada vez mayor por la tradición y los resúmenes doctrinales formales (es decir, los credos), sirvieron a este propósito.[11] La repetición de la tradición de la Iglesia y el resumen de la doctrina ortodoxa sustituyeron funcionalmente la primacía de la Biblia.

El cuádruple significado de las Escrituras (500–1500 d.C.)

Al pasar del período patrístico al medieval, el enfoque alegórico de la Biblia continuó, con la adición de un cuarto nivel de significado. Ya en los escritos de Juan Casiano (360-435 d.C.) y Agustín (354-430 d.C.) nos encontramos con la afirmación de que todo texto bíblico tiene cuatro niveles de significado: el literal, el moral, el espiritual (alegórico) y el celestial (escatológico o anagógico).[12] En esencia, este cuarto nivel de significado era otro nivel alegórico con matices celestiales o escatológicos (fin de los tiempos). Una referencia a Jerusalén, por ejemplo, incluiría estas cuatro dimensions:[13]

- *Literal:* parcela de terreno en Palestina
- *Moral:* el alma humana

---

del texto (*Summa Theologica* 1.1.8, citado por Robert M. Grant con David Tracy, *A Short History of the Interpretation of the Bible*, 2ª ed. [Philadelphia: Fortress, 1984], 89).

11. Dockery, *Biblical Interpretation Then and Now*, 45-73.
12. Grant con Tracy, *A Short History of the Interpretation of the Bible*, 85.
13. Ibíd.

- *Espiritual:* la Iglesia cristiana
- *Celestial:* la ciudad celestial, la Nueva Jerusalén

Un poema repetido a menudo resume este método hermenéutico cuádruple en un verso memorable.[14]

- La *letra* nos muestra lo que Dios y nuestros padres hicieron;
- La *alegoría* nos muestra dónde está escondida nuestra fe;
- El significado *moral* nos da las reglas para la vida diaria;
- La *anagogía* nos muestra dónde terminan nuestros conflictos.

Este enfoque cuádruple de interpretación de la Biblia llegó a ser extenso y dado por supuesto. De hecho, mucha de la erudición bíblica en la época medieval no era verdadera exégesis, sino la catalogación de las interpretaciones hechas por los padres de la Iglesia sobre varios pasajes.[15] La tradición de la Iglesia triunfó completamente sobre la primacía de las Escrituras. Al mismo tiempo, hay que señalar que voces aisladas continuaron pidiendo el retorno a la prioridad del significado literal del texto.[16]

El retorno a un método de interpretación más fiel (1500 d.C. hasta el presente)

El grito de la Reforma fue *¡Ad fontes!* ("¡A las fuentes!"). Con los reformadores protestantes llamando al pueblo a volver a la autoridad de la Biblia (*Sola Scriptura,* "solo la Biblia"), el enfoque del cuádruple significado de las Escrituras fue sometido a un examen más riguroso y crítico. El famoso reformador Martín Lutero (1483-1546) se refirió a las anteriores interpretaciones alegóricas como "tontas", "disparates increíbles", "absurdas" e "inútiles".[17] Lutero confesó: "Cuando yo era joven, mis propios intentos de alegorizar tuvieron bastante éxito… Pero les pregunto, ¿no es esto una profanación de las Sagradas Escrituras?".[18] Del mismo modo, Juan Calvino dijo: "Debemos

---

14. Ibíd.
15. Ibíd., 83.
16. Por ejemplo, la obra de Isho'dad, *Introducción a los Salmos* en el siglo IX (Grant con Tracy, *A Short History of the Interpretation of the Bible*, 64-65); comentarios bíblicos de Andrés de San Victor (siglo XII), abad de la abadía inglesa en Wigmore (Klein, Blomberg, y Hubbard, *Introduction to Biblical Interpretation*, 44); los escritos de Nicolás de Lira (1270-1340), que ejercieron influencia en Lutero (L. Berkhof, *Principles of Biblical Interpretation*, 2ª ed. [Grand Rapids: Baker, 1952], 25); y Johann Geiler of Kaiserberg del siglo XV (Klein, Blomberg y Hubbard, *Introduction to Biblical Interpretation*, 46).
17. Martín Lutero, *Lectures on Genesis, Chapters 1-5*, en *Luther's Works*, ed. J. Pelikan (St. Louis: Concordia, 1958), 1:91, 98, 233.
18. Ibíd., 232.

tener una reverencia más profunda por las Escrituras en vez de concedernos a nosotros mismos la libertad de ocultar su significado natural".[19] En otro momento, Calvino escribió: "Es... una audacia, estrechamente vinculada con el sacrilegio, convertir temerariamente las Escrituras en todo lo que queremos, para complacer nuestras fantasías, como si fuera un deporte; que es lo que hicieron muchos en los tiempos antiguos".[20]

A pesar de que los herederos de la Reforma Protestante continuaron cayendo presa de los cantos de sirena de la alegoría, con el tiempo los eruditos bíblicos llegaron a un consenso establecido de que la alegoría (cuando no es la intención de los autores) es una perversión del texto. Rudolf Bultmann (1884-1976), el más famoso experto en el Nuevo Testamento del siglo XX, estableció la siguiente presuposición esencial de la erudición bíblica sana: "Pertenece al método histórico, por supuesto, que un texto se interpreta de acuerdo con las reglas de la gramática y el significado de las palabras".[21] Es decir, para entender la Biblia, debemos mirar al sentido de las palabras reales del autor de acuerdo a las normas del lenguaje y la gramática.

Si bien con el paso del tiempo el estudio moderno de la Biblia le extirpó las vísceras al método alegórico,[22] los vuelos de la fantasía alegórica todavía se encuentran en mucha predicación y enseñanza popular cristiana. Charles Spurgeon (1834-1892), por ejemplo, en su *Discursos a mis estudiantes*, hizo comentarios favorables sobre alguna predicación alegórica (o, como él lo llama, "espiritualización").[23]

En los últimos sesenta años, el número de investigadores que se acercan a la Biblia con gran prudencia como estudiosos y fieles cristianos ha aumentado notablemente. La Sociedad Teológica Evangélica fue fundada en 1949 como una sociedad profesional de profesores de religión que se aferran a la autoridad e inerrancia de las Escrituras. La organización cuenta ahora con más de 4500 miembros.[24] (No todos los miembros son profesores, pero todos los miembros

19. Juan Calvino, *Commentary on a Harmony of the Evangelists, Matthew, Mark, and Luke*, trad. William Pringle (Edinburgh: Calvin Translation Society, s.f.; reimpresión, Grand Rapids: Baker, 2003), 3:63 (vol. 17 en la serie reimpresa).
20. Juan Calvino, *Commentaries on the Epistle of Paul the Apostle to the Romans*, trad. y ed. John Owen (Edinburgh: Calvin Translation Society, s.f.; reimpresión, Grand Rapids: Baker, 2003), xxvii (vol. 19 en la serie reimpresa).
21. Rudolf Bultmann, "Is Exegesis without Presuppositions Possible?" en *Existence and Faith: Shorter Writings of Rudolf Bultmann*, trad. Schubert M. Ogden (Nueva York: Meridian, 1960), 291.
22. Note, por ejemplo, el golpe mortal dado a la alegorización de las parábolas por Adolf Jülicher en *Die Gleichnisreden Jesu* (Freiburg: Mohr, 1888).
23. C. H. Spurgeon, *Discursos a mis estudiantes* (El Paso: Casa Bautista de Publicaciones) 97-98 del original inglés. Al mismo tiempo, Spurgeon advierte: "Evite el juego infantil y la distorsión escandalosa de los textos que le harán a usted un hombre sabio entre los necios, pero un necio entre los sabios" (Ibíd., 100 del original inglés).
24. www.etsjets.org/faq (consultado el 2 de abril de 2020).

de pleno derecho deben tener como mínimo una maestría en teología). Por otra parte, todos los años, muchos comentarios bíblicos y obras de referencia importantes son producidos por evangélicos. Aunque sus métodos de interpretación son diversos en los detalles, la mayoría de los evangélicos interpretan la Biblia con un enfoque literal, histórico y gramatical de la Biblia. Para los evangélicos, la intención consciente del autor humano (ya sea el autor original o un autor posterior en su reflexión bíblica canónica) es la piedra de toque de la interpretación.

Se debe observar, asimismo, que recientemente ha surgido un movimiento que reclama una apreciación de los métodos interpretativos alegóricos de los padres de la Iglesia. Por ejemplo, Hans Boersma, en su libro de 2017, *Scripture as Real Presence: Sacramental Exegesis in the Early Church* (ganador de un premio de *Christianity Today* en 2018), elogia una y otra vez la brillante hermenéutica de Orígenes y la relevancia para el día de hoy. En referencia a los escritos de Orígenes y de los demás padres de la Iglesia, asegura: "Esta misma sensibilidad sacramental es la que tiene la vitalidad para renovar la vida de la iglesia hoy".[25] Boersma sugiere que la interpretación alegórica que Orígenes hace del capítulo 9 de Josué proporciona la solución para una narrativa bíblica que le parece moralmente inaceptable, es decir, la esclavitud de los gabaonitas por parte de los israelitas. Boersma escribe:

> Los exégetas modernos que defienden una interpretación estrictamente literal del texto se enfrentan a una dura elección: justificar la violencia inherente al Antiguo Testamento o descartar el Antiguo Testamento como Escrituras cristianas. Dado que cualquiera de las opciones me parece perjudicial para la Iglesia, sugiero que conviene echar una mirada seria al exégeta del siglo III, Orígenes.[26]

---

25. Hans Boersma, *Scripture as Real Presence: Sacramental Exegesis in the Early Church* (Grand Rapids: Baker Academic, 2017), 279.
26. Boersma, *Scripture as Real Presence*, 111 Boersma observa: "[Orígenes]... proporciona una interpretación espiritual de la identidad de los gabaonitas como personas que actúan correctamente en la iglesia, pero no se esfuerzan por frenar sus vicios y cultivar hábitos virtuosos" (110). Vea, de manera similar, Keith D. Stanglin, *The Letter and Spirit of Biblical Interpretation: From the Early Church to Modern Practice* (Grand Rapids: Baker Academic, 2018), 170-71. Craig A. Carter ofrece un enfoque más matizado, considerando a Calvino como modelo interpretativo clave. Carter confiesa: "Es probable que me entusiasmen más los Padres a mí que a [D. A.] Carson, aunque puede que me entusiasmen un poco menos que a Boersma" (*Interpreting Scripture with the Great Tradition: Recovering the Genius of Premodern Exegesis* [Grand Rapids: Baker Academic, 2018], 207). Vea también Peter J. Leithart, *Deep Exegesis: The Mystery of Reading Scripture* (Waco, TX: Baylor University Press, 2009), 207; Stephen E. Fowl, "The Importance of a Multivoiced Literal Sense of Scripture: The Example of Thomas Aquinas", en *Reading Scripture with the Church: Toward a Hermeneutic for Theological Interpretation*, eds. A. K. M. Adam, Stephen E. Fowl, Kevin J. Vanhoozer y Francis Watson (Grand Rapids: Baker, 2006), 35-50; R. R. Reno, "'You Who Were Far Off Have Been Brought Near': Reflections on Theological Exegesis", *Ex Auditu* 16 (2000): 169-82.

En su perspicaz *The Reformation and the Right Reading of Scripture*, Iain Provan ha respondido con destreza a este reciente reto alegórico.[27] Como indica el título de su libro, Provan apela a los protestantes evangélicos modernos a no avergonzarse y estar firme en la tradición hermenéutica orientada al autor propia de los reformadores protestantes.

El prejuicio antisobrenatural y el escepticismo de la erudición moderna (1650 d.C. hasta el presente)

Corriendo a lo largo de una pista cronológica paralela con el retorno a un enfoque más fiel de las Escrituras, una hermenéutica moderna del escepticismo antisobrenatural ha llegado a florecer en el mundo académico secular. Este enfoque escéptico encuentra sus raíces en la Ilustración y su elevación optimista de la razón humana. Rudolf Bultmann, el principal experto en el Nuevo Testamento del siglo XX, encarnó ese antisobrenaturalismo. En un artículo fundamental, Bultmann menciona una presuposición necesaria de la exégesis bíblica. Él escribe:

> El método histórico incluye la presuposición de que la historia es una unidad en el sentido de una continuidad estrecha de los efectos en la que los eventos individuales están conectados por la sucesión de causa y efecto... Esta cercanía significa que la continuidad de los sucesos históricos no puede ser dividida por la interferencia de poderes trascendentes, sobrenaturales, y, por tanto, no hay "milagro" en el sentido de la palabra. Tal milagro sería un acontecimiento cuya causa no se encuentra dentro de la historia.[28]

En otras palabras, Bultmann afirma que una presuposición necesaria para el estudio académico de la Biblia es la de mantener que los acontecimientos sobrenaturales no ocurren. Debido a que la Biblia contiene muchas descripciones de sucesos sobrenaturales, los eruditos que aceptan la premisa de Bultmann toman necesariamente con gran escepticismo la fiabilidad histórica de la Biblia. Estos eruditos terminan diciendo que los autores bíblicos que describen sucesos milagrosos fueron engañados, estaban equivocados, o intentaron transmitir alguna verdad en "términos mitológicos". Ninguna de esas tres explicaciones, sin embargo, respeta el género de los documentos

---

27. Iain Provan, *The Reformaton and the Right Reading of Scripture* (Waco, TX: Baylor University Press, 2017).
28. Bultmann, "Is Exegesis without Presuppositions Possible?" 291-292.

bíblicos o el carácter y la inteligencia de su autores.[29] Los escritos de los eruditos antisobrenaturalistas degeneran a veces en la criba de supuestas fuentes y las reconstrucciones hipotéticas de los "hechos reales" o situaciones que dieron origen a los textos.

Otros estudiosos hacen comparaciones sociológicas o de aplicación de diferentes tipos de lentes filosóficos a través de los cuales evalúan el texto (el marxismo, el feminismo, el activismo homosexual, etc.). Más recientemente, algunos investigadores han tratado de salvar un estudio comprensivo de la Biblia evitando a la vez las cuestiones espinosas de la verdad o la fiabilidad histórica. Tales enfoques "canónicos" o "teológicos" a la interpretación de las Escrituras insisten en la lectura de los documentos bíblicos como un todo terminado y relacionado entre sí.[30] Otros eruditos han propuesto diversas formas de análisis literario o narrativo, tratando de ver el texto como un todo.[31] Asimismo, un estudio de la historia de la recepción intenta rescatar el sentido y la unidad del texto teniendo en cuenta la forma en que se ha entendido a través de la historia de la Iglesia.[32] Esos métodos interpretativos son útiles en la medida en que ayudan al lector a escuchar el texto. Al final, sin embargo, cualquier lector pensante de la Biblia debe preguntarse: "¿Es esto cierto? ¿Dios realmente dice...?". La Biblia enfrenta al lector en última instancia con afirmaciones en cuanto a la situación humana (rebelión y condenación) y la naturaleza de Dios (santo y amoroso). En ese sentido, un término medio neutro jamás será posible en los estudios bíblicos. Jesús dijo: "El que no es conmigo, contra mí es; y el que conmigo no recoge, desparrama" (Mt. 12:30).

En resumen

Al considerar cómo se ha interpretado la Biblia a lo largo de la historia de la Iglesia, podemos aprender de nuestros antepasados en la fe. El primer ejemplo de interpretación cristiana es el uso del Antiguo Testamento por los autores

---

29. En cuanto al Evangelio de Juan, p. ej., C. S. Lewis escribió: "He estado leyendo toda mi vida poemas, romances, literatura de visión, leyendas y mitos. Yo sé lo que son. Sé que ninguno de ellos es como este [el Evangelio]". ("Fern-seed and Elephants", en *Fern-seed and Elephants and Other Essays on Christianity* por C. S. Lewis, ed. Walter Hooper [London: Fontana/Collins, 1975], 108). Para una defensa académica de los sucesos milagrosos en la Biblia, vea Craig S. Keener, *Miracles: The Credibility of the New Testament Accounts*, 2 vols. (Grand Rapids: Baker, 2011).
30. Vea, p. ej., Brevard S. Childs, *Biblical Theology in Crisis* (Philadelphia: Westminster, 1970); idem, *The New Testament as Canon: An Introduction*, (Philadelphia: Fortress, 1984); y Daniel J. Treier, *Introducing Theological Interpretation of Scripture: Recovering a Christian Practice* (Grand Rapids: Baker, 2008).
31. Vea, p. ej., David G. Firth y Jamie A. Grant, eds., *Words and the Word: Explorations in Biblical Interpretation and Literary Theory* (Downers Grove, IL: InterVarsity Press, 2009).
32. Vea, p. ej., la serie Ancient Christian Commentary on Scripture (Downers Grove, IL: InterVarsity Press). Del mismo modo, un estudio de la historia eficaz traza los efectos de un texto sobre diversos aspectos del pensamiento, la cultura y el arte.

del Nuevo Testamento. Los autores del Nuevo Testamento consideraban el Antiguo Testamento como una historia fiable y una revelación autoritativa, y respetaron los contextos originales de los pasajes citados. Los autores del Nuevo Testamento también veían el Antiguo Testamento a través de una lente mesiánica y tipológica.

Una vez acabado el Nuevo Testamento, muchos de los padres de la Iglesia no tardaron en errar en interpretaciones alegóricas fantasiosas. Aunque era un enfoque interpretativo común en el antiguo mundo grecorromano, la exégesis alegórica distorsiona el significado del texto del autor original. Excesos alegóricos generalizados fueron frenados por la Reforma protestante, pero recibieron su golpe mortal (al menos en lo académico) de la erudición bíblica moderna (ca. 1800–hasta la actualidad).

Sin embargo, gran parte de la erudición bíblica introduce otro elemento distorsionante, un escepticismo antisobrenatural. Al mismo tiempo, en los últimos sesenta años, una vibrante comunidad evangélica ha producido muchas contribuciones académicas relevantes. Asimismo, en décadas recientes, tanto los eruditos liberales como los conservadores han empleado numerosas técnicas interpretativas que reivindican establecer un "punto medio" académico, respetando la intención superficial del autor de un texto bíblico sin hacer pronunciamientos explícitos sobre su origen o su fiabilidad.

Preguntas para la reflexión

1. Al leer el Nuevo Testamento, ¿presta usted atención a la cita de textos del Antiguo Testamento? ¿Busca alguna vez los textos del Antiguo Testamento citados?
2. ¿Ha escuchado alguna vez un sermón alegórico o ha leído una interpretación alegórica en un libro devocional? En ese momento, ¿reconoció el método de interpretación como alegórico? ¿Qué le pareció?
3. Se ha dicho: "Podemos ver todo lo que vemos solo porque nos apoyamos sobre hombros de gigantes". ¿Cómo se aplica ese dicho a la interpretación bíblica?
4. ¿Ha notado alguna de las tendencias interpretativas mencionadas arriba en los libros que usted posee?
5. ¿Qué valor tienen las exposiciones alegóricas de los padres de la Iglesia?

PREGUNTA **10**

¿Cuáles son algunos principios generales de la interpretación bíblica? (1)

Si bien la interpretación bíblica se aprende mejor leyendo y escuchando a aquellos que la conocen y dominan, puede ser útil enumerar algunos principios interpretativos predominantes. Aplicados con tiempo y determinación, estos principios se convertirán como en una segunda naturaleza en su interpretación de las Escrituras.

Acérquese a la Biblia en oración

Las Escrituras nos dicen que el corazón humano es engañoso y perverso (Jer. 17:9). De hecho, la respuesta humana básica a la revelación natural de Dios (por medio de la conciencia o de la naturaleza) es suprimirla en la idolatría (Ro. 1:18-23). Incluso el pueblo de Dios, aunque ha recibido una nueva naturaleza y el Espíritu Santo como guía, debe tener cuidado con las inclinaciones engañosas de lo que le queda de su naturaleza pecaminosa. En el Salmo 119, el autor, que tradicionalmente se supone es el rey David, sirve como un buen ejemplo de una sincera valoración de sí mismo en su acercamiento a las Escrituras. En repetidas ocasiones, ora pidiendo intuición y redirección. A continuación presentamos una lista de algunas de las peticiones en el salmo. Orar usando estos versículos seleccionados del Salmo 119 es una manera excelente de comenzar una sesión de estudio bíblico.

- *Versículo 5:* [dirigiéndose al Señor] "¡Ojalá fuesen ordenados mis caminos para guardar tus estatutos!".
- *Versículo 10:* "Con todo mi corazón te he buscado; no me dejes desviarme de tus mandamientos".
- *Versículo 12:* "Bendito tú, oh Jehová; enséñame tus estatutos".
- *Versículos 17-20:* "Haz bien a tu siervo; que viva, y guarde tu palabra. Abre mis ojos, y miraré las maravillas de tu ley. Forastero soy yo en la tierra; no encubras de mí tus mandamientos. Quebrantada está mi alma de desear tus juicios en todo tiempo".

- *Versículos 34-37:* "Dame entendimiento, y guardaré tu ley, y la cumpliré de todo corazón. Guíame por la senda de tus mandamientos, porque en ella tengo mi voluntad. Inclina mi corazón a tus testimonios, y no a la avaricia. Aparta mis ojos, que no vean la vanidad; avívame en tu camino".

El gran reformador Martín Lutero reconoció el Salmo 119 como una instrucción útil para el estudio de la Biblia. Él comentó:

> Así vemos a David que sigue orando en el citado salmo: "Oh Señor, enséñame, instrúyeme, guíame, muéstrame el camino", y muchas otras palabras semejantes. A pesar de que conocía bien y todos los días oía y leía los libros de Moisés y otros, él todavía quería escuchar y hablar con el verdadero maestro de las Escrituras, para asegurarse de no apoderarse de ellas confusamente con su razón y convertirse en su propio maestro. Porque esa práctica da lugar a los espíritus facciosos que se dejan alimentar con la ilusión de que las Escrituras pueden quedar sujetas a ellos y pueden comprenderlas fácilmente con la razón, como si fueran *Markolf* o las Fábulas de Esopo, para lo cual no se necesita el Espíritu Santo ni ninguna oración.[1]

Al acercamos a la Biblia, tenemos que darnos cuenta de que el pecado afecta a todo nuestro ser: nuestras emociones, voluntad y facultades racionales. Podemos fácilmente engañarnos a nosotros mismos o ser engañados por otros. Necesitamos el Espíritu Santo para instruirnos y guiarnos. Por tanto, la oración es el punto de partida esencial para cualquier estudio de la Biblia.[2]

Lea la Biblia como un libro que nos lleva a Jesús

En un debate con los líderes religiosos judíos en Jerusalén, Jesús dijo: "Escudriñad las Escrituras; porque a vosotros os parece que en ellas tenéis la vida eterna; y ellas son las que dan testimonio de mí; y no queréis venir a mí para que tengáis vida" (Jn. 5:39-40; cp. Lc. 24:25-27). Si estudiamos o enseñamos alguna parte de la Biblia sin referencia a Jesús el Salvador, no

1. Martín Lutero, "Prefacio a la edición alemana de Wittenberg de los escritos de Lutero" (1539), en *Martin Luther's Basic Theological Writings*, ed. Timothy F. Lull, 2ª ed. (Minneapolis: Fortress, 2005), 72.
2. Spurgeon aconsejó a los pastores jóvenes: "El mejor estudio es la oración. Así dijo Lutero: Haber orado bien, es haber estudiado bien"; y este proverbio merece repetirse con frecuencia. Mezclad la oración con vuestros estudios de la Biblia. Esto será como la trilla de las uvas en el lagar, o la del trigo en la era; o la separación del oro del residuo" (C. H. Spurgeon, *Discursos a mis estudiantes.* [Casa Bautista de Publicaciones: El Paso, TX, 1954], 151).

somos intérpretes fieles.[3] Por supuesto, no todos los textos apuntan a Jesús de la misma manera. El Antiguo Testamento promete, anticipa y prepara. Jesús indicó esta dimensión de futuro en toda la revelación anterior de Dios, diciendo: "Porque todos los profetas y la ley profetizaron hasta Juan [el Bautista]" (Mt. 11:13). El Nuevo Testamento anuncia el cumplimiento en Cristo de toda la ley, la historia, las profecías y las instituciones de Israel. Cada pasaje de las Escrituras debe ser leído como un capítulo de un libro terminado. Al saber cómo culmina la historia (en la vida, muerte y resurrección de Cristo), siempre debemos preguntarnos cómo los capítulos anteriores llevan a esa culminación. Vea la pregunta 18, "¿Es realmente toda la Biblia acerca de Jesús?", para obtener más información sobre la comprensión de la naturaleza cristocéntrica (centrada en Cristo) de las Escrituras.

Dejemos que las Escrituras interpreten las Escrituras

La pauta hermenéutica de las Escrituras interpretando las Escrituras ha sido adoptada desde hace mucho por los intérpretes cristianos, remontándose al menos a Agustín (354-430 d.C.) e Ireneo (130-200 d.C.).[4] Si creemos que toda la Biblia es inspirada por Dios y, por tanto, no contradictoria, los pasajes de las Escrituras que son menos claros deben interpretarse con referencia a aquellos que son más transparentes en su significado. Las sectas y grupos heréticos echan mano, a menudo, de unos pocos textos oscuros, les atribuyen significados dudosos, y luego interpretan el resto de la Biblia a través de esas lentes aberrantes.

Otra dimensión de dejar que las Escrituras interpreten las Escrituras significa tener en cuenta todo el conjunto de textos que tocan un tema. Por ejemplo, si leemos las palabras de Dios a Abraham en Génesis 17:10-12, podemos concluir que incluso hoy en día todos los adoradores masculinos de Dios deben ser circuncidados.[5] Sin embargo, leemos en 1 Corintios 7:19: "La circuncisión nada es, y la incircuncisión nada es, sino el guardar los mandamientos de Dios". Y eso es lo que cuenta. Al entender la trayectoria de la Escritura (promesa → cumplimiento en Cristo), vemos que la circuncisión tuvo una función preparatoria para la nación de Israel, pero ya no es

3. Vea este libro útil y accesible: Michael Williams, *How to Read the Bible through the Jesus Lens: A Guide to Christ-Focused Reading of Scripture* (Grand Rapids: Zondervan, 2012).

4. Bernard Ramm, *Protestant Biblical Interpretation: A Textbook of Hermeneutics*, 3ª ed. (Grand Rapids: Baker, 1970), 36-37; y Robert M. Grant con David Tracy, *A Short History of the Interpretation of the Bible*, 2ª ed. (Philadelphia: Fortress, 1984), 49-50.

5. Génesis 17:10-12: "Este es mi pacto, que guardaréis entre mí y vosotros y tu descendencia después de ti: Será circuncidado todo varón de entre vosotros. Circuncidaréis, pues, la carne de vuestro prepucio, y será por señal del pacto entre mí y vosotros. Y de edad de ocho días será circuncidado todo varón entre vosotros por vuestras generaciones".

necesaria para el pueblo de Dios. Como dice el autor de Hebreos: "La ley es sólo una sombra de los bienes venideros, y no la presencia misma de estas realidades" (He. 10:1, NVI). Pablo decidió circuncidar a un compañero de ministerio como medio de una acomodación estratégica misionera hacia los judíos no regenerados (Hch. 16:3), pero cuando la base de la salvación está en juego, Pablo es inflexible (Gá. 2:3). Este breve estudio demuestra cómo la comprensión matizada de un tema requiere la consideración de los múltiples textos bíblicos que la tocan.

Medite en la Biblia

La Biblia no es un libro para lectura superficial. Aunque sin duda es beneficioso leer grandes porciones de las Escrituras en una sola sesión, ninguna dieta bíblica es completa sin la meditación prolongada sobre una pequeña porción de texto. Las Escrituras mismas están llenas de instrucciones sobre un enfoque meditativo. Basado en el Salmo 119, Martin Luther observó este patrón.

> En segundo lugar, [en su estudio de la Biblia], usted debe meditar, es decir, no solo en su corazón, sino también externamente, mediante la repetición y la comparación real del discurso oral y de las palabras literales del libro, leyendo y releyendo con atención diligente y reflexión, de modo que usted pueda ver lo que el Espíritu Santo quiere decir con ello. Y tenga cuidado de que no se canse ni piense que ha hecho lo suficiente cuando ha leído, escuchado y hablado una o dos veces, y que ya lo entiende completamente. Usted nunca será un teólogo muy bueno si hace eso, porque vendrá a ser como una fruta prematura que cae al suelo antes de que esté medio madura.
>
> Eso es lo que vemos en este mismo Salmo 119 cuando David se jacta continuamente de que va a hablar, meditar, cantar, escuchar, leer, de día y de noche y siempre, nada más que la Palabra y los mandamientos de Dios. Porque Dios no le dará su Espíritu sin la Palabra externa; así que siga su ejemplo en eso. Su mandato de escudriñar, escribir, predicar, leer, escuchar, cantar, hablar, etc., externamente no lo dio en vano.[6]

Es instructivo que muchos cristianos hayan encontrado que lo mejor es comenzar sus oraciones con la reflexión silenciosa y sostenida sobre una pequeña porción de las Escrituras. Nos hace recordar que acudimos a Dios

---

6. Lutero, "Prefacio", 72-73.

con las manos vacías. Dios mismo provee las palabras de nuestras oraciones en la Biblia. El puritano Thomas Manton (1620-1677) escribió:

> La meditación es un tipo medio de deber entre la palabra y la oración, y tiene respeto por ambos. La palabra alimenta la meditación, y la meditación alimenta la oración; debemos oír para no estar equivocados, y meditar para no ser estériles. Estos deberes deben ir siempre de la mano; la meditación debe seguir al oír, y preceder a la oración. Porque escuchar y no meditar termina siendo infructuoso. Podemos oír y oír, pero es como poner algo dentro de una bolsa con agujeros... Es una temeridad orar y no meditar. Lo que tomamos mediante la palabra lo digerimos por la meditación y lo expresamos mediante la oración. Estos tres deberes deben estar tan ordenados que ninguno deje fuera al otro. Los hombres son estériles, secos y sin savia en su oración por la falta de ejercicio en pensamientos santos.[7]

Acérquese a la Biblia con fe y obediencia

La Biblia no es un libro de texto sobre filosofía para ser debatido, es una revelación de Dios para ser creída y obedecida. Al creer y obedecer la Palabra de Dios, experimentaremos no solo el gozo (Sal. 119:72), sino también, y más importante aún, la bendición o la aprobación de Dios. Santiago escribe:

> Pero sed hacedores de la palabra, y no tan solamente oidores, engañándoos a vosotros mismos. Porque si alguno es oidor de la palabra pero no hacedor de ella, éste es semejante al hombre que considera en un espejo su rostro natural. Porque él se considera a sí mismo, y se va, y luego olvida cómo era. Mas el que mira atentamente en la perfecta ley, la de la libertad, y persevera en ella, no siendo oidor olvidadizo, sino hacedor de la obra, éste será bienaventurado en lo que hace (Stg. 1:22-25).

Al mismo tiempo, debemos recordar que la obediencia a la Palabra de Dios nunca puede ser realizada mediante un mayor esfuerzo humano. La regeneración y la capacitación divinas son necesarias para creer y obedecer la Palabra de Dios. La obediencia es posible solo a través de Cristo. Como el apóstol Juan escribe: "Pues este es el amor a Dios, que guardemos sus mandamientos; y sus mandamientos no son gravosos. Porque todo lo que es

---

7. Thomas Manton, *The Complete Works of Thomas Manton*, vol. 17, *Sermons on Several Texts of Scripture* (reimpresión, Birmingham, AL: Solid Ground Christian Books, 2008), 272-273. Vea Donald S. Whitney, *Praying the Bible* (Wheaton, IL: Crossway, 2015).

nacido de Dios vence al mundo; y esta es la victoria que ha vencido al mundo, nuestra fe. ¿Quién es el que vence al mundo, sino el que cree que Jesús es el Hijo de Dios?" (1 Jn. 5:3-5).

La persona que lee las Escrituras y no las obedece se engaña a sí mismo (Stg. 1:22). Pretender conocer a Dios mientras que constante y conscientemente desobedecemos su Palabra es demostrar la falsedad de nuestra afirmación. El apóstol Juan escribe: "El que dice: Yo le conozco, y no guarda sus mandamientos, el tal es mentiroso, y la verdad no está en él" (1 Jn. 2:4).

Responder con fe y obediencia, especialmente cuando pasamos por dificultades, parece ser uno de los medios escogidos por Dios para llevar a sus hijos a madurar (Ro. 5:1-11; Stg. 1:1-12; 1 P. 1:1-12). Cuando enfrentamos pruebas en la vida y superamos esas dificultades confiando en Dios y en su Palabra, podemos esperar que el Señor nos hará más semejantes a la imagen de su Hijo. Podemos ser consolados por las palabras de Pablo en Romanos 8:28-29: "Y sabemos que a los que aman a Dios, todas las cosas les ayudan a bien, esto es, a los que conforme a su propósito son llamados. Porque a los que antes conoció, también los predestinó para que fuesen hechos conformes a la imagen de su Hijo, para que él sea el primogénito entre muchos hermanos".

Martín Lutero señaló que las numerosas referencias a las pruebas y a los enemigos de David en el Salmo 119 son instructivas para los cristianos que enfrentan situaciones similares. Él escribió:

> Así vemos cómo David, en el salmo mencionado, se queja con frecuencia de toda clase de enemigos, príncipes o tiranos arrogantes, de espíritus falsos y facciones, a los que debe tolerar porque medita, es decir, porque él está ocupado con la Palabra de Dios (como se ha dicho) en todo tipo de formas. Porque tan pronto como la Palabra de Dios echa raíces y crece en ti, el diablo te va a acosar, y hacerte un verdadero doctor, y por sus ataques te enseñará a buscar y amar la Palabra de Dios. Yo mismo (si me lo permites, que tan poca cosa soy) estoy profundamente agradecido a mis papistas que a través del demonio furioso tanto me han golpeado, oprimido y angustiado. Es decir, han hecho de mí un teólogo bastante bueno, que de lo contrario yo nunca habría llegado a ser. Y sinceramente acepto lo que han ganado a cambio de hacer esto de mí, el honor, la victoria y el triunfo, porque esa es la forma en que ellos lo querían.[8]

---

8. Lutero, "Prefacio", 73.

Como Lutero, nosotros podemos hacer frente a las dificultades de la vida confiando en Dios y dependiendo de Él para obedecer su Palabra.

En resumen

En esta sección hemos comenzado a examinar algunos principios generales de la interpretación bíblica. Los que hemos comentado en este capítulo son: (1) Acérquese a la Biblia en oración, confesando su inclinación al engaño e implorando la ayuda del Señor. (2) Lea la Biblia como un libro que nos lleva a Jesús. (3) Deje que las Escrituras interpreten a las Escrituras. Es decir, permita que los pasajes más claros ayuden a interpretar textos más oscuros. Asimismo, que sea todo el contexto de las Escrituras el que hable sobre un tema antes de llegar a conclusiones definitivas. (4) Medite en la porción de las Escrituras que esté estudiando. (5) Acérquese a la Biblia con fe y obediencia.

Nuestro estudio de los principios generales de la interpretación bíblica continúa en la pregunta 11.

Preguntas para la reflexión

1. ¿Qué papel desempeñan actualmente la oración y la meditación en su estudio de la Biblia?
2. ¿Qué pasos puede dar para hacer de la oración y la meditación una parte regular de su lectura de la Biblia?
3. ¿Se acerca usted a todas las partes de la Biblia como señalando a Jesús? ¿Qué partes parecen ser las más difíciles de ver de esa manera? ¿Por qué?
4. ¿Qué significa dejar que las Escrituras interpreten las Escrituras?
5. ¿Es posible creer y entender la Biblia sin obedecerla? ¿Puede usted respaldar su respuesta con las Escrituras?

PREGUNTA **11**

¿Cuáles son algunos principios generales de la interpretación bíblica? (2)

En esta sección, vamos a continuar con nuestro estudio de los principios generales para la interpretación de la Biblia. En la sección anterior, nos centramos más en el aspecto devocional del estudio de la Biblia (oración, meditación, obediencia). En esta, nos vamos a centrar más en las directrices técnicas o literarias.

Dese cuenta del género bíblico que está leyendo

Si su hijo llega a casa de la escuela diciendo que tiene una tonelada de tarea, usted no le castiga por mentir. Usted puede entender que él está usando una hipérbole para expresar sus fuertes emociones. Del mismo modo, tenemos que acercarnos a la Biblia como lectores comprensivos, respetando los diversos géneros y supuestos del autor que acompañan a dichos géneros. Por ejemplo, el género de proverbios generalmente asume excepciones. Los proverbios son consejos sabios, no promesas a toda prueba. Por ejemplo, en Proverbios 10:4, leemos: "La mano negligente empobrece; mas la mano de los diligentes enriquece". Todos podemos pensar en ejemplos de la vida que confirman ese proverbio. Al mismo tiempo, la mayoría de nosotros conoce probablemente a algunas personas ricas, pero perezosas. Estas excepciones no hacen que el proverbio sea falso. Todo lo contrario, las excepciones confirman la regla general. Proverbios 10:4 no es un pagaré. Proverbios ofrece consejos sabios para ordenar nuestra vida, pero la mayoría de ellos asumen excepciones. Para más información sobre la interpretación de proverbios, vea la pregunta 28, "¿Cómo se interpretan los proverbios?".

El género de la narrativa histórica también incluye una serie de supuestos del autor. Por ejemplo, los autores bíblicos emplean narrativa histórica para informar sobre sucesos, muchos de los cuales ellos no aprueban necesariamente. Es evidente que el autor de Jueces no piensa que sacrificar una hija sea algo bueno (Jue. 11), a pesar de que no hace comentarios sobre las acciones de Jefté en el contexto inmediato. El repetido ciclo de desobediencia en Jueces, junto con la declaración resumida ("En aquellos días no había rey en Israel;

cada uno hacía lo que bien le parecía" [Jue. 21:25]), indica al lector que Dios y el autor no están satisfechos con las acciones de Jefté. Del mismo modo, muchas Escrituras enseñan que la embriaguez es mala, aunque el apóstol Juan no siente la necesidad de tener en cuenta su impropiedad en Juan 2:10, donde hay una referencia de pasada a beber demasiado. (Un amigo apeló una vez a Juan 2:10 para elaborar un argumento "bíblico" sobre el consumo excesivo de alcohol). El autor de una narración histórica no siempre sanciona o condena explícitamente el comportamiento del que habla. A menudo es necesaria una lectura cuidadosa de todo el texto para entender el propósito de porciones más pequeñas. Hay que determinar cuidadosamente lo que solo informa y lo que pretende ser normativo. Para más información sobre la interpretación de la narrativa histórica, vea la pregunta 22, "¿Cómo se interpreta las narrativa histórica?".

El estudio y la aplicación de pautas de interpretación para diversos géneros se conocen a veces como el campo de la hermenéutica especial. Gran parte de la segunda mitad de este libro se dedica a la hermenéutica especial.

Sea consciente de los problemas del trasfondo histórico o cultural

Los sesenta y seis libros de la Biblia dan a menudo por supuesta la familiaridad del lector con diversas prácticas culturales, marcas geográficas o personajes políticos. Así, cuando un lector inexperto abre el libro de Isaías y comienza a leer sobre naciones que ya no existen y oscuras alianzas políticas, puede que él o ella cierren la Biblia y digan: "Esto es muy difícil de entender". Como con cualquier documento histórico, el lector de la Biblia necesitará ayudas de estudio para profundizar en los matices de los temas de trasfondo. Por supuesto, algunos libros de la Biblia requieren poco conocimiento por parte del lector y son bastante accesibles. El Evangelio de Juan, por ejemplo, a menudo se distribuye como un folleto evangelístico por este motivo. Dependiendo de la familiaridad que uno tenga con las Escrituras, algunas cuestiones del trasfondo pueden parecer más o menos transparentes. ¿Sabe usted lo que es la "pascua"? Entonces no debería tener problemas con la descripción que Juan el Bautista hace de Jesús como el "cordero de Dios" (Jn. 1:29). ¿Está familiarizado con los 40 años que Israel estuvo vagando por el desierto? Entonces, los 40 días que Jesús estuvo en el desierto, donde fue tentado pero no pecó, adquieren mayor relevancia (Mt. 4:2; Lc. 4:2).

Al estudiar más la Biblia, usted tendrá menos necesidad de consultar comentarios o ayudas de estudio para responder a preguntas básicas. Hay muchos estudios introductorios del Antiguo y Nuevo Testamentos, así como libros específicos sobre los trasfondos, que le proporcionan una gran cantidad de información al estudiante interesado. Vea la pregunta 13, "Qué libros o herramientas útiles hay disponibles para la interpretación bíblica?", para un análisis adicional sobre el uso de otros libros en el estudio de la Biblia.

Al hablar de antecedentes bíblicos, debemos también señalar dos salvedades importantes. Primera, podemos llegar a quedar tan prendados con los asuntos históricos, culturales, políticas o arqueológicos externos, que terminamos esencialmente usando la Biblia como un trampolín para la trivia extrabíblica. El estudio de la cultura del antiguo Cercano Oriente, aunque fascinante en sí misma, no es el propósito del estudio bíblico. No pocos recursos presentados como ayudas para entender el trasfondo de la Biblia no son más que recopilaciones de hechos interesantes y especulaciones sobre cuestiones relacionadas tangencialmente con el trasfondo. Siempre hay que preguntar: ¿Asumió de verdad el autor bíblico que sus lectores conocían ese hecho? Y, si él asumió que sus lectores lo conocían, ¿era importante para el significado que él estaba tratando de transmitir? Si la respuesta a ambas preguntas es sí, entonces ese trasfondo es ciertamente digno de consideración.

Recientemente, un antiguo estudiante me llamó para preguntar sobre Marcos 3:13-19, donde Jesús llama a sus doce apóstoles. El estudiante dijo: "He leído que todos los niños judíos eran formados para ser rabinos y, si respondían bien, luego se convertían en discípulos de rabinos y, finalmente, llegaban a ser rabinos. Así que en este pasaje, los discípulos de Jesús deben entenderse como aquellos que habían sido rechazados para la formación rabínica tradicional. Pienso predicar sobre este pasaje haciendo hincapié en que Jesús escoge personas que han fracasado. ¿Estoy en el buen camino?". Le respondí: "Hay pasajes de las Escrituras que hablan de que Dios elige a los humildes y rechazados en este mundo (1 Co. 1:26-27), pero no creo que el autor inspirado, Marcos, esté haciendo hincapié en eso aquí. ¿En qué libro ha leído esa explicación de los antecedentes de Marcos 3? (El estudiante responde...). ¿Ha leído usted una explicación similar en alguna otra obra de consulta o comentario? (El estudiante responde "No"). Eso debería llevarle a hacer una pausa y preguntarse si hay base para interpretar ese texto a la luz de los antecedentes que no se encuentran en ningún texto en la Biblia. Al parecer, la fuente de donde ha sacado esta información es, por lo menos, simplista, y distorsiona la descripción del primer siglo de la formación rabínica. Segundo, y más importante aún, Marcos de ninguna manera indica a sus lectores que su propósito es que entendamos este pasaje como enseñando que Jesús escogió a aquellos rechazados por otros rabinos. ¿Habla el pasaje del llamado eficaz de Jesús, de su demanda de un discipulado radical, y de su autoridad delegada? ¡Sí! Entonces predique y enseñe el significado del texto, no una reconstrucción imaginaria y distorsionada de una cuestión de trasfondo".[1] Por desgracia, en el intento de proporcionar algo nuevo a sus congregaciones, demasiados pastores son fácilmente engañados por las interpretaciones inverosímiles. El tiempo de un pastor estaría mejor invertido meditando en oración sobre el pasaje para descubrir aplicaciones auténticas basadas en ese texto.

Un segundo error que debemos evitar en lo relacionado con las cuestiones de trasfondo consiste en descuidarlas. Con el fin de comprender y aplicar fielmente un texto, a menudo se debe tener cierto conocimiento de los supuestos históricos y culturales del autor. No se pueden entender las denuncias de los profetas menores, por ejemplo, sin conocer algo de la historia de Israel y de las relaciones con las naciones vecinas. Y si bien gran parte de esos antecedentes históricos puede ser obtenido directamente de otros documentos bíblicos, un lector no iniciado necesitará la ayuda de los resúmenes de un lector más maduro. Una Biblia de estudio, como las publicadas por Editorial Portavoz, aporta observaciones breves y muy útiles sobre cuestiones pertinentes del trasfondo.

Preste atención al contexto

Cualquier porción de las Escrituras debe ser leída en el contexto de la frase, del párrafo, de una unidad más amplia del discurso, y del libro entero. Cuanto más nos alejamos de las palabras en cuestión, menos informativo resulta el material aportado. Tratar de entender o aplicar una determinada frase o versículo bíblico sin referencia al contexto literario está prácticamente garantizado que va a dar lugar a la distorsión. Lamentablemente, en la literatura y predicación cristiana popular, hay muchos ejemplos de esa falta de respeto al contexto de un pasaje. Una de las expresiones más dolorosas de ese fracaso hermenéutico es el predicador que intimidida y brama sobre la autoridad e inerrancia de las Escrituras, y a la vez niega prácticamente su autoridad por medio de su predicación descuidada.

Si le piden que predique un mensaje sobre 1 Corintios 11:1 ("Sed imitadores de mí, así como yo de Cristo"), no solo debe meditar en el versículo en cuestión, sino empezar estableciendo el versículo en el contexto del argumento de Pablo en 1 Corintios. Pablo ha estado hablando de sus privaciones voluntarias como apóstol (1 Co. 9:1-12) como un ejemplo para los Corintios, a los que está llamando a negarse a sí mismos en cuanto a alimentos permisibles que podrían llevar a los hermanos cristianos débiles a caer en pecado (1 Co. 8:9-13). La preocupación de Pablo por la difusión del evangelio le obliga a buscar todas

1. Este informe de nuestra conversación representa el tenor y los puntos principales, no las palabras literales.

las maneras de evitar poner obstáculos en su camino. Nadie puede acusarle de estar motivado por la codicia, porque él predica sin recibir sueldo (1 Co. 9:12-18). Del mismo modo, la preocupación de los cristianos de Corinto por el bienestar espiritual de otros significa que deben estar dispuestos a renunciar a cosas permitidas por el beneficio espiritual de los demás. En efecto, Cristo es el ejemplo supremo de alguien que deja a un lado sus derechos y privilegios por la salvación de los demás (1 Co. 11:1; cp. Mr. 10:45; Fil. 2:6-11). Una vez que entendemos el significado original de Pablo en su contexto, es más fácil aplicar fielmente el texto a nuestra situación actual. ¿A qué cosas permisibles somos llamados a renunciar para no llevar a nuestros hermanos cristianos débiles al pecado? ¿Cómo podemos dar prioridad al bienestar espiritual y la salvación de los demás en lugar de nuestros propios derechos y privilegios? ¿En qué aspectos somos llamados a la abnegación por amor a los demás, al igual que Pablo, los Corintios, y sobre todo Cristo?

Se ha dicho a menudo que "un texto sin contexto es un pretexto", lo que significa que un predicador se sentirá inclinado a verter en un texto sus propios prejuicios si no permite que el contexto le dirija a la intención del autor. He encontrado esta verdad en mi vida. Cuando me dan la oportunidad de elegir un texto para un sermón, a veces ya tengo una idea de lo que quiero decir. Pero, cuando voy al texto y lo estudio dentro de su contexto, en oración, meditando sobre él, el sentido de mi mensaje cambia con frecuencia. Aferrarme firmemente al texto me lleva de nuevo al significado del autor inspirado. Yo les digo a mis estudiantes que se mantengan en el texto bíblico como un jinete en un rodeo se aferra a un toro. Y también les advierto que las únicas personas en la plaza que no están montadas sobre los toros son los payasos. Cuando predico la Biblia quiero ser capaz de poner mi dedo en palabras y frases específicas en el texto para justificar mis exhortaciones. Quiero que la congregación sea persuadida por las palabras dc las Escrituras, no por mi habilidad retórica. El poder de un sermón o de una lección bíblica radica en su fidelidad al texto inspirado.

Lea la Biblia en comunidad

Vivimos en una época individualista. No obstante, Dios nos creó para vivir y adorar y crecer espiritualmente juntos en comunidad. El autor de Hebreos escribe: "No dejando de congregarnos, como algunos tienen por costumbre, sino exhortándonos; y tanto más, cuanto veis que aquel día se acerca" (He. 10:25). Solo cuando vivimos nuestra fe en Cristo juntos podemos llegar a comprender con profundidad y claridad lo que Dios ha hecho en nosotros y por nosotros (Flm. 6). Del mismo modo, vemos que Dios ha estructurado la Iglesia como un cuerpo y que cada miembro de ese cuerpo no tiene la misma función

(Ro. 12:4-5). Algunos están más capacitados como maestros (Ro. 12:7). Otros son más talentosos en mostrar misericordia o servir de alguna otra manera (Ro. 12:8). Si bien todo el pueblo de Dios está llamado a leer y meditar en su Palabra (Sal. 119:9, 105), algunos están especialmente dotados para explicar esa Palabra y exhortar a otros a creerla y obedecerla (Ef. 4:11-13). Si descuidamos la gracia de Dios para nosotros en los dones de otros creyentes, ¡cuán pobres seremos! Leer la Biblia con otros creyentes nos ayuda a obtener conocimientos que de otra forma nos perderemos. Además, nuestros hermanos y hermanas nos pueden proteger de caer en falsas interpretaciones y distorsiones.

Hace unos años visité una iglesia cercana, donde un pastor estudiante estaba predicando. Francamente, el sermón no fue muy bueno. Sin embargo, este pastor tenía la costumbre de invitar a personas de confianza en la iglesia para que le dieran retroalimentación sincera sobre su mensaje cada semana. Cuando visité la iglesia varios meses más tarde, el sermón del pastor era mucho mejor. Aunque puede ser doloroso, cuando un pastor se abre a la crítica constructiva sobre su enseñanza y predicación, el fruto de su humildad puede ser una cosecha de mensajes fieles y atractivos. Muchos predicadores mediocres seguirán predicando los mismos sermones aburridos y deficientes durante toda su vida porque son demasiado orgullosos para buscar retroalimentación constructiva.

Si un pastor no cree que los miembros de su iglesia le pueden proporcionar información suficiente, él probablemente subestime el grado en que el Espíritu Santo ha distribuido dones dentro de su congregación. En cualquier caso, siempre se pueden consultar los comentarios de pastores y teólogos de confianza como interlocutores en el diálogo para la búsqueda del significado y la aplicación de un texto bíblico. Cuando uno está lo suficientemente fundamentado en la doctrina cristiana esencial, puede también ser beneficioso leer a autores que están fuera del redil ortodoxo y evangélico. Vea la pregunta 13 para una lista de comentarios y consejos sobre cómo usarlos.

Empiece el camino para llegar a convertirse en un intérprete más fiel

Ninguno de nosotros puede afirmar que somos intérpretes infalibles. No importa qué títulos académicos o experiencias tengamos, cada persona está frente a la Biblia como un aprendiz. Algunos están más avanzados en el camino, pero eso no debe intimidar a aquellos que apenas están empezando el viaje.

Una forma de comenzar el viaje hacia una interpretación más fiel es empezar poco a poco. Si elige un determinado libro de la Biblia y pasa tiempo enfocado en él por un período de varias semanas o meses, empezará a ver la importancia y los beneficios de estudiar cuidadosa y diligentemente la Biblia. Fíjese metas razonables en la lectura y estudio de la Biblia. Si es posible, invite a un amigo o amigos para hacerlo juntos. El estudio de la Biblia, como el entrenamiento deportivo, se ve a menudo favorecido por la camaradería y la rendición de cuentas de un grupo.

Roma no se construyó en un día, y un conocimiento completo de la Biblia no es alcanzable a través de la lectura de un libro. Me acuerdo de un seminarista que me dijo que mi curso de griego de todo un semestre era mucho más difícil que el curso intensivo que podría tomar en otro centro durante cinco fines de semana. "Sí", le contesté. "Eso es porque en mi clase usted está en realidad aprendiendo el material".

A veces, las cosas valen lo que se paga por ellas. Para adquirir un amplio conocimiento de las Escrituras, uno debe estar dispuesto a invertir tiempo y energía en el estudio. De hecho, con el salmista, el estudiante moderno de las Escrituras llegará a declarar: "Para mí es más valiosa tu enseñanza que millares de monedas de plata y oro" (Sal. 119:72, NVI). Vea la pregunta 12 sobre cómo ser un mejor intérprete de la Biblia.

En resumen

En esta sección continuamos nuestro estudio de los principios generales de la interpretación bíblica. En la sección anterior (pregunta 10), tratamos cinco pautas. En esta vimos otras cinco: (1) Dese cuenta del género bíblico que está leyendo. (2) Sea consciente de los problemas del trasfondo histórico y cultural. (3) Preste atención al contexto inmediato y más amplio de un pasaje. (4) Lea la Biblia en comunidad. (5) Empiece el camino para llegar a convertirse en un intérprete más fiel.

Preguntas para la reflexión

1. Cuando lee la Biblia, ¿tiene usted en cuenta, ya sea consciente o inconscientemente, el género literario del libro que está leyendo?
2. ¿Con quién está usted leyendo y estudiando la Biblia? ¿En qué se ha beneficiado al estudiar la Biblia con otros? Si no está estudiando la Biblia en comunidad, ¿conoce usted grupos pequeños de estudio bíblico que existan ya en su comunidad en los que podría participar?
3. ¿Puede usted pensar en un caso en el que la información adicional sobre el trasfondo histórico o cultural le ayudó en la comprensión de un texto bíblico?

4. ¿Ha cambiado alguna vez su punto de vista sobre lo que un texto de la Biblia quiere decir al estudiar el contexto con más cuidado? "Un texto sin contexto es un pretexto". ¿Puede pensar en un ejemplo o ilustración de esta máxima?
5. ¿Cuál es el siguiente paso que usted puede dar en su progreso para convertirse en un intérprete más fiel?

PREGUNTA **12**

¿Cómo puedo mejorar como intérprete de la Biblia?

En la sección anterior, una de las pautas interpretativas que recomendé era empezar el camino para llegar a ser un intérprete más fiel. Pero, ¿qué pasos concretos puede usted dar para convertirse en un intérprete más fiel?

Lea la Biblia

Cuando yo tenía trece años, mi madre me dio una fotocopia de una guía escrita a mano para la lectura de la Biblia en un año. Así comenzó la parte más importante de mi educación teológica: la inmersión en las Escrituras.

Para entender la Biblia, hay que leerla. Y, con el fin de leer las partes individuales de la Biblia en su contexto, hay que leerla completa. Por tanto, es esencial para cualquier intérprete fiel de la Biblia haber leído toda la Biblia y continuar leyéndola con regularidad. ¿Se puede imaginar a un profesor hablando de Milton que admite haber leído solo partes del *Paraíso perdido*? Qué poco sentido tiene que un ministro del evangelio busque la fidelidad al exponer la Palabra de Dios mientras que permanece ignorante del contenido de esa revelación.

Durante mi primer año en la universidad, asistí a un estudio bíblico dirigido por un ministerio universitario. El grupo estaba estudiando Juan 3:14, "Y como Moisés levantó la serpiente en el desierto, así es necesario que el Hijo del Hombre sea levantado". El líder del grupo dijo que este versículo se refería a Moisés levantando la serpiente (que había sido su vara) por la cola en la zarza ardiente (Éx. 4:1-4). Por supuesto, como yo ya había leído la Biblia varias veces, sabía que ese pasaje se refería a la serpiente de bronce en Números 21:9. Decidí no volver a esas reuniones. Tristemente, en este momento de mi vida, mi conocimiento mental de la Biblia superaba en mucho a mi obediencia.

Para la lectura de grandes secciones de la Biblia, recomiendo una traducción moderna, de equivalencia dinámica, como la *Nueva Traducción Viviente*. Puede comenzar en Génesis 1 y leer tres o cuatro capítulos por día. Al final del año, usted habrá terminado la lectura de la Biblia. Otra opción es leer porciones del Antiguo y Nuevo Testamentos todos los días. El famoso predicador escocés Robert Murray M'Cheyne desarrolló un plan de lectura que lleva al lector a través del Antiguo Testamento una vez y del Nuevo Testamento y Salmos dos veces en el transcurso de un año, leyendo unos cuatro capítulos por día. Actualmente estoy siguiendo ese plan de lectura, que se encuentra en el siguiente enlace de Internet: https://www.coalicionporelevangelio.org/articulo/plan-lectura-biblica-mcheyne/ (consultado el 23 de mayo de 2022). En el transcurso de un año o dos, los bocados pequeños de teología bíblica, digeridos lentamente, pueden tener un efecto muy beneficioso sobre el lector reflexivo.

Lea y escuche predicación y enseñanza que sean fieles

Como ya mencioné en la pregunta 10, la interpretación fiel se aprende mejor leyendo y escuchando a aquellos que la conocen y dominan. Al leer o escuchar exposiciones fieles de las Escrituras, el corazón y la mente quedan cautivados. Así como la persona que regularmente bebe buen café desarrolla un gusto refinado para la bebida, todo aquel que consume una dieta regular de enseñanza bíblica fiel desarrolla una mente y un corazón que son capaces de reconocer tanto una buena interpretación como las distorsiones.

Una de las preguntas más importantes que usted debe hacerse es: "¿Se predica y se enseña la Biblia con fidelidad en mi iglesia local?". Si no es así, la segunda pregunta que debe hacerse es: "¿Por qué soy miembro de una iglesia donde la Palabra de Dios no se enseña correctamente?". Si usted no está experimentando los efectos edificantes y santificantes de la enseñanza bíblica, probablemente se está marchitando y siendo infructuoso en su vida espiritual (Col. 1:28-29; 2 P. 1:3-8). Si está recibiendo una dieta regular de edificación bíblica, pero solo de fuentes fuera de su iglesia, eso es una buena indicación de que es necesario que busque una nueva iglesia: una donde los pastores apacienten fielmente el rebaño, alimentándolo con la Palabra de Dios (Hch. 20:28).

Aunque una iglesia local en la que la Biblia es enseñada fielmente es una necesidad absoluta, también puede crecer espiritualmente leyendo o escuchando los sermones y enseñanza bíblica de otros que están fuera de su iglesia local. Hay abundancia de buen material bíblico gratis por medio del internet. Un sitio de la web que recomiendo es www.desiringgod.org/resource-library/language-index/spanish (enseñanzas de John Piper y otros). Hay, por supuesto, muchos otros predicadores muy capacitados y fieles a los que puede escuchar.

También puede aprender mucho de la lectura de sermones, comentarios y devocionales de exegetas fieles. Ciertamente, la Biblia es *El Libro*, pero los dones que Dios ha dado a sus siervos nos llevan a reconocer también la utilidad de otros libros. El famoso predicador británico Charles Spurgeon (1834-1892) escribió:

> Algunos, que pretenden estar enseñados por el Espíritu de Dios, se niegan a recibir instrucciones de libros o de hombres vivos. Eso no es honrar al Espíritu de Dios, sino es faltarle al respeto, porque si Él da a

> algunos de sus siervos más luz que a los demás —y es evidente que lo hace— entonces están obligados a pasar esa luz a otros, y usarla para el bien de la Iglesia. Pero si la otra parte de la Iglesia se niega a recibir esa luz, ¿para qué fin la dio el Espíritu de Dios? Esto implicaría que hay un error en alguna parte en la economía de los dones y de la gracia de Dios, que es administrado por el Espíritu Santo.[1]

Una manera de descubrir libros o recursos útiles es preguntar a un compañero cristiano de confianza. Tal vez hay alguien en su iglesia que ha demostrado un conocimiento maduro de las Escrituras. Por qué no preguntar a esa persona: "¿Qué buenos libros ha leído últimamente? ¿Tiene algunos libros que me pueda recomendar?". Para obtener más información sobre libros cristianos excelentes para su estudio de la Biblia, vea la pregunta 13 ("¿Qué libros o herramientas útiles hay disponibles para la interpretación bíblica?").

Comprenda la relación entre la fe y el entendimiento

Agustín, uno de los grandes líderes conocidos como los padres de la Iglesia (354-430 d.C.) aconseja, *Crede, ut intelligas* ("Cree para que puedas entender").[2] Asimismo, Anselmo (1033-1109) dijo: "Porque no busco comprender para creer, yo creo para comprender. Porque también creo que 'A menos que yo crea, no comprenderé'".[3] Dios demanda que nos acercamos a Él con fe y recibamos su revelación con confianza. En efecto, rechazar la revelación de Dios no es otra cosa que llamar a Dios mentiroso (1 Jn. 1:10); es abrazar la idolatría, la exaltación de algo o alguien por encima de Dios (Ro. 1:18-32).

Esto no significa que usted no pueda ir a Dios con la sinceridad de sus emociones y preguntas. Los salmos de lamentación (p. ej., Sal. 13, 74 y 142) son ejemplos principales de esa gran sinceridad delante de Dios. De hecho, aproximadamente un tercio de los salmos expresan lamentos. Pero incluso en medio de la oscuridad, preguntas y pruebas, el salmista afirma continuamente: "Pero yo en ti confiaré" (Sal. 55:23).

Las Escrituras exigen que los seres humanos se acerquen a Dios con una actitud de humilde dependencia. ¿Qué otra postura podrían tener las criaturas ante su Creador infinito, santo y todopoderoso? El autor de Hebreos advierte: "Pero sin fe es imposible agradar a Dios; porque es necesario que el que se acerca a Dios crea que le hay, y que es galardonador de los que le buscan" (He. 11:6). Al

---

1. Charles Spurgeon, *Words of Counsel for Christian Workers* (Pasadena, TX: Pilgrim Publications, 1985), 112-113.
2. Agustín, *Homilía* 43.7, 9.
3. Anselmo, *Proslogion* 1.1. Al final de esta referencia, Anselmo cita la antigua versión latina de Isaías 7:9.

igual que el padre que llevó a su hijo endemoniado a Jesús para sanar, puede que tengamos que clamar con sinceridad: "Creo; ayuda mi incredulidad" (Mr. 9:24).

Al tiempo que buscamos la ayuda de Dios para entender, creer y obedecer las Escrituras, una actitud de fe humilde es absolutamente esencial. Santiago escribe:

> Y si alguno de vosotros tiene falta de sabiduría, pídala a Dios, el cual da a todos abundantemente y sin reproche, y le será dada. Pero pida con fe, no dudando nada; porque el que duda es semejante a la onda del mar, que es arrastrada por el viento y echada de una parte a otra. No piense, pues, quien tal haga, que recibirá cosa alguna del Señor. El hombre de doble ánimo es inconstante en todos sus caminos (Stg. 1:5-8).

Del mismo modo, porque la obediencia es el fruto de la fe verdadera (Stg. 2:14-26), Dios espera que sus hijos caminen delante de Él de una manera digna de su llamado (Ef. 4:1). En efecto, si alguien profesa ser cristiano pero no tiene un estilo de vida de obediencia (y arrepentimiento de sus pecados), su relación con el Señor se verá afectada. Un estilo de vida impenitente que persevera en el pecado demuestra que la profesión de fe es falsa (1 Jn. 1:6).

Pedro advierte: "Vosotros, maridos, igualmente, vivid con ellas sabiamente, dando honor a la mujer como a vaso más frágil, y como a coherederas de la gracia de la vida, para que vuestras oraciones no tengan estorbo" (1 P. 3:7). Un pastor que no demuestra amor y una actitud sacrificial hacia su esposa e hijos no puede esperar la iluminación del Espíritu Santo en el estudio o el púlpito. "Seguid la paz con todos, y la santidad, sin la cual nadie verá al Señor" (He. 12:14), nos advierte el autor de Hebreos.[4] Sin vidas vividas con fe y obediencia (aunque ciertamente también llenas de fallos y de arrepentimiento; 1 Jn. 1:8-10), poca ayuda divina podemos esperar para la comprensión y explicación de las Escrituras. De hecho, cuando Pablo enumera los requisitos para ser pastor, todos menos uno son cualidades del carácter, como vivir con integridad ante la Iglesia y el mundo (1 Ti. 3:1-7; Tit. 1:5-9).[5] Los hombres que explican la Palabra de Dios para la iglesia congregada deben ser personas que viven de acuerdo con esa Palabra.

Después de enseñar a sus discípulos una oración modelo (el Padrenuestro), Jesús advierte: "Porque si perdonáis a los hombres sus ofensas, os perdonará también a vosotros vuestro Padre celestial; mas si no perdonáis a los hombres sus ofensas, tampoco vuestro Padre os perdonará vuestras ofensas" (Mt. 6:14-15).

---

4. Aunque el autor de Hebreos parece estar refiriéndose a nuestra posición ante el Señor en el juicio final, la declaración es igualmente cierta en esta vida
5. En la lista, la única habilidad o cualidad que no sea de carácter es que tenga la capacidad de enseñar (1 Ti. 3:2; Tit. 1:9).

Podemos ser capaces de recitar un texto de teología sistemática de memoria, pero si nuestras vidas están desprovistas del amor y de la fe que profesamos, venimos a ser "como metal que resuena, o címbalo que retiñe" (1 Co. 13:1).

Cuando Pablo comienza su carta a Filemón, escribe: "Doy gracias a mi Dios, haciendo siempre memoria de ti en mis oraciones, porque oigo del amor y de la fe que tienes hacia el Señor Jesús, y para con todos los santos" (Flm. 4-5). Estas son las condiciones indispensables para el estudio bíblico que agrada a Dios: la fe en el Señor Jesucristo y el amor por los demás. Agustín de Hipona (354–430 d.C.) dijo acertadamente: "El que juzga haber entendido las divinas Escrituras o alguna parte de ellas, y con esta inteligencia no edifica este doble amor de Dios y del prójimo, aún no las entendió".[6]

No se limite a afirmar principios interpretativos sólidos; aplíquelos

En el seminario donde enseño, hay una amplia zona de césped en el centro del campus. Hace unas décadas, dos carriles paralelos corrían por el centro de esa zona verde. A pesar de que las aceras han desaparecido desde hace años, en los meses de verano, dos anchas rayas marrones reaparecen en el césped. ¿Por qué la hierba sigue poniéndose marrón? Posiblemente se deba a que la tierra se acumulaba debajo de las aceras o quizá sea debido a los productos químicos utilizados en las aceras para el control de malezas. En cualquier caso, la memoria de esas aceras es difícil de borrar. Del mismo modo, los estudiantes pueden llegar a aplicar principios sólidos de interpretación en la clase de hermenéutica, pero en la intensidad del ministerio semanal los antiguos patrones siguen reapareciendo.

Los ministros modernos no son los únicos que luchan por mantener la coherencia en sus métodos hermenéuticos teóricos y prácticos. Los historiadores de la interpretación bíblica notan a menudo que los defensores de una interpretación correcta durante toda la historia de la iglesia han fallado en aplicar consistentemente sus propios consejos. A pesar de sus denuncias de la exégesis alegórica, el mismo Martín Lutero cayó a veces en ese tendencia.[7] Del mismo modo, Agustín enumera varios principios útiles de la exégesis que él no siempre empleó.[8]

Un estudiante que toma un curso de interpretación bíblica puede obtener una puntuación perfecta en todos los exámenes y tareas, y aún así termina fallando a la hora de interpretar fielmente la Biblia en su ministerio. Una vez

6. Agustín, *Sobre la doctrina cristiana*, trad. Balbino Marín Pérez, 1.36.40.
7. Robert H. Stein, *The Method and Message of Jesus' Teachings*, ed. rev. (Louisville, KY: Westminster John Knox, 1994), 48.
8. Así lo juzga Bernard Ramm, *Protestant Biblical Interpretation: A Textbook of Hermeneutics*, 3ª ed. (Grand Rapids: Baker, 1970), 37.

que el estudiante sale fuera del entorno artificial del aula, descubrirá lo que muchos ministros descubrieron antes que él, que es una tarea mucho más difícil preparar un estudio bíblico o sermón fiel que hablar espontáneamente sobre lo que él piensa que la gente necesita oír.

Uno de los más tristes legados de un ministerio que falla en explicar correctamente la Palabra de Dios es una congregación que está espiritualmente hambrienta y confundida. Con el tiempo, en lugar de aprender a entender la Biblia, una congregación que se sienta bajo un intérprete infiel aprenderá a interpretarla mal. Así como los hijos y nietos se ven afectados, potencialmente cientos, si no miles, de personas son conducidos al error y a la decadencia espiritual. Al considerar los estragos que un mal predicador puede causar, no es de extrañar que Santiago nos advierta: "Hermanos míos, no os hagáis maestros muchos de vosotros, sabiendo que recibiremos mayor condenación" (Stg. 3:1).

Un intérprete infiel también puede crear una codependencia espiritual, una situación en la que la gente siente que tiene que acudir al pastor para comprender el texto, ya que ellos nunca son capaces de ver por sí mismos las cosas que él enfatiza en su enseñanza. Esos niños pobres y hambrientos que deberían haber sido alimentados con la leche pura de la Palabra (1 P. 2:2) miran con ojos demacrados al púlpito cada semana, con la esperanza de que el maná caiga del cielo.

Acepte y reciba la retroalimentación con aprecio

El pastor-maestro principal de mi iglesia tiene la costumbre de enviar por correo electrónico su sermón a cinco o seis amigos de confianza en la noche del sábado. Tenemos la responsabilidad de ofrecerle correcciones y aliento en su mensaje. A menudo, no tengo mucho que decir, pero de vez en cuando mis palabras le han evitado caer en el error.

Cuando yo empecé a predicar, siempre le pedía a mi esposa que leyera mi sermón. A veces, sus críticas eran bastante secas, y yo no quería oírlas; pero después de reflexionar, por lo general terminaba estando de acuerdo con ella.

Si usted quiere saber la verdad acerca de su enseñanza —a nivel de interpretación y de predicación— va a tener que preguntar. Y lo más probable es que vaya a tener que pedirlo varias veces y dejar en claro que no se va a enojar o devolver el golpe o guardarlo contra la gente si le dicen la verdad. Probablemente lo mejor es decidir de antemano lo que piensa decir. Usted puede ensayar el intercambio en su mente. Por ejemplo, aquí hay algunas palabras que usted puede adaptar a su situación.

> Me pone un poco nervioso pedirle que haga esto porque sé que tengo que mejorar, pero me gustaría que me enviara un correo electrónico

> con su opinión sincera sobre mi sermón. Quiero ser un intérprete más fiel y mejor comunicador, y creo que usted me puede ayudar. Por favor, siéntase libre de ofrecer cualquier tipo de consejo. No tema ofrecerme sus críticas. Eso es lo que quiero.

Decida también de antemano no ponerse a la defensiva. Responda solo con una palabra de aprecio y gratitud, incluso si usted siente que algunos de los consejos son erróneos o injustificados. Si usted va a defenderse, no espere conseguir jamás de nuevo una retroalimentación sincera de la persona a la que está usted respondiendo.

Si usted no se siente cómodo abiréndose a la crítica de alguien en su entorno actual, tal vez podría enviar un correo electrónico con su sermón o lección de la Biblia a un viejo amigo de la universidad o seminario. Lo ideal es que usted procure preguntar a aquellos que están en su entorno actual. Con el tiempo, puede desarrollar un equipo de consejeros de confianza y regocijarse al ver cómo desarrollan su habilidad interpretativa junto con la suya propia. Posiblemente Dios levantará a otros líderes para participar en el ministerio de la enseñanza a través de esas relaciones.

Al buscar la ayuda de otros en su crecimiento como intérprete, aquí hay dos proverbios sobre los cuales meditar.

- *Proverbios 27:17:* "El hierro se afila con el hierro, y el hombre en el trato con el hombre" (NVI).
- *Proverbios 24:26:* "Una respuesta sincera es como un beso en los labios" (NVI).

Adquiera y use herramientas de estudio bíblico

Erasmo, un líder de la iglesia del siglo XVI, dijo: "Cuando consigo un poco de dinero, compro libros; y si algo queda, compro comida y ropa".[9] Podemos estar agradecidos de que no vivimos en esos días de vacas flacas, pero para un estudiante diligente de la Biblia es una prioridad comprar libros que le ayuden en su estudio de las Escrituras.

Además de adquirir varias traducciones modernas de la Biblia (vea la pregunta 7, "¿Cuál es la mejor traducción de la Biblia en español?"), su primera

9. Esta es la supuesta ocurrencia de Erasmo, como se repite a menudo. La redacción más cercana que pude encontrar en sus obras publicadas, dice: "Lo primero que voy a hacer, tan pronto como me llegue el dinero, es comprar algunos autores griegos; después compraré ropa" (Carta 124, "A Jacob Batt, Paris, 12 April [1500]", en *The Correspondence of Erasmus, Letters 1 to 141, 1484 to 1500*, traducidas por R. A. B. Mynors y D. F. S. Thomson [Toronto: University of Toronto Press: 1974], 1:252).

adquisición debería ser una buena Biblia de estudio. Una Biblia de estudio no solo le dará una visión general útil de cada libro, sino también le proporcionará notas sobre versículos que le ayudarán a entender las declaraciones más oscuras.

Al continuar con su estudio de las Escrituras y buscar más ayudas para profundizar en el estudio, consulte las sugerencias de recursos que aparecen en la pregunta 13, "¿Qué libros o herramientas útiles hay disponibles para la interpretación bíblica?".

Pase a otros lo que está aprendiendo

En la vida espiritual, usted es una piscina estancada o una fuente que fluye. Si usted está aprendiendo pero no comparte lo que está aprendiendo, se convertirá en un estanque cubierto de algas. Gran parte de los consejos anteriores dan por supuesto que los lectores de este libro se dedican o aspiran a algún ministerio público. Es posible que usted no se vea a sí mismo en el ministerio público. No obstante, cuando se trata de la Biblia, todo el pueblo de Dios debe compartir las verdades que están aprendiendo. Incluso si sus conversaciones acerca de la Biblia son con sus hijos, cónyuge, o vecinos, debe tener la intención de compartir los nuevos conocimientos que está aprendiendo acerca de Dios.

En resumen

Nadie ha "llegado" al final como intérprete de la Biblia. Estamos en un viaje hacia una mayor fidelidad. En esta sección ofrecí siete sugerencias para crecer en la capacidad hermenéutica: (1) Lea la Biblia. (2) Lea y escuche predicación y enseñanza fieles. (3) Comprenda la relación entre la fe, el entendimiento y la obediencia. (4) No se limite a afirmar principios interpretativos sólidos; aplíquelos. (5) Acepte y reciba la retroalimentación con aprecio.

Preguntas para la reflexión

1. ¿Es la lectura de la Biblia su práctica diaria? Si no, ¿por qué no empezar hoy?
2. ¿Se enseña la Biblia fielmente en su iglesia? ¿Están siendo usted y su familia edificados y retados por las Escrituras allí?
3. Si usted enseña o predica la Biblia actualmente, ¿tiene un método para recibir comentarios sobre su enseñanza?
4. ¿Cuenta usted con una Biblia de estudio? Si es así, ¿quién la publicó? ¿Cuál es la meta establecida para las notas de la Biblia de estudio?
5. ¿Qué relaciones tiene usted que le permitan compartir lo que está aprendiendo de la Biblia?

PREGUNTA **13**

¿Qué libros o herramientas útiles hay disponibles para la interpretación bíblica?

Como profesor de Nuevo Testamento, a menudo me piden consejo sobre herramientas de estudio y comentarios. Déjeme empezar diciendo que yo soy un defensor de contar con buenas herramientas para ayudar en el estudio de la Biblia, pero para orientarnos correctamente antes de profundizar en esta cuestión, vamos a comenzar con dos citas del pastor puritano Richard Baxter (1615-1691).

> Haga una selección cuidadosa de los libros que lee. *Deje que las Sagradas Escrituras tengan siempre la preeminencia*, y, junto a ellas, los tratados sólidos, vivos y santos que exponen y aplican mejor las Escrituras; y al lado, aquellos libros de historia creíbles, sobre todo de la iglesia... pero tenga cuidado del veneno de los escritos de los falsos maestros, porque dañarán su entendimiento.[1]

> *No es la lectura de muchos libros lo que se necesita para que un hombre sea sabio o bueno, sino la buena lectura de unos pocos*, asegurándose de que son los mejores. Y no es posible leer muchos sobre los mismos temas, sin perder una gran cantidad de tiempo valioso.[2]

Dos cosas destacan en estas citas: la preeminencia de las Escrituras y la necesidad de tener discernimiento sobre qué libros consultar. En esta pregunta, daremos por supuesta la prioridad de las Escrituras y damos consejos sobre qué libros especiales conviene adquirir en las varias categorías.

---

1. Richard Baxter, "A Christian Directory", parte I ("Ética cristiana"), capítulo II, Direct XVI, en *The Practical Works of Richard Baxter* (London: George Virtue, 1846; reimpresión, Morgan, PA: Soli Deo Gloria, 2000), 1:56 (cursivas del autor).
2. Richard Baxter, "A Christian Directory", parte III ("Los eclesiásticos cristianos"), "Casos eclesiásticos de conciencia" Pregunta 174, en *The Practical Works of Richard Baxter* (London: George Virtue, 1846; reimpresión, Morgan, PA: Soli Deo Gloria, 2000), 1:731 (cursivas del autor).

Biblias de estudio

Una Biblia de estudio aporta notas extensas sobre el texto de las Escrituras. Estas Biblias abogan a menudo por una cierta perspectiva teológica (p. ej., *La Biblia de estudio de la Reforma, La Biblia plenitud*), o una preocupación por asuntos propios de un subgrupo demográfico en particular (p. ej., *La Biblia de estudio mujeres de fe*), o la investigación de preguntas desde el punto de vista de una disciplina teológica específica (*La Biblia de estudio de apologética, La Biblia de estudio arqueológica*), o la influencia de un determinado maestro cristiano prominente (*La Biblia de estudio MacArthur, La Biblia de estudio Ryrie*). Para un joven cristiano, una Biblia de estudio puede ser muy útil porque proporciona un breve resumen y trasfondo histórico de cada libro de la Biblia, información sobre textos difíciles y debatidos, y referencias cruzadas e índices. Sin embargo, mal utilizada, una Biblia de estudio puede convertirse en una muleta que hace que los cristianos no piensen y examinen los textos ellos mismos. Además, si una persona compra una Biblia de estudio que contiene una perspectiva teológica declarada, corre el peligro de dejar que las preferencias teológicas tengan prioridad sobre el texto de las Escrituras.

Si usted anda buscando una Biblia de estudio que represente el consenso general de los eruditos cristianos evangélicos, es difícil encontrar una mejor que la *Biblia de estudio NVI.*

Concordancias

Una concordancia es un índice de la Biblia. Una concordancia exhaustiva enumera todas las veces que cada palabra bíblica aparece en las Escrituras. Muchos creyentes que crecieron leyendo la versión de la Biblia Reina-Valera están familiarizados con las concordancias publicadas por las Sociedades Bíblicas o la *Concordancia Exhaustiva de la Biblia* de Strong. Hay concordancias disponibles para casi todas las principales traducciones bíblicas, y si usted va a comprar una concordancia, probablemente puede conseguir una para la traducción que suele usar con regularidad. Debido a su intento de traducir las palabras griegas o hebreas subyacentes de forma equivalente (palabra por palabra) estas traducciones (p. ej., la Biblia Reina-Valera o la Biblia de las Américas) son más fáciles de usar con una concordancia. Debidamente usada, una concordancia permite no solo encontrar la repetición de la misma palabra en la traducción al español, sino también determinar la palabra subyacente griega o hebrea. (A las palabras griegas y hebreas se les asignan números para que los que no saben esas lenguas puedan rastrear la repetición de las palabras en las Escrituras).

Al usar una concordancia, los que tienen un conocimiento limitado de la lingüística pueden hacer suposiciones erróneas acerca de cómo aplicar su reconocimiento de palabras repetidas. Por ejemplo, un principio básico de la lingüística es que las palabras tienen un rango de significados y que el contexto inmediato es el determinante más importante de significado. Con una concordancia, un intérprete principiante podría forzar de manera incorrecta los matices contextuales de una palabra en su aparición en otros pasajes. Sin embargo, con el cuidado apropiado, una concordancia puede ser una herramienta muy útil. Cualquier programa de la Biblia para usar en computadora o sitio web como www.biblearc.com, que sea de verdad completo, tiene también una función de búsqueda que funciona como una concordancia exhaustiva (vea más adelante la información sobre programas de computadora).

Herramientas para el estudio de las palabras

Nunca antes en la historia del cristianismo ha habido menos necesidad de estudios de las palabras. Con la abundancia de excelentes traducciones modernas de la Biblia en español, los lectores de la Biblia tienen el fruto de la cuidadosa investigación realizada por los estudiosos. Al mismo tiempo, es un deseo sano que los cristianos quieran extraer toda la sustancia de cada palabra de las Escrituras. Sin embargo, como mencionamos anteriormente, una euforia lingüística desinformada puede dar lugar a distorsiones del texto, en lugar de una mejor comprensión. A continuación presentamos dos peligros comunes en materia de estudios de las palabras.

1. *Transferencia ilegítima de la totalidad.* Todas las palabras tienen un alcance de significado y los matices de cada uso en particular no pueden leerse en todos los otros usos de esa palabra. Es decir, si el lector toma la totalidad de lo que una palabra *puede* significar y lee esa potencialidad como una realidad en todas las apariciones de la palabra, ha transferido de forma ilegítima la totalidad de lo que la palabra significa en cada caso (de ahí la etiqueta de "transferencia ilegítima de la totalidad"). La gente tolera enfoques lingüísticos erróneos a la Biblia que nunca aceptarían en el lenguaje corriente. Por ejemplo, imagínese los aullidos que se escucharían si dijera: "Usted acaba de utilizar la palabra en español '*banco*' para describir donde se sienta en la iglesia. Pero supongo que no va a sentarse encima de una institución financiera o un conjunto de peces". Obviamente, solo se pretende uno de los posibles significados de "banco". Sin embargo, ¿cuántas veces hemos oído una letanía similar de significados posibles que un predicador presenta como "el verdadero significado" de una palabra en la Biblia? Uno puede ver el peligro de herramientas como la *Biblia amplificada* que ofrece varios posibles significados de la mayoría de las palabras. Sin

más instrucciones, tales herramientas le pueden llevar por el camino de la transferencia ilegítima de la totalidad.

2. *Falacia etimológica*. La etimología es el estudio de la ascendencia de palabras. Por tanto, la falacia etimológica es creer erróneamente que el conocimiento de la historia de una palabra nos da una visión más profunda de su significado actual. Ha habido períodos en los estudios bíblicos en que hasta especialistas bien capacitados fueron atrapados por los cantos de sirena de la etimología. Más comúnmente, en la predicación popular, se escucha la etimología de una palabra a veces como "lo que esa palabra significa en realidad". Para ilustrar a mis clases la locura de la falacia etimológica, doy ejemplos del idioma inglés. Por ejemplo:

    - Cuando usted oye la palabra *esmoquin* (una prenda masculina de etiqueta), probablemente piensa en la palabra inglesa "smoking", de la que *esmoquin* se deriva. Sin darse cuenta, casi se escucha a sí mismo decir: "¡Ahí va ese fumador!".

    - Cuando su vecino habla de esparcir herbicida sobre "los dientes de león" en su patio, usted podría preguntar: "¿De modo que esas rugientes hierbas están de nuevo clavando sus afilados incisivos en el césped?".

    - Su esposa dice que va a cocinar lasaña para la cena. Usted no puede evitar recordar que la palabra *lasaña* en última instancia se deriva del término griego para "cuarto de baño" (*lasonon*). Usted inocentemente le pregunta: "¿Vas a servirnos otra cena sacada del baño?".

La realidad es que las palabras significan lo que los escritores querían que significaran en el contexto histórico en que fueron escritas. El uso común del lenguaje (área de significado potencial de una palabra) limita los posibles significados a menos que el autor señale claramente que él está usando una palabra de manera diferente a lo que normalmente se entiende.

A pesar de todas estas advertencias sobre el uso indebido del estudio de las palabras, este puede ser útil para aclarar los matices de palabras importantes. En el caso de una palabra muy rara de la que se tienen pocas o ninguna otra referencia de la misma en el mismo período de tiempo, puede ser legítimo recurrir a la etimología para ayudarnos a determinar su significado. Además, los nombres propios (nombres de personas o lugares) a menudo aparecen en las

Escrituras como nos indica su etimología.[3] Herramientas fiables y accesibles del estudio de las palabras para los que carecen de conocimientos de griego y hebreo pueden ser libros como el *Diccionario expositivo de las palabras del Antiguo y Nuevo Testamentos* de W. E. Vine o el *Comentario al texto griego del Nuevo Testamento* de A. T. Robertson.

Comentarios

Los comentarios son libros que explican el texto de las Escrituras, usando generalmente el método de versículo por versículo o párrafo por párrafo. Hay comentarios a la Biblia completa en un volumen,[4] pero las reflexiones más amplias y mejores sobre las Escrituras se suelen encontrar en las monografías dedicadas a los libros individuales de la Biblia. Los comentarios individuales también a veces se centran en unos pocos libros relacionados, como las Epístolas de Juan (1, 2, y 3 Juan) o las Epístolas Pastorales (1 y 2 Timoteo, Tito).

Si alguien se dispone a enseñar a través de la epístola a los Romanos, el maestro cuidadoso debe hacerse con varios buenos comentarios sobre Romanos para leerlos en su preparación semanal. En su mejor sentido, los comentarios funcionan como una comunidad virtual de otros creyentes dialogando con el maestro sobre el texto. Un maestro cristiano no está destinado a funcionar en forma aislada o a rechazar la aportación beneficiosa de otros maestros en la Iglesia capacitados por el Espíritu. En el nivel más fundamental, un comentario guarda a un maestro de interpretaciones idiosincrásicas. De hecho, si usted es la única persona que entiende un pasaje bíblico en cierto modo, es casi seguro que usted está equivocado.

Conviene tener en cuenta una serie de advertencias sobre los comentarios.

1. A veces, pastores o laicos diligentes están muy deseosos de adquirir una serie completa de comentarios, es decir, un conjunto producido bajo el mismo título de serie por una sola casa editorial. Si bien un comentario así se ve muy bien con todas las sobrecubiertas iguales luciendo en su estatería (y le da un aire de erudición al dueño), es mejor comprar volúmenes individuales basados en la calidad de la erudición. Los comentarios dentro de la misma serie pueden variar mucho en calidad. El dinero gastado para adquirir un trabajo mediocre o pobre es dinero desperdiciado.

3. Vea Robert H. Stein, *A Basic Guide to Interpreting the Bible: Playing by the Rules*, 2ª ed. (Grand Rapids: Baker, 2011), 194.
4. Uno de los mejores comentarios a toda la Biblia en un solo volumen es el *Nuevo comentario bíblico siglo XXI*, eds. G. J. Wenham, J. A. Motyer, D. A. Carson (El Paso, TX: Casa Bautista de Publicaciones, 1999).

2. Los cristianos estudiosos se sienten a menudo atraídos por los programas de computadora que prometen cientos de comentarios y/o la posibilidad de adquirir otros comentarios electrónicamente. Sin embargo, si uno no tiene el hábito de leer libros en una pantalla, debe prestar atención a la advertencia de no gastar dinero en comprar una biblioteca digital. Sin embargo, aunque prefiero los libros impresos, de vez en cuando accedo a los comentarios digitales a través del programa Logos. Me gusta tener algunos comentarios en formato digital por dos razones. Primera, cuando viajo con mi computadora o tableta, así estoy seguro de tener acceso a por lo menos un comentario general útil y bueno sobre cualquier libro de la Biblia. Segunda, al dar respuestas rápidas por medio del correo electrónico acerca de ciertos pasajes de la Biblia, me ahorra tiempo copiar y pegar una parte del comentario (citando debidamente la fuente, por supuesto).

3. Se aconseja a los cristianos que formen sus bibliotecas sin prisas y examinando bien los libros que adquieren. Cada vez que comience el estudio detallado de un nuevo libro de la Biblia, debe consultar los catálogos y los sitios en la Internet de casas publicadoras bien reconocidas y acreditadas para informarse sobre comentarios individuales que pueda comprar. Otra posibilidad es que visite las librerías cristianas evangélicas en su ciudad para echar un buen vistazo a lo que hay disponible. Algunos buenos libros de estudios generales del Antiguo y del Nuevo Testamentos contienen con frecuencia sugerencias de otros libros que se recomiendan para la ampliación de estudios bíblicos.

Programas informáticos

Los programas informáticos son útiles para el estudio de la Biblia en dos áreas:

1. *Navegar por el texto de la Biblia.* Si usted cuenta con un cierto conocimiento de griego o hebreo, los programas de computadora tienen algunas características excelentes que ahorran tiempo y le vinculan a léxicos y diagramación de textos, lo que permite búsquedas morfológicas, etc. En mi opinión, los mejores programas son Logos (mi favorito personal) y Accordance. Si no puede utilizar el griego o hebreo, pero desea buscar el texto en español, consulte biblegateway.com.

2. *Proporcionar textos secundarios útiles.* Personalmente, prefiero volúmenes encuadernados, pero si usted es un lector de libros digitales, el mejor

programa para una biblioteca digital es el software bíblico de Logos por Faithlite. Prácticamente todas las casas publicadoras principales de obras teológicas tienen sus títulos disponibles a través de Logos.

Páginas en la Internet

Sin respaldar todo su contenido, algunos sitios en la Internet que he encontrado útiles para la investigación bíblica y teológica son:

- www.biblegateway.com: para buscar versículos y comparar traducciones de la Biblia.
- www.accordancebible.com/hispanohablantes/: ofrece información y recursos en español.
- www.greekbible.com: para acceder al texto griego del Nuevo Testamento con ayudas de vocabulario y análisis sintáctico (solo en inglés).
- www.biblearc.com: recursos gratuitos para aprender e interpretar el griego bíblico.
- beginninggreek.com: recursos gratuitos para empezar a aprender el griego bíblico (solo en inglés).
- deepergreek.com: recursos gratuitos para el estudio intermedio del griego bíblico (solo en inglés).
- www.dailydoseofhebrew.com: recursos gratuitos para aprender e interpretar el hebreo bíblico (solo en inglés).
- www.dailydoseoflatin.com: recursos gratuitos para aprender e interpretar el latín (solo en inglés).
- www.coalicionporelevangelio.org/secciones/biblia-teologia/: sitio web de Coalición por el Evangelio, con una variedad de recursos disponibles.
- es.desiringgod.org/: sitio web de John Piper, con una variedad de recursos disponibles.

Es casi embriagadora la cantidad de material disponible cuando usted pulsa un ratón. Sin embargo, la sabiduría de la verdad digerida es más difícil de encontrar. El teólogo neófito debe tener cuidado con los peligros de plagio, de lectura superficial y de repetir los errores y malentendidos de los demás.

Estudios avanzados

A medida que crecemos en habilidad como intérpretes de la Biblia, también deseamos estudiar en otras áreas, tales como la teología sistemática, la práctica del ministerio, historia de la iglesia, la misionología, etc. Los clásicos cristianos (las obras de generaciones anteriores) no deben dejarse de lado, pues hay una razón por la que esas obras han sobrevivido.

En resumen

Empezamos esta sección observando la prioridad de la Biblia y la importancia de escoger con cuidado los recursos secundarios. A continuación, contemplamos siete ámbitos de herramientas de estudio bíblico: (1) Biblias de estudio (2) concordancias (3) herramientas para el estudio de las palabras (4) comentarios bíblicos (5) programas informáticos (6) páginas en Internet (7) estudios avanzados. Para el estudio bíblico y teológico de la Biblia, el estudiante curioso nunca agotará las perspectivas de una nueva lectura e investigación (p. ej., la historia de la iglesia, el ministerio práctico, la teología sistemática, etc.).

Preguntas para la reflexión

1. ¿Qué herramientas, aparte de la Biblia, utiliza actualmente en su estudio de las Escrituras?
2. ¿Es usted dueño de buenas herramientas para el estudio bíblico que no está usando? ¿Por qué?
3. De los recursos mencionados anteriormente, ¿cuáles son los primeros en su lista de deseos para futuras adquisiciones?
4. ¿Ha participado alguna vez en alguna de las falacias de estudio de palabras mencionadas anteriormente? ¿Siente que conoce suficientemente bien las falacias para evitarlas en el futuro?
5. Si alguien le preguntara: "¿Qué libro me puede recomendar que me ayude a entender Eclesiastés?", ¿a dónde iría para un asesoramiento fiable sobre los recursos pertinentes?

Sección B: Preguntas relacionadas con el significado

PREGUNTA **14**

¿Quién determina el significado de un texto?

En todo acto de comunicación (un discurso, una conversación, una carta manuscrita o un correo electrónico), hay tres elementos: un escritor u orador, un texto o palabras habladas, y un lector u oyente.[1] ¿De qué manera las diferentes partes del proceso de comunicación afectan o determinan el significado? ¿Quién o qué es el árbitro final del sentido, suponiendo que exista dicho árbitro? Los estudiosos llegan a conclusiones muy divergentes a esas preguntas. A continuación vamos a examinar los principales enfoques, argumentando a favor del autor como el determinante último del significado.

El lector como determinante del significado

El enfoque predominante entre los estudiosos seculares de la interpretación de literatura hace hincapié en el lector como el determinante último del significado. De acuerdo con ese enfoque, incluso si el autor fuera a ponerse de pie y decir: "Eso no es lo que yo quise decir", el lector respondería: "¿A quién le importa lo que usted quiso decir? Este es el significado *para mí*". El enfoque en el lector para la determinación del significado también se conoce a veces como el enfoque de la respuesta del lector a la literatura. (Es decir, cada lector responde a la literatura en la creación de significado). Esos significados creados por el lector están a veces conscientemente impulsados por diversas preocupaciones filosóficas o sociales (p. ej., la lectura marxista, la feminista, la homosexual, la ambientalista, la liberacionista). Otras veces, el lector puede apelar solo a la visión de su idiosincrasia sin ninguna referencia a una agenda social más amplia. Debemos tener en cuenta que el enfoque de la respuesta del lector a la literatura *no* es el lector descubriendo el significado del autor o la aplicación del significado del autor en la vida del lector. El lector es el determinante real o creador de sentido, con la exclusión de cualquier juez externo.[2]

1. Por supuesto, este es el paradigma principal de la comunicación, pero hay permutaciones relacionadas; por ejemplo, con dos personas sordas habría uno que comunica mediante signos, los signos utilizados, y el espectador de los signos. O, con espías, podría haber un codificador, el código utilizado, y el descodificador.
2. Robin Parry ofrece esta advertencia útil: "La teoría de respuesta del lector no es una teoría, sino una familia de teorías hermenéuticas diferentes que comparten un interés en el *papel activo* del lector (o comunidades de lectores) en la interpretación. Los teóricos están en desacuerdo sobre

Por supuesto, tal enfoque interpretativo da lugar inevitablemente a lectores que proponen una variedad de significados contradictorios. Los partidarios del enfoque de la respuesta del lector a la literatura afirmarían más bien diversas interpretaciones irreconciliables antes que sugerir que una interpretación es más válida que otra. El rechazo a las declaraciones absolutistas subyace en el enfoque de la respuesta del lector. Una frase inoportuna comienza así: "*El* significado de este texto es...". Lo admisible es: "*Para mí,* este texto significa...". En una sociedad pluralista y multicultural, es visto como arrogante reclamar legitimidad final para una sola interpretación u opinión.

Otra cuestión a menudo subyacente en el enfoque de la respuesta del lector a la literatura es la suposición de que el lenguaje es un instrumento de opresión o liberación.[3] Es decir, los textos se utilizan sobre todo para afirmar poder en lugar de transmitir y recibir información. Si bien es cierto que los textos, incluyendo la Biblia, generan acción y cambio, hay que ser muy cínico para reducir la lectura y escritura de textos a juegos de poder solapados.

En los Estados Unidos hoy, están impregnados por el enfoque de la respuesta del lector a la literatura y las suposiciones que lo sustentan, por lo que es difícil no dejarse influir por ello. De hecho, muchos escritores y eruditos que dicen ser cristianos han adoptado el enfoque de la respuesta del lector casi de la misma manera que la naciente iglesia adoptó el enfoque alegórico de la cultura grecorromana que la rodeaba (vea la pregunta 9, "¿Cómo se ha interpretado la Biblia a lo largo de la historia de la Iglesia?"). Voy a dar dos ejemplos del enfoque de la respuesta del lector a la Biblia sacados de mis experiencias cotidianas.

1. En una Biblia para niños que le regalaron a mi hija, la historia de José es seguida por estas preguntas: "¿Te ha dado alguien algo como un abrigo o suéter nuevo? ¿Cómo te hizo sentirte el ponerte la ropa nueva?".[4] Está claro que el autor de esta Biblia para niños valora la autoestima y la afirmación. A pesar de que el autor del texto bíblico no tiene obviamente la intención de relatar la historia de José para provocar la reflexión sentimental sobre cómo otros nos han reafirmado, el autor moderno de la Biblia de niños ha utilizado la historia para ese propósito. Él ha creado significado ajeno a la intención del autor bíblico. La cuestión no

---

una serie de cuestiones: cuánto control ejercen los textos en la interpretación, el papel de las comunidades en las que viven los lectores, el papel de las historias de interpretación de los textos, si los lectores que hablan son expertos o simples lectores, y otras más" ("Reader-Response Criticism", en *Dictionary for Theological Interpretation of the Bible*, ed. Kevin J. Vanhoozer [Grand Rapids: Baker; London: SPCK, 2005], 658-659).

3. Técnicamente, este supuesto es más propio de la deconstrucción, pero los enfoques se superponen.
4. Estas son las preguntas según yo las recuerdo. No nos quedamos con la Biblia.

es si lo que dice el intérprete es válido (es decir, fomentar la reflexión sentimental para cultivar la autoestima). La cuestión es: ¿cuál era el propósito, la intención, o el sentido *del autor bíblico inspirado?*

2. Hace un tiempo, mi esposa y yo nos encontramos con una señora que acababa de experimentar la fe salvadora a través de un ministerio paraeclesiástico, pero seguía asistiendo a una iglesia grande en gran parte no regenerada. Estaba perpleja porque su pastor predicó sobre Mateo 13:24-30 (la parábola del trigo y la cizaña), animando a los feligreses a quitar las malas hierbas de sus vidas y cuidar del trigo. "Pero", dijo la mujer, consternada, "cuando leo mi Biblia, el mismo Jesús explica la parábola y dice que las malas hierbas son personas malvadas que serán arrojadas al infierno" (Mt. 13:37-43). Es probable que para el pastor de la iglesia de esa señora la doctrina del infierno fuera ofensiva, así que él reinterpretó la parábola para ofrecer un mensaje más agradable al paladar.

El texto como determinante del significado

Otro enfoque a la comunicación que fue popular en los círculos literarios de las décadas de 1930 a 1960 es mirar al texto como el determinante del significado.[5] A diferencia del enfoque de la respuesta del lector, el enfoque del texto como determinante acepta un árbitro objetivo de significado, pero no es el autor. Después de que el autor termina su obra, se considera que el texto cobra vida propia, conteniendo significado más allá de la intención, y posiblemente contrario a la voluntad, del compositor original. Por tanto, conocer el contexto histórico y los destinatarios originales de un documento carece de importancia, según este enfoque.

Es necesario señalar algunos malentendidos potenciales del enfoque del texto como determinante del significado. Primero, la mayoría de las personas que afirman "La Biblia dice", no están defendiendo el enfoque del texto como determinante del significado. Al decir "La Biblia dice", el que habla suele querer decir lo mismo que "El autor bíblico inspirado dice". Segundo,

5. Este enfoque interpretativo lo llaman la nueva crítica o formalismo. Michael E. Travers señala: "Filosóficamente, las versiones modernas del formalismo surgieron de Immanuel Kant y estéticamente de los poetas románticos del siglo XIX… En los Estados Unidos, el formalismo recibió su expresión clásica en la Nueva Crítica que surgió a mediados del siglo XX, en las obras de escritores como Cleanth Brooks, John Crowe Ransom, Robert Penn Warren, y William Wimsatt. El término 'Nueva Crítica' debe entenderse en el contexto de sus deseos de dejar atrás el estudio histórico y biográfico de la literatura en las aulas universitarias americanas de la época para pasar a una crítica literaria que está más basada en texto" ("Formalism", en *Dictionary for Theological Interpretation of the Bible*, 230).

el punto de vista del texto como determinante no debe confundirse con el proceso normal de interpretación que incluye proponer implicaciones que van más allá del pensamiento consciente del autor. Por ejemplo, en Proverbios 23:10, el autor inspirado prohíbe el robo de la propiedad de un vecino mediante el cambio de los límites de la misma. Por implicación, también está prohibido cualquier otro método solapado para robarle a un vecino su propiedad. Aunque el antiguo autor de Proverbios no estaba pensando en la falsificación de un estudio de la tierra usando un escáner de ordenador, seguro que ese comportamiento está también prohibido por implicación. Esas implicaciones fluyen en el cauce del sentido pretendido por el autor en el momento de su composición original.

Una de las principales críticas del texto como determinante del significado es que los textos son objetos inanimados: tinta sobre papel, o marcas sobre piedra.[6] El significado, por otro lado, es una construcción de pensamiento inteligente. Los textos pueden transmitir significado, pero no pueden construirlo. Eso es tarea del autor. El significado, en última instancia, pertenece pues al ámbito de competencia del autor.

El autor como determinante del significado

La teoría final de comunicación (y es la que yo defiendo) es que el autor de un texto es el árbitro final de su significado.[7] Por tanto, en todo lo posible, es importante estudiar el contexto histórico y los destinatarios originales de un documento con el fin de entender mejor la intención del autor y su propósito al escribir. A veces, puede resultar difícil determinar el significado del autor, pero ese es el objetivo que busca toda interpretación válida. El papel del lector de un texto es, entonces, descubrir el significado consciente e intencional del autor.

Uno de los principales argumentos a favor del enfoque del autor como determinante del significado es que ese método es el enfoque de sentido común para todas las comunicaciones. Si su amigo dice: "Me gustaría comer un bocadillo para el almuerzo", y usted le responde: "¿Por qué odias a los de raza blanca?", la persona respondería con razón: "¿Estás loco? ¿No escuchaste lo que dije?". Todo acto de comunicación puede progresar solamente sobre el supuesto de que alguien está tratando de transmitirnos un significado y luego nosotros respondemos a ese pretendido significado que quiere pasarnos el que habla o escribe.

---

6. Robert H. Stein, "The Benefits of an Author-Oriented Approach to Hermeneutics", *JETS* 44, no. 3 (2001): 53.
7. E. D. Hirsch, *Validity in Interpretation* (New Haven, CT: Yale University Press, 1967).

Objeciones al autor como determinante del significado

Abajo encontrará una lista de objeciones sobre el autor como determinante del significado, seguida por las respuestas.

1. *Nunca podemos acceder a los pensamientos del autor, por lo que el significado del autor del texto es inaccesible para nosotros.*[8] Es cierto que nunca podemos tener acceso a los pensamientos íntimos de un autor. Ahora mismo, mientras estoy escribiendo en mi teclado de la computadora, ¿soy ambivalente o dedicado a escribir este libro? ¿Estoy motivado por el deber, la devoción, o el deseo de dinero o fama? Usted nunca lo sabrá. Pero a menos que yo sea un escritor incompetente, usted será capaz de entender el significado y el propósito de mi escrito. La multitud de pensamientos y sentimientos que tengo al escribir este libro no son de valor para la intención real de mi comunicación.[9] Buscar el significado del autor no es andar a la búsqueda de sus pensamientos o sentimientos íntimos.

2. *La cosmovisión de un autor puede ser tan distante de la nuestra que no podemos pretender comprender su significado.*[10] Esta crítica podría ser ofrecida especialmente para la Biblia, donde su obra más reciente tiene casi dos mil años de antigüedad. Sin embargo, lo que esta crítica no tiene en cuenta es la naturaleza común a todos los seres humanos. Como seres creados a la imagen de Dios, los humanos nunca son culturalmente tan diferentes entre sí que la comprensión sea imposible. Las culturas y los tiempos varían, pero el intelecto humano racional es capaz de percibir y explicar esas diferencias.

3. *Buscar el significado intencionado del autor hace que el documento sea irrelevante para los lectores modernos.* Esta crítica no entiende la relación entre el significado y las implicaciones (vea la pregunta 15, "¿Puede tener un texto más de un significado?"). El significado es el

---

8. William K. Wimsatt Jr. y Monroe C. Beardsley, "The Intentional Fallacy", *Sewanee Review* 54 (1946): 468-488. Hirsch escribe: "El argumento de que la comprensión de un intérprete es necesariamente diferente porque él es diferente supone una concepción psicologista del significado que identifica erróneamente el significado con los procesos mentales en lugar de con un objeto de esos procesos" (*Validity in Interpretation*, 32).
9. Una buena razón dada por C. S. Lewis en su ensayo: "Esporas de helecho y elefantes," en *El perdón y otros ensayos cristianos* (Barcelona: Editorial Andrés Bello, 1999), 107-131.
10. Hirsch escribe: "Solo la forma absoluta del historicismo radical amenaza la empresa de reinterpretación cognitiva al considerar que los significados del pasado son intrínsecamente ajenos a nosotros, porque no tenemos acceso 'auténtico' a esos significados y, por tanto, nunca pueden ser 'verdaderamente' comprendidos" (*Validity in Interpretation*, 40).

propósito e intención original del documento. Las implicaciones son las aplicaciones modernas del principio del autor a los nuevos y cambiantes tiempos y culturas. Definir claramente el significado del autor crea un cauce en el que las implicaciones del intérprete pueden fluir con seguridad.

4. *Delimitar el sentido a la intención consciente del autor humano es negar el origen divino de las Escrituras.* Se pueden ofrecer dos respuestas a esta crítica. Primero, para gran parte de las Escrituras, el significado consciente del autor humano y el significado que Dios pretende son indistinguibles. Cuando Pablo dijo: "Haced todo sin murmuraciones y contiendas" (Fil. 2:14), no nos podemos imaginar la diferencia entre la intención del autor divino y el humano.

   Segundo, el problema de distinguir la intención humana y la divina solo surge en los textos proféticos, en especial los pocos textos que parecen ser utilizados de maneras que varían de la intención original explícitamente distinguible del autor humano. Por ejemplo, Mateo 2:15 cita a Oseas 11:1 con referencia al regreso de Jesús de Egipto. En Oseas, sin embargo, el contexto parece referirse solo al éxodo de Israel de Egipto (como paradigma aplicado al exilio asirio en los días de Oseas). Tales citas del Antiguo Testamento por los autores del Nuevo Testamento presentan el mayor reto de mantener al compositor humano original como el determinante último del significado de un texto. Yo diría, sin embargo, que la intención divina puede y debe ser incluida bajo un enfoque orientado al autor en la interpretación de la Biblia. Los autores humanos de la Biblia comparten un entendimiento de que ellos estaban en una trayectoria de la historia de la salvación que culminaría con la venida del Mesías. Dios intervino para salvación en la historia de una manera repetida y progresivamente culminante. Los escritores del Antiguo Testamento que recogieron anteriores intervenciones divinas para comprender su propia época (p. ej., la alusión de Oseas al éxodo de Egipto [Os. 11:1]) permite implícitamente que autores posteriores propongan una futura intervención divina como la contrapartida culminante de su propio día. Los autores bíblicos eran conscientes de ser parte de una historia divina más amplia y esperaban capítulos posteriores para edificar sobre ellos y escalar lo que ellos ya habían contado. Vea la pregunta 24, "¿Cómo se interpreta la profecía? (Tipología)", para un examen más a fondo de este tipo de profecía bíblica.

En resumen

Distintos enfoques a la interpretación proponen al lector, al texto o al autor como el que determina, en última instancia, el significado. Sin embargo, en este libro, sostengo que el propósito consciente que pretendía el autor humano original es el árbitro final del significado. No obstante, afirmar un enfoque a la interpretación bíblica orientado al autor no significa negar la doble autoría de las Escrituras (es decir, la autoría simultánea humana y divina) y la necesidad de buscar implicaciones contemporáneas de las que el autor humano original no era consciente.

Preguntas para la reflexión

1. ¿Puede recordar haber escuchado a alguien interpretar la Biblia de acuerdo a un enfoque de respuesta del lector?
2. En su opinión, ¿por qué el enfoque de respuesta del lector a la literatura es tan popular en la época actual?
3. ¿Ve usted alguna cualidad positiva en los enfoques de respuesta del lector o del texto como determinante del significado?
4. ¿Puede la inspiración divina de las Escrituras (y, por tanto, la doble autoría de las Escrituras) ser realmente incluida bajo el enfoque orientado al autor como determinante del significado?
5. De las cuatro objeciones al autor como determinante del significado, ¿cuál le parece que tiene más validez para usted? ¿Por qué?

PREGUNTA **15**

¿Puede tener un texto más de un significado?

Esta pregunta se relaciona directamente con la anterior ("¿Quién determina el significado de un texto?"). Si estamos en lo cierto de que la intención consciente del autor humano inspirado divinamente es el determinante último del sentido, entonces la respuesta obvia a esta pregunta es: "Sí, un texto puede tener más de un significado, si el autor humano pretendió conscientemente múltiples significados para su obra".

La confusión en la discusión del "significado" puede estar causada por aquellos que utilizan la misma palabra de diferentes maneras. Por ejemplo, alguien podría hablar de los "significados" del texto pero, en realidad, él se está refiriendo a las implicaciones para hoy. Al pensar en más detalle acerca de si un texto puede tener múltiples significados, es importante comenzar por aclarar los términos.

Un vocabulario para la interpretación

Al enseñar interpretación bíblica a los seminaristas, comienzo definiendo los términos básicos que utilizaremos repetidamente a lo largo del curso. A continuación aparecen algunos términos importantes para la interpretación con definiciones tomadas de Robert Stein.

- *Significado*: "El paradigma o principio que el autor conscientemente desea transmitir mediante los símbolos compartibles [esto es, la escritura] que él o ella utilizan".[1]

- *Implicación*: "Esos subsignificados de un texto que caen legítimamente dentro del paradigma o principio deseado por el autor, ya sea que él o ella fueran conscientes de ello o no".[2]

- *Relevancia*: "Cómo responde el lector al significado deseado por el autor".[3] Al encontrarse frente a esas implicaciones, el lector/oyente de

1. Robert H. Stein, "The Benefits of an Author-Oriented Approach to Hermeneutics", *JETS* 44, no. 3 (2001): 457.
2. Ibíd., 458.
3. Ibíd., 460.

hoy responderá entonces con aceptación (la obediencia) o rechazo (la desobediencia).

- *Contenido*: "El contenido o 'cosas' del que se habla en el texto" (esto es, los detalles textuales en sí mismos sin referencia a su uso en el significado transmitido por el autor).[4]

Podemos ilustrar esos términos mediante el ejemplo de un texto. Consideremos Proverbios 11:1: "El peso falso es abominación a Jehová, mas la pesa cabal le agrada". ¿Cuál es el significado de este texto? El autor tiene la intención de enseñar a sus lectores que Dios se complace cuando utilizamos balanzas exactas en las transacciones comerciales y, en consecuencia, los lectores deben utilizar ese tipo de pesas. Del mismo modo, Dios está disgustado cuando utilizamos balanzas amañadas para engañar a los demás. A los lectores de este proverbio se les advierte implícitamente que no participen en esos engaños. El significado original del autor, dado probablemente con referencia a la medición de metales preciosos o productos agrícolas, es claro.

¿Cuáles son las implicaciones? Dependiendo de la situación y entorno del lector de hoy, son posibles una variedad de implicaciones. Las implicaciones deben fluir dentro del cauce de sentido determinado por la intención consciente del autor; deben ser "subsignificados" del paradigma original. Por ejemplo, un obrero que cobra por horas y marca su entrada y salida en el reloj de la empresa, se puede decir, por implicación, que Dios se complace cuando él honradamente marca su entrada y salida del trabajo. Del mismo modo, Dios está disgustado con el obrero que hace que su amigo marque por él diez minutos después de su salida (de modo que le pagan por más tiempo del que ha trabajado). Al escuchar estas implicaciones explicadas, el obrero por horas responderá pues con obediencia o desobediencia (al significado). Es obvio que el escritor de Proverbios no estaba pensando en un reloj de empresa, pero el paradigma de las prácticas comerciales honestas y deshonestas tiene muchas implicaciones hoy de las que el autor no era consciente. Si el autor original fuera consultado (obviamente, solo una posibilidad hipotética) estaría de acuerdo en que la implicaciones modernas fluyen legítimamente de su significado. El autor original es el determinante del significado, lo que, a su vez, limita las implicaciones. A veces, puede ser útil imaginar un diálogo con el autor original sobre las implicaciones propuestas en un intento por asegurarse de que fluyen directamente del propósito consciente previsto por el autor.

¿Qué pasa con el "contenido" en Proverbios 11:1? Las "balanzas" y "pesas"

4. Ibíd., 461.

(las "cosas" que se mencionan en el texto) son ejemplos del contenido. En sí mismas, las balanzas y las pesas no son el propósito de la enseñanza del autor. Uno puede imaginarse a un predicador equivocado entrar en muchos detalles sobre la composición de las pesas antiguas y la construcción de balanzas en la antigüedad. Nada de eso, sin embargo, es de verdadera importancia para el significado que el autor quiere transmitir (es decir, la honradez en las transacciones comerciales). Balanzas y pesas en sí mismas no son el significado del texto, pero el autor de Proverbios las menciona para transmitir una enseñanza acerca de la honradez en relación con las actividades regulares de los lectores originales. El contenido es esencial para la transmisión del significado, pero no contiene significado en sí mismo sin tener en cuenta la intención del autor.

Textos difíciles y significados múltiples

El texto elegido arriba (Pr. 11:1) es bastante sencillo, pero ¿qué hay de textos más difíciles, a los que los autores bíblicos posteriores parecen infundir con un significado adicional más allá de la intención consciente de los autores originales? Vamos a considerar uno de ellos y varias maneras de interpretarlo.

En Isaías 7:14, leemos: "Por tanto, el Señor mismo os dará señal: He aquí que la virgen concebirá, y dará a luz un hijo, y llamará su nombre Emanuel". En el contexto original, este texto se refiere a un niño que iba a nacer a la "profetisa" como una señal para Acaz rey de Judá, que reinó desde 732 hasta 716 a.C. Isaías dice que antes de que el niño prometido tenga un par de años de edad, los adversarios de Acaz (los reyes de Aram e Israel) serán derrotados por Asiria (Is. 7:11-17; 8:1-4).

Más de setecientos años después, Mateo cita Isaías 7:14 como cumpliéndose en el nacimiento de Jesús (Mt. 1:23). ¿Cómo puede el texto de Isaías ser aplicado legítimamente a su época (722 a.C.) y a la de Mateo (ca. 4 a.C.)? Veamos a continuación varios posibles enfoques.

1. Una manera de entender este texto difícil es afirmar que Mateo ha entendido mal y/o ha utilizado de manera incorrecta Isaías 7:14. Es decir, Mateo citó al azar el texto sin hacer referencia a la intención original de Isaías. Pese a que algunos estudiosos no cristianos adoptan este punto de vista, los cristianos no deben considerar esta opción válida, ya que Mateo fue inspirado divinamente y no iba a citar de forma ilegítima el Antiguo Testamento (2 Ti. 3:16). Por otra parte, ¿cuán probable es que el autor de una de las obras más bellas e influyentes jamás escrita sea incompetente o engañoso? Como judío escribiendo para judíos que conocían las Escrituras hebreas, Mateo no podía permitirse el lujo de ser descuidado en sus citas del Antiguo Testamento.

2. Otra forma de abordar Isaías 7:14 dice que el Espíritu Santo tenía un significado adicional oculto para la profecía de Isaías. Isaías no estaba al tanto de un cumplimiento posterior, pero Mateo, el autor inspirado por el Espíritu, aplica el texto a Jesús en su día, mostrando que Dios tenía un sentido más completo y profundo de la profecía original, que reveló más tarde. Este significado posterior se llama *sensus plenior* (del latín "sentido pleno"). El enfoque interpretativo *sensus plenior* apela a la intención secreta y divina como la explicación de la carta de triunfo, por lo que no hay necesidad de justificar el uso posterior del contexto original. No obstante, si un texto del Antiguo Testamento va a ser aplicado legítimamente a Jesús, parece lógico esperar que el autor humano original haya tenido la intención consciente de ese uso en algún nivel.

3. Robert Stein ha propuesto que entendamos textos difíciles tales como Mateo 1:23 como implicaciones del texto original. Es decir, el uso de Mateo no es el significado original de Isaías 7:14, pero sí un subsignificado del texto que corresponde legítimamente al principio querido por el autor. Que yo sepa, Stein no ha hecho por escrito comentarios sobre este texto específico, sin embargo, él probablemente diría algo así: "En el escenario original, Acaz se enfrentaba a una destrucción segura a manos de sus enemigos. Dios dio la señal de un nacimiento inminente para referirse a la llegada de la liberación divina. En la época de Mateo, con el pueblo de Dios enfrentándose a enemigos incluso mayores como la muerte y el pecado (como lo habían hecho durante tanto tiempo), Dios no les deja sin la liberación final, sino que expresa su intervención culminante que viene en un niño nacido de forma sobrenatural". Al final, sin embargo, debido a la particularidad histórica de la profecía original en Isaías, parece difícil explicar el uso de Mateo como una implicación. ¿Cómo puede haber una implicación en el caso de un evento singular prometido que se cumplió hace mucho tiempo?

4. Otro enfoque para textos difíciles como este es entender que Mateo está empleando Isaías 7:14 tipológicamente. Los autores del Antiguo Testamento tuvieron el entendimiento de que Dios intervino de manera progresiva y reiterada, trabajando hacia una intervención culminante final. Los autores del Antiguo Testamento vieron la liberación en su día tal como se anticipó en anteriores liberaciones de Dios. Por su referencia a las intervenciones divinas anteriores para explicar la obra de Dios en su propio tiempo y la anticipación de una mayor liberación en el futuro, los autores del Antiguo Testamento estaban implícitamente de

acuerdo en el uso tipológico futuro de sus propios escritos.[5] De modo que, si pudiéramos retroceder en el tiempo hasta justo después de que Isaías escribió el capítulo 7, versículo 14 (para informar del intercambio anterior del profeta con Acaz), el diálogo podría haber sido algo así:

Plummer: "Perdóname, Isaías. Yo soy del futuro distante, y he venido para conversar contigo. Yo estaba mirando a escondidas por encima de tu hombro, y me di cuenta de que escribiste esa profecía acerca del niño prometido. ¿Es eso acerca de Jesús?".

Isaías: "¿Quién es Jesús?".

Plummer: "Jesús es el Mesías anunciado que conquista el pecado y la muerte para siempre".

Isaías: "¡Aleluya! Yo no conocía su nombre, pero sabía que iba a venir. ¿Qué quieres decir al preguntar: 'Es este texto acerca de Jesús?'".

Plummer: "Pues bien, en el futuro, antes de que el Mesías nazca, Dios promete a través de su ángel que una virgen dará a luz, similar a los acontecimientos de tu día. Mateo, uno de los mensajeros de Dios en los días de Jesús, dice que este texto tuyo apuntaba al Mesías".

Isaías: "Sí, ya veo. Así como Dios manifestó su intervención venidera con el nacimiento sobrenatural de un niño en mi día, así también en la liberación final, Él promete una vez más el nacimiento sobrenatural de un niño. Los paralelismos históricos muestran las intenciones coherentes de Dios. Por supuesto, sin saber exactamente cómo Dios iba a repetir su liberación, yo no era del todo consciente de la relación tipológica final hasta que tú me lo dijiste. Sin embargo, yo sabía que más tarde vendría una liberación. Escribí este texto, sabiendo conscientemente que podría ser reiterado después en un evento salvífico paralelo posterior. Sí, sí, por

---

5. Jared M. Compton aboga por un enfoque similar ("Shared Intentions? Reflections on Inspiration and Interpretation in Light of Scripture's Dual Authorship, *Themelios* 33, no. 3 [2008]: 23-33). Para una defensa más detallada de la reconciliación de la intención autoral y la tipología bíblica, vea mi artículo, Robert L. Plummer, "Righteousness and Peace Kiss: The Reconciliation of Authorial Intent and Biblical Typology", *SBJT* 14/2 (2010:54-61). Con una búsqueda en Google del título del artículo se puede localizar fácilmente una copia gratuita en línea.

supuesto, ese es un uso válido. Eso es lo que se llama tipología bíblica, con una relación entre los eventos anteriores (el tipo) y los acontecimientos posteriores (los antitipos)".

Plummer: "Gracias por hablar con nosotros, Isaías."

Isaías: "*Shalom*".

Vea la pregunta 24, "¿Cómo se interpreta la profecía? (Tipología)", para un estudio más completo de la tipología en la Biblia.

Aunque creo que el enfoque tipológico es probablemente la mejor manera de explicar el uso que Mateo hace de Isaías 7:14, este texto en particular tiene algunas características adicionales que son dignas de mencionar. Se podría argumentar que Isaías tenía en mente múltiples referencias en su profecía original. Es decir, Isaías pretendía conscientemente que la "profecía de la virgen" de Isaías 7:14 se aplicara a la situación en su propia época, así como también a algún otro niño prometido en un futuro lejano.

¿Qué detalles pueden indicar que Isaías tenía en mente otro niño más allá de aquel que iba a ser una señal para el rey Acaz en su día? Hay, de hecho, varias descripciones del niño en el contexto inmediato que parecen apuntar más allá de lo que fue cumplido por el niño en tiempos de Acaz. Por ejemplo, poco después de nuestro debatido texto, en Isaías 9:6-7, leemos:

> Porque un niño nos es nacido, hijo nos es dado, y el principado sobre su hombro; y se llamará su nombre Admirable, Consejero, Dios Fuerte, Padre Eterno, Príncipe de Paz. Lo dilatado de su imperio y la paz no tendrán límite, sobre el trono de David y sobre su reino, disponiéndolo y confirmándolo en juicio y en justicia desde ahora y para siempre. El celo de Jehová de los ejércitos hará esto.

Una descripción tan elevada sería sin duda extraña de Maher-salal-hasbaz (¿hijo de Isaías?), el niño en los días de Acaz que no aparece más en el texto bíblico (Is. 8:1-4). Además, en Isaías 8:18, el profeta escribe: "He aquí, yo y los *hijos* que me dio Jehová somos por *señales* y *presagios* en Israel, de parte de Jehová de los ejércitos, que mora en el monte de Sion". Es interesante notar que aquí aparece ampliada la señal original del hijo (singular) para referirse a "los hijos", "señales y presagios", todo en plural.

Es posible que Isaías tuviera una visión profética de dos niños en la misma forma que nosotros vemos dos montañas desde la distancia. Visto desde lejos, las dos montañas aparecen lado a lado como una estructura monolítica. Uno no puede saber lo lejos que están o incluso si son formaciones distintas. Solo cuando nos acercamos a la montaña inicial vemos que la otra montaña está en realidad separada a una cierta distancia. Del mismo modo, se ha argumentado que algunos antiguos profetas tuvieron visiones de múltiples eventos próximos, de tal manera que no podían distinguir la distancia cronológica entre ellos. El término técnico para una variedad de eventos futuros que se vieron juntos (sin secuencia estrictamente cronológica) es *escorzo profético*. Se ha señalado que la primera y la segunda venida de Jesús se describen en el Antiguo Testamento con *escorzo profético*. Es decir, solo con la finalización de la primera venida de Jesús somos capaces de ver con claridad que el reino visible y universal del Mesías (el reino consumado) vendrá después de un intervalo de tiempo.

En resumen

Como se argumenta a lo largo de este libro, la intención consciente del autor humano es el determinante último del significado de un texto bíblico. Así, un texto puede tener más de un sentido si esa era la intención del autor. Por supuesto, los textos tienen muchas implicaciones de las que el autor original no era consciente, pero que se desprenden de manera legítima del principio o principios que enumeró. Dado que muchas personas no definen claramente sus términos al hablar de la Biblia, hemos sugerido una breve lista de vocabulario interpretativo. Al tratar con textos proféticos complejos, a veces son necesarios matices adicionales (vea la explicación más arriba).

Preguntas para la reflexión

1. ¿Es clara para usted la distinción entre el significado y las implicaciones? Explique la diferencia en sus propias palabras.
2. Con referencia a Efesios 5:18, hable sobre el significado, las implicaciones, la relevancia y el contenido.
3. No es raro escuchar a alguien hablar de aplicar un texto bíblico a su vida (o de la aplicación de un texto). Usando el vocabulario interpretativo presentado más arriba, explique lo que la gente entiende por aplicación.
4. ¿Cuál de los cuatro enfoques de Isaías 7:14 le parece a usted más convincente?
5. Considere Mateo 2:15. Busque el texto que cita Mateo (Os. 11:1), teniendo en cuenta el contexto original. De los cuatro enfoques de textos difíciles estudiados anteriormente, ¿cuál se adapta mejor al uso que Mateo hace de Oseas? Vea la pregunta 24, "¿Cómo se interpreta la profecía? (Tipología)", para un estudio más a fondo de este texto.

PREGUNTA **16**

¿Cuál es el papel del Espíritu Santo en la determinación del significado?

Cuando los cristianos estudian y hablan acerca de la Biblia, no es raro que algunos de ellos apelen a la guía sobrenatural del Espíritu Santo para determinar el significado o la aplicación de un texto. ¿Presenta en realidad la Biblia al Espíritu Santo como actuando en ese sentido? Es decir, ¿guía el Espíritu a los creyentes hacia un verdadero significado o aplicación del texto bíblico?

La persona y la obra del Espíritu Santo

Antes de examinar el papel del Espíritu Santo en la interpretación, debemos tener clara la identidad del Espíritu. ¿Quién es el Espíritu Santo? El Espíritu Santo es la tercera persona del Dios trino. Según las Escrituras, Dios es Padre, Hijo y Espíritu Santo (Mt. 28:19), tres "personas" en un Ser.[1] El Padre es Dios. El Hijo es Dios. El Espíritu es Dios. Pero solo hay un Dios. Y el Padre no es el Hijo, ni el Espíritu es el Hijo, ni el Padre es el Espíritu. Sin embargo, en lo que respecta a su naturaleza divina, el Padre, el Hijo y el Espíritu participan de la misma bondad, sabiduría, santidad, conocimiento, poder, etc.[2]

El Espíritu Santo es enviado por el Padre y el Hijo al mundo (Jn. 14:26; 15:26). Él habita en todos los verdaderos seguidores de Jesús (Ro. 8:9; 1 Jn. 2:20) y les capacita para vivir en arrepentimiento y fe (Ro. 8:1-17). El Espíritu Santo da poder al pueblo de Dios con dones espirituales para la edificación del cuerpo de Cristo, la iglesia (Ef. 4:11-16; 1 Co. 12:4-11), e intercede a favor del pueblo de Dios (Ro. 8:26) y nos recuerda nuestra condición filial (Ro. 8:15; Gá. 4:6).

El Espíritu Santo inspiró a los autores de las Escrituras a fin de que cada palabra que escribieran, aunque escrita por un autor humano pensante, también fuera divinamente inspirada y exenta de todo error. Como dice Pedro: "Ninguna profecía de la Escritura es de interpretación privada, porque nunca

---

1. Aunque *persona* es la palabra que los teólogos cristianos han utilizado tradicionalmente para referirse al Padre, al Hijo y al Espíritu, debemos señalar que la personalidad divina y la humana difieren. La persona humana tiene una inteligencia, un trasfondo, una perspectiva, etc., distintivos. Las personas divinas de la Trinidad, sin embargo, comparten exactamente los mismos atributos divinos (sabiduría, santidad, etc.).
2. Para una mayor reflexión sobre la Trinidad, vea Wayne Grudem, *Teología sistemática: Una introducción a la doctrina bíblica* (Miami: Editorial Vida, 2007), 234-271; Fred Sanders, *The Deep Things of God: How the Trinity Changes Everything*, 2ª ed. (Wheaton, IL: Crossway, 2017).

la profecía fue traída por voluntad humana, sino que los santos hombres de Dios hablaron siendo inspirados por el Espíritu Santo" (2 P. 1:20-21). Pablo, también, escribió: "Toda la Escritura es inspirada por Dios, y útil para enseñar, para redargüir, para corregir, para instruir en justicia" (2 Ti. 3:16). Después de la ascensión de Jesús, el Espíritu les recordó a los apóstoles las enseñanzas del Señor y les enseñó cosas nuevas, las cuales, cuando se escribieron, dieron como resultado nuestro Nuevo Testamento (Jn. 14:25-26; 16:13-15).

No puede haber duda de que la Biblia se presenta como el producto de la inspiración del Espíritu Santo, ¿pero presenta también la Biblia al Espíritu como dando a los creyentes una ayuda especial en la comprensión de su contenido?

La iluminación del Espíritu Santo

La mayoría de los teólogos protestantes afirman que el Espíritu Santo ilumina al creyente. Es decir, que el Espíritu da al cristiano una mayor comprensión cognitiva de los textos bíblicos.[3] Los teólogos afirman también la obra relacionada del Espíritu de producir convicción, es decir, inculcar en la conciencia del creyente que las enseñanzas de las Escrituras son de hecho verdaderas, aplicables y le incumben al lector.

Es también importante tener en cuenta lo que no es la iluminación. Grant Osborne ofrece esta advertencia útil:

> "El Espíritu no nos susurra razones especiales que no estén ya disponibles; en cambio, nos abre los ojos para reconocer esas razones que *están* disponibles" (1986: 234). En otras palabras, el Espíritu hace posible que el lector pueda utilizar toda facultad para discernir la Palabra y aplicarla. ¿Cómo explica esto el hecho de que eruditos igualmente espirituales interpreten el mismo pasaje de forma muy diferente? El Espíritu hace posible que superemos nuestro preconocimiento para discernir la Palabra, pero no es garantía de que lo conseguiremos. En los pasajes difíciles, debemos utilizar todas las herramientas que podamos reunir y, aún así, leeremos a menudo un texto de la manera que nos

3. En su tesis doctoral sobre la iluminación, Kevin D. Zuber escribe: "Los resultados de la iluminación son vistos principalmente como cognitivos. A partir de este resultado primario, la iluminación puede producir también una apreciación y aplicación de la información obtenida cognitivamente. La iluminación divina le permite a uno adquirir un conocimiento y comprensión más profundos del contenido de la revelación divina. La persona iluminada está realmente capacitada para 'ver', para captar mentalmente más contenido que la que no está iluminada. La idea conceptual proporcionada por la iluminación es como la idea cuando llega a un dibujo lineal en la que se 've' un objeto que de repente es 'visto' como otro objeto. El espectador experimenta simplemente una estructuración conceptual que permite ver más de los contenidos". ("What Is Illumination? A Study in Evangelical Theology Seeking a Biblically Grounded Definition of the Illuminating Work of the Holy Spirit" [tesis doctoral, Trinity Evangelical Divinity School, 1996], resumen).

> dictan nuestra experiencia y tendencias teológicas... Algunos pasajes son tan ambiguos que es posible más de una interpretación. Debemos tomar nuestra decisión hermenéutica pero permanecer abiertos a la dirección del Espíritu y el reto de nuestros compañeros de estudio. El Espíritu nos permite abrir nuestras mentes al texto, pero no nos susurra la respuesta correcta.[4]

Voy a ofrecer ahora una analogía para explicar cómo el Espíritu Santo ayuda a los cristianos en la lectura de la Biblia. Vamos a comparar el estudio de la Biblia a la búsqueda de un tesoro. Imaginemos dos barcos, uno de ellos con un buscador de tesoros con una camisa verde (un cristiano con el Espíritu Santo) y en el otro barco un buscador con una camisa marrón (un no cristiano sin el Espíritu Santo). Ambos aventureros miran a través de las mismas turbias aguas. Ambos ven algo brillando en el fondo del mar. El aventurero con camisa verde dice: "Veo algo brillante, y a mí me parece que es oro. Voy a bucear". El aventurero con camisa marrón dice: "Yo solo veo la luz que se refleja en la arena en el fondo del océano. No voy a bucear". Con todas las demás cosas en igualdad de condiciones, el creyente está capacitado para valorar las pruebas ante él con mayor precisión y, por tanto, experimenta el impulso interno de actuar que viene junto con el reconocimiento del verdadero estado de las cosas. Esto no quiere decir, sin embargo, que los creyentes siempre ven las cosas correctamente debido a la obra iluminadora del Espíritu. Muchos otros factores afectan a la interpretación, como la inteligencia innata del creyente, sus habilidades, predisposición, y, no menos importante, su intimidad y obediencia a Dios.

Bíblicamente hablando, la cognición (comprensión mental) y la voluntad (decisiones de la voluntad humana) son dos caras de la misma moneda. Los autores bíblicos no imaginan una situación en que alguien pueda afirmar el significado correcto de la Biblia y al mismo tiempo negarse a obedecer. De forma análoga, no podemos imaginarnos a una persona normal que se sienta en una habitación llena de humo, y diga: "Yo afirmo cognitivamente que suena la alarma de incendios, pero volitivamente no soy capaz ni tengo el deseo de actuar sobre este hecho".

La mente y la voluntad humanas están unidas en una interdependencia pecaminosa. El corazón humano es propenso al autoengaño, la distorsión, la maldad, la mentira y la propia justificación (Jer. 17:9). La persona que no se somete a Dios, inevitablemente distorsiona la enseñanza de la Biblia y/o su percepción de la realidad para racionalizar su comportamiento impío. Como

4. Grant R. Osborne, *The Hermeneutical Spiral: A Comprehensive Introduction to Biblical Interpretation*, ed. rev. (Downers Grove, IL: InterVarsity Press, 2006), 436-437. La cita de Osborne está tomada de John Frame, "El Espíritu de las Escrituras", en *Hermeneutics, Authority and Canon*, eds. D. A. Carson y John D. Woodbridge (Grand Rapids: Zondervan, 1986), 234.

el escritor de Proverbios advierte: "Dice el perezoso: El león está fuera; seré muerto en la calle" (Pr. 22:13). Tenga en cuenta que el perezoso no dice: "Yo soy un vago, así que no quiero ir a trabajar".[5] El corazón humano pecador fabrica pruebas para justificar su perspectiva distorsionada. Por otro lado, cuando se rechaza la verdad, Dios envía como castigo una mayor ceguera y la eliminación de su amorosa restricción divina. Como explica Pablo a los cristianos de Roma: "Y como ellos no aprobaron tener en cuenta a Dios, Dios los entregó a una mente reprobada, para hacer cosas que no convienen" (Ro. 1:28). En este versículo se pone de manifiesto la interdependencia entre el pensamiento malo y las malas acciones. Del mismo modo, en 2 Tesalonicenses 2:10-12, Pablo afirma: "Y con todo engaño de iniquidad para los que se pierden, por cuanto no recibieron el amor de la verdad para ser salvos. Por esto Dios les envía un poder engañoso, para que crean la mentira, a fin de que sean condenados todos los que no creyeron a la verdad, sino que se complacieron en la injusticia". El castigo por abrazar las tinieblas del pecado es una mente más oscura y la vida de maldad que fluye de esa oscuridad interior.

Unos pocos eruditos cristianos conservadores han tratado de negar o redefinir la obra iluminadora del Espíritu, afirmando que la Biblia enseña solamente que el Espíritu afecta a la voluntad, trayendo convicción, pero no ayuda en la cognición.[6] Lamentablemente, esta visión nuevamente propuesta no toma en serio los efectos noéticos de la caída (es decir, cómo el pecado distorsiona los procesos de pensamiento humanos) o indicios bíblicos de que el Espíritu contrarrestará las inclinaciones pecaminosas de nuestras mentes. Como se ha señalado anteriormente, el Espíritu *no* susurra algún significado secreto inaccesible a los demás,[7] pero el Espíritu sí nos capacita para percibir los hechos y juzgar la verosimilitud de los argumentos con mayor claridad. Si creemos que Dios le dará sabiduría a un médico en el diagnóstico de una enfermedad (como indican las oraciones cristianas), o a un estudiante universitario mayor concentración mental en un examen de cálculo, ¿por qué Dios no capacitaría también a nuestras mentes débiles para el estudio de la Biblia? En efecto, la Biblia dice

5. Vea la exposición tan útil de John Piper sobre Proverbios 22:13 en su artículo "Taste and See", www.desiringgod.org (16 de septiembre de 1998).
6. Por ejemplo, Daniel P. Fuller, "El papel del Espíritu Santo en la interpretación bíblica", en *Scripture, Tradition, and Interpretation*, eds. W. Ward Gasque y William Sanford LaSor (Grand Rapids: Eerdmans, 1978), 189-198; Robert H. Stein, *A Basic Guide to Interpreting the Bible: Playing by the Rules*, 2ª ed. (Grand Rapids: Baker Academic, 2011), 56-67.
7. Podemos fácilmente descartar la afirmación de Alan F. Johnson, el cual escribe: "Ya que el Espíritu Santo, no los autores humanos, es en última instancia el Autor de las Escrituras, es posible descubrir significados desconocidos y no pretendidos por los autores humanos del texto por medio de la obra directa y continua de revelación del Espíritu Santo a los creyentes, tanto en su lectura de la Biblia como aparte de las Escrituras" (prefacio a *Beyond the Obvious: Discover the Deeper Meaning of Scripture*, de James DeYoung y Sarah Hurty [Gresham OR: Vision House, 1995], 13).

que Dios da maestros a la Iglesia (Ef. 4:11-16), ¿no sería eso al menos un indicio de que *algunos* miembros de la iglesia están iluminados por el Espíritu Santo?

El hecho de que los no creyentes puedan comprender porciones de las Escrituras no niega la obra iluminadora del Espíritu, sino que señala la gracia común de Dios en dar a todos los seres humanos (regenerados y no regenerados) mentes racionales. (Del mismo modo, los no creyentes creados a imagen de Dios pueden actuar amorosamente, sin haber llegado a amar verdaderamente a Dios o a los demás). Por otra parte, las lecturas correctas intermitentes de la Biblia por los no creyentes dan testimonio de la claridad de la revelación de Dios. Incluso los corazones en rebelión voluntaria contra Dios no pueden fallar a veces en entender lo que dice. Por último, el hecho de que eruditos sinceros, piadosos, amantes de Jesús y creyentes en la Biblia sigan en desacuerdo sobre la interpretación de algunos textos no niega la obra iluminadora del Espíritu. La cantidad de desacuerdo entre los estudiosos creyentes en la Biblia es fácilmente exagerada, y en aquellos casos en los que el desacuerdo continúa (p. ej., sobre el significado correcto del bautismo), el desacuerdo permanente solamente demuestra los prejuicios que persisten entre el pueblo de Dios a pesar de la obra de su Espíritu. Las mismas Escrituras indican que, hasta que Jesucristo regrese, los creyentes siguen en desacuerdo sobre cuestiones secundarias. Pablo escribe:

> Uno hace diferencia entre día y día; otro juzga iguales todos los días. *Cada uno esté plenamente convencido en su propia mente*. El que hace caso del día, lo hace para el Señor; y el que no hace caso del día, para el Señor no lo hace. El que come, para el Señor come, porque da gracias a Dios; y el que no come, para el Señor no come, y da gracias a Dios. Porque ninguno de nosotros vive para sí, y ninguno muere para sí. Pues si vivimos, para el Señor vivimos; y si morimos, para el Señor morimos. Así pues, sea que vivamos, o que muramos, del Señor somos (Ro. 14:5-8).

Solo Dios sabe cuántos de nuestros puntos de vista teológicos están verdaderamente motivados por el interés propio, los prejuicios y el chauvinismo denominacional o eclesiástico en vez de por una verdadera convicción guiada por el Espíritu. Debemos orar con el salmista:

> ¿Quién podrá entender sus propios errores? Líbrame de los que me son ocultos. Preserva también a tu siervo de las soberbias; que no se enseñoreen de mí; entonces seré íntegro, y estaré limpio de gran rebelión. Sean gratos los dichos de mi boca y la meditación de mi corazón delante de ti, Oh Jehová, roca mía, y redentor mío (Sal. 19:12-14).

Textos bíbicos que apoyan la iluminación

A continuación encontrará una serie de ejemplos bíblicos que apoyan la doctrina de la iluminación.

- *Salmo 119:17-20: [El salmista está orando a Dios] "Haz bien a tu siervo; que viva, y guarde tu palabra. Abre mis ojos, y miraré las maravillas de tu ley. Forastero soy yo en la tierra; no encubras de mí tus mandamientos. Quebrantada está mi alma de desear tus juicios en todo tiempo".* Los autores de los salmos oran repetidas veces pidiendo la ayuda divina para entender y aplicar la Palabra de Dios (vea, por ejemplo, las muchas peticiones en el Sal. 119).

- *Mateo 13:11-16: "Él respondiendo, les dijo: Porque a vosotros os es dado saber los misterios del reino de los cielos; mas a ellos no les es dado. Porque a cualquiera que tiene, se le dará, y tendrá más; pero al que no tiene, aun lo que tiene le será quitado. Por eso les hablo por parábolas: porque viendo no ven, y oyendo no oyen, ni entienden. De manera que se cumple en ellos la profecía de Isaías, que dijo: De oído oiréis, y no entenderéis; y viendo veréis, y no percibiréis. Porque el corazón de este pueblo se ha engrosado, y con los oídos oyen pesadamente, y han cerrado sus ojos; para que no vean con los ojos, y oigan con los oídos, y con el corazón entiendan, y se conviertan, y yo los sane. Pero bienaventurados vuestros ojos, porque ven; y vuestros oídos, porque oyen".* En este pasaje, Jesús distingue a sus seguidores de los de fuera. Sus seguidores son capaces de ver, escuchar y entender las enseñanzas de Jesús, porque les ha sido "dado" a ellos por Dios (es decir, ellos han recibido ayuda divina).

- *1 Corintios 2:14: "Pero el hombre natural no percibe las cosas que son del Espíritu de Dios, porque para él son locura, y no las puede entender, porque se han de discernir espiritualmente".* En este pasaje, "las cosas que son del Espíritu de Dios" son las proclamaciones verbales y escritas del evangelio de Pablo. El rechazo por voluntad propia del mensaje de Dios por los no creyentes está íntimamente relacionado con su conocimiento pecaminosamente distorsionado.

- *2 Corintios 3:13-16: "Y no como Moisés, que ponía un velo sobre su rostro, para que los hijos de Israel no fijaran la vista en el fin de aquello que había de ser abolido. Pero el entendimiento de ellos se embotó; porque hasta el día de hoy, cuando leen el antiguo pacto, les queda el mismo velo no descubierto, el cual por Cristo es quitado. Y aun hasta el día de hoy, cuando se lee a Moisés, el velo está puesto sobre el corazón de ellos. Pero cuando se conviertan al Señor, el velo se quitará"*. Pablo habla aquí de judíos no creyentes que tienen mentes embotadas y corazones velados, que es un lenguaje metafórico para describir la ceguera y la dureza que demuestran al no reconocer cómo las Escrituras señalan al Mesías Jesús (vea también Ro. 11:7-8).

- *Lucas 24:44-45: "Y les dijo: Estas son las palabras que os hablé, estando aún con vosotros: que era necesario que se cumpliese todo lo que está escrito de mí en la ley de Moisés, en los profetas y en los salmos. Entonces les abrió el entendimiento, para que comprendiesen las Escrituras". También Juan 20:22: "Y habiendo dicho esto, sopló, y les dijo: Recibid el Espíritu Santo".* Estos pasajes paralelos describen la misma aparición después de la resurrección de Jesús desde diferentes puntos de vista. Llama la atención que lo que Lucas describe como abrir las mentes de los discípulos para comprender las Escrituras, Juan lo describe como la recepción del Espíritu Santo. Solo mediante la ayuda del Espíritu Santo podemos percibir correctamente a Cristo como el significado último de la Biblia.

Implicaciones prácticas de la iluminación

Si la Biblia enseña que el Espíritu Santo ayuda a los creyentes en la comprensión, aplicación y obediencia a las Escrituras (como se argumenta más arriba), entonces hay claras implicaciones para la forma en que debemos acercarnos a la Biblia. Si bien hay que mostrar la debida diligencia en la lectura, el estudio, la investigación y la reflexión, en última instancia, el cristiano debe inclinarse ante el autor divino de las Escrituras para confesar su pecado y buscar ayuda sobrenatural. El estudio de la Biblia debe comenzar con oración y adoración. Vea la pregunta 10, "¿Cuáles son algunos principios generales de la interpretación bíblica? (1)", para obtener consejos prácticos sobre cómo acercarse a la Biblia con reverencia.

En resumen

El Espíritu Santo es la tercera persona del Dios Trino. El Espíritu inspiró a los autores de las Escrituras (2 Ti. 3:16). El Espíritu también ayuda a los creyentes a entender y obedecer la Biblia, dos caras de la misma moneda, en el pensamiento bíblico (Sal. 119:17-20; Mt. 13:11-16; 1 Co. 2:14; 2 Co. 2:13-16; Lc. 24:44-45 y Jn. 20:22). Los teólogos protestantes han calificado tradicionalmente esta ayuda divina para la comprensión de la Biblia "la iluminación del Espíritu Santo".

En la obra normal de iluminación, el Espíritu Santo no le susurra al intérprete significados o datos adicionales no disponibles en el texto. Más bien, el

Espíritu capacita al intérprete para que trabaje con diligencia, perciba hechos con precisión y sopese con cuidado la plausibilidad de opiniones o datos opuestos. Como seres humanos caídos, nuestras mentes y corazones son propensos al engaño y a la autojustificación (Jer. 17:9). Debemos buscar con regularidad la ayuda del Espíritu Santo para entender y obedecer la Biblia.

Preguntas para la reflexión

1. ¿Ha oído alguna vez a alguien apelar al Espíritu Santo para apoyar un sentido de las Escrituras que le parecía a usted una interpretación ilegítima? ¿Cómo manejó la situación?
2. De los dos puntos de vista presentados más arriba sobre el papel del Espíritu en la interpretación bíblica (vea la iluminación tradicional en oposición al Espíritu que solo ayuda a la voluntad), ¿cuál cree que es el correcto? ¿Por qué? (O bien, ¿hay algún otro punto de vista de la obra del Espíritu que usted defiende?)
3. Si la perspectiva de la iluminación presentada más arriba es correcta, ¿cómo debería eso afectar la forma en que usted estudia personalmente la Biblia?
4. Si la perspectiva de la iluminación presentada más arriba es correcta, ¿cómo debería eso afectar su forma de hablar acerca de la Biblia con los demás?
5. Ore despacio y reflexivamente esta sugerencia de oración antes de leer su Biblia:

Una oración pidiendo iluminación

Nuestro Dios y Señor que vives para siempre,
ayúdanos a escuchar tu Palabra santa con el corazón abierto
para que podamos realmente entenderla;
y, al entenderla,
que podamos creerla;
y, al creerla,
que podamos cumplirla con toda fidelidad y obediencia,
buscando tu honra y gloria en todo lo que hacemos.
Te lo pedimos por medio de Jesucristo, nuestro Señor. Amén.[8]

---

8. Ulrico Zwinglio (1484-1531), modificado, según se recopila en *The Worship Sourcebook*, ed. Emily R. Brink y John D. Witvliet (Grand Rapids: Baker; Calvin Institue of Worship; Faith Alive Christian Resources, 2004), 142.

PREGUNTA 17

¿Cuál es el mensaje principal de la Biblia?

Compuesta de sesenta y seis obras diferentes escritas a lo largo de unos 1500 años, la Biblia puede ser un libro intimidante. ¿Hay un mensaje general en la Biblia? ¿Cómo encajan las partes aparentemente dispares? ¿Cuál es la visión general que debemos tener en cuenta si nos fijamos en pequeñas porciones de las Escrituras?

La persona y la obra salvadora de Jesucristo

Cualquiera que sea la parte de la Biblia que usted elija para estudiar, es importante recordar que la persona y la obra salvadora de Jesucristo es el objetivo último de la revelación de Dios. Jesús dijo a sus contemporáneos: "Escudriñad las Escrituras; porque a vosotros os parece que en ellas tenéis la vida eterna; y ellas son las que dan testimonio de mí" (Jn. 5:39). Del mismo modo, el Evangelio de Lucas nos dice que cuando Jesús habló con dos discípulos en el camino a Emaús: "Y comenzando desde Moisés, y siguiendo por todos los profetas, les declaraba en todas las Escrituras lo que de él decían" (Lc. 24:27). El autor de Hebreos escribió:

> Dios, habiendo hablado muchas veces y de muchas maneras en otro tiempo a los padres por los profetas, en estos postreros días nos ha hablado por el Hijo, a quien constituyó heredero de todo, y por quien asimismo hizo el universo; el cual, siendo el resplandor de su gloria, y la imagen misma de su sustancia, y quien sustenta todas las cosas con la palabra de su poder, habiendo efectuado la purificación de nuestros pecados por medio de sí mismo, se sentó a la diestra de la Majestad en las alturas, hecho tanto superior a los ángeles, cuanto heredó más excelente nombre que ellos (He. 1:1-4).

Desde el principio, la Biblia establece que aunque Dios creó un mundo perfecto, los humanos destruyeron esa perfección por medio de su rebelión (Gn. 1—3). Solo a través del Mesías prometido (Cristo) la creación sería restaurada a la comunión perfecta con su Creador (Gn. 3:15). El guión histórico de la Biblia revela la necesidad de Jesús, la promesa de Jesús, la anticipación de Jesús, la encarnación/llegada de Jesús, las enseñanzas de Jesús, la crucifixión de Jesús, la resurrección de Jesús, la ascensión de Jesús, y el regreso prometido de Jesús. La Biblia es un libro acerca de Jesucristo. Para más información sobre la naturaleza cristocéntrica (centrada en Cristo) de las Escrituras, vea la pregunta 18, "¿Es realmente toda la Biblia acerca de Jesús?".

Dando por supuesto este fundamento cristológico, vamos ahora a sugerir algunas categorías adicionales de organización que pueden ser útiles para tener una visión general del mensaje de la Biblia.

Promesa—Cumplimiento

En el Sermón del Monte, Jesús dijo: "No penséis que he venido para abrogar la ley o los profetas; no he venido para abrogar, sino para cumplir" (Mt. 5:17). Por tanto, al hablar de la Biblia, Jesús utiliza las categorías de anticipación/promesa (para el Antiguo Testamento) y cumplimiento (para su vida, muerte y resurrección). Vemos un marco similar en Mateo 11:12-13, donde Jesús deja claro el carácter preparatorio del Antiguo Testamento y la inauguración de las promesas tan esperadas a través de la predicación de Juan el Bautista, el precursor del Mesías. Jesús dice: "Desde los días de Juan el Bautista hasta ahora, el reino de los cielos sufre violencia, y los violentos lo arrebatan. Porque todos los profetas y la ley profetizaron hasta Juan".

De nuevo, aunque las palabras *promesa* y *cumplimiento* no se utilizan explícitamente en 1 Pedro 1:9-12, el pasaje contiene esas mismas ideas. El apóstol Pedro escribe a los creyentes en Roma:

> Obteniendo el fin de vuestra fe, que es la salvación de vuestras almas. Los profetas que profetizaron de la gracia destinada a vosotros, inquirieron y diligentemente indagaron acerca de esta salvación, escudriñando qué persona y qué tiempo indicaba el Espíritu de Cristo que estaba en ellos, el cual anunciaba de antemano los sufrimientos de Cristo, y las glorias que vendrían tras ellos. A éstos se les reveló que no para sí mismos, sino para nosotros, administraban las cosas que ahora os son anunciadas por los que os han predicado el evangelio por el Espíritu Santo enviado del cielo; cosas en las cuales anhelan mirar los ángeles (1 P. 1:9-12).

Así, al leer la Biblia, usted puede hacer esta pregunta básica: ¿Estoy leyendo la parte de la promesa o del cumplimiento de las Escrituras? ¿De qué manera está Cristo anticipado en este texto, o de qué manera se anunciaba su llegada?

El reino anticipado—El reino inaugurado—El reino consumado

Cuando Jesús comenzó su ministerio itinerante de enseñanza, anunció la llegada del reino de Dios (Mr. 1:15).[1] Él no estaba anunciando que había un reino, sino que el reino esperado se inauguró en su vida y ministerio.[2] A lo largo del Antiguo Testamento, se habla de Dios repetidas veces como el rey sobre toda la creación, y especialmente sobre Israel (1 Cr. 29:11; Dn. 4:32; Abd. 21; Sal. 22:27-28; 103:19; 145:11-13). La realeza divina de Dios es transmitida a Israel a través de los profetas, jueces y reyes humanos (1 S. 8:4-9; Sal. 2:6-7), pero se anticipa un día cuando el reinado de Dios será reconocido universalmente (Sal. 67). Jesús declara que en Él tiene lugar la llegada final y decisiva del reino escatológico de Dios (Mt. 12:28). Sin embargo, Jesús también habla de la consumación del reino de Dios en el futuro, cuando el pueblo de Dios descansará en la presencia de Dios y los enemigos de Dios serán sometidos (Mt. 8:11). A veces los estudiosos hablan de las dimesiones del "ya" y "todavía no" del reino de Dios en el Nuevo Testamento. El reino ha llegado ya en la vida, muerte y resurrección de Jesús, pero el reino no está todavía plenamente presente.[3] Mientras avanza con fuerza y es sorprendentemente productivo, el reino no está plena y universalmente instituido (Mt. 11:12-13; Mr. 4:26-32).

Algunos estudiosos de la Biblia han ofrecido marcos detallados basados en torno al motivo del reino en la Biblia.[4] Además, existe una Biblia para niños que trata de enseñar el panorama general de la Biblia mediante el uso de "reino" como un principio organizador significativo. Aunque veo mucho de lo bueno que hay en acercarse a la Biblia a través de la rejilla del reino (vea cuadro 11), ofrezco tres advertencias. (1) Existe el peligro de perder la naturaleza cristocéntrica de las Escrituras al enfocarse en el reino. En última instancia, Cristo es el rey y el reino está presente en Él. "El reino avanza aquí en la tierra *donde la fe y la obediencia a Cristo se encuentran*".[5] (2) Algunos intentos de explicar porciones de las Escrituras con el lenguaje reino, aunque muy inteligentes, van más allá de las referencias explícitas al reino en el texto bíblico real. (3) En el intento por sistematizar la Biblia bajo el tema del reino, algunos detalles conmovedores del texto pueden ser pasados por alto. Por

1. Los términos "reino de los cielos", "reino de Dios" y "reino" se usan de forma intercambiable en el Nuevo Testamento a pesar de tener matices ligeramente diferentes.
2. Leonhard Goppelt, *Theology of the New Testament*, ed. Jürgen Roloff, trad. John E. Alsup (Grand Rapids: Eerdmans, 1981), 1:45.
3. George E. Ladd, *Teología del Nuevo Testamento* (Barcelona: Editorial Clie, 2002), 95-102; y también, *Jesus and the Kingdom: The Eschatology of Biblical Realism* (Nueva York: Harper & Row, 1964).
4. Por ejemplo, Graeme Goldsworthy, *Gospel and Kingdom: A Christian Interpretation of the Old Testament*, 2ª ed. (Carlisle, UK: Paternoster, 1994).
5. Mark Seifrid, "Introduction to the New Testament: Historical Background and Gospels, Course Number NT 22200" (notas no publicadas, Seminario Teológico Bautista del Sur, otoño 1998), 54.

ejemplo, después de leer el relato de la conquista de Jericó (de la Biblia para niños antes mencionada) a mi hija de cuatro años de edad, su respuesta fue: "¿Dónde está la señora? ¿Por qué dejaron fuera a la señora?". El autor de esa Biblia para niños había dejado a Rahab y su fe heroica fuera de la historia.

CUADRO 11: EL REINO DE DIOS EN LA BIBLIA

ETAPAS DEL REINO	PERÍODO BÍBLICO/HISTÓRICO
El patrón del reino	Génesis 1—2
El reino perdido	Génesis 3
El reino prometido	Génesis 12:1-3
El reino parcial	Génesis 12 a 2 Crónicas (patriarcas, éxodo, ley, conquista, monarquía)
El reino profetizado	Esdras a Malaquías
El reino presente	Los Evangelios (el nacimiento, vida, muerte y resurrección de Cristo)
El reino proclamado	Hechos a Apocalipsis
El reino perfeccionado	Inaugurado en la segunda venida de Jesús

Fuente: Vaughan Roberts, *God's Big Picture: Tracing the Storyline of the Bible* (Downers Grove, IL: InterVarsity Press, 2002), 157.

Antiguo pacto—Nuevo pacto

Otra forma de pensar acerca de la Biblia como un todo es el empleo de la idea del pacto. Un pacto establece las bases de una relación y las expectativas de las partes involucradas, así como las consecuencias por no cumplir con esas expectativas. Bíblicamente, la relación entre Dios y los seres humanos se basa en un pacto (Gn. 17:1-14; Éx. 2:23-25; 20:1—24:18; Jer 31:31-34; Lc. 22:20; 1 Co. 11:25). Como los seres humanos están en rebelión activa contra Dios y no se merecen la relación con Él, los pactos entre Dios y los seres humanos están siempre basados en la bondad inmerecida de Dios y en la revelación que Él hace de sí mismo.

La base fundamental del pacto de la revelación bíblica queda clara en Jeremías 31:31-34. El texto dice lo siguiente:

> He aquí que vienen días, dice Jehová, en los cuales haré nuevo pacto con la casa de Israel y con la casa de Judá. No como el pacto que hice

> con sus padres el día que tomé su mano para sacarlos de la tierra de Egipto; porque ellos invalidaron mi pacto, aunque fui yo un marido para ellos, dice Jehová. Pero este es el pacto que haré con la casa de Israel después de aquellos días, dice Jehová: Daré mi ley en su mente, y la escribiré en su corazón; y yo seré a ellos por Dios, y ellos me serán por pueblo. Y no enseñará más ninguno a su prójimo, ni ninguno a su hermano, diciendo: Conoce a Jehová; porque todos me conocerán, desde el más pequeño de ellos hasta el más grande, dice Jehová; porque perdonaré la maldad de ellos, y no me acordaré más de su pecado.

Dios describe la relación entre Él e Israel sobre la base del pacto hecho en el Sinaí (vea Éx. 20—24). Pero de acuerdo con el texto anterior, Israel no cumplió el pacto por su reiterado pecado. Entonces Dios anuncia y promete un nuevo pacto que será radicalmente diferente del antiguo. El nuevo pacto da como resultado un pueblo perdonado que conoce al Señor y tiene sus requisitos escritos en sus corazones. Jesús declaró que su muerte expiatoria instituyó este nuevo pacto prometido (Lc. 22:20; He. 8:6-13; 12:24).

La teología del pacto, un enfoque común a las Escrituras entre los cristianos reformados, intenta ver toda la relación entre Dios y su pueblo después de la caída, bajo el dosel de un pacto de gracia. Sin embargo, la distinción entre el nuevo y el antiguo pacto presente en las Escrituras nos llevaría a evitar el término "pacto de gracia" a favor de categorías bíblicas más explícitas.

Conceptualmente paralelo a la distinción entre el antiguo y nuevo pactos, el apóstol Juan escribe: "Pues la ley por medio de Moisés fue dada, pero la gracia y la verdad vinieron por medio de Jesucristo" (Jn. 1:17). No debemos entender las estipulaciones del antiguo pacto como teniendo la intención de salvar o transformar (y por tanto, no incluido bajo un pacto de gracia), sino, sobre todo, como un intento de profetizar y preparar para la necesidad de un nuevo pacto establecido por el Mesías Jesús. El sistema teológico que trata de sistematizar la Biblia a través de la lente del antiguo y nuevo pactos, centrándose especialmente en la "novedad" que nos trajo Jesús, se llama "teología del nuevo pacto".[6]

Al observar la base bíblica para los distintos pactos (p. ej., Jer. 31:31-34), una pregunta clave al leer las Escrituras es si el pasaje refleja el antiguo o el nuevo pacto. Durante la administración del antiguo pacto, había muchas institucio-

---

6. Vea Tom Wells y Fred Zaspel, *New Covenant Theology: Description, Definition, Defense* (Frederick, MD: New Covenant Media, 2002). Peter J. Gentry y Stephen J. Wellum muestran hábilmente la relación entre los temas bíblicos del pacto y del reino en *God's Kingdom through God's Covenants: A Concise Biblical Theology* (Wheaton, IL: Crossway, 2015).

nes y leyes que eran de carácter preparatorio. Como el autor de Hebreos dice: "La ley es sólo una sombra de los bienes venideros, y no la presencia misma de estas realidades. Por eso nunca puede, mediante los mismos sacrificios que se ofrecen sin cesar año tras año, hacer perfectos a los que adoran" (He. 10:1, NVI). Bajo el antiguo pacto, el pueblo de Dios descubrió por experiencia que no era capaz de cumplir las leyes de Dios, y tenía necesidad de una solución más radical: un renacimiento espiritual y una justicia que viene de fuera, la justicia de Dios mismo (Jn. 1:9-13; Ro. 3:19-26).

La ley y el evangelio

A semejanza de las distinciones del antiguo y nuevo pactos, también se puede ver la Biblia a través de la lupa de la ley y el evangelio. Pablo, ciertamente, parece hacer una distinción entre la ley y el evangelio en sus escritos. En Gálatas 3:23-25, el apóstol escribe:

> Antes de que se nos abriera el camino de la fe en Cristo, estábamos vigilados por la ley. Nos mantuvo en custodia protectora, por así decirlo, hasta que fuera revelado el camino de la fe. Dicho de otra manera, la ley fue nuestra tutora hasta que vino Cristo; nos protegió hasta que se nos declarara justos ante Dios por medio de la fe. Y ahora que ha llegado el camino de la fe, ya no necesitamos que la ley sea nuestra tutora (NTV).

Parecería, pues, que una condición *sine qua non* (un requisito previo esencial) de la teología bíblica es la distinción entre la ley preparatoria y el evangelio prometido.

Uno de los defensores más sinceros de la distinción entre la ley y el evangelio fue el reformador Martín Lutero (1483-1546). Con referencia a su conversión, Lutero declaró:

> Aprendí a distinguir entre la justicia de la ley y la justicia del evangelio. Nada me faltaba antes de esto, excepto que no hacía distinción entre la ley y el evangelio. Yo pensaba que ambas eran la misma cosa y sostenía que no había ninguna diferencia entre Cristo y Moisés excepto los tiempos en que vivieron y sus grados de perfección. Pero cuando descubrí la correcta distinción, es decir, que la ley es una cosa y el evangelio es otra, Me sentí libre.[7]

---

7. Martín Lutero, *Table Talk, in Luther's Works*, eds. J. Pelikan, H. Oswald, y H. Lehmann (Philadelphia: Fortress, 1967), 54:442.

La diferencia entre la ley y el evangelio se explica brevemente mediante estas dos frases:

> La ley dice: "Haz esto, y vivirás".
> El evangelio dice: "Ya está hecho. Ahora, vive".[8]

Cualquier porción de las Escrituras se puede dividir en "demanda" (ley) o "don de gracia" (evangelio). Las exigencias de las Escrituras son de nuestra incumbencia, pero debido a que nuestros corazones, mentes, y voluntades están manchados por el pecado, incluso hasta nuestros actos más justos son como trapos de inmundicia a los ojos de Dios (Is. 64:6). Como escribe Pablo: "Pues nadie llegará jamás a ser justo ante Dios por hacer lo que la ley manda. La ley sencillamente nos muestra lo pecadores que somos" (Ro. 3:20, NTV). Las demandas de Dios revelan lo incurable de nuestra enfermedad moral y nos empujan a sus promesas de gracia en el evangelio. Entonces podemos aferrarnos a las palabras de Jesús en Juan 6:37: "Todo lo que el Padre me da, vendrá a mí; y al que a mí viene, no le echo fuera". Del mismo modo, Pablo escribe:

> Pero ahora, tal como se prometió tiempo atrás en los escritos de Moisés y de los profetas, Dios nos ha mostrado cómo podemos ser justos ante él sin cumplir con las exigencias de la ley. Dios nos hace justos a sus ojos cuando ponemos nuestra fe en Jesucristo. Y eso es verdad para todo el que cree, sea quien fuere. Pues todos hemos pecado; nadie puede alcanzar la meta gloriosa establecida por Dios. Sin embargo, con una bondad que no merecemos, Dios nos declara justos por medio de Cristo Jesús, quien nos liberó del castigo de nuestros pecados (Ro. 3:21-24, NTV).

Todos los cristianos bíblicos coinciden en que al menos una de las funciones de las leyes del Antiguo Testamento fue señalar la bancarrota moral humana y encaminar al pecador hacia Cristo (Gá. 3:23-25). Pero ¿qué pasa con las exigencias morales en el Nuevo Testamento? Si bien es cierto que los escritores del Nuevo Testamento esperaban que los seguidores de Jesús mostraran un comportamiento realmente transformado debido a la morada del Espíritu (1 Co. 6:9-11; 1 Jn. 2:4), también es cierto que los seguidores de Jesús siguen siendo personas que "[cometen] muchos errores" (Stg. 3:2, NTV). Un cristiano

---

8. Lutero escribe: "Tengo que escuchar y obedecer el evangelio, que me enseña no lo que debo hacer (porque esa es la función propia de la ley), sino lo que Jesucristo el Hijo de Dios ha hecho por mí: a saber, que él sufrió y murió para librarme del pecado y de la muerte" (Martín Lutero, *A Commentary on St. Paul's Epistle to the Galatians* [London: James Clarke, 1953], 101).

que dice que él no tiene pecado es un mentiroso (1 Jn. 1:8-10). Sin duda, en el período del nuevo pacto, hay un nuevo poder disponible que capacita al pueblo del Señor para que refleje su carácter. Sin embargo, estamos imperfectamente transformados, lo que nos lleva a confiar en la justicia de Cristo y anhelar su regreso y la transformación prometida de nuestros cuerpos (1 Jn. 3:2). Solo en el estado final, al estar eternamente cambiados en la presencia de Jesús, quedaremos totalmente libres de pecado.

Historia de la salvación

"Historia de la salvación" es la traducción usual al español del término alemán *Heilsgeschichte* (literalmente, en alemán, la "historia sagrada"), un término popularizado por Oscar Cullmann (1902-1999). *Historia de la salvación* es una expresión utilizada para resumir toda la revelación bíblica que culminó en el acontecimiento salvífico central de la vida, muerte y resurrección de Cristo. Es decir, la Biblia es el testimonio de la intervención de Dios en la historia para salvar un pueblo para hacerlo suyo. Si bien esta afirmación es obviamente cierta, la categorización de toda la Biblia como "historia de la salvación" (o "historia de la redención") es tan amplia que es cuestionable su utilidad a la hora de explicar cómo encajan juntas las piezas de la Biblia. Aún así, puede ser beneficioso preguntar: "¿De qué manera nos habla este pasaje de la revelación salvadora y progresiva de Dios a los seres humanos rebeldes?". O, "¿De qué manera encaja este pasaje en el plan de salvación de Dios: es anticipatorio, culminante, o mira en retrospectiva a la intervención culminante de Dios en Cristo"? (vea He. 1:1-3).

Dispensacionalismo

El dispensacionalismo es otro método para explicar la unidad de la Biblia. Se caracteriza por una clara distinción entre los planes de Dios para el Israel étnico y el plan de Dios para la iglesia. Además, los dispensacionalistas tienen la tendencia admitida de leer la Biblia, especialmente las profecías, como literal siempre que sea posible. Los planteamientos figurativos o simbólicos de la profecía del Antiguo Testamento, especialmente los que se refieren a Israel, son vistos con gran sospecha.[9]

Existe una gran diversidad entre los dispensacionalistas, pero el dispensacionalismo tradicional, que se hizo popular por las notas de la Biblia de

9. Charles C. Ryrie, un erudito dispensacionalista prominente, escribe: "La esencia del dispensacionalismo es (1) el reconocimiento de una distinción consistente entre Israel y la iglesia, (2) un uso sistemático y regular de un principio de interpretación literal, y (3) una concepción básica y primaria del propósito de Dios como su propia gloria en lugar de la salvación de la humanidad" (*Dispensationalism*, ed. rev. [Chicago: Moody Press, 1995], 45).

Scofield, divide la historia bíblica en siete arreglos humanos o dispensaciones establecidos por Dios. La mayoría de las dispensaciones consisten en una autorrevelación divina, el fracaso humano y el juicio resultante. Las siete dispensaciones que se enseñan tradicionalmente son:

1. La dispensación de la inocencia (Gn. 1:3—3:6, de la creación a la caída).

2. La dispensación de la conciencia (Gn. 3:7—8:14, de la caída al diluvio).

3. La dispensación del gobierno civil (Gn. 8:15—11:9, del pacto del arco iris con Noé hasta la torre de Babel).

4. La dispensación del gobierno patriarcal (Gn. 11:10—Éx. 18:27, de Abraham al Éxodo).

5. La dispensación de la ley de Moisés (Éx. 19:1—Hch. 1:26, de Moisés a la muerte de Cristo).

6. La dispensación de la gracia (Hch. 2:1—Ap. 19:21, de Pentecostés a la segunda venida de Cristo. El período de la tribulación es el juicio de aquellos que rechazaron a Cristo en esta dispensación).

7. La dispensación del milenio (Ap. 20:1-15, el reinado de Cristo de mil años después de su venida que termina con el juicio ante el gran trono blanco).[10]

Los dispensacionalistas son también muy conocidos por la enseñanza del "arrebatamiento secreto" de la iglesia, promulgada según parece en la década de 1830 por el padre del dispensacionalismo, J. N. Darby (vea la pregunta 36, "¿Qué nos dice la Biblia acerca del futuro?"). Muchos miembros de las iglesias evangélicas en Estados Unidos han adoptado puntos de vista dispensacionalistas, sobre todo en los temas de los últimos tiempos. Esta influencia ha llegado a través de libros como *La agonía del gran planeta Tierra*, de Hal Linsey, y la serie de libros y películas *Dejados atrás,* de Tim LaHaye .

Un movimiento nuevo e influyente llamado dispensacionalismo progresivo ha surgido dentro del evangelicalismo. Al igual que los dispensacionalistas tradicionales, los progresistas mantienen una distinción entre Israel y la Iglesia y la expectativa de un reino milenario literal. Sin embargo, existen diferencias significativas. Los estudiosos dispensacionalistas progresistas

---

10. Esta lista está tomada de Ryrie, *Dispensationalism*, 51-57.

sostienen generalmente menos dispensaciones o períodos históricos de la salvación, permitiendo que los pactos explícitos de las Escrituras (Abrahámico, Davidíco, Nuevo) tengan una mayor influencia hermenéutica. A veces los progresistas son acusados de haber creado una posición mediadora entre el dispensacionalismo tradicional y la teología del pacto. Con la desaprobación de la mayoría de los dispensacionalistas tradicionales, los progresistas también están más dispuestos a reconocer el cumplimiento no literal de algunas profecías del Antiguo Testamento en el Nuevo Testamento, así como la presencia emergente del reinado davídico de Jesús en el era actual.[11]

En resumen

En ocasiones resulta difícil tener presente la "visión general" del mensaje principal de la Biblia cuando se consideran las diversas partes individuales. Lo más importante es recordar que la Biblia es un libro acerca de Jesús. La historia bíblica revela la necesidad de Jesús, la promesa de Jesús, la anticipación de su venida, la encarnación/llegada de Jesús, sus enseñanzas, la crucifixión de Jesús, su resurrección, su ascensión y su regreso prometido. No obstante, más allá de este fundamento cristocéntrico, otras muchas pautas hermenéuticas adicionales pueden resultar útiles para entender la estructura de la Biblia. En particular, hemos defendido el valor de observar las siguientes estructuras bíblicas: (1) promesa—cumplimiento; (2) el reino anticipado—el reino inaugurado—el reino consumado; (3) antiguo pacto—nuevo pacto; (4) la ley y el evangelio; y (5) historia de la salvación.

Preguntas para la reflexión

1. ¿Cuál es el mensaje principal de la Biblia?
2. Al leer las secciones anteriores, ¿reconoció usted algún sistema o marco teológico que le han presentado en el pasado?
3. Alguna de las estructuras organizativas presentadas anteriormente, ¿le ha ayudado a ver con más claridad el panorama general de la Biblia?
4. ¿Cuál de los marcos de interpretación le parece más fiel al lenguaje explícito de las Escrituras?
5. Lea en voz alta el himno de Isaac Watts ("La ley manda y nos hace saber"). Pregúntese: "¿He experimentado yo personalmente la libertad del evangelio de la que se habla aquí?".

---

11. Vea Craig A. Blaising y Darrell L. Bock, *Progressive Dispensationalism* (Wheaton, IL: BridgePoint, 1993).

La ley manda y nos hace saber
todo lo que le debemos a nuestro Dios;
sin embargo, el evangelio nos revela
dónde está nuestra fuerza para hacer su voluntad.
La ley descubre la culpa y el pecado,
y demuestra cuán viles nuestros corazones han sido;
solo el evangelio puede expresar
el amor que perdona y la gracia que purifica.
¡Qué maldiciones denuncia la ley
contra el hombre que falla una vez!
Pero en el evangelio Cristo aparece
perdonando la culpabilidad de muchos años.
Mi alma ya no intenta aprovechar más la
la vida y el consuelo de la ley;
vuela a la esperanza que da el evangelio;
todo aquel que confía en la promesa vivirá.

PREGUNTA **18**

¿Es realmente toda la Biblia acerca de Jesús?

Los cristianos saben que Jesús es el Hijo de Dios y la culminación de la revelación que Dios hizo de sí mismo (He. 1:1-3). En efecto, Jesús descartó cualquier estudio de las Escrituras que, en última instancia, no apuntase a Él (Jn. 5:39). Sin embargo, si se abre una página al azar de la Biblia, especialmente del Antiguo Testamento, a veces puede ser difícil discernir la naturaleza centrada en Cristo de ciertos eventos o estipulaciones. ¿De qué manera es toda la Biblia acerca de Jesús? ¿Qué queremos decir cuando decimos que nuestra interpretación de la Biblia debería ser cristocéntrica?

El Nuevo Testamento

El Nuevo Testamento se llama así porque es un testimonio del cumplimiento de la promesa de Dios de un nuevo pacto (del latín: *testamentum*), instituido y centrado en la persona de Jesús (Jer. 31:31-34; Lc. 22:20). Comparado con el Antiguo Testamento, la naturaleza centrada en Cristo del Nuevo Testamento es bien evidente.

1. *Jesús como el tema de la revelación.* El Nuevo Testamento comienza con los cuatro Evangelios, o biografías teológicas sobre la vida de Jesús. Casi cada frase en los Evangelios nos dice algo que Jesús dijo o hizo, o algo que otros dijeron o hicieron a Jesús. El quinto libro del Nuevo Testamento, los Hechos, informa sobre la acción del Espíritu Santo impulsando a la naciente iglesia hacia el exterior para dar testimonio de Jesús. Dondequiera que los apóstoles y sus convertidos iban, proclamaban la nueva vida y el perdón disponible en Jesús. Hechos es la historia continua de Jesús, ahora exaltado, pero vivo y reinando por medio de su Espíritu y la Palabra revelada en el avance continuo de la Iglesia (Hch. 1:1-8).

2. *Jesús como la fuente de la revelación.* Mientras Jesús estaba presente corporalmente con sus discípulos, dijo explícitamente que enviaría su Espíritu, que les recordaría su enseñanza y les instruiría en otras cosas más (Jn. 14:25-26; 16:13-25). Así que, en el Nuevo Testamento tenemos

tanto el Espíritu que capacita para recordar las palabras y hechos de Jesús (sobre todo en los Evangelios) y la instrucción continua de su iglesia por medio de testigos oculares especialmente designados (sobre todo en la literatura epistolar). No deberíamos leer las epístolas como reflexiones éticas y morales desconectadas de la historia de Jesús. Por el contrario, todos los materiales en el Nuevo Testamento están integral y orgánicamente relacionados con la persona y obra de Cristo. A veces, esta conexión aparece más en la superficie del texto, como cuando, por ejemplo, el apóstol Pablo inicia sus comentarios con sabor cristológico o pneumatológico (p. ej., "Verdad digo en Cristo, no miento, y mi conciencia me da testimonio en el Espíritu Santo" [Ro. 9:1]).

3. *Jesús como el soporte de la subestructura de la revelación.* ¿De qué manera, pues, debemos entender las diversas exhortaciones éticas en el Nuevo Testamento como siendo cristocéntricas? ¿No puede tal parénesis (apoyo moral) ser leída simplemente como las exigencias morales eternas de un Dios santo sin referencia específica a la vida y obra de Jesús? No, no se puede. Jesús, en su persona y obra, proporciona el apuntalamiento (la subestructura teológica) para la respuesta que se espera del pueblo de Dios. Note cómo Pablo comienza la sección de exhortación moral en su carta a los Efesios: "Yo pues, preso en el Señor, os ruego que andéis como es digno de la vocación con que fuisteis llamados" (Ef. 4:1). Los efesios fueron "llamados", o elegidos, por la intervención de la gracia salvadora de Dios en Cristo.[1] Les había sido perdonada una deuda que ellos nunca hubieran podido pagar, y ahora el apóstol inspirado les encarga que vivan vidas transformadas en dependencia consciente de su Salvador (vea Mt. 6:14-15; 18:23-35). Es decir, los cristianos de Éfeso deben vivir de modo digno de su profesión cristiana. Donde hay una desviación de la fe pura en la suficiencia de la muerte expiatoria de Jesús, el resultado inevitable es pleitos en la comunidad y comportamiento inmoral. (Vea la carta de Pablo a los Gálatas, donde los problemas doctrinales y morales deben ser entendidos como

1. L. Coenen escribe: "Para Pablo el llamado es el proceso mediante el cual Dios llama a aquellos, a quien ya ha elegido y nombrado, sacándolos de la esclavitud de este mundo, con el fin de poder justificarlos y santificarlos (Ro. 8:29s.), y llevarlos a su servicio. Eso significa que el llamado es parte de la obra de Dios de reconciliación y paz (1 Co. 7:15)" ("Llamado", "καλέω," en el *NIDNTT*, 1:275). K. L. Schmidt escribe: "Si Dios o Cristo llaman a un hombre, este llamamiento o nombramiento es un *verbum efficax*" ("καλέω," en *TDNT*, 3:489). Note el significado del número 4 de καλέω in BDAG: "elegir para recibir un beneficio o experiencia especial" (503). Cp. Jost Eckert, "καλέω," en *EDNT*, 2:242-243.

interconectados).[2] Demasiados autores y predicadores cristianos caen en el error del moralismo ("¡Haz esto! ¡No hagas eso!") al no conectar las instrucciones éticas en las Escrituras con la obra acabada de Cristo y su subsiguiente capacitación de su pueblo. Un elemento definitorio de nuestra condición caída es que somos pecaminosamente propensos a justificarnos ante Dios (Ro. 10:3-4). Nos gusta llevar la cuenta, siendo especialmente consciente de aquellos a quienes hemos superado en nuestro fachada de justicia (Gá. 1:14).

4. *Jesús como solución y Salvador suficiente de la revelación.* Aquellos que dicen tener relación con Dios en Cristo, pero no demuestran su convicción del pecado o comportamiento justo contradicen su vacía afirmación (Mt. 7:15-27; Stg. 2:14-26; 1 Jn. 2:4). Al mismo tiempo, la Biblia enseña consistentemente que todas las personas, tanto cristianas como no cristianas, suelen fallar en guardar los mandamientos de Dios (Sal. 130:3-4; Ro. 3:9-20; Stg. 3:2; 1 Jn. 1:8-10). Cuando nos enfrentamos a la norma suprema de Dios de la santidad, ya sea en el Antiguo o Nuevo Testamentos, siempre se nos recuerda nuestra indignidad inherente y se apunta a la suficiencia de Cristo. Nuestro pecado es el problema. Jesús es la solución. En este sentido, Martín Lutero tenía razón al hablar de dividir toda las Escrituras en las categorías de "ley" y "evangelio".[3] Cada pasaje de la Biblia es una moneda de dos caras, una que nos muestra nuestra necesidad (ley) y la otra que nos muestra la provisión de Dios en Cristo (evangelio). Cuando estamos frente a una naturaleza pecaminosa que no podemos eliminar, clamamos con el apóstol Pablo: "¡Miserable de mí! ¿quién me librará de este cuerpo de muerte? Gracias doy a Dios, por Jesucristo nuestro Señor" (Ro. 7:24-25).

El diálogo entre Apolión, el repugnante demonio, y Cristiano en *El progreso del peregrino* ilustra esta continua tensión en la vida cristiana.[4]

Apolión: "Tú le has sido infiel ya en su servicio; ¿cómo, pues, esperas recibir de él recompensas?".

2. John M. G. Barclay muestra esta interrelación en su cuidadoso estudio, *Obeying the Truth: Paul's Ethics in Galatians* (Minneapolis: Fortress, 1988).
3. Vea Mark A. Seifrid, "Rightly Dividing the Word of Truth: An Introduction to the Distinction between Law and Gospel", *SBJT* 10, no. 2 (2006): 56-68. Se puede encontrar una versión digital gratuita de este artículo haciendo una búsqueda en Google por el título (disponible en inglés).
4. *El progreso del peregrino* es un libro alegórico lleno de personajes simbólicos que ilustran la vida cristiana. Escrito por John Bunyan (1628-1688), *El progreso del peregrino* se publicó por primera vez en inglés en 1678.

Cristiano: "¿En qué he sido infiel, Apolión?".

Apolión: "Te desmayaste al comenzar tu viaje cuando casi te sofocabas en el Pantano de la Desconfianza. Pretendiste por muchos modos librarte de tu carga, debiendo haber esperado hasta que tu Príncipe te la hubiera quitado. Te dormiste culpablemente y dejaste perder tus cosas de valor. También casi estuviste a punto de retroceder por miedo a los leones. Y cuando hablas de tu viaje, de lo que has visto y oído, verdaderamente tu corazón indica la vanagloria en todo lo que dices y haces".

Cristiano: "Todo es cierto, y mucho más pudieras decir, pero el Príncipe a quien yo sirvo y honro, es misericordioso y pronto en perdonar. Además, estas enfermedades se apoderaron de mí en tu tierra, donde las heredé, y he gemido bajo su peso, pero me he arrepentido de ellas, y he alcanzado perdón de mi Príncipe".[5]

El Antiguo Testamento

La mayoría de los cristianos son conscientes de unas pocas promesas mesiánicas del Antiguo Testamento que apuntan a Jesús. Por lo menos, las iglesias recitan esos versículos cada año en el tiempo de Navidad. Pero, ¿qué pasa con otros muchos textos del Antiguo Testamento que a primera vista parecen lidiar con asuntos no relacionados con Jesús y su obra redentora, cosas como las regulaciones sobre purificaciones del Antiguo Testamento o informes de batallas oscuras y reyes olvidados? ¿Cómo podemos decir legítimamente que todos estos textos señalan a Jesús?

5. *Jesús como el Mesías prometido proposicionalmente.* Una serie de textos en el Antiguo Testamento prometen explícitamente la venida de Jesús de tal manera que esos pasajes solo se aplican a Él. En Isaías 53:3-6, por ejemplo, leemos:

> Despreciado y desechado entre los hombres, varón de dolores, experimentado en quebranto; y como que escondimos de él el rostro, fue menospreciado, y no lo estimamos. Ciertamente llevó él nuestras enfermedades, y sufrió nuestros dolores; y nosotros le tuvimos por azotado, por herido de Dios y abatido. Mas él herido fue por nues-

5. John Bunyan, *El progreso del peregrino* (El Paso, TX: Editorial Mundo Hispano, 1968), 49.

> tras rebeliones, molido por nuestros pecados; el castigo de nuestra paz fue sobre él, y por su llaga fuimos nosotros curados. Todos nosotros nos descarriamos como ovejas, cada cual se apartó por su camino; mas Jehová cargó en él el pecado de todos nosotros.[6]

La mayoría de los cristianos asumen que cualquier cita mesiánica del Antiguo Testamento en el Nuevo Testamento se encuentra en esta categoría. En realidad, la mayoría de las citas mesiánicas que encontramos en el Nuevo Testamento del Antiguo Testamento no son predicciones proposicionales. Mucho más común es la siguiente categoría.

6. *Jesús como el Salvador tipológicamente anticipado.* Muchos autores del Nuevo Testamento citan textos del Antiguo Testamento aplicándolos a Jesús pero que originalmente tenían referencias distintas pero relacionadas. Los autores de la Biblia comparten una visión común de la historia redentora. Es decir, ven a Dios como el Señor providencial de la historia que interviene en formas consistentes y cada vez más culminantes. El punto culminante de la intervención de Dios es la vida, muerte y resurrección del Jesús el Mesías. Por ejemplo, la comprensión que los autores bíblicos tienen de la historia redentora funciona de esta manera: la liberación que Dios hizo sacando a los israelitas de Egipto (Éx. 1—15) anticipaba que los traería de vuelta del exilio asirio (Os. 11:1-12). Por otra parte, si, sobre la base de la promesa inquebrantable de Dios, Él no permitió que Israel, su "Hijo" elegido, pereciera en la esclavitud o el destierro (Éx. 4:22-23), cuánto más, cuando su único Hijo (Jesús) se enfrenta al peligro de la muerte y el exilio, Dios el Padre lo preserva y lo trae de vuelta a la tierra prometida (Mt. 2:13-15). De lo contrario, ¿cómo podría el Hijo cumplir su misión a las ovejas perdidas de Israel (Mt. 10:6; 15:24)? Ver la intencionalidad divina en las intervenciones históricas de Dios en forma cada vez más culminante se llama interpretación tipológica (vea la pregunta 24, "¿Cómo se interpreta la profecía? [Tipología]").

   Si bien hay que permitir que las reflexiones tipológicas explícitas de los autores bíblicos nos guíen, casi todos los textos del Antiguo Testamento pueden ser legítimamente vistos de esta manera. Los sacrificios del Antiguo Testamento les recuerdan a los israelitas el pecado, pero el sacrificio de Jesús acaba con el pecado de una vez para siempre (He. 10:1-10). Las leyes del Antiguo Testamento sobre los alimentos señala-

6. Otros ejemplos incluyen: Salmo 22; 110:1; Isaías 11:1; Jeremías 23:5; Miqueas 5:2.

ban la necesidad de un pueblo separado y puro para Dios, pero Jesús trae el cumplimiento de las normas de pureza mediante la purificación del corazón (Mr. 7:14-23). David fue un gran rey y libertador de Israel, pero Jesús, como Hijo de David, es el verdadero Rey eterno y gran libertador del pecado y de la muerte (Lc. 20:41-44; Hch. 2:22-36). El humilde Moisés condujo al pueblo de Dios como un profeta, pero ahora un profeta como nunca antes habla de lo que Él ha visto y oído directamente del Padre (Jn. 6:46; 8:38; Hch. 3:22; 7:37). Prácticamente cualquiera de las intervenciones y revelaciones de Dios anteriores a Jesús puede ir seguida por las palabras "¡Cuánto más en Jesús…!". Eso es tipología bíblica.[7]

7. *Jesús como la solución y el Salvador*. Como indicamos arriba, debemos ver todas las demandas de las Escrituras como, en última instancia, imposibles de ser cumplidas por seres humanos caídos. Nuestro fracaso constante a la luz de la santidad de Dios nos recuerda nuestra necesidad de un salvador. Pablo reflexiona sobre esta cuestión repetidas veces en sus cartas. Por ejemplo, en Romanos 3:20, el apóstol escribe: "Ya que por las obras de la ley ningún ser humano será justificado delante de él; porque por medio de la ley es el conocimiento del pecado". Del mismo modo, en Gálatas 3:23-24, Pablo escribe: "Pero antes que viniese la fe, estábamos confinados bajo la ley, encerrados para aquella fe que iba a ser revelada. De manera que la ley ha sido nuestro ayo, para llevarnos a Cristo, a fin de que fuésemos justificados por la fe".

En resumen

Si creemos a Jesús y los autores del Nuevo Testamento, la Biblia realmente trata *por completo* sobre Jesús. Es algo que vemos con bastante claridad en el Nuevo Testamento con Jesús como tema, fuente y subestructura que respalda

7. Pascal escribe: "Cada autor tiene un sentido en el que se ponen de acuerdo todos los pasajes contradictorios, o él no tiene sentido en absoluto. No podemos afirmar lo último de las Escrituras y de los profetas, que sin duda están llenos de buen sentido. Debemos, pues, buscar un significado que reconcilia todas las discrepancias. El verdadero significado, entonces, no es el de los judíos, sino que en Jesucristo todas las contradicciones se reconcilian. Los judíos no podían conciliar el cese de la realeza y el principado, anunciado por Oseas, con la profecía de Jacob. Si tomamos la ley, los sacrificios y el reino como realidades, no podemos conciliar todos los pasajes. Deben, entonces, ser necesariamente solo tipos. No podemos ni siquiera reconciliar el pasaje del mismo autor, ni del mismo libro, ni a veces del mismo capítulo, lo que indica copiosamente cuál era el significado del autor. Al igual que cuando Ezequiel, cap. 20, dice que el hombre no vivirá por los mandamientos de Dios y vivirá por ellos" (*Pensées*, fragmento 684, en *Grandes libros del mundo occidental: Pascal*, ed. Mortimer J. Adler, 2ª ed. [Chicago: Encyclopedia Britannica, 1990], 30:299). Dentro del volumen, *Pensées* fue traducido por W. F. Trotter.

la revelación. Con demasiada frecuencia, los intérpretes cristianos desconectan de manera errónea la exhortación ética o las cuestiones doctrinales de la persona y obra de Cristo. Del mismo modo, el Antiguo Testamento es un libro que nos prepara para la llegada de Jesús y señala a Él. En el Antiguo Testamento, Jesús es tanto el Mesías prometido como el Salvador anticipado tipológicamente. A lo largo de toda la Biblia, cada texto puede verse como la presentación de una exigencia de Dios (ley) o de una promesa/don de Dios (evangelio). En última instancia, cada exigencia de las Escrituras nos muestra nuestra necesidad desesperada ante un Dios completamente santo, y señala por tanto de nuevo a Jesús como el Salvador suficiente y la solución a nuestro problema de pecado.

Preguntas para la reflexión

1. ¿Tiene usted un enfoque cristocéntrico para la lectura de las Escrituras? Es decir, cuando usted lee la Biblia, ¿espera que cada texto le lleve a saborear con mayor profundidad la obra salvadora de Cristo en la cruz?
2. Si es usted un predicador, ¿tienden sus mensajes a ser más moralistas ("¡Haz esto!", "¡No hagas eso!") o más cristocéntricos ("¡Cristo ya lo hizo todo!")?
3. ¿Qué puede usted hacer para evitar una lectura moralista de las Escrituras?
4. ¿Cómo convencería usted a una persona recelosa de que la persona de Cristo es realmente el tema central unificador de las Escrituras?
5. ¿Le ha ayudado este estudio a ver a Cristo como el eje unificador en torno al cual gira la rueda de la Biblia? Si es así, ¿cómo?

PREGUNTA **19**

¿Tienen todos los mandamientos de la Biblia aplicación para hoy?

"¿Por qué insisten en que el comportamiento homosexual es malo cuando la Biblia también manda que la gente no use ropa tejida con dos clases diferentes de hilos (Lv. 19:19)? Usted escoge su moralidad de la Biblia según le interesa". Tales acusaciones contra los cristianos no son infrecuentes hoy en día. ¿Cómo podemos, en efecto, determinar qué mandamientos bíblicos son eternos en la aplicación? ¿Tenemos una base bíblica para obedecer algunos mandatos de las Escrituras y dejar de lado otros?

Mandatos vinculados al pacto

Al examinar esta cuestión importante, en primer lugar hay que distinguir entre los mandamientos relacionados con el antiguo pacto que han sido reemplazados en Cristo y los que todavía tienen que ser vividos día a día por el pueblo de Dios. Aunque quizá parezca demasiado simplificado, puede ser útil pensar en los mandamientos de Dios en el Antiguo Testamento como divididos en categorías: civil (social), ceremonial (religiosa) y moral (ética). Esas leyes que se relacionan con los derechos civiles y ceremoniales (p. ej., leyes sobre los alimentos, los sacrificios, la circuncisión, las ciudades de refugio, etc.) encuentran su cumplimiento en Cristo, y ya no se aplican. La idea de que no se espera que los cristianos obedezcan los mandatos civiles y ceremoniales del Antiguo Testamento se encuentra en todo el Nuevo Testamento. Por ejemplo, en Marcos 7, leemos:

> Y llamando a sí a toda la multitud, les dijo: Oídme todos, y entended: Nada hay fuera del hombre que entre en él, que le pueda contaminar; pero lo que sale de él, eso es lo que contamina al hombre. Si alguno tiene oídos para oír, oiga. Cuando se alejó de la multitud y entró en casa, le preguntaron sus discípulos sobre la parábola. Él les dijo: ¿También vosotros estáis así sin entendimiento? ¿No entendéis que todo lo de fuera que entra en el hombre, no le puede contaminar, porque no entra en su corazón, sino en el vientre, y sale a la letrina? *Esto decía, haciendo limpios todos los alimentos.* Pero decía, que lo que del hombre sale, eso contamina al hombre. Porque de dentro, del corazón de los

hombres, salen los malos pensamientos, los adulterios, las fornicaciones, los homicidios, los hurtos, las avaricias, las maldades, el engaño, la lascivia, la envidia, la maledicencia, la soberbia, la insensatez. Todas estas maldades de dentro salen, y contaminan al hombre (Mr. 7:14-23).

Del mismo modo, en el libro de los Hechos, leemos:

Y se reunieron los apóstoles y los ancianos para conocer de este asunto. Y después de mucha discusión, Pedro se levantó y les dijo: Varones hermanos, vosotros sabéis cómo ya hace algún tiempo que Dios escogió que los gentiles oyesen por mi boca la palabra del evangelio y creyesen. Y Dios, que conoce los corazones, les dio testimonio, dándoles el Espíritu Santo lo mismo que a nosotros; y ninguna diferencia hizo entre nosotros y ellos, purificando por la fe sus corazones. *Ahora, pues, ¿por qué tentáis a Dios, poniendo sobre la cerviz de los discípulos un yugo que ni nuestros padres ni nosotros hemos podido llevar?* Antes creemos que por la gracia del Señor Jesús seremos salvos, de igual modo que ellos (Hch. 15:6-11).[1]

No solo las leyes civiles y ceremoniales, sino también las demandas morales eternas de Dios encuentran su cumplimiento en Cristo. Sin embargo, estos mandamientos morales continúan encontrando su expresión a través de las vidas fortalecidas por el Espíritu en el cuerpo de Cristo, la iglesia (Ro. 3:31).

Algunos especulan en cuanto a las razones de algunos de los mandatos más inusuales en el Antiguo Testamento. ¿Por qué tocar el cadáver de alguien que ha muerto le deja inmundo a usted por siete días (Nm. 19:11-13)? ¿Por qué estaba prohibido comer bagre (Lv. 11:9-10)? A veces se ofrecen razones pseudocientíficas, como por ejemplo en los libros que animan a la gente a comer como los antiguos israelitas.[2] En otros lugares, los pastores o comentaristas hablan con elocuencia sobre el significado simbólico de los distintos mandatos. Es cierto que hay algunas instrucciones cargadas de simbolismo divino; la levadura, por ejemplo, parece tener repetidas connotaciones negativas en la Biblia (Éx. 12:8-20; 23:18; Lv. 10:12; Lc. 12:1; 1 Co. 5:6-8; Gá. 5:9).[3] Más allá de las pocas indicaciones explícitas, sin embargo, el significado simbólico sugerido por las regulaciones del Antiguo Testamento se convierte rápidamente en fantasioso. Cualquiera que

1. Como una adaptación misionera (para no ofender a judíos), los primeros cristianos renunciaron a algunos alimentos permitidos (Hch. 15:20; 1 Co. 8-10).
2. Por ejemplo, Jordan Rubin, *La dieta del Creador: Una experiencia saludable de 40 días que cambiará su vida para siempre* (Lake Mary, FL: Casa Creación, 2004).
3. La levadura puede referirse al orgullo, la hipocresía, la falsa enseñanza, etc. Pero note que en Lucas 13:21 simboliza una influencia positiva y penetrante.

sea la razón de los distintos mandatos (francamente, algunos de los cuales *son* desconcertantes), es claro que una de sus principales funciones es mantener al pueblo de Dios como un grupo separado, distintivo, no contaminado por las culturas paganas que lo rodeaban (Éx. 19: 6; Esd. 9:1; 10:11). Además, algunos de los mandatos bíblicos sugieren que las naciones vecinas participaban en prácticas exactamente prohibidas por Dios, con connotaciones al parecer de paganismo religioso (Lv. 19:26-28). Dios preservó a los israelitas como su pueblo elegido, por medio del cual Él reveló su plan de salvación y finalmente trajo el Salvador en el cumplimiento del tiempo (Gá. 4:4).

Muchas supuestas inconsistencias de la moral cristiana (p. ej., la acusación de que los cristianos escogen su moralidad de la Biblia según les interesa) se explican por la comprensión de la naturaleza provisional y preparatoria de las leyes civiles y ceremoniales de la época del antiguo pacto. El paralelismo no es exacto, pero imagine lo tonto que sería que alguien lanzara la acusación: "Millones de personas en todos los Estados Unidos desprecian la Constitución. No creen en ella ni la obedecen. Su Decimoctava Enmienda establece claramente:

> Queda prohibida la fabricación, venta o transporte de licores embriagantes dentro de los Estados Unidos, así como la importación o exportación de los mismos desde los Estados Unidos y en todos los territorios sometidos a su jurisdicción para efectos de bebidas.[4]

A lo que responderíamos: "Sí, esa enmienda fue una vez la ley de este país, pero fue reemplazada por la Enmienda XXI, que comienza diciendo: 'El artículo dieciocho de la enmienda a la Constitución de los Estados Unidos queda derogada por la presente'".[5]

La Biblia no es un libro de políticas, con cada página dándonos instrucciones igualmente intemporales. Sí, "Toda palabra de Dios es limpia" (Pr. 30:5). Sin embargo, la Biblia es más como una narrativa de varios volúmenes, en la que los capítulos posteriores aclaran el sentido último y, a veces, el carácter temporal de regulaciones y eventos anteriores (p. ej., Mt. 19:8). Los mandatos del Antiguo Testamento que se repiten en el Nuevo Testamento (p. ej., los mandatos morales, tales como la prohibición de la homosexualidad [Lv. 18:22; 1 Co. 6:9]) o no derogados explícitamente (como son las leyes civiles y ceremoniales [Mr. 7:19; He. 10:1-10]) tienen un significado perdurable en la expresión del pueblo de Dios guiado por el Espíritu.

4. La Decimoctava Enmienda fue ratificada el 16 de enero de 1919.
5. La Vigésimo primera Enmienda fue ratificada el 5 de diciembre 1933.

Prescriptivo en oposición a descriptivo

Si reflexionamos sobre qué textos bíblicos son aplicables hoy, también es importante considerar si un texto es prescriptivo o descriptivo. Es decir, ¿prescribe un texto (manda) una determinada acción, o describe ese comportamiento? Esta pregunta puede ser compleja, ya que algunos comportamientos se describen en formas loables de modo que esencialmente tienen una función prescriptiva secundaria. Lucas, por ejemplo, nos presenta repetidas veces a Jesús orando (p. ej., Lc. 3:21; 5:15-16; 6:12; 9:18-22, 29; 10:17-21; 11:1; 22:39-46; 23:34, 46). Tales pasajes descriptivos complementan exhortaciones más explícitas para orar en el Evangelio de Lucas (Lc. 11:2-13; 18:1-8; 22:40, 46). Por tanto, una buena regla general es que un comportamiento del que se habla en el texto puede ser considerado prescriptivo únicamente cuando hay una enseñanza posterior explícita para apoyarlo.

Otra situación en la que debemos tener en cuenta la naturaleza prescriptiva y descriptiva de los textos es en el bautismo cristiano en el Nuevo Testamento. Algunos cristianos afirman que el bautismo debe administrarse inmediatamente después de la profesión de fe inicial de un converso. En apoyo, citan una serie de textos narrativos en el Nuevo Testamento, que describen el bautismo como sucediendo inmediatamente o muy poco tiempo después que una persona cree (p. ej., Hch. 2:41; 8:12, 38; 9:18; 10:48; 16:15, 33; 18:8). Sin embargo, en ninguna parte del Nuevo Testamento podemos encontrar una prescripción explícita como ésta: “Bautice a la persona inmediatamente después de que haga la profesión de fe”. Está claro que todos los creyentes deben ser bautizados (Mt. 28:19; Ro. 6:3-4; 1 Co. 1:13-16), pero no se indica explícitamente el momento exacto de ese bautismo en relación con la conversión.

En una reflexión más profunda sobre el momento del bautismo, debemos tener en cuenta que las conversiones de muchos de los primeros creyentes en Hechos tuvieron lugar dentro de familias o grupos que estaban impregnados de las Escrituras del Antiguo Testamento. Sí, la naciente iglesia se apresuró a obedecer el mandato de Jesús de bautizar a los discípulos, pero el trasfondo y el escenario de estos primeros creyentes difería considerablemente de los de muchos convertidos hoy. Además, la evidencia de la conversión que acompañó la predicación apostólica de Hechos fue a menudo dramática y/o milagrosa. Puesto que carecemos de un mandato explícito sobre el momento del bautismo, la sabiduría debe ser aplicada en el discernimiento de la realidad de la fe de nuestros conversos. Así llegamos a la conclusión de que el bautismo inmediato podría ser aconsejable o puede que sea necesario un tiempo más de instrucción y observación.

Cultura, tiempo y mandamientos bíblicos

En relación con la cultura y el tiempo, los mandatos *morales* de las Escrituras pueden ser divididos en dos categorías.

1. Mandamientos que pueden ser transferidos de cultura a cultura con poca o ninguna alteración.

2. Mandamientos que encarnan principios eternos que tienen varias expresiones en diferentes culturas.

Muchos de los mandatos de las Escrituras son de aplicación inmediata en otras culturas con poca o ninguna alteración. Por ejemplo, en Levítico 19:11 leemos: "No robarás". Mientras que las culturas pueden tener diferentes interpretaciones de la propiedad privada y los bienes públicos, todos los humanos están igualmente obligados por este mandato supracultural claro. Está mal robar la propiedad privada de los demás.

Otros mandatos de las Escrituras, aunque de aplicación inmediata en las diferentes culturas, tienen implicaciones más amplias en función de la cultura en la que se expresan. Por ejemplo, en Efesios 5:18, leemos: "No os embriaguéis con vino". Este mandato se aplica de una manera intemporal en todas las culturas. Siempre es malo emborracharse con vino en cualquier momento y en cualquier cultura. Sin embargo, en una aplicación más detallada, el estudiante de la Biblia también debe preguntar qué otras sustancias puede ofrecer una cultura que tienen un efecto similar al vino (p. ej., emborracharse con vodka, drogarse con marihuana, etc.). En la búsqueda de tales implicaciones en nuevas culturas, el mandato inicial, mientras que inmediatamente comprensible, tiene una aplicación más amplia. Una forma de desarrollar aplicaciones es destilar el *principio* del mandato original, por ejemplo: "No introduzca una sustancia extraña en su cuerpo al punto de que le lleve a perder el control de sus funciones corporales normales o inhibiciones morales". Entonces, uno puede hablar sobre qué sustancias en las diferentes culturas presentarían ese peligro y, por tanto, debe prohibirse el consumo humano de las mismas en la medida en que causen ese efecto perjudicial.[6]

La estrecha similitud entre la borrachera por cerveza, vodka o vino es relativamente transparente para la mayoría de los lectores. Pero ¿qué pasa con un mandato con más barniz cultural? En 1 Corintios 11:5, por ejemplo, Pablo escribe: "Pero toda mujer que ora o profetiza con la cabeza descubierta, afrenta su cabeza; porque lo mismo es que si se hubiese rapado".

---

6. Stein usa Efesios 5:18 para ilustrar las implicaciones (Robert H. Stein, *A Basic Guide to Interpreting the Bible: Playing by the Rules*, 2ª ed. [Grand Rapids: Baker Academic, 2011], 33-34).

¿Deben, entonces, las mujeres de hoy cubrir siempre su cabeza cuando oran en público? Una vez más, es importante preguntar cuál es el *propósito* detrás del mandato original de Pablo. ¿Era específicamente la colocación de una pieza de tela sobre la cabeza de una mujer lo que le preocupaba? ¿No era más bien la sumisión de la mujer a su marido lo que ella expresaba al cubrirse la cabeza en la cultura a la que Pablo escribió (vea 1 Co. 11:1-16)?[7] Si es así, podemos preguntar: "Si una mujer cubre su cabeza en nuestra cultura, ¿expresa eso sometimiento a su marido?". Claramente, no es así. ¿Qué comportamientos, pues, comunican la sumisión de la mujer a su marido? Dos ejemplos del sureste de los Estados Unidos son que una mujer lleve puesto un anillo de boda en su dedo anular izquierdo y que adopte el apellido de su marido. El hecho de que una mujer mantenga su apellido de soltera quizá no exprese una independencia no bíblica en algunas culturas (p. ej., China), pero dentro de los círculos donde yo crecí, una mujer que mantenía su apellido después del matrimonio mostraba un rechazo implícito de los papeles bíblicamente definidos de género. También reconozco que, incluso en del sureste de Estados Unidos, esta expresión cultural podría cambiar. Es posible que llegue un día en que una mujer sureña que conserve o ponga un guión a su apellido al casarse no transmita un rechazo a la enseñanza bíblica sobre los roles de género.

Por último, debemos notar que hay algunos mandatos no morales que no son aplicables fuera de su contexto original. Estos son mandatos del autor destinados a que el destinatario los cumpla una sola vez y no se ven como paradigmáticos de ninguna manera. La lista de esos mandatos es muy pequeña. Un ejemplo sería 2 Timoteo 4:13, donde Pablo le pide a Timoteo: "Trae, cuando vengas, el capote que dejé en Troas en casa de Carpo, y los libros, mayormente los pergaminos". Suponemos que ese mandato fue obedecido por Timoteo, y no tiene mayor aplicación en cualquier otra cultura o tiempo.

A continuación aportamos una lista de directrices para ayudar a determinar de qué manera un mandato bíblico puede encontrar diversas expresiones en otros entornos.

1. Reformule el mandato bíblico en términos teológicos más abstractos. ¿Es el precepto una aplicación culturalmente específica de un principio teológico subyacente? ¿O son inseparables el mandato y la aplicación cultural?

7. Vea Benjamin L. Merkle, "Paul's Argument from Creation in 1 Corinthians 11:8-9 and 1 Timothy 2:13-14: An Apparent Inconsistency Answered", *JETS* 49, no. 3 (2006): 527-548.

2. Una aplicación *literal* del mandato, ¿llevaría a cabo hoy en día el objetivo propuesto de la declaración original del autor bíblico (suponiendo que usted puede determinar el objetivo del mandato del autor bíblico)?

3. ¿Hay detalles en el texto que le llevarían a la conclusión de que las instrucciones son solo para un lugar o tiempo determinado?

4. ¿Hay detalles en el texto que le llevarían a la conclusión de que las instrucciones tienen una aplicación supracultural (es decir, el mandato se aplica sin cambios en diferentes culturas)?

5. Sus conclusiones sobre el pasaje discutido, ¿son coherentes con otras declaraciones del autor y el contexto canónico más amplio?

6. ¿Hay un cambio histórico de la salvación (antiguo pacto → nuevo pacto) que explicaría una aparente contradicción con otras instrucciones bíblicas?

7. Tenga cuidado con un corazón engañoso humano que utiliza los principios hermenéuticos para racionalizar la desobediencia a las Escrituras. Los principios interpretativos, como un cuchillo afilado, pueden ser utilizados tanto para bien como para mal.

En resumen

La mayoría de los cristianos no intentan obedecer todos los mandamientos de la Biblia (p. ej., el de no vestir ropa hecha de dos tipos de tela, Lv. 19:19). Por extraño que pueda sonar, existen buenas razones bíblicas para dejar de lado algunos mandatos bíblicos. Como participantes del nuevo pacto, los cristianos deben distinguir entre los mandamientos morales con autoridad permanente y las leyes civiles y ceremoniales del antiguo pacto que hallan su cumplimiento en Cristo (Mr. 7:14-23; Hch. 15:6-11). Si bien se cumplen en Cristo, los mandamientos morales atemporales, tanto del Antiguo Testamento como del Nuevo, se expresan de forma constante a través de la vida del cuerpo de Cristo, la Iglesia, dirigida por el Espíritu.

Al interpretar la Biblia, también es importante tener presente la diferencia entre textos prescriptivos y los que son descriptivos. En las Escrituras se describen muchas cosas que no se ordenan de un modo específico. Finalmente, al procurar aplicar los mandatos que nos llegan con un "barniz cultural", es importante determinar los principios teológicos subyacentes y sus aplicaciones en nuestra cultura hoy. Las directrices para determinar en qué grado puede estar culturalmente condicionado un mandamiento se enumeran más arriba.

Preguntas para la reflexión

1. ¿Le han acusado alguna vez de escoger su moralidad de la Biblia según le interesaba? ¿Cómo respondió?
2. ¿Se siente seguro al explicar por qué los cristianos no tienen que obedecer las leyes dietéticas o de sacrificios del Antiguo Testamento? Trate de explicarlo brevemente. Asegúrese de citar las Escrituras para apoyar sus afirmaciones.
3. Lea Jueces 11. ¿Es el comportamiento de Jefté prescriptivo o descriptivo? ¿Cómo lo sabe?
4. En Romanos 16:16, Pablo escribe: "Saludaos los unos a los otros con ósculo [beso] santo". ¿De qué manera es este mandato aplicable hoy? Explique su respuesta.
5. ¿Hay algún mandamiento en las Escrituras acerca del cual tenga preguntas o dudas interpretativas?

PREGUNTA **20**

¿Por qué no pueden ponerse de acuerdo las personas en lo que la Biblia quiere decir?

La diversidad de interpretaciones bíblicas pueden tentar a un cristiano a la resignación cínica: "¡Si todos estos eruditos de la Biblia ni siquiera se ponen de acuerdo en (*llene el espacio*), entonces, ¿qué me hace pensar que yo puedo entenderlo?". Los fieles cristianos no están de acuerdo sobre lo que la Biblia enseña sobre temas tales como el bautismo, el divorcio y la predestinación, pero esa falta de unanimidad no debe llevar a la desesperación hermenéutica. La Biblia misma nos provee de conocimiento para hacer frente a las divergencias de interpretación que inevitablemente encontraremos.

Cabe esperar que los no cristianos malentiendan o tergiversen la Biblia

Muchas veces, los llamados eruditos bíblicos que aparecen en la televisión o son citados en los medios de comunicación son en realidad personas no cristianas antagónicas a la ortodoxia cristiana. El apóstol Pablo nos advierte que esas personas han sido entregadas a mentes depravadas y engañosas como castigo por su continuo rechazo de la verdad (Ro. 1:18-32; 2 Ts. 2:11-12). Por lo tanto, las malas interpretaciones de la Biblia y las tergiversaciones de Cristo por parte de los que no creen no deben extrañarnos. Tampoco debería sorprendernos que el mundo aplauda opiniones que lo confirman en su rebelión (1 Jn. 4:5).

Los estudiosos no cristianos suelen comenzar con la suposición de que Dios no interviene milagrosamente en el mundo. No es de extrañar, pues, que terminen negando sucesos sobrenaturales tales como el nacimiento virginal. Es deshonesto, sin embargo, no admitir que la propia presuposición inicial ("los milagros no suceden") es esencialmente la misma que la propia conclusión ("ese milagro no ocurrió"). Una pregunta reveladora que puede hacer al escéptico es: "¿Qué pruebas le convencerían de que la Biblia está hablando aquí de un evento real?".

Al describir el período comprendido entre su primera y su segunda venida, Jesús advirtió: "Y muchos falsos profetas se levantarán, y engañarán a muchos" (Mt. 24:11). Esos falsos profetas aparecen a menudo vestidos con ropa de religiosidad. Jesús advirtió: "Guardaos de los falsos profetas, que vienen a vosotros con vestidos de ovejas, pero por dentro son lobos rapaces" (Mt. 7:15). Pablo usó un lenguaje similar para advertir a los ancianos de Éfeso:

> Por tanto, mirad por vosotros, y por todo el rebaño en que el Espíritu Santo os ha puesto por obispos, para apacentar la iglesia del Señor, la cual él ganó por su propia sangre. Porque yo sé que después de mi partida entrarán en medio de vosotros lobos rapaces, que no perdonarán al rebaño. Y de vosotros mismos se levantarán hombres que hablen cosas perversas para arrastrar tras sí a los discípulos. Por tanto, velad, acordándoos que por tres años, de noche y de día, no he cesado de amonestar con lágrimas a cada uno (Hch. 20:28-31).

¿Tienen alguna vez los que no son cristianos ideas precisas sobre el significado de la Biblia? Por supuesto que sí. En su gracia común, Dios ha dado mentes racionales tanto a los creyentes redimidos como a los no redimidos. En un nivel fundamental, sin embargo, la mente no creyente queda velada al evangelio y es incapaz de percibir o superar sus juicios distorsionados sobre asuntos espirituales (2 Co. 4:3).

Se exagera la cantidad de desacuerdo que hay entre creyentes genuinos

Al considerar interpretaciones bíblicas debatidas, debemos estar seguros de que estamos considerando casos reales de desacuerdo y no vagas nociones de incongruencia. ¿Sobre qué temas interpretativos están los cristianos en desacuerdo? ¿Cuáles son las diferentes posiciones? ¿Quién apoya cada posición, y cuáles son sus argumentos?

Si usted está preocupado por un texto o tema en particular, puede ser útil escribir las respuestas a las preguntas arriba indicadas. Es probable que se descubra que en realidad hay un alto grado de acuerdo entre las personas que se someten a la autoridad de las Escrituras. Este es un punto importante. Si encuentra a alguien argumentando: "Sí, la Biblia dice eso, pero... [y va seguido de alguna razón que sugiere que se debe pasar por alto la enseñanza de la Biblia]", entonces reconozca esa opinión interpretativa por lo que realmente es: desobediencia a y distorsión de la Palabra de Dios. Al mismo tiempo, no debemos acusar a otros cristianos de negar la fe o menoscabar la autoridad bíblica por desacuerdos en cuestiones secundarias. De hecho, siempre debemos permanecer abiertos a ser persuadidos por las Escrituras para cambiar nuestros puntos de vista. De lo contrario, la Palabra revelada de Dios, la Biblia, ya no es nuestra autoridad.

Consideremos brevemente cómo se podría abordar el debatido tema del divorcio. Una lista parcial de anotaciones podría incluir:

Los cristianos están de acuerdo: El divorcio es malo. A Dios no le gusta el divorcio (Mal. 2:16; Mr. 10:2-9).

Los cristianos están en desacuerdo: ¿Hay alguna vez razones válidas para el divorcio (esto es, abandono, adulterio, etc.)? Piense en Mateo 5:32; 19:9; y 1 Corintios 7:15.

Los cristianos están de acuerdo: Dios perdona a las personas divorciadas arrepentidas (1 Jn. 1:9).

Los cristianos están en desacuerdo: ¿Pueden ser líderes de iglesia las personas divorciadas? ¿Puede la persona divorciada volver a casarse y, si es así, bajo qué circunstancias? Piense en Deuteronomio 24:1-4; Mateo 1:19; 19:3-9; y 1 Timoteo 3:2, etc.

Obviamente, un estudio a fondo del divorcio va más allá del alcance de este libro, pero en un estudio así deben ser considerados cuidadosamente numerosos textos pertinentes.[1]

Es también importante reconocer que ninguno de nosotros ha llegado a la meta final. Todos estamos en un viaje hermenéutico (vea la pregunta 12, "¿Cómo puedo mejorar como intérprete de la Biblia?"). No obstante, si usted se somete a la autoridad de las Escrituras encontrará que sus puntos de vista y comportamiento cambian a medida que descubre lo que Dios ha revelado sobre varios asuntos.[2]

Dios no reveló todos los asuntos con la misma claridad

Una doctrina tradicionalmente aceptada en la teología cristiana protestante es la perspicuidad (claridad) de las Escrituras. Sin embargo, afirmar simplemente que la Biblia es clara es ser menos que claro. De hecho, como se señaló anteriormente, la Biblia no es clara para los no creyentes, los cuales están cegados por su pecado. Además, la obra sobrenatural del Espíritu Santo es necesaria para darle una mayor claridad al pueblo de Dios a medida que estudian su Palabra (vea la pregunta 16, "¿Cuál es el papel del Espíritu Santo

---

1. Vea, por ejemplo, Craig S. Keener, *And Marries Another: Divorce and Remarriage in the Teaching of the New Testament* (Peabody, MA: Hendrickson, 1991).
2. Por ejemplo, vea William A. Heth, "Jesus on Divorce: How My Mind Has Changed", *SBJT* 6, no. 1 (2002): 4-29.

en la determinación del significado?"). Wayne Grudem tiene razón al definir la doctrina de la claridad como corresponde: "La claridad de la Biblia quiere decir que la Biblia está escrita de tal manera que se pueden entender sus enseñanzas, pero la comprensión correcta requiere tiempo, esfuerzo, el uso de medios ordinarios, la voluntad de obedecer y la ayuda del Espíritu Santo; y nuestra comprensión seguirá siendo imperfecta en esta vida".[3]

No obstante, parece que pueden ser necesarias otras matizaciones de la definición. De hecho, algunos textos de la Biblia indican que Dios no tenía la intención de que todas las cosas fueran claras. Por ejemplo, en Romanos 14:5, Pablo permite que el desacuerdo cristiano continúe sobre si algunos días tienen un significado especial para la adoración cristiana. Pablo no dice: "¿No sabéis? Las Escrituras son claras al respecto. Todo el mundo debería…". Más bien, Pablo dice: "Cada uno esté plenamente convencido en su propia mente" (Ro. 14:5). Así pues, parece que el que haya un continuo desacuerdo en *algunas cuestiones secundarias* no es una indicación de fallar en someterse a las Escrituras o una evidencia de falta de habilidad interpretativa. Por alguna razón, Dios no tenía la intención de hacer que todas las cosas fueran claras.

Dios tampoco tuvo la intención de hacer que todos los asuntos fueran fáciles. El apóstol Pedro escribe:

> Y tened entendido que la paciencia de nuestro Señor es para salvación; como también nuestro amado hermano Pablo, según la sabiduría que le ha sido dada, os ha escrito, casi en todas sus epístolas, hablando en ellas de estas cosas; entre las cuales hay algunas difíciles de entender, las cuales los indoctos e inconstantes tuercen, como también las otras Escrituras, para su propia perdición (2 P. 3:15-16).

Tomamos nota de que las cartas de Pablo, así como otras partes de las Escrituras, contienen algunas cosas que son "difíciles de entender", aunque no imposibles de comprender. Algunos textos son retadores y cuando son manejados mal (por falsos maestros) llevan a las personas a la herejía y la condenación. Cabe señalar que uno nunca puede culpar a Dios por no entender la Biblia. Así como nadie tiene excusa cuando no ve la gloria de Dios revelada en la creación (Ro. 1:20), de igual manera los intérpretes no tienen excusa cuando distorsionan la revelación especial que Dios hace de sí mismo en las Escrituras (Mt. 22:29). En *The Bondage of the Will* [La esclavitud de la

3. Wayne Grudem, *Systematic Theology: An Introduction to Biblical Doctrine,* 2ª ed. (Grand Rapids: Zondervan Academic, 2020), 109. Vea también Mark D. Thompson, *A Clear and Present Word: The Clarity of Scripture,* New Studies in Biblical Theology 21 (Downers Grove, IL: InterVarsity Press, 2006).

voluntad] Lutero critica severamente a Erasmo por sugerir que las Escrituras no eran claras, cuando en realidad habría que culparle a Erasmo por su mente pecaminosa y vacilante.[4] La Biblia promete que los verdaderos creyentes tienen la garantía de Dios de que, cualesquiera que sean sus debilidades innatas o retos interpretativos, el Espíritu Santo, en última instancia, los protegerá de negar la fe (Fil. 1:6; 1 P. 1:5; 1 Jn. 2:20-27). Tales promesas no deben llevarnos a la arrogancia, sino a la humildad.

Aunque la revelación de Dios es suficiente para nosotros (nos da todo lo que necesitamos), no es exhaustiva. Moisés dice: "*Las cosas secretas pertenecen a Jehová nuestro Dios;* mas las reveladas son para nosotros y para nuestros hijos para siempre, para que cumplamos todas las palabras de esta ley" (Dt. 29:29). Del mismo modo, hablando en tercera persona, Pablo describe una experiencia reveladora que tuvo: "Conozco a un hombre… que fue arrebatado al paraíso, donde oyó palabras inefables, que no le es dado al hombre expresar" (2 Co. 12:3-4). Está claro que Dios no habló sobre cada tema en las Escrituras. En la sabiduría divina, la Biblia proporciona paradigmas suficientemente claros para las implicaciones éticas y teológicas que necesitamos en nuestro día. No se nos prometió entendimiento de los misterios de la obra de Dios. "Ahora vemos por espejo, oscuramente", pero un día veremos a Cristo cara a cara (1 Co. 13:12).

Creo que es apropiado incluir aquí unas pocas advertencias últimas sobre textos bíblicos difíciles de entender. (1) A veces es aconsejable reservarse el juicio sobre las cuestiones o textos debatidos. Me acuerdo de un prominente pastor que me dijo que suspendió su serie de predicaciones expositivas sobre Apocalipsis en el capítulo 11 hasta que tuviera más confianza en su comprensión del resto del libro. (2) También es aceptable tener un dictamen provisional sobre las cuestiones debatidas. Un intérprete sincero podría decir: "Estoy convencido en un 70 por ciento de esta opinión". Dependiendo de la situación, también puede ser adecuado educar a sus oyentes acerca de los puntos fuertes y débiles de otras posibles propuestas. Sin embargo, en un sermón tradicional es generalmente mejor entregar el fruto de su estudio en vez de reclutar obreros que recojan detrás de usted en el campo de la exégesis. (3) Si usted es el único

---

4. Lutero escribe: "Dé, pues, un paso al frente, y todos los sofistas con usted, y citen un solo misterio que todavía está oscuro en las Escrituras. Sé que para muchas personas hay mucho que sigue todavía oscuro, pero eso se debe, no a una falta de claridad en las Escrituras, sino a su propia ceguera y torpeza, ya que no hacen ningún esfuerzo para ver la verdad, que en sí misma no puede ser más clara… Son como los hombres que cubren sus ojos, o van de la luz a la oscuridad, y se esconden allí, y luego culpan al sol, o la oscuridad del día, por su incapacidad de ver. ¡Que los hombres miserables renuncien a su perversidad blasfema de culpar a las Escrituras claras de Dios por la oscuridad de sus propios corazones!" (Martin Luther, *The Bondage of the Will*, trads. J. I. Packer y O. R. Johnston [Westwood, NJ: Fleming H. Revell, 1957], 72).

defensor de una interpretación, es casi seguro que está equivocado. Las interpretaciones extrañas e idiosincrásicas deben ser reconocidos por lo que son.

Los intérpretes tienen diferentes niveles de conocimiento y habilidad

Si bien es cierto que algunos argumentos técnicos relacionados con los textos griegos y hebreos de la Biblia solo pueden ser manejados por los expertos lingüísticos, llama la atención que la Biblia no considera mucho o ignora las características que uno normalmente podría enumerar como requisitos previos para la interpretación especializada. A los apóstoles se les describe como teológicamente no educados según el nivel cultural de su época (Hch. 4:13). Normalmente no elegimos a un pescador como el líder de un nuevo movimiento religioso (Mt. 16:18). De hecho, la exaltación de la inteligencia humana es vista como una barrera para la comprensión de la revelación de Dios. El apóstol Pablo escribe:

> Nadie se engañe a sí mismo; si alguno entre vosotros se cree sabio en este siglo, hágase ignorante, para que llegue a ser sabio. Porque la sabiduría de este mundo es insensatez para con Dios; pues escrito está: Él prende a los sabios en la astucia de ellos. Y otra vez: El Señor conoce los pensamientos de los sabios, que son vanos (1 Co. 3:18-20).

Del mismo modo, Jesús ora: "Te alabo, Padre, Señor del cielo y de la tierra, porque escondiste estas cosas de los sabios y de los entendidos, y las revelaste a los niños. Sí, Padre, porque así te agradó" (Mt. 11:25-26).

Entonces, ¿qué hace a una persona verdaderamente sabia a los ojos de Dios? En el Salmo 119, David nos dice que el sabio tiene un conocimiento profundo y una respuesta obediente a la Palabra de Dios. Dirigiéndose a Dios, el salmista escribe:

> Me has hecho más sabio que mis enemigos con tus mandamientos, porque siempre están conmigo. Más que todos mis enseñadores he entendido, porque tus testimonios son mi meditación. Más que los viejos he entendido, porque he guardado tus mandamientos (Sal. 119:98-100).

Deberíamos también señalar que es posible tener un conocimiento inmenso, pero carecer de la respuesta obediente que describe el salmista. En tales casos, el conocimiento está vacío y muerto, como un cuerpo sin espíritu (Mt. 7:15-20; Stg. 2:14-26; 1 Jn. 2:4). Sin amor y buenas obras, un maestro experto también podría ser como metal que resuena o címbalo que retiñe (1 Co. 13:1-3).

Aunque algunos miembros de iglesia están dotados con mensajes oportunos de Dios o con la capacidad de enseñar su Palabra (1 Co. 12:8; Ro. 12:7), el cristianismo no tiene una élite intelectual sacerdotal. Dios ha hecho que su Palabra sea accesible a su pueblo para que ellos pudieran, mediante el poder de su Espíritu, creerla, obedecerla, y enseñarla a otros (Dt. 6:6-7; Mt. 28:20).

Los intérpretes tienen diferentes niveles de iluminación espiritual y diligencia

Independientemente de sus dones naturales, todos los cristianos tienen asegurada la presencia sobrenatural del Espíritu Santo, que les enseñará y protegerá del error (1 Jn. 2:20-27; cp. Jn. 16:13). Al mismo tiempo, los creyentes están llamados a ser responsables y se les exhorta a ser diligentes. Pablo escribió a Timoteo: "Procura con diligencia presentarte a Dios aprobado, como obrero que no tiene de qué avergonzarse, que usa bien la palabra de verdad" (2 Ti. 2:15).

Dios nos llama a acercarnos a su Palabra con oración, meditación, arrepentimiento, fe y obediencia (Sal. 119). El Espíritu Santo obra en nosotros para corregir nuestras inclinaciones pecaminosas y nos da claridad de observación y juicio (vea la pregunta 16, "¿Cuál es el papel del Espíritu Santo en la determinación del significado?"). Sin embargo, si nos acercamos a las Escrituras al azar o con desobediencia, no podemos esperar que el Espíritu Santo nos ayude. Si persistimos en vivir en pecado, estamos entristeciendo al Espíritu Santo en vez de abrir nuestros oídos para escucharle y seguirle (Ef. 4:30; 1 P. 3:7).

Martín Lutero habló de la necesidad de acercarnos a las Escrituras con una actitud de reverencia y meditación.

> Y ten cuidado de no cansarte ni de pensar que has hecho lo suficiente cuando has leído, escuchado y hablado [las palabras de las Escrituras] una o dos veces, y que ya tienes un completo entendimiento. No vas a ser un teólogo muy bueno si haces eso, porque serás como una fruta prematura que cae al suelo antes de que esté medio madura.[5]

Sin embargo, cuando usted habla de un texto bíblico, nunca debe apelar a su propia preparación espiritual como base para determinar que es correcta su propia interpretación (por ejemplo, "¡Oré sobre este texto durante tres horas,

---

5. Martín Lutero, "Prefacio a la edición Wittenberg de los escritos de Lutero en alemán" (1539), en *Martin Luther's Basic Theological Writings*, ed. Timothy F. Lull, 2ª ed. (Minneapolis: Fortress, 2005), 66.

así que yo sé que tengo razón!"). Tampoco debe acusar a sus oponentes de error cuando percibe supuestas deficiencias espirituales. Los argumentos y las apelaciones siempre deben hacerse con un dedo sobre el texto, señalando a la evidencia que está disponible para todos. Apolos puede servirnos como modelo: "Porque con gran vehemencia refutaba públicamente a los judíos, *demostrando por las Escrituras* que Jesús era el Cristo" (Hch. 18:28).

Los intérpretes tienen diversos prejuicios

Todos los intérpretes se acercan al texto con prejuicios, tanto percibidos como no percibidos. Las familias en las que fuimos criados, nuestro crecimiento en una iglesia (o falta de ella), nuestra educación, nuestro trabajo, nuestras experiencias de la vida, todo eso influye en nuestra manera de pensar. Podemos orar con el salmista: "¿Quién podrá entender sus propios errores? Líbrame de los que me son ocultos" (Sal. 19:12). Pero hasta que estemos en la presencia de Cristo, vamos a tener que lidiar con el pecado que mora en nosotros y con sus concomitantes distorsiones mentales y espirituales (Gá. 5:17).

Yo nací de padres bautistas, crecí en una iglesia bautista, estudié en un seminario bautista, y ahora enseño en un seminario bautista. Estoy firmemente convencido de que la Biblia enseña el bautismo de creyentes por inmersión, pero yo no soy tan ingenuo como para pensar que mi educación y trabajo no han influido en mi juicio. Hipotéticamente hablando, ¿qué haría falta para que yo quedara convencido del bautismo infantil? El costo de adoptar esa posición (la renuncia al seminario donde enseño y la iglesia que pastoreo) probablemente tenga una fuerte influencia inconsciente sobre mí. Lo mismo podría decirse de los pastores y profesores que defienden el bautismo infantil pues tendrían que dimitir de sus cargos para pasar a instituciones que creen en el bautismo por inmersión de los creyentes.

En resumen

Hasta que Cristo regrese, viviremos en un mundo en el que las personas no estarán de acuerdo sobre el significado de la Biblia. En este entorno es importante recordar que muchos supuestos "expertos" que hablan o escriben públicamente sobre la Biblia no son, en realidad, cristianos y cabe esperar que malentiendan y distorsionen la verdad (Mt. 7:15; Ro. 1:28-32; 2 Ts. 2:11-12). Asimismo, la cantidad de desacuerdo *entre los creyentes genuinos* se exagera con facilidad. Además, la Biblia aclara que Dios no pretendía revelar todos los asuntos con la misma claridad (Ro. 14:5; 2 P. 3:15-16).

Si bien los intérpretes poseen diversos niveles de destreza y conocimiento, la inteligencia mundana no hace un interprete dotado. Sin embargo, un conocimiento profundo y una obediencia sincera a la Palabra de Dios nos hacen verdaderamente sabios (Sal. 119:98-100). Finalmente, observamos que el Espíritu Santo guarda al pueblo de Dios del error y le ayuda a comprender y aplicar su Palabra (1 Jn. 2:20-27). No obstante, esta ayuda divina prometida no exime al cristiano de la responsabilidad de ser diligente (2 Ti. 2:15).

Preguntas para la reflexión

1. ¿Ha tenido dificultades para formarse una opinión sobre un texto bíblico en particular o un tema teológico? ¿Cuál es el siguiente paso que debe tomar para lidiar con ese asunto?
2. ¿Quién es el experto religioso más reciente que ha oído citado en las noticias? ¿Podría usted decir si era cristiano?
3. ¿Puede recordar un problema de interpretación en el que ha cambiado de opinión? ¿Qué le convenció para cambiar?
4. Como indicamos más arriba, Wayne Grudem define la claridad de las Escrituras de siguiente manera: "La claridad de la Biblia quiere decir que la Biblia está escrita de tal manera que se pueden entender sus enseñanzas, pero la comprensión correcta requiere tiempo, esfuerzo, el uso de medios ordinarios, la voluntad de obedecer y la ayuda del Espíritu Santo; y nuestra comprensión seguirá siendo imperfecta en esta vida".[6] Basándose en las consideraciones anteriores y en sus propias reflexiones, ¿añadiría usted alguna otra matización?
5. ¿Hay algún tema sobre el que le habría gustado que el Señor hubiera hecho algún comentario adicional en las Escrituras?

6. Grudem, *Systematic Theology*, 109.

TERCERA PARTE

Acercamiento a textos específicos

Sección A: Géneros compartidos (Preguntas que se aplican igualmente al Antiguo y Nuevo Testamentos)

PREGUNTA 21

¿Cómo se identifica un género literario, y por qué es importante?

Al escoger un nuevo texto, el lector suele identificar con rapidez el género. Es decir, el lector decidirá (consciente o inconscientemente, con razón o sin ella) si el texto hay que entenderlo como ficción o no ficción, como poesía o escrito científico, etc. La determinación exacta del género de una obra es esencial para su correcta interpretación.

Definición de "género"

Según el diccionario Larousse, el género es "una categoría literaria o artística que agrupa obras semejantes en estructura, intención, índole del asunto tratado y otras características...".[1] En este libro, por supuesto, nos ocuparemos principalmente de los géneros *literarios* y, más específicamente, de los géneros literarios de la Biblia.

Al elegir expresar sus ideas a través de un género literario particular, el autor se somete a una serie de supuestos comunes asociados con ese género. Por ejemplo, si yo empiezo un relato diciendo "Érase una vez", de inmediato indico a mis lectores que voy a contar un cuento de hadas. Esa historia probablemente tendrá criaturas fantásticas (p. ej., dragones, unicornios), un reto para superar, y un final feliz. Los lectores esperan que el relato se dirija a los niños, con el propósito principal de entretenimiento, pero tal vez también para instrucción moral.

Muchas veces a lo largo del día, tomamos decisiones sobre cómo entender una composición literaria basada en nuestra evaluación inconsciente de su género. Por ejemplo, si recibo un sobre en el correo que dice: "¡SEÑOR PLUMER (observe la falta de ortografía), PUEDE QUE USTED HAYA GANADO DIEZ MILLONES DE DÓLARES!", me doy cuenta de que tengo en mis manos algún tipo de anuncio que no tiene ningún interés en darme diez millones de dólares, sino que quiere que yo compre algo. Del mismo modo, si recibo una carta de aspecto oficial de la "Compañía de Agua de Louisville" que tiene escrito con letras rojas "Aviso final por demora en el pago", yo entiendo que tengo en la mano una información importante, de hecho relacionado con una deuda pendiente. Y cuando me dirijo a casa, me

1. Larousse. *Gran diccionario usual de la lengua española*, edición de 2011.

doy cuenta de que la señal de tráfico que dice "Límite de velocidad 35" no está ahí simplemente para decorar la carretera o para ofrecer una sugerencia, sino que es, en realidad, un aviso legal que hay que cumplir por obligación.

Identifiquemos el género de los escritos bíblicos

En la vida diaria nos familiarizamos con los géneros que encontramos. Al principio, la carta de anuncio descrita más arriba podría haberme emocionado con la posibilidad de ganar diez millones de dólares, pero después de varios años de no ganar nada, llegamos a reconocer el verdadero género de dichos materiales. Del mismo modo, los niños pueden tener dificultades para distinguir entre el género de las noticias de la noche, una película de ciencia-ficción y un documental. Un adulto instruido, sin embargo, debe ser capaz no solo de reconocer una película como un documental, sino también de identificar algunos de los prejuicios y objetivos de sus productores.

Algunos libros de la Biblia están escritos en géneros que nos son familiares, pero otros resultan extraños para el lector moderno. E incluso los géneros familiares pueden incluir a veces supuestos que el lector moderno no espera. Una manera de identificar el género de un libro de la Biblia es leerlo y observar detalles literarios importantes y comentarios del autor que le indican al lector cómo debe ser entendido. Por ejemplo, el género más común en la Biblia es la narración histórica, que representa más del 50 por ciento de su contenido. El género bíblico de la narración histórica es similar a la información de hechos históricos que hoy leemos en un periódico o libro de historia. No obstante, hay algunas diferencias. (1) Los relatos históricos bíblicos están a menudo salpicados de subgéneros desconocidos, como genealogías (Mt. 1:1-17), cantos (Éx. 15:1-18), proverbios (Mt. 26:52), profecías (Mr. 13:3-37), o pactos (Jos. 24:1-28). (2) Los relatos históricos bíblicos, generalmente, no se preocupan con algunos de los mismos detalles que a los lectores modernos tal vez les gustaría abordar (p. ej., la identificación cronológica estricta o secuencia, los detalles biográficos de toda la vida de una persona, etc.). (3) Los relatos históricos bíblicos, aunque exactos, nunca pretenden ser objetivos. Los autores bíblicos tienen un propósito al escribir: convencer a los lectores del mensaje de la revelación de Dios y la necesidad de responder a Dios en arrepentimiento, fe y obediencia (p. ej., Jn. 20:30-31). Vea la pregunta 22, "¿Cómo se interpreta la narrativa histórica?", para obtener más ayuda en la interpretación de la narrativa histórica bíblica.

Una manera de identificar y aprender sobre el género de los libros bíblicos es consultar una Biblia de estudio, un comentario, o alguna otra obra de referencia teológica. Vea los recursos recomendados en la pregunta 13, "¿Qué libros o herramientas útiles hay disponibles para la interpretación bíblica?".

La segunda mitad de este libro también le será útil, ya que proporciona una breve introducción a los diversos géneros bíblicos y los supuestos específicos y advertencias que debemos tener en cuenta al acercarnos a ellos.

Vea el cuadro 12 para una lista de los géneros literarios que se encuentran con frecuencia en la Biblia y una selección de libros o pasajes así clasificados.

CUADRO 12: GÉNEROS LITERARIOS EN LA BIBLIA	
GÉNEROS	**EJEMPLOS DE TEXTOS**
Narrativa histórica	Génesis, Marcos
Genealogía	1 Crónicas 1-9; Mateo 1:1-17
Exageración/Hipérbole	Mateo 5:29-30; 23:24
Profecía	Isaías; Malaquías
Poesía	Joel; Amós (también profecía)
Pacto	Génesis 17:1-4; Josué 24:1-8
Proverbios/Literatura sapiencial	Proverbios, Job
Salmos y Cantos	Éxodo 15:1-18; Salmos
Cartas	1 Corintios, 2 Pedro
Apocalipsis	Daniel, Apocalipsis

Pasos en falso interpretativos

Varios peligros interpretativos acechan en el campo minado del género. Los tres más importantes a tener en cuenta son los siguientes.

1. *Entender equivocadamente el género de una obra puede dar lugar a una interpretación errónea.* Jueces 11:39 nos dice que Jefté cumplió el juramento que hizo al Señor de sacrificar a su hija. El género de la narrativa histórica, a la que pertenece Jueces, no nos dice por sí mismo si los hechos informados son buenos o malos. Son necesarias otras indicaciones del autor para que el lector sepa cómo el escritor inspirado evaluó el suceso o la persona de la que habla. Como se desprende de las repetidas espirales descendentes del pecado en Jueces (3:7—16:31), junto con las desesperadas declaraciones que hace el autor en resumen (17:6; 18:1; 19:1; 21:25), la acción de Jefté no debe

ser alabada ni imitada.[2] La suposición de que el comportamiento de los principales personajes de la narrativa histórica siempre debe imitarse podría dar lugar a una aplicación horrible en este caso.

2. *Etiquetar incorrectamente un género bíblico puede ser una forma solapada de negar la veracidad del texto.* No es raro encontrarse con destacados expertos religiosos en los medios de comunicación que nos aseguran que grandes porciones de la Biblia deben ser entendidas como un mito más que como narrativa histórica.[3] Es decir, los textos no deben ser entendidos como comunicación de información histórica real, sino como descripciones de imágenes mitológicas para inspirarnos o retarnos. Tal afirmación, sin embargo, niega claros indicios del autor en sentido contrario (p. ej., Lc. 1:1-4), así como también evidencia extrabíblica que confirma la historicidad del contenido bíblico.[4] En cuanto a los que etiquetaron a los Evangelios como mitos en su día, el reconocido autor y crítico literario C. S. Lewis comentó:

> En primer lugar, aun cuando estos teólogos tengan grandes conocimientos bíblicos, no confío en su capacidad crítica. En mi opinión, carecen de criterio literario y no perciben las características esenciales de los textos. Mi observación puede parecer curiosa ya que ellos han dedicado su vida a esos libros; pero tal vez ahí reside precisamente el problema. Si un hombre ha estudiado con detenimiento el Nuevo Testamento y los comentarios de otras personas sobre sus textos durante la juventud y la edad adulta, pero en su experiencia literaria carece de pautas de comparación, que solo pueden adquirirse mediante un conocimiento amplio, profundo y brillante de la literatura en general, es probable que no perciba

---

2. Tenga en cuenta los seis ciclos principales relacionados con los jueces: Otoniel, Aod, Débora, Gedeón, Jefté y Sansón. Una nota en *The New Oxford Annotated Bible* dice: "Con cada juez principal, el ciclo se aclara. A su vez, este desenlace mejora la comunicación del deterioro moral que tiene lugar durante todo el período de los jueces. De hecho, en el momento de Sansón, el ciclo ha casi desaparecido. El ciclo de Sansón sirve como el clímax literario y el punto moral más bajo de la sección de 'ciclos'" (*The New Oxford Annotated Bible*, ed. Michael D. Coogan, 3ª ed. [Nueva York: Oxford University Press, 2001], 354 [sección sobre la Biblia hebrea])
3. Por ejemplo, John Dominic Crossan, *El Jesús histórico: La vida de un campesino judío del Mediterráneo* (Buenos Aires: Emecé, 1994); y John Shelby Spong, *Resurrection: Myth or Reality? A Bishop's Search for the Origins of Christianity* (Nueva York: HarperCollins, 1994).
4. Vea Walter C. Kaiser Jr., *The Old Testament Documents: Are They Reliable and Relevant?* (Downers Grove, IL: InterVarsity Press, 2001); F. F. Bruce, *The New Testament Documents: Are They Reliable*, 6ª ed. (Downers Grove, IL: InterVarsity Press; Grand Rapids: Eerdmans, 1981); y Peter J. Williams, *Can We Trust the Gospels?* (Wheaton, IL: Crossway, 2018)..

> los rasgos más evidentes de esos textos. Si atribuye a ciertos pasajes de un Evangelio el carácter de una leyenda o de un romance, es preciso saber en qué medida conoce esos géneros y es capaz de detectarlos por sus cualidades. Y no tiene importancia la cantidad de años que haya dedicado a estudiar ese Evangelio.[5]

Del mismo modo, no es raro encontrar estudiosos que afirman que Jonás es una historia ficticia. De hecho, un anciano colega (ahora jubilado) me confió una vez que él mencionó en su clase que pensaba que Jonás era ficticio. "Después", me dijo el profesor, "se acercó un estudiante a mí y me dijo: 'Doctor _________, probablemente no debería decir eso públicamente. Nos gusta usted y queremos que continúe enseñando aquí'".[6]

La intuición del estudiante era correcta, pues el libro de Jonás no solo informa de personas y lugares sin ningún tipo de artificio de ficción, sino que también Jesús se refiere a Jonás como una figura histórica que estuvo literal e históricamente dentro del vientre de un gran pez (Mt. 12: 40-41).

3. *Los principios para la interpretación de los géneros pueden ser utilizados incorrectamente para excusarse de las exigencias de las Escrituras.* Kierkegaard comentó con ironía: "La erudición cristiana es un invento prodigioso de la raza humana para defenderse del Nuevo Testamento, para asegurarse de que podemos seguir siendo cristianos sin dejar que el Nuevo Testamento se acerque demasiado".[7] Esta verdad, cínicamente expresada, puede resultar muy cierta en cuanto a la aplicación académica de los diversos principios de interpretación relacionados con género. Por ejemplo, al examinar Mateo 5:42 ("Al que te pida, dale; y al que quiera tomar de ti prestado, no se lo rehúses"), el intérprete puede decir con razón que la enseñanza de Jesús aquí está clasificada como una exageración. Él puede seguir, pues, señalando correctamente que uno no está obligado a dar un arma a una persona suicida. Sin embargo, comprendiendo los matices implícitos en la exageración vamos por mal camino si no escuchamos el llamamiento radical en Mateo 5:42 para dejar de lado los bienes terrenales. Uno puede puntualizar y explicar el texto de manera que las conciencias quedan embotadas en desobediencia feliz. Como comentó Pascal: "Los hombres nunca hacen el mal tan completa

5. C. S. Lewis, El perdón y otros ensayos cristianos (Barcelona: Editorial Andrés Bello, 1999), 109-110.
6. La escuela había pasado recientemente por cambios importantes, y la mayoría de los estudiantes eran más conservadores que los profesores veteranos.
7. Søren Kierkegaard, *Søren Kierkegaard's Journals and Papers*, ed. y trad. Howard V. Hong y Edna H. Hong (Bloomington: Indiana University Press, 1975), 3:270.

y alegremente como cuando lo hacen por convicción religiosa".[8] Los intérpretes de hoy necesitan temer el juicio de Dios si tratan de explicar el texto a la manera en que lo hicieron los oponentes de Jesús (Mr. 7:13).

En resumen

El género de una obra es la forma literaria específica adoptada por el autor. Al elegir un género particular, el autor transmite de forma implícita ciertos supuestos sobre cómo debe entenderse el texto. Algunos géneros bíblicos se reconocen de inmediato (p. ej., narrativa histórica), pero incluso estos suelen compartir supuestos que difieren de obras modernas del mismo género. La segunda mitad de este libro y otros recursos mencionados más arriba pueden ayudar al lector moderno a comprender la importancia de los diversos géneros bíblicos.

Se advirtió también sobre tres pasos interpretativos erróneos: (1) Entender equivocadamente el género de una obra puede dar lugar a una interpretación distorsionada. (2) Etiquetar incorrectamente un género bíblico puede ser una forma solapada de negar la veracidad del texto. (3) Los principios para la interpretación de los géneros pueden ser utilizados incorrectamente para excusarse de las exigencias de las Escrituras.

Preguntas para la reflexión

1. Haga una lista de los diferentes géneros literarios que encuentra en un día normal. ¿Cuáles son algunas de las suposiciones que usted hace inconscientemente sobre esos géneros?
2. Eche un vistazo a la página de contenido en la parte delantera de la Biblia. ¿Puede identificar los géneros literarios que contienen los distintos libros?
3. De los diferentes géneros literarios incluidos en la Biblia (si es necesario, vea el cuadro más arriba), ¿cuál, en su opinión, es el más desconocido para los lectores modernos?
4. ¿Ha escuchado alguna vez un sermón o lección de la Biblia que estaba equivocado porque el intérprete malentendió el género de un pasaje bíblico?
5. ¿Puede pensar en un ejemplo en el que los principios interpretativos fueron usados como una excusa para hacer caso omiso de la clara enseñanza de las Escrituras?

---

8. Pascal, *Pensées*, fragmento 895 en *Great Books of the Western World: Pascal*, ed. Mortimer J. Adler, 2ª ed. (Chicago: Encyclopedia Britannica, 1990), 30:347. Dentro de este volumen, *Pensées* fue traducido por W. F. Trotter.

PREGUNTA **22**

¿Cómo se interpreta la narrativa histórica?

Las narraciones históricas comunican hechos reales en forma de relato. Un ejemplo moderno sería el libro *Inquebrantable: Una historia de supervivencia, fortaleza y redención durante la Segunda Guerra Mundial* (2014), en el que Laura Hillenbrand narra la cautivadora historia del teniente Louis Zamperini. Las narraciones históricas se pueden contar por el solo interés del propio narrador (p. ej., para registrar los recuerdos) o para una audiencia general a fin de enseñar, entretener, convencer, etc. En realidad, todos los relatos históricos incluyen alguna mezcla de motivos por parte del narrador.

Una gran parte del Antiguo y Nuevo Testamentos (más de la mitad) es narrativa histórica. En el Antiguo Testamento, por ejemplo, encontramos extensas narraciones históricas en Génesis, Éxodo, Números, Josué, Jueces, Rut, 1 y 2 Samuel, 1 y 2 Reyes, 1 y 2 Crónicas, Esdras, Nehemías y Ester. En el Nuevo Testamento, tenemos los Evangelios (Mateo, Marcos, Lucas y Juan) y Hechos. La obra en dos volúmenes de Lucas-Hechos representa por sí sola una cuarta parte del Nuevo Testamento. Vale la pena señalar que la narrativa histórica no suele ser un género puro, ya que se encuentra a menudo mezclada con otros géneros, como genealogías (Mt. 1:1-17), cantos (Éx. 15:1-18), proverbios (Mt. 26:52), profecías (Mr. 13:3-37), cartas (Hch. 23:25-30), o pactos (Jos. 24:1-28).

La naturaleza, finalidad y eficacia de las narrativas bíblicas

A veces, el verdadero valor de la narración bíblica queda disminuido al etiquetarlo como "mitológico" o "tendencioso". Para un análisis más general de la fiabilidad de las Escrituras, vea la pregunta 4, "¿Contiene la Biblia errores?", pero algunos comentarios también son oportunos aquí. Así como los escritores modernos dan pistas a sus lectores sobre sus propias actitudes hacia la veracidad de su información, los escritores antiguos hicieron lo mismo. Es obvio por la mención de fechas y personas, así como por el estilo de la escritura en general, que los autores bíblicos creían que estaban presentando información histórica fidedigna y veraz. Al igual que con cualquier relato, no sería oportuno presionar a los autores a ser más específicos de lo que ellos pretendían. Así, por ejemplo, cuando Marcos utiliza introducciones cronológicas a sus historias, suelen ser poco definidas (p. ej., "Aconteció que al pasar él por los sembrados un día de reposo" [Mr. 2:23]). Un estudio de su obra muestra rápidamente que Marcos no tiene la intención de dar un relato cronológico estricto del ministerio de Jesús.[1]

Si bien los relatos bíblicos registran muchos hechos (p. ej., los lugares donde los israelitas vagaron por el desierto o los nombres de los discípulos de Jesús), el propósito de la narración es llevar al lector al conocimiento de Dios en Cristo. Los escritores de los relatos bíblicos quieren que los lectores imiten la actitud de los personajes de la historia de honrar y amar a Dios. El propósito de todas las Escrituras, incluidos los relatos históricos, es hacer sabia a la gente, lo que lleva al conocimiento salvador por la fe en Cristo, como nos dice Pablo que fue el caso en la vida de Timoteo (2 Ti. 3:15).

Los relatos históricos pueden ser una forma especialmente eficaz de comunicación. Algunos de los oradores más exitosos regularmente salpican sus conversaciones con historias. Las historias son más memorables que otros géneros (p. ej., en comparación con la exhortación epistolar). Los lectores u oyentes se sienten atraídos por el relato e incluso desean entrar en el relato ellos mismos. Hay una fuerte dimensión afectiva (que produce emoción) en la narración que hace que sea muy eficaz en la persuasión. Por otra parte, en el estado actual de la cultura estadounidense, la naturaleza indirecta de una narración es a veces más aceptable para los oyentes espiritualmente hastiados. Además, como padre de niños pequeños, puedo dar fe de que los niños están más dispuestos a escuchar una historia que ilustra la gracia de Dios que una discusión abstracta de las proposiciones o los términos.

Directrices para la interpretación de la narrativa histórica

Los relatos históricos también presentan algunos problemas interpretativos únicos. Los propósitos del escritor bíblico se encuentran generalmente bajo la corriente del texto en lugar de flotar claramente en la superficie. Debido a esto, los intérpretes inexpertos son propensos a errores, lo que les lleva a ellos mismos y a sus oyentes a descarriarse del camino del verdadero

1. Este hecho está confirmado por cómo entendía la naciente iglesia la intención de Marcos. Papías (130 d.C.) escribe: "Y el anciano [¿el apóstol Juan?] solía decir: 'Marcos, habiéndose convertido en el intérprete de Pedro, escribió con exactitud todo lo que recordaba, aunque no en orden, de lo dicho o hecho por Cristo. Porque él ni oyó al Señor ni le siguió, pero después, como dije, siguió a Pedro, que adaptó sus enseñanzas, según era necesario, pero no tenía intención de dar una explicación ordenada de lo dicho por el Señor. En consecuencia, Marcos no hizo nada malo en escribir algunas cosas tal como él las recordaba, pero en todo lo que hizo, su única preocupación fue no omitir nada de lo que oyó ni introducir alguna declaración falsa en ellos'" (*Fragments of Papias* 3.15 en *The Apostolic Fathers: Greek Texts and English Translations*, ed. y trad. Michael W. Holmes, 3ª ed. [Grand Rapids: Baker, 2007], 739-741).

significado del texto. Por ejemplo, muchos detalles de las historias no se presentan como normativos. Es decir, el autor no tiene la intención de presentar a todas las personas o acciones como lecciones morales. Por ejemplo, mi esposa y yo estábamos escuchando una vez algunos mensajes de audio para nuevos padres. El orador exhortaba a los padres a dejar a sus bebés en la cuna (en vez de meterlos en la cama con ellos) porque María puso a Jesús en el pesebre (Lc. 2:7). Por supuesto, la pregunta clave interpretativa es: ¿por qué nos dice Lucas que Jesús fue puesto en un pesebre? ¿Fue para enseñarnos a poner a nuestros hijos en la cuna, o era para hacer hincapié en los orígenes humildes del Salvador? Siempre he querido señalar a aquel orador que abogaba por las cunas que Jesús contó una parábola en la que se describe a los niños de un hombre como estando en la cama con él (Lc. 11:7), lo que era probablemente la forma más normal de dormir de aquel tiempo, de manera que eso era solo un detalle colorido en una historia memorable, no un principio normativo.

Es importante entender que la interpretación de las narraciones no debería ser simplemente una reiteración de los hechos en la narración. Los hechos son incluidos, agrupados y comentados por el autor con el propósito de convencer al lector de alguna verdad. De modo que la búsqueda del intérprete debe ir dirigida a la pregunta de "¿Por qué?". Robert Stein recomienda el siguiente tipo de ejercicio para conseguir el "por qué" de la narración: "Yo, *Marcos*, le he contado esta historia sobre el *endemoniado gadareno* (Mr. 5:1-20) porque...". Las partes en cursiva de esta declaración deben ser reemplazadas, por supuesto, por el autor y el acontecimiento que el intérprete está considerando. El propósito de este ejercicio es evitar que el intérprete simplemente repita la historia. En cambio, debe centrarse en la *intención* de la narración. En el caso del endemoniado, la historia tiene lugar en una larga lista de relatos que demuestran la autoridad de Jesús sobre diferentes elementos: la naturaleza (4:35-41); lo demoniaco (5:1-20); la enfermedad (5:25-34); y la muerte (5:21-24, 35-43). Para Marcos, el relato del endemoniado demuestra una vez más que Jesús es el Hijo de Dios (Mr. 1:1; 15:39) que tiene autoridad absoluta sobre el reino espiritual. Los detalles de cuán fuerte era el hombre endemoniado (Mr. 5:3-5) o cuántos cerdos arrojaron los demonios al mar (Mr. 5:13) no hacen más que resaltar cuán poderoso es aquel que los derrotó.

A continuación encontrará las directrices que ayudan a interpretar la narrativa histórica.[2]

---

2. Estas directrices están adaptadas de Robert H. Stein, *A Basic Guide to Interpreting the Bible: Playing by the Rules,* 2ª ed. (Grand Rapids, MI: Baker Academic, 2011), 87-96.

1. *Contexto.* Si bien el contexto es importante para toda interpretación, lo es especialmente para el género más indirecto de la narrativa histórica. El autor del libro bíblico tenía la intención de que su audiencia leyera todo el relato, por lo que cada sección menor debe ser leída a la luz de la totalidad, y viceversa. En Marcos 1:1, Marcos nos dice que el propósito de su relato es dar a conocer las buenas nuevas de Jesús el Mesías, el Hijo de Dios. Todo el material que sigue debe leerse a la luz de la declaración inicial de Marcos.

2. *Comentarios editoriales.* A veces, el autor hará comentarios editoriales explícitos en cuanto al significado o la importancia de un suceso. Esto es especialmente útil para el lector y no debe pasarlo por alto. En Marcos 7:19, por ejemplo, Marcos señala que los comentarios de Jesús sobre la comida y la pureza deben ser entendidos como declarando "limpios todos los alimentos". Además, Marcos señala que cuando los malos espíritus gritan en la presencia de Jesús con expresiones tales como "Tú eres el Hijo de Dios" (Mr. 3:11-12; cp. Mr. 1:23-24; 5:7), lo que están haciendo es identificar correctamente a Jesús. En el relato del endemoniado del que hablamos antes, este punto es importante porque el hombre endemoniado grita: "¿Qué tienes conmigo, Jesús, Hijo del Dios Altísimo? Te conjuro por Dios que no me atormentes" (Mr. 5:7). En esta declaración se destacan la identidad y la autoridad de Jesús, como Marcos nos ha preparado para "confiar" en ese portavoz demoniaco.[3] Debemos tener cuidado de no caer en interpretaciones demasiado sutiles para las que el autor no ha preparado a sus lectores.

3. *Declaraciones temáticas.* En ocasiones, un autor comienza su obra o una parte de ella con una declaración temática que nos ayuda a entender el resto de la obra. Un ejemplo de esto sería Hechos 1:8: "Pero recibiréis poder, cuando haya venido sobre vosotros el Espíritu Santo, y me seréis testigos en Jerusalén, en toda Judea, en Samaria, y hasta lo último de la tierra". Como vemos, el resto del libro de Hechos le sigue los pasos al Espíritu Santo que impulsa a la Iglesia hacia el exterior para dar testimonio del evangelio de Cristo en espacios geográficos cada vez más amplios (p. ej., Hch. 2:14-42; 8:1-25, 26-40; 10:1-48; 11:19-21; 13:1-3; 28:28-31).

---

3. En sus lecciones en clase, Stein recomienda destacar (p. ej., con un marcador amarillo) todos los comentarios editoriales y declaraciones resumidas que un autor suele hacer dentro de una obra para notar esos patrones repetidos.

4. *Repetición.* Los autores bíblicos no podían permitirse el lujo de escribir usando letras en negrita o gráficos impresionantes. Cuando ellos querían enfatizar algo, utilizaron a menudo la repetición. Como se desprende de las frecuentes declaraciones resumidas de Marcos sobre un asunto, él quería hacer hincapié en las multitudes que se sentían atraídas por Jesús, así como su gran asombro por su doctrina y milagros (p. ej., Mr. 1:27-28, 45; 2:12; 3:7-12; 4:1).

5. *Personajes dignos de confianza.* Ya sea directa o indirectamente, el autor da pistas al lector sobre qué personajes han de ser creídos o imitados. Así, por ejemplo, cuando un ángel de Dios le habla a un personaje, no hay duda de que el ángel está transmitiendo información fiable (p. ej., Mt. 1:20-25). Como señalamos más arriba, incluso los demonios pueden ser considerados dignos de confianza cuando se sienten abrumados por la poderosa presencia de Jesús y, en un reflejo de sumisión espiritual, declaran su verdadera identidad (p. ej., Mr. 5:7).

Una de las formas más útiles para aprender a interpretar la narrativa histórica es escuchar o leer numerosos ejemplos de interpretación juiciosa. El intérprete sabio siempre está buscando el significado del autor del texto y no utiliza detalles extraños para sus propios vuelos de fantasía en sus sermones. Esa habilidad interpretativa cuidadosa es más a menudo percibida que enseñada. Por esta razón, es útil leer comentarios de intérpretes hábiles.[4] Al leer tales comentarios, empezará a absorber el toque artístico y la mente analítica que son esenciales para una interpretación cuidadosa. Al intérprete principiante de narraciones le animamos a buscar un lector más sabio y experimentado que pueda ofrecer una sana crítica y corrección. Tal información solicitada, aunque al principio dolorosa, será a la larga realmente saludable.

En resumen

Las narraciones históricas, que constituyen más de la mitad de la Biblia, son el relato de hechos reales en formato de historias. Este género suele estar salpicado de subgéneros, como las genealogías (Mt. 1:1-17), cánticos (Éx. 15:1-18), proverbios (Mt. 26:52), etc. Los autores bíblicos pretendían que sus narraciones se entendieran como relatos precisos, basados en los hechos, aunque su estilo y su organización difieren a veces de las obras históricas modernas.

---

4. Vea la lista de recursos en la pregunta 13, "¿Qué libros o herramientas útiles hay disponibles para la interpretación bíblica?".

La narrativa histórica, una forma de comunicación especialmente eficaz, no carece de retos interpretativos. De manera más relevante, el significado del autor rara vez aparece "a primera vista" en el texto. El lector debe prestar mucha atención a detalles sutiles como el contexto, los comentarios editoriales, las declaraciones temáticas, la repetición y las afirmaciones de personajes dignos de confianza. El objetivo del interprete no es simplemente reiterar los hechos de la historia, sino determinar por qué el autor ha contado este relato a los lectores. ¿Qué intentaba enseñar o transmitir el autor a los lectores por medio de esta narración? ¿Por qué ha incluido esta historia con estos detalles? Descifrar las sutiles pistas del autor en las narraciones históricas es una aptitud más a menudo percibida que enseñada.

Preguntas para la reflexión

1. ¿Ha oído alguna vez a alguien emplear una historia como una forma especialmente eficaz de comunicación? Si es así, ¿cuándo?
2. ¿Se acuerda de un sermón o lección bíblica en la que el orador/autor interpretase incorrectamente una narración bíblica?
3. ¿Conoce a un intérprete de confianza (p. ej., un amigo con más experiencia) que estaría dispuesto a ofrecerle evaluaciones críticas de sus sermones o lecciones de la Biblia?
4. En el próximo sermón que usted escuche sobre un pasaje narrativo, hágase las siguientes preguntas: ¿Está llegando el orador al significado correcto del texto? Si él no interpretó correctamente el texto, ¿qué principios interpretativos estudiados más arriba le ayudan a entender mejor el texto?
5. Elija un libro narrativo en la Biblia, y subraye todos los comentarios del autor o declaraciones resumidas. Al final, repase bien todas las partes subrayadas. ¿Qué estaba enfatizando el autor?

PREGUNTA **23**

¿Cómo se interpreta la profecía? (Directrices generales)

Para muchas personas, la palabra *profecía* trae a la mente la imagen de un heraldo que con ojos muy abiertos transmite fatalidad, alguien caminando por las calles con un letrero que dice: "¡ARREPENTÍOS! EL MUNDO SE ACABARÁ MAÑANA!". Sin embargo, debemos dejar a un lado nuestros prejuicios y volver a las Escrituras para una verdadera comprensión de la profecía. En efecto, ¿qué es la profecía *bíblica*, y cuáles son algunos de los principios que nos ayudarán a entenderla? En esta pregunta, presentaremos un amplio estudio de la profecía y luego ofreceremos pautas que le ayudarán en la interpretación de la mayoría de las profecías. En la siguiente pregunta, estudiaremos una subsección de la profecía conocida como tipología.

Definamos *profeta* y *profecía*

Las palabras *profeta* y *profecía* tienen una gama de significados dentro de la Biblia. En el nivel más fundamental, un profeta es alguien que es enviado por Dios con una profecía, es decir, un mensaje de parte de Él (Jer. 1:4-10; Mt. 23:34). En la explicación de esos términos, inevitablemente pasaremos del uno al otro al considerar el agente (profeta) y su mensaje divino (profecía).

El uso en el Antiguo Testamento del término *profeta* muestra una gama de significados. Moisés dice: "Ojalá todo el pueblo de Jehová fuese profeta, y que Jehová pusiera su espíritu sobre ellos" (Nm. 11:29). Sin embargo, ese no es claramente el caso. El autor de Hebreos describe a todos los anteriores portavoces divinos y autores inspirados de la época del antiguo pacto como "profetas" (He. 1:1). Parece que existieron "escuelas" o comunidades de profetas (p. ej., 1 R. 18:4, 19; 20:35; 2 R. 2:3-7, 15; 4:1, 38; 5:22; 6:1; 9:1) y que esos grupos fueron conocidos por la música que les acompañaba en su adoración itinerante (1 S. 10:5), por su comportamiento excéntrico (1 R. 20:35-43; 2 R. 9:11; Ez. 4—5), por su valiente proclamación de la verdad al desobediente Israel (1 R. 22:6-28), y la capacidad dada por Dios para predecir el futuro, explicar sueños, o tener acceso a otra información oculta (1 S. 9:19-20; Ez. 8; Dn. 2:27-28). Los profetas denunciaron a Israel y a las naciones a su alrededor por su desobediencia a Dios. Lanzaron amenazas de juicio y promesas de bendiciones. A veces, profecías específicas relacionadas con batallas (Dn. 11), o gobernantes (Is. 45:1), o la venida del Mesías (Mi. 5:2-3) describían eventos con docenas o incluso cientos de años de antelación.

En la era del nuevo pacto (inaugurada por Jesús), todos en el pueblo de Dios son considerados profetas en cierto sentido, pues todos tienen la palabra del Señor en su corazón y la dan a conocer a su vecino (Jl. 2:28-29; He. 8:11; Hch. 2:16-18; cp. Mt. 5:12). No obstante, incluso en esta era de cumplimiento, existe un don singular de profecía que se da solo a algunos en el pueblo de Dios (Ro. 12:6; 1 Co. 12:10, 29; 14:29-32). Esa profecía incluye aparentemente predicciones de acontecimientos futuros y exhortaciones oportunas que demuestran una visión más allá de lo natural (1 Co. 14:25-30; Hch. 2:30; 11:27-28). Tanto a hombres como a mujeres se les describe como teniendo el don espiritual de profecía (Lc. 2:36; Hch. 2:17; 11:27-28; 21:9).

Las profecías son declaraciones inspiradas por el Espíritu. Por eso, vemos que los autores del Antiguo Testamento describen al Espíritu como viniendo sobre las personas o saliendo de ellas cuando su actividad profética es respectivamente activa o dejada (1 S. 10:10-13; 19:20-23; Sal. 51:11). El Nuevo Testamento, por el contrario, hace hincapié en la posesión eterna del Espíritu Santo por parte de los creyentes del nuevo pacto (Jn. 14:16-17; Ro. 8:9). Pero incluso en la era del nuevo pacto, los creyentes pueden, dependiendo de su respuesta a Dios, ser llenos del Espíritu Santo (Hch. 4:31; Ef. 5:18) o entristecer al Espíritu (Ef. 4:30).

Deuteronomio 18:15-22 es un pasaje paradigmático de la profecía bíblica. Moisés nos dice aquí:

> Profeta de en medio de ti, de tus hermanos, como yo, te levantará Jehová tu Dios; a él oiréis; conforme a todo lo que pediste a Jehová tu Dios en Horeb el día de la asamblea, diciendo: No vuelva yo a oír la voz de Jehová mi Dios, ni vea yo más este gran fuego, para que no muera. Y Jehová me dijo: Han hablado bien en lo que han dicho. Profeta les levantaré de en medio de sus hermanos, como tú; y pondré mis palabras en su boca, y él les hablará todo lo que yo le mandare. Mas a cualquiera que no oyere mis palabras que él hablare en mi nombre, yo le pediré cuenta. El profeta que tuviere la presunción de hablar palabra en mi nombre, a quien yo no le haya mandado hablar, o que hablare en nombre de dioses ajenos, el tal profeta morirá. Y si dijeres en tu corazón: ¿Cómo conoceremos la palabra que Jehová no ha hablado?; si el profeta hablare en nombre de Jehová, y no se cumpliere lo que dijo, ni aconteciere, es palabra que Jehová no ha hablado; con presunción la habló el tal profeta; no tengas temor de él.

Si bien este pasaje describe una sucesión de profetas después de Moisés, también debe entenderse como una referencia a Jesús de Nazaret, el Profeta culminante de los profetas, que siendo el Hijo único de Dios pronunció las palabras de Dios (Jn. 3:34; Hch. 3:22-23).

Es significativo que, en Deuteronomio 18:15-22, Moisés también prevé la aparición continua de falsos profetas que tratan de convertir a Israel a otro dios o declarar falsas profecías en nombre del Dios verdadero. La historia posterior de Israel demostró que se cumplió la profecía de Moisés (p. ej., 1 R. 22:6-28; Jer. 23:9-21; Mi. 3:5-12). Del mismo modo, Jesús predijo que antes de su segunda venida aparecerían muchos falsos profetas (Mr. 13:22; Mt. 24:23-24), y el paso de los años ha demostrado que sus palabras son verdad (1 Jn. 4:1). Muchos siguen pretendiendo hablar en nombre de Dios (es decir, ser profetas), cuando en realidad ellos blasfeman contra Dios por medio de las mentiras que declaran acerca de Él.

Directrices para la interpretación de la profecía

Abrir un libro de profecía por un pasaje al azar puede ser confuso. A continuación encontrará algunas pautas que le ayudarán en la correcta interpretación de la profecía.

1. *Investigue el trasfondo del libro, su fecha y autor.* ¿A quién está dirigido el oráculo profético? ¿Hay un tema unificador en el libro? ¿Cuándo fueron proclamadas o escritas las profecías? ¿Quién es el autor y qué sabemos de él? ¿Cómo habrían los oyentes originales entendido las profecías? Para ayudar a responder estas preguntas, consulte una buena Biblia de estudio (p. ej., *La Biblia de estudio NVI*) o una introducción al Antiguo Testamento (*Reseña crítica de una introducción al Antiguo Testamento* de Gleason Archer, o *Introducción al Antiguo Testamento* de Raymond B. Dillard y Tremper Longman III).[1] Por supuesto, a medida que usted estudia el texto bíblico en sí con mayor detalle, deberá ajustar su comprensión original según las demandas del texto. Aunque es muy útil valernos de muchas herramientas excelentes de estudio, siempre debemos recordar que solo el texto bíblico inspirado tiene autoridad divina.

2. *Preste atención al contexto.* Permita que las divisiones de párrafos y secciones de una Biblia moderna le ayuden a orientarse. Las ediciones

1 Para otras sugerencias, vea la lista de recursos en la pregunta 13, "¿Qué libros o herramientas útiles hay disponibles para la interpretación bíblica?".

modernas de la Biblia, por lo general, agregan títulos y subtítulos al texto para que los lectores puedan seguir con mayor facilidad el mensaje del autor según se va desplegando. Cuando se realiza un estudio en profundidad de un pasaje, es recomendable comparar la segmentación que hacen del texto varias traducciones modernas. Si las principales traducciones modernas no están de acuerdo sobre la división del texto, el intérprete mismo debe investigar las razones de la discrepancia y sopesar los asuntos.

3. *Espere lenguaje figurado.* La profecía es el lenguaje del juicio, la angustia, los anhelos y la celebración. Como género emotivo, está lleno de imágenes poéticas y expresiones exageradas. De hecho, muchos libros bíblicos de profecía están escritos usando la métrica poética hebrea. Las Biblias modernas suelen indicar al lector ese hecho mediante la visualización del texto en forma versificada (es decir, dejando mucho espacio en blanco alrededor del texto en lugar de tener bloques de texto en negro, como en otras partes de la Biblia). El uso que el profeta hace de la métrica poética es un indicio más de que deberíamos esperar expresiones y simbolismos que son poéticos y figurados. Si el autor tenía la intención de que su lenguaje se entendiera literalmente, queremos entenderlo literalmente. Si tenía la intención de que sus palabras se entendieran en sentido figurado, nosotros, del mismo modo, queremos entenderlo de esa manera. Al estudiar el texto, buscamos la intención consciente del autor divinamente inspirado. La mayoría de los lectores modernos son propensos a leer todo el lenguaje literalmente. Sin lugar a dudas, es mucho más probable que el idioma hebreo de las Escrituras contenga lenguaje figurativo e hipérboles que el tipo de literatura que los lectores modernos leen con regularidad (p. ej., periódicos, revistas).

4. *Distinga la profecía condicional e incondicional.* Las profecías pueden ser dadas como propósitos inalterables de Dios (Gn. 12:1-3; Gá. 3:15-18), o pueden ser dadas como promesas condicionales o advertencias (Jon. 3:4). Solo declaraciones adicionales en el contexto aclaran si la profecía es incondicional o condicional. Las profecías condicionales no expresan siempre de forma explícita las condiciones implícitas. Sin embargo, una condición profética fundamental, al menos para juicio y bendición nacional, la encontramos en el libro de Jeremías.

> En un instante hablaré contra pueblos y contra reinos, para arrancar, y derribar, y destruir. Pero si esos pueblos se convirtieren de

> su maldad contra la cual hablé, yo me arrepentiré del mal que había pensado hacerles, y en un instante hablaré de la gente y del reino, para edificar y para plantar. Pero si hiciere lo malo delante de mis ojos, no oyendo mi voz, me arrepentiré del bien que había determinado hacerle (18:7-10).

Si tales condiciones implícitas de juicio nacional no existieran, el profeta Jonás sería un mentiroso, porque él proclamó: "De aquí a cuarenta días Nínive será destruida" (Jon. 3:4). Sin embargo, cuando la ciudad se arrepintió, el Señor cedió en su juicio (Jon. 3:10). En efecto, el conocimiento que Jonás tenía de la disposición de Dios a ser misericordioso es la razón por la que él no quería ir a Nínive. Tenía la esperanza de evitar dar a los ninivitas cualquier posibilidad de arrepentimiento (Jon. 4:1-2).

Tal profecía condicional demuestra la manera misteriosa en que el Dios soberano y omnisciente interactúa con las criaturas finitas. Si Dios sabía que al final los habitantes de Nínive se arrepentirían, ¿por qué hizo que Jonás fuera a anunciar su destrucción? Porque oír la condena que merecían es el medio divinamente designado para llevarlos al arrepentimiento. En los propósitos soberanos de Dios, el anuncio del juicio por el profeta sirve a veces para abrir el grifo de la misericordia divina. En otros casos, el oráculo solo sirve para aumentar la culpabilidad de los humanos rebeldes (Is. 6:9-13; Mt. 11:21-24; Mr. 4:11-12).[2]

5. *Procure entender lo que el autor inspirado está tratando de transmitir a su audiencia original antes de intentar determinar las implicaciones para nosotros hoy.* Hay que tener cuidado en distinguir la profecía de eventos específicos e irrepetibles de los patrones subyacentes del trato de Dios con la humanidad. Dios no es caprichoso, por lo que las características mostradas por Él en los textos proféticos pueden vincularse a situaciones similares en la actualidad (p. ej., la responsabilidad última de las naciones rebeldes, la preservación de un remanente fiel, la aparente demora del juicio de Dios sobre los malvados, etc.). Un ejemplo concreto es la declaración profética repetida de la fidelidad de Dios a Israel, a pesar de que le abandonaron continuamente. ¿Qué situación similar podemos ver hoy en día? La iglesia visible no demuestra de forma consistente la verdad del evangelio, pero sabemos que Jesús ha

2. Otros ejemplos claros de profecías condicionales incluyen la destrucción de Jerusalén (Mi. 3:12; Jer. 26:18-19), el juicio sobre Acab y su familia (1 R 21:20-29), y la enfermedad del rey Ezequías (2 R. 20:1-5).

prometido que edificará su iglesia y que nada puede detener su avance final y la consumación de su reino (Mt. 16:18).

6. *Determine si las predicciones proféticas se han cumplido o no.* Si hay un referente escatológico en el texto, puede ser difícil en algunos casos determinar el estado del cumplimiento. Cuando sea posible, deje que el Nuevo Testamento sea su guía en el cumplimiento mesiánico y escatológico de las profecías del Antiguo Testamento. A veces, los autores del Nuevo Testamento nos informan de que las profecías del Antiguo Testamento se cumplieron en forma inesperada, encontrando su máxima expresión en Jesús y en la Iglesia (p. ej., Hch. 2:17-21; 15:16-18; He. 8:8-12.).

7. *Tome nota del valor apologético de la profecía.* En la primera predicación cristiana, los apóstoles apelaron al cumplimiento de la profecía como señal de la aprobación divina del evangelio cristiano (Hch. 2:17-21). Siglos más tarde, el matemático y filósofo francés Blas Pascal (1623-1662) apeló a la profecía cumplida como prueba de la veracidad del cristianismo.[3] Aún hoy, cuando los cristianos invitan a los extraños a dialogar, señalan el cumplimiento milagroso de las predicciones de la Biblia.[4]

   Recuerdo una conversación que tuve con un profesor de religión en la universidad. Al asumir él una fecha tardía para el libro de Daniel, le pregunté: "¿No fechan los estudiosos el libro de Daniel más tarde porque asumen que las profecías de varias batallas y gobernantes son demasiado precisas como para que fueran pronunciadas cientos de años antes que esos sucesos?". Él admitió que ese era el caso. Los estudiosos escépticos etiquetan una profecía con la frase latina *vaticinium ex eventu*, que significa "predicción después del evento", porque afirman que las profecías fueron fabricadas para aparecer como predicciones pero que fueron escritas después de los hechos descritos.

---

3. Pascal escribe: "Veo muchas religiones contradictorias y, por tanto, todas son falsas excepto una. Cada una quiere ser creída por su propia autoridad, y amenaza a los no creyentes. Yo, por tanto, no las creo. Cada uno puede decir esto; cada uno puede llamarse a sí mismo un profeta. Pero veo que es en la religión cristiana donde se cumplen las profecías, y eso es algo que no todos lo pueden hacer" (*Pensées*, fragmento 693 en *Great Books of the Western World: Pascal*, ed. Mortimer J. Adler, 2ª ed. [Chicago: Encyclopedia Britannica, 1990], 30:301-302). Dentro de este volumen, *Pensées* fue traducido por W. F. Trotter.
4. Josh McDowell, *Evidence for Christianity: Historical Evidences for the Christian Faith* (Nashville: Thomas Nelson, 2006), 193-243.

Recuerdo otra situación en la universidad donde me hallaba sentado con una joven turca (musulmana) en el patio de la escuela. Tuvimos juntos una clase sobre el Islam y seguíamos con una conversación iniciada en clase. Yo le pedí que leyera Isaías 53. Después de leerlo, pregunté:

—¿De qué trata eso?

—Bueno, obviamente, es acerca de Jesús —respondió ella.

—Eso fue escrito más de setecientos años antes del nacimiento de Jesús —dije.

Ella quedó asombrada.

8. *Entienda la diferencia entre la profecía de la era del Antiguo Testamento y la del Nuevo Testamento.* Como los profetas hablaron a veces sobre asuntos diarios poco espectaculares en la era del Antiguo Testamento (p. ej., asnos perdidos, 1 S. 9:20), hubo sin duda muchas profecías que nunca fueron escritas. Sin embargo, las que sí se escribieron y se han conservado se reconocen como "Escritura inspirada por Dios" (2 Ti. 3:16). Del mismo modo, los primeros escritos cristianos de los apóstoles y sus compañeros de ministerio son aceptados como singularmente inspirados y autoritativos (vea la pregunta 6, "¿Quién determinó qué libros debían incluirse en la Biblia?"). Como la profecía continuó durante y después de la escritura del Nuevo Testamento (e incluso hoy), necesitamos tener en cuenta que el don de la profecía cristiana actual es diferente de las profecías escritas que tenemos en la Biblia. Toda profecía posterior al Nuevo Testamento debe ser pesada y tamizada por la iglesia de acuerdo con la norma de las Escrituras (1 Co. 14:29; 1 Jn. 4:1). Pablo escribe: "No menospreciéis las profecías. Examinadlo todo; retened lo bueno" (1 Ts. 5:20-21).[5] Los cristianos que creen en la Biblia no se ponen de acuerdo acerca de si el don de profecía continúa y, en caso de que así sea, en qué forma. Algunos cristianos piensan que el don sobrenatural de profecía terminó con la era apostólica.

En resumen

Profecía y *profeta* son términos que se presentan con bastante carga cultural moderna. Debemos regresar a las Escrituras para conseguir una

---

5. Para estudiar más sobre el don espiritual de la profecía, vea Wayne Grudem, *Teología sistemática: Una introducción a la doctrina bíblica* (Miami: Editorial Vida, 2007), 1071-1104; también, *The Gift of Prophecy in 1 Corinthians* (Lanham, MD: University Press of America, 1982); también, *The Gift of Prophecy in the New Testament and Today*, ed. rev. (Wheaton, IL: Crossway, 2000); y también, "Prophecy—Yes, but Teaching—No: Paul's Consistent Advocacy of Women's Participation without Governing Authority", *JETS* 30, no. 1 (1987): 1-23.

comprensión *bíblica* de la profecía. A nivel más fundamental, la profecía es la proclamación de un profeta, una persona enviada con un mensaje de Dios. Más arriba se han descrito otros matices bíblicos de la profecía.

Se sugirieron las siguientes directrices para la interpretación de la profecía: (1) Investigue el trasfondo del libro, su fecha y autor. (2) Preste atención al contexto. (3) Espere lenguaje figurado. (4) Distinga la profecía condicional e incondicional. (5) Procure entender lo que el autor inspirado está tratando de transmitir a su audiencia original antes de intentar determinar las implicaciones para nosotros hoy. (6) Determine si las predicciones proféticas se han cumplido o no. (7) Tome nota del valor apologético de la profecía. (8) Entienda la diferencia entre la profecía de la era del Antiguo Testamento y la del Nuevo Testamento.

Preguntas para la reflexión

1. Estilísticamente hablando, ¿en qué se diferencia la profecía bíblica del lenguaje normal que usted utiliza en la conversación cotidiana?
2. ¿Hay profecías en las Escrituras que han alentado su fe en el origen divino de la Biblia?
3. ¿Se siente usted seguro detectando el lenguaje figurado en la profecía? Si no es así, ¿qué le ayudaría a hacerlo?
4. ¿Qué cree usted acerca del don de profecía mencionado en el Nuevo Testamento? ¿Sigue hoy vigente? ¿A qué se parece?
5. ¿Ha apelado usted alguna vez a la profecía bíblica para elogiar o defender la veracidad de la Biblia?

PREGUNTA **24**

¿Cómo se interpreta la profecía? (Tipología)

En la pregunta anterior, estudiamos los términos *profeta* y *profecía*, y ofrecí ocho directrices para la interpretación de la profecía. Hay, sin embargo, un subgrupo de la profecía conocida como tipología, que merece una atención especial. En esta pregunta, nos centraremos en cómo interpretar la tipología bíblica.

¿Qué es la tipología?

En algunas partes del Nuevo Testamento, el Antiguo Testamento es citado de forma inesperada. Por ejemplo, en Mateo 2:13-15, leemos:

> Después que partieron ellos [los magos de Oriente], he aquí un ángel del Señor apareció en sueños a José y dijo: Levántate y toma al niño y a su madre, y huye a Egipto, y permanece allá hasta que yo te diga; porque acontecerá que Herodes buscará al niño para matarlo. Y él, despertando, tomó de noche al niño y a su madre, y se fue a Egipto, y estuvo allá hasta la muerte de Herodes; para que se cumpliese lo que dijo el Señor por medio del profeta, cuando dijo: De Egipto llamé a mi Hijo.

La última frase citada en este pasaje es de Oseas 11:1. La mayoría de los cristianos creen que si fueran a buscar Oseas 11:1, se encontrarían con algo como esto:

> Un día, promete el Señor, voy a enviar mi Mesías, el Cristo, el Hijo de Dios. E incluso en su nacimiento, los gobernantes se enfurecerán contra él, y él huirá a Egipto. Pero yo voy a llamarlo para llevar a cabo mis propósitos. Sí, y entonces se dirá: "De Egipto llamé a mi hijo".

De hecho, en el contexto de Oseas, el pasaje va dirigido al Israel desobediente. Oseas proclama que así como Israel (el "hijo" de Dios) que una vez vivió "exiliado" en la esclavitud en Egipto, del mismo modo en los días del profeta, la nación viviría desterrada en Asiria por sus pecados. No obstante, en la misma forma en que Dios liberó a los israelitas de la esclavitud aparentemente interminable de Egipto, así también en los días de Oseas, Dios de nuevo los librará del cautiverio en Asiria.

En contra de las apariencias iniciales, Mateo no está citando al azar un texto del Antiguo Testamento. Junto con los otros autores inspirados de las Escrituras y los judíos de su tiempo, Mateo afirma una comprensión providencial de la historia. Además, él creía que la historia registraba una serie de correspondientes y sucesivos eventos salvíficos que se dirigían hacia una intervención divina culminante en Cristo. Las intervenciones divinas anteriores servían como tipos (anticipaciones correspondientes) para el antitipo final (cumplimiento). Debido a que Dios es completamente soberano de la historia, *todos* los acontecimientos, instituciones, personas, oficios, fiestas y ceremonias salvíficos de la era del Antiguo Testamento servían para anticipar el acontecimiento final de la salvación, la persona salvadora final, la ceremonia salvadora final, etc. Este estilo de citar el Antiguo Testamento se conoce como interpretación tipológica. Aparece con frecuencia en Mateo y Hebreos, ambos originalmente dirigidos a lectores judíos, que compartirían las hipótesis tipológicas de los autores. Para las audiencias originales, Mateo y el autor de Hebreos desarrollaron la estereoscópica profundidad cristológica de la historia del Antiguo Testamento. No solo las predicciones específicas, sino también toda la historia de Israel, señalaban a Jesús. La historia bidimensional de Israel se convirtió en una realidad viviente tridimensional que encontró su recreación culminante en el Mesías.

Los supuestos de la interpretación tipológica

Para entender mejor el uso tipológico que los autores del Nuevo Testamento hacen del Antiguo Testamento, es importante hacer explícitas las suposiciones que compartían los autores bíblicos y sus audiencias originales. A continuación mostramos una lista de tales suposiciones con breves comentarios explicativos.

1. *Los autores de las Escrituras tenían un concepto de solidaridad corporativa.* Klyne Snodgrass explica:

> [La expresión "solidaridad corporativa"] se refiere a la oscilación o la relación recíproca entre el individuo y la comunidad que existía en la mente semítica. El acto del individuo no es simplemente un acto individual, sino que afecta a la comunidad y viceversa. El individuo es con frecuencia representativo de la comunidad y viceversa. Acán pecó y toda la nación sufrió [Jos. 7].[1]

1. Klyne Snodgrass, "The Use of the Old Testament in the New", en *New Testament Criticism and Interpretation*, eds. David Alan Black y David S. Dockery (Grand Rapids: Zondervan, 1991), 416.

Los cristianos no deben rechazar el concepto de solidaridad corporativa, ya que es la base de nuestra salvación. Como Pablo comenta: "Si uno murió [es decir, Jesús] por todos, luego todos murieron" (2 Co. 5:14). Snodgrass sigue comentando:

> El carácter representativo del ministerio de Jesús, que está estrechamente relacionado con la solidaridad corporativa, es una de las claves más importantes para entenderle a Él y la manera en que los textos del Antiguo Testamento le son aplicados. El título cristológico de "Siervo", "Hijo del Hombre" e "Hijo de Dios" fueron todos títulos representativos que se aplicaron a Israel en primer lugar. Jesús tomó para sí estos títulos porque Él había tomado la tarea de Israel. Fue representante de Israel y era solidario con ella. Los propósitos de Dios para Israel fueron ahora adoptados en su ministerio. Si esto fuera cierto, lo que había sido utilizado para describir a Israel podría ser legítimamente utilizado de Él.[2]

En la cita que Mateo hace de Oseas 11:1, vemos que Jesús, el Hijo único, es comparado con la nación de Israel (también llamada "hijo" de Dios). Aunque Israel el hijo se fue tras los ídolos extranjeros (Os. 11:2), el Hijo unigénito fue fiel en todas las cosas. Incluso así, al igual que las promesas hechas a Israel el hijo parecían en peligro por la esclavitud egipcia y el exilio asirio, de igual manera el papel de Hijo único parecía amenazado. ¿Cómo podía Jesús cumplir con su vocación mesiánica mientras estaba refugiado en Egipto? Así y todo, los propósitos y promesas de Dios para su hijo/Hijo (Israel y en última instancia Jesús) siempre prevalecen.

2. *Los autores bíblicos suponen "una continuidad en la relación de Dios con Israel, a fin de que los eventos anteriores prefiguren los posteriores".*[3] Podemos comparar la visión de Israel de la historia con una escalera poco iluminada. A medida que vamos subiendo los escalones (posiblemente apoyándonos en la pared para sostenernos), esperamos que los escalones sigan un patrón reconocible y repetido. Y aunque es demasiado oscuro para ver con claridad, sabemos que nos estamos moviendo hacia la parte superior, a pesar de que no sabemos cuán cerca estamos hasta que realmente lleguemos allí. Del mismo modo, los judíos

---

2. Ibíd.
3. Mark Seifrid, "Introduction to the New Testament: Historical Background and Gospels, Course Number NT 22200", (notas no publicadas, Seminario Teológico Bautista del Sur), otoño 1998), 73.

esperaban que las posteriores intervenciones divinas de Dios reflejaran las anteriores, sabiendo que al final el Mesías vendría como el vértice culminante de la historia de salvación. En ese momento, los judíos esperaban mirar en retrospectiva toda la historia de la salvación anterior y ver los patrones anticipatorios que llevaron al libertador: el Cristo. De hecho, ese es exactamente el enfoque que los escritores del Nuevo Testamento siguen en sus citas tipológicas del Antiguo Testamento.

Para ilustrar mejor este concepto a mis alumnos en clase, a veces les preguntaba: "¿Quién de ustedes se convirtió al cristianismo después de los veinte años?". Unos pocos de ellos levantaban la mano. Luego elegía a uno y le preguntaba: "Cuando tenía seis años de edad, ¿se dedicó usted a pensar, 'Dios está haciendo que esto suceda en mi vida, para que un día yo le busque'? O bien, cuando tenía dieciocho años, ¿pensaba: 'Dios me lleva a ir a esta universidad para que escuche el mensaje de salvación'? No, no lo hizo, pero una vez que llegó a conocer a Cristo, ¿no miró su vida en retrospectiva y vio cómo Dios estaba obrando para llevarle a su salvación? La interpretación tipológica es similar a eso, es mirar hacia atrás para ver la prefiguración providencial de Dios".

3. *Los autores del Nuevo Testamento se vieron a sí mismos como viviendo en tiempos de cumplimiento escatológico.* En otras palabras (para continuar con la analogía propuesta anteriormente), los autores del Nuevo Testamento creían que estaban en la parte superior de las escaleras. La culminación había llegado. Jesús, el Mesías, el punto culminante de la salvación, había sido revelado. Por tanto, no era solo hermenéuticamente apropiado, sino también interpretativamente obligado mirar hacia atrás a las intervenciones salvíficas previas de Dios y ver cómo este clímax se había anticipado.

4. *Los autores del Nuevo Testamento creían que todas las Escrituras eran sobre el Cristo* (Lc. 24:27; 2 Co. 1:20; 1 P. 1:10-12). La salvación había llegado, y todas las promesas de Dios se cumplieron en Jesús. Debido a que la salvación de Dios se encuentra en última instancia en una persona (en Jesús, el Cristo), entonces toda la obra previa de salvación y las revelaciones de Dios anticipaban de alguna manera la llegada de este Mesías.

5. *Para los autores bíblicos, el concepto de cumplimiento era más amplio que nuestro uso normal de dicho término en español.* Henry Virkler

muestra el rango de significados para las palabras hebreas y griegas que subyacen a "cumplir" en nuestras versiones en español.

- Sacar todas las implicaciones de algo (Mt. 5:17; cp. vv. 18-48).
- Finalizar un tiempo fijo (Mr. 1:15; Lc. 21:24).
- Satisfacer una petición o deseo (Est. 5:8; Sal. 145:19; Pr. 13:19).
- Llevar a cabo lo que se promete (Lv. 22:21).
- Atenerse a u obedecer un requisito (Gá. 5:14; Stg. 2:8; Mt. 3:15).
- Hacer corresponder frases, ilustraciones o eventos entre un período histórico y otro (Mt. 2:23; cp. Is. 11:1; Jer. 31:15; cp. Mt. 2:17-18; Is. 9:1-2; cp. Mt. 4:13-16).[4]

Cuando un lector común y corriente de hoy lee un pasaje de Mateo que dice que Jesús cumplió una profecía del Antiguo Testamento, esa persona asume que Mateo se refiere al cumplimiento de una predicción proposicional única e irrepetible. En realidad, Mateo podría querer decir eso, o podría estar usando la palabra de otra forma, refiriéndose posiblemente de manera más amplia al cumplimiento de los patrones tipológicos de la historia de Israel (el significado último en la lista de Virkler más arriba). Si nos cuesta entender este concepto, el problema no está en la Biblia, sino en nuestro entendimiento limitado de la profecía, que necesita ser debidamente informado por el uso bíblico real.

¿Es la interpretación tipológica un modelo reproducible?

En una famosa conferencia (y luego un artículo publicado más tarde), Richard Longenecker, el erudito del Nuevo Testamento, preguntó: "¿Podemos nosotros reproducir la exégesis del Nuevo Testamento?".[5] Longenecker estaba preguntando si nosotros, como intérpretes modernos, podemos aplicar métodos de interpretación tipológica a pasajes que no están citados por los autores

---

4. Henry Virkler, *Hermeneutics: Principles and Processes of Biblical Interpretation*, 1ª ed. (Grand Rapids: Baker, 1981), 204-205. Esta información no aparece en la edición revisada del libro.
5. R. N. Longenecker, "Can We Reproduce the Exegesis of the New Testament?", *TynBul* 21 (1970): 3-38. Longenecker cuestiona no solo si los intérpretes modernos pueden interpretar el Antiguo Testamento tipológicamente, sino si, en general, pueden aplicar una variedad de los primeros métodos hermenéuticos de los judíos.

del Nuevo Testamento. Los creyentes en la Biblia han llegado a una serie de conclusiones sobre el asunto. En mi opinión, es necesario preguntarse cómo cualquier parte de las Escrituras apunta a Cristo. Debemos tener cuidado, sin embargo, al proponer cualquier correspondencia tipológica que no es mencionada explícitamente en las Escrituras. En otras palabras, debemos tener el sentido del texto a primera vista como el objetivo principal de nuestra exposición y dar advertencias adecuadas en cuanto a la interpretación cuando sugerimos una aplicación cristológica que no se encuentra explícitamente en la Biblia. Deben evitarse las interpretaciones simbólicas oscuras de las leyes del Antiguo Testamento. Probablemente sea prudente pedir a un amigo que tiene más experiencia en la interpretación bíblica que critique cualquier propuesta nueva de tipología cristológica antes de proclamarla públicamente.

Otras opciones para interpretar las profecías enigmáticas

A veces los autores del Nuevo Testamento citan de forma directa predicciones proposicionales del Antiguo Testamento (Mt. 8:17; cp. Is. 53:4). En otras ocasiones, las citas se explican mejor como tipología (Mt. 2:13-15; cp. Os 11:1). No obstante, otras citas del Nuevo Testamento pueden ser explicadas mejor por una de las siguientes opciones.

1. *Los autores del Nuevo Testamento citan a veces el Antiguo Testamento de manera retórica, no en el sentido de afirmar un cumplimiento profético.* Por ejemplo, no está claro que al citar una frase de Números 16:5 en 2 Timoteo 2:19 ("Conoce el Señor a los que son suyos"), Pablo tenga la intención de que sus lectores asuman el contexto de Números 16:5 para la comprensión de esa frase.

2. *A veces, una sola profecía incluirá varios sucesos.* La distancia cronológica entre múltiples sucesos no está a menudo clara en la predicción original. Por ejemplo, la primera y segunda venida de Cristo (para salvar y para juzgar) aparecen mezcladas en Isaías 61:1-2. Solo con la revelación adicional sobre la primera venida de Cristo somos conscientes de la distancia en el tiempo que separará su venida para salvar y su venida para juzgar (Lc. 4:18-19; Mt. 25:31-46). Esta combinación de múltiples eventos en una profecía se llama escorzo profético. Este estilo de profecía ha sido comparado a varias transparencias puestas una encima de otra sobre un retroproyector. La imagen proyectada en la pared aparece como un todo a pesar de que se compone de varias capas. De manera similar, una cadena de montañas vista desde la distancia parece casi bidimensional. Solo cuando nos acercamos a la primera

montaña vemos que las otras montañas se extienden ante nosotros en la distancia.

3. *Algunos intérpretes sostienen que la única manera de entender algunas citas del Nuevo Testamento que provienen del Antiguo Testamento es apelar al sensus plenior* (frase latina que significa "sentido pleno"). Es decir, el Espíritu Santo reveló un significado oculto del que ningún autor humano era consciente hasta que el Espíritu lo reveló. Un ejemplo de esto sería la explicación de John Broadus de Mateo 1:22-23. Él escribe:

> Con frecuencia es innecesario, y a veces imposible, suponer que el profeta mismo tenía en mente lo que el escritor del Nuevo Testamento llama un cumplimiento de su predicción. Algunas predicciones fueron involuntarias, como la de Caifás (Jn. 11:50). Muchas profecías recibieron cumplimientos que el profeta no parece tener para nada previsto. Pero igual que la providencia de Dios a menudo llevó a cabo una cosa a pesar de que los actores humanos eran ignorantes de las predicciones que ellos cumplían (p. ej., Jn. 19:24), así el Espíritu de Dios contempló con frecuencia cumplimientos de los que el profeta no tenía idea, pero que el evangelista da a conocer. Y es parte del desarrollo general de la revelación que la inspiración posterior debe explicar los registros de la inspiración anterior, y que, solo después de que los sucesos se han producido, serán plenamente entendidas las predicciones iniciales de los mismos.[6]

Aunque muchos intérpretes calificados recurren al *sensus plenior*, creo que todas las citas del Antiguo Testamento que aparecen en el Nuevo Testamento se pueden explicar sin recurrir a ello.

En resumen

En esta segunda de dos secciones sobre la profecía, nos centramos en un subgrupo de profecía conocida como tipología. La interpretación tipológica cita "tipos" (anticipaciones correspondientes) del Antiguo Testamento para demostrar la preparación de Dios para el "antitipo" final (cumplimiento), Cristo. Todos los acontecimientos, instituciones, personas, oficios, fiestas y ceremonias salvíficos de la era del Antiguo Testamento servían para anticipar

6. John A. Broadus, *Commentary on the Gospel of Matthew. An American Commentary on the New Testament* (London: Baptist Tract and Book Society; Philadelphia: American Baptist Publication Society, 1886), 11-12.

el acontecimiento final de la salvación, la persona salvadora final, la ceremonia salvadora final, etc.

Como la tipología es ajena a la mayoría de los lectores modernos, hemos explicado algunos de sus supuestos: (1) Los autores de las Escrituras tenían un concepto de solidaridad corporativa. (2) Los autores bíblicos suponen "una continuidad en la relación de Dios con Israel, a fin de que los eventos anteriores prefiguren los posteriores. (3) Los autores del Nuevo Testamento se vieron a sí mismos como viviendo en tiempos de cumplimiento escatológico. (4) Los autores del Nuevo Testamento creían que todas las Escrituras eran sobre el Cristo. (5) Para los autores bíblicos, el concepto de cumplimiento era más amplio que nuestro uso normal de dicho término en español.

Finalmente, para otros textos proféticos enigmáticos que no pueden clasificarse como una predicción proposicional directa o como correspondencia tipológica, se mencionaron tres opciones interpretativas adicionales: (1) Los autores del Nuevo Testamento citan a veces el Antiguo Testamento de manera retórica, no en el sentido de afirmar un cumplimiento profético. (2) A veces, una sola profecía incluirá varios sucesos. (3) Algunos intérpretes sostienen que la única manera de entender algunas citas del Nuevo Testamento que provienen del Antiguo Testamento es apelar al *sensus plenior* (sentido pleno).

Preguntas para la reflexión

1. Al leer el Nuevo Testamento, ¿busca usted alguna vez los versículos del Antiguo Testamento que se citan?
2. ¿Cuál es la forma más convincente de entender Mateo 2:13-15, como tipología o *sensus plenior*? ¿Por qué?
3. ¿Ha escuchado o leído alguna vez una interpretación tipológica que usted no considera válida?
4. Explique el uso de Jeremías 31:15 en Mateo 2:18. (Es posible que necesite consultar una Biblia de estudio o comentario bíblico para comprender el contexto de Jeremías 31).
5. La explicación sobre la tipología presentada más arriba, ¿le reta a usted a leer la Biblia de manera diferente? Si es así, ¿cómo?

PREGUNTA **25**

¿Cómo se interpreta la literatura apocalíptica?

La palabra española *apocalíptico* viene de la griega *apokaluptō*, que significa "revelar" o "dar a conocer". La literatura apocalíptica es un género de la literatura judía que se caracteriza por el uso de imágenes simbólicas para revelar la misteriosa y providencial obra de Dios detrás del escenario y sus planes venideros para el futuro. La literatura apocalíptica aparece generalmente dentro de un período de cuatrocientos años, desde el siglo II a.C. hasta el siglo II d.C. (aunque Daniel fue escrito antes de ese período de tiempo y está clasificado a menudo como apocalíptico). La mayoría, si no todos, los apocalipsis no bíblicos son seudónimos (es decir, escritos bajo un nombre falso).

Características de la literatura apocalíptica

Si bien hay una gran variedad entre los escritos apocalípticos, algunas características comunes incluyen las siguientes:

1. La expectativa de la irrupción de Dios en la era actual para dar paso a una existencia cualitativamente diferente en la era por venir.

2. El uso de un mediador o mediadores angelicales para comunicar el mensaje de Dios a un destinatario/portavoz escogido.

3. La entrada en los lugares celestiales del destinatario humano elegido, con una constante interacción y comunicación con el mediador angelical.

4. Visiones o sueños altamente simbólicos que describen las realidades espirituales ocultas y las futuras intervenciones divinas.

5. Visiones del divino juicio final.

6. Advertencias de angustias que vienen y de pruebas que enfrentarán los fieles.

7. Estímulos para que los fieles perseveren a la luz de las verdaderas realidades espirituales y las intervenciones divinas venideras.

En la Biblia hay porciones aisladas que podrían ser clasificadas como apocalípticas (p. ej., Is. 24—27; Ez. 38—39; Zac. 1—6; Mr. 13), pero Daniel y Apocalipsis son los únicos libros canónicos con un contenido suficientemente relevante como para ser considerados parte del género apocalíptico. La palabra *revelación* en español es sinónima de *apocalipsis*, que a su vez es la transliteración de una palabra del título subyacente griego, *Apokalupsis Iōannou* ("El Apocalipsis/Revelación de Juan"). Aunque gran parte del Apocalipsis se ajusta a la descripción estándar de un apocalipsis, en realidad es más una obra compuesta. Una parte del libro se compone de cartas (Ap. 2:1—3:22), mientras que otras parecen reflejar la profecía del Antiguo Testamento (cp. Ap. 1:3).[1] Del mismo modo, la primera mitad de Daniel está compuesta de narraciones sobre los judíos fieles en el exilio babilónico, mientras que la segunda mitad registra visiones apocalípticas de Daniel acerca de batallas terrenales venideras y, por último, el fin de los tiempos. Sin un cierto conocimiento del género de apocalipsis, Daniel y Apocalipsis seguirán siendo enigmas para los lectores modernos.

Es también importante tener en cuenta que Daniel y Apocalipsis se distinguen de otras obras apocalípticas en una manera fundamental. Como cristianos, reconocemos los libros de Daniel y Apocalipsis como Escrituras inerrantes. Ningún otro apocalipsis puede reclamar ese estado.

Interpretación de Daniel

Transcrito primero en el siglo VI a.C., las visiones de Daniel en los capítulos 7—12 describen grandes cambios en la balanza del poder internacional en los siglos venideros, con especial énfasis en las batallas en el siglo II a.C.[2] Además, las visiones de Daniel anticipan la culminación de la historia y de la resurrección de los muertos (Dn. 12:1-4). Una buena Biblia de estudio o comentario bíblico sobre Daniel le ayudarán al lector moderno en la comprensión de las imágenes y alusiones históricas a veces oscuras (vea la lista de recursos recomendados en la pregunta 13, "¿Qué libros o herramientas útiles hay disponibles para la interpretación bíblica?").

---

1. J. J. Collins indica: "Hay una continuidad evidente entre los apocalipsis judíos y cristianos y los profetas hebreos, en su preocupación por la historia y la expectativa de la intervención divina y el juicio" ("Apocalyptic Literature", en *DNTB*, 42).
2. Debido a estas predicciones detalladas, algunos eruditos dicen que Daniel fue escrito durante el siglo II a.C. de forma seudónima. Ese enfoque, sin embargo, no es necesario a menos que se descarte *a priori* la intervención divina. Vea Gleason L. Archer, *A Survey of Old Testament Introduction*, ed. rev. (Chicago: Moody Press, 1994), 421-447.

Interpretación del libro de Apocalipsis

Reconocer el libro de Apocalipsis como literatura apocalíptica nos lleva a comenzar con una advertencia interpretativa importante: Debemos tener el cuidado de interpretar las imágenes simbólicas de acuerdo con la intención del autor. Debido a la dificultad en la comprensión de algunas partes del Apocalipsis, no debemos adoptar una interpretación que no esté en armonía con el resto de la Biblia. Hay que tener mucha humildad. Un pastor bien formado y sincero me dijo una vez que él estaba predicando a través del Apocalipsis en su iglesia, pero al llegar a Apocalipsis 11 sintió que no podía seguir. No sabía cómo interpretar correctamente el resto del texto. Humildemente explicó la situación a su congregación y dijo que volvería cuando sintiera que podía proclamar el mensaje del texto con autoridad.

Hay varios enfoques interpretativos distintivos del libro de Apocalipsis.

1. *Preterista.* Según los preteristas, aunque es posible que algunas porciones de Apocalipsis miraran al futuro cuando fueron inicialmente escritas, casi todos los acontecimientos descritos en Apocalipsis ya han tenido lugar, la mayor parte en el primer siglo o poco después. Los preteristas vinculan gran parte de los símbolos cataclísmicos en Apocalipsis a la destrucción del templo judío en Jerusalén en el año 70 d.C.

2. *Historicista.* Los historicistas se acercan al Apocalipsis como si fuera un plano que abarca toda la historia de la iglesia. Por tanto, algunas porciones del libro describen el pasado, mientras que otras miran al futuro.[3]

3. *Idealista.* Los idealistas ven el Apocalipsis como la descripción de las realidades espirituales que reaparecen a lo largo de la historia hasta la consumación final. Es erróneo, pues, buscar gobernantes o sucesos particulares que únicamente se corresponden con las bestias o imágenes y eventos en Apocalipsis. Muchos eventos en toda la historia corresponden a esos mismos símbolos.

4. *Futurista.* La visión futurista ve la mayor parte del Apocalipsis como aplicándose a eventos futuros del fin de los tiempos que se producen justo antes del regreso de Cristo.

---

3. L. L. Morris indica: "La mayor parte de los reformadores adoptó este criterio [historicista], e identificó a la Roma papal con la bestia. Pero, las dificultades parecen insuperables, y es significativo que al mismo tiempo que sostienen firmemente que aquí tenemos representada toda la historia, los historicistas no se han podido poner de acuerdo con respecto a los episodios precisos de la historia que están simbolizados en las diferentes visiones" ("Apocalipsis, Libro de", en *Nuevo diccionario bíblico Certeza*, ed. J. D. Douglas [Buenos Aires: Certeza Unida, 2003], 81).

Los eruditos también adoptan a veces una combinación de los puntos de vista arriba mencionados. En mi opinión, partes del Apocalipsis se leen mejor a través de una lente preterista (p. ej., Ap. 2—3), pero la mayor parte del libro debe ser entendido según el enfoque idealista. No obstante, de acuerdo con las interpretaciones futuristas, algunas partes del Apocalipsis esperan un cumplimiento de una sola vez al final de los tiempos (p. ej., Ap. 20:7—22:21). Independientemente de su enfoque, la mayoría de los intérpretes estarán de acuerdo con estas directrices útiles.

1. Los pasajes apocalípticos del Antiguo Testamento proporcionan los antecedentes que ayudan más a la comprensión de Apocalipsis (p. ej., Is. 24—27; Ez. 38—39; Zac. 1—6; Dn. 7—12). De los 405 versículos de Apocalipsis, 278 contienen alusiones al Antiguo Testamento.

2. El libro de Apocalipsis debe leerse desde la perspectiva de la audiencia original. ¿Cómo entendieron los primeros cristianos de Asia Menor de los que se habla en Apocalipsis 1—3 la parte siguiente del libro?

3. De acuerdo con las normas de la literatura apocalíptica, las imágenes simbólicas en Apocalipsis no deben tomarse literalmente. Eso no quiere decir, sin embargo, que no sean descripciones importantes, significativas o autoritativas de la realidad. Sin embargo, los símbolos apuntan a la realidad de una manera figurativa. Por ejemplo, las murallas de espesor inimaginable en Apocalipsis 21:17 apuntan hacia el esplendor de la ciudad celestial y la completa seguridad de todos los que habitan allí.

4. Apocalipsis no está destinado a ser leído cronológicamente. Esto es evidente por el hecho de que el nacimiento de Cristo no se menciona hasta Apocalipsis 12, y varias secuencias de visiones repiten un lenguaje de juicio casi idéntico (p. ej., Ap. 6:12-17; 11:19; 16:18-21). La certeza y la verdad del juicio venidero de Dios se ponen de relieve en esas recapitulaciones proféticas.

La literatura apocalíptica extrabíblica

También es beneficioso leer las obras apocalípticas no bíblicas con el fin de obtener una mejor comprensión de un género que es extraño a la mayoría de los lectores modernos. Tanto los judíos como los primeros cristianos produjeron obras apocalípticas. A continuación encontrará una lista de algunas de las obras apocalípticas no bíblicas con una breve descripción de su contenido.

1. El *Libro de Enoc (1 Enoc)*. Escrito entre el 200 a.C. y el 50 d.C., 1 Enoc es una de las obras apocalípticas no bíblicas más conocidas. Se compone de cinco partes distintas: (a) El Libro de los Vigilantes, capítulos 1—36; (b) El Libro de las Similitudes, capítulos 37—71; (c) El Libro de los Escritos Astronómicos, capítulos 72—82; (d) El Libro de Visiones Oníricas, capítulos 83—90; y (e) el Libro de la Epístola de Enoc, capítulos 91—107.[4]

2. *Apocalipsis siríaco de Baruc (2 Baruc)*. Escrito a primeros del siglo II d.C., esta obra trata de entender por qué se les permitió a los romanos conquistar Jerusalén en el año 70 d.C. Mientras que es de esperar un juicio futuro contra los impíos, también se asegura a los lectores que "la verdadera Jerusalén sigue intacta en el cielo".[5]

3. *Apocalipsis de Abraham*. Escrito en algún momento entre el 70 y el 200 d.C., el *Apocalipsis de Abraham* informa sobre la conversión de Abraham del paganismo, seguida por "una visión apocalíptica supuestamente dada a Abraham que amplía con gran detalle la visión del patriarca que tenemos en Génesis 15 y le añade una gran cantidad de detalles teológicos, cosmológicos y escatológicos".[6]

4. *Apocalipsis de Sofonías*. Escrito entre el 100 a.C. y el 100 d.C., el *Apocalipsis de Sofonías* pretende informar de las experiencias visionarias de Sofonías, el profeta del Antiguo Testamento.[7] "Este libro es típico del tema del viaje celestial en el que el vidente es testigo del juicio y el castigo de los pecadores y la vindicación de los justos".[8] Esta obra está conservada solo parcialmente.

5. *El pastor de Hermas*. Es parte de los escritos de los padres apostólicos (es decir, los primeros escritos cristianos después de los documentos del Nuevo Testamento), *El pastor de Hermas* se compone de dos secciones principales: (a) visiones 1-4, y (b) los mandatos y parábolas, con la visión 5 como introducción. Al parecer, este libro fue compuesto y

---

4. Para leer la traducción al español, vea *El Libro de Enoc* (Malága: Editorial Hojas de Luz, 2011). Disponible en formato eBook en www.casadellibro.com.
5. J. J. Collins, "Apocalyptic Literature", 44. Para leer esta obra en inglés (o las obras siguientes mencionadas en esta sección), vea *OTP*.
6. S. E. Robinson, "Apocalypse of Abraham", en *DNTB*, 37.
7. Ibíd., 39.
8. Craig A. Evans, *Ancient Texts for New Testament Studies: A Guide to the Background Literature* (Peabody, MA: Hendrickson, 2005), 33.

editado en un período de tiempo que posiblemente vaya desde el 100 al 160 d.C.[9] La primera parte de la obra (Visiones 1-4) es especialmente típica del género apocalíptico.

En resumen

La literatura apocalíptica emplea imágenes simbólicas para revelar la continua obra providencial de Dios y sus planes venideros para el futuro. Diversos libros bíblicos exhiben en ocasiones rasgos apocalípticos, pero solo el de Daniel (en esp. caps. 7—12) y Apocalipsis se clasifican como apocalípticos. Una de las precauciones hermenéuticas más importantes con los apocalípticos es buscar la intención del autor en los sueños y las visiones a menudo altamente simbólicos. Aunque literatura apocalíptica no bíblica no forma parte de las Escrituras inspiradas, puede resultar útil leer algunas obras para entender mejor el género.

Daniel, Apocalipsis y otras porciones apocalípticas de las Escrituras nos recuerdan que, en última instancia, el pueblo de Dios está esperando una era completamente nueva que se iniciará conforme al tiempo y el control de Dios.

Preguntas para la reflexión

1. Reto: Si usted nunca ha leído todo el libro de Daniel y/o el libro de Apocalipsis, hágalo durante la próxima semana.
2. Reto: Elija uno de los apocalipsis extrabíblicos, búsquelo en la biblioteca local o en la Internet, y léalo. ¿En qué es similar al de Daniel y al libro de Apocalipsis? ¿En qué es diferente?
3. ¿Se ha encontrado alguna vez con la opinión de que Daniel no fue escrito hasta el siglo II a.C.? ¿Cómo respondería a ese punto de vista?
4. De los cuatro enfoques principales para el libro de Apocalipsis (preterista, historicista, idealista, futurista), ¿qué enfoque le parece más convincente a usted? ¿Por qué?
5. De los diversos géneros literarios que leen los lectores modernos hoy, ¿cuál es el más cercano al apocalíptico?

9. Puede leer una traducción al español en *Lo mejor de los padres apóstolicos* (Barcelona: Clie, 1991), 331–445.

PREGUNTA **26**

¿Cómo se interpreta el lenguaje exagerado o hiperbólico?

Si su hija llegara a casa de la escuela y se quejara diciendo: "Me muero de hambre", usted no se apresuraría a llevarla a la sala de emergencias del hospital y demandaría atención urgente por desnutrición. Nosotros entendemos la declaración "Me muero de hambre", como un lenguaje hiperbólico para expresar emociones fuertes. Los personajes y autores bíblicos utilizaron también un lenguaje exagerado, y es importante que nosotros lo reconozcamos para poder comprender correctamente el significado del texto.

La forma y el propósito de la exageración

La exageración se produce dentro de varios géneros literarios en la Biblia. Es especialmente común en la poesía, los proverbios y las narraciones históricas de Jesús. Jesucristo fue un gran maestro. Las multitudes estaban pendientes de sus palabras (Mr. 2:13; Mt. 7:28-29). Uno de los recursos literarios que utilizó para hacer su enseñanza memorable y enfática fue la exageración. Entender el género de la exageración no debe vacunarnos contra ella, sino más bien retarnos a presentar esas verdades con énfasis apropiado. Por ejemplo, en la enseñanza sobre la lujuria, Jesús dijo: "Por tanto, si tu ojo derecho te hace pecar, sácatelo, y tíralo" (Mt. 5:29, NVI). Como los seguidores de Jesús no llegaron a ser conocidos como "La asamblea de los discípulos tuertos", es evidente que Jesús utilizó un lenguaje hiperbólico.[1] Jesús estaba llamando a sus discípulos a actuar radicalmente en la negación de sí mismos para evitar la lujuria. Así, en la enseñanza de Mateo 5:29 para hoy, podemos retar a aquellos que luchan con la pornografía a cortar (¡literalmente!) el cable de la Internet, a cancelar el servicio de *streaming*, a destruir el teléfono inteligente, etc. En otras palabras, llamamos a la gente no a una automutilación literal, pero sí a acciones personales convenientes y genuinas para alejarse del pecado.

Hay dos peligros interpretativos que debemos evitar aquí. Uno de ellos es el peligro de comprender el lenguaje exagerado literalmente. Obedecer ese lenguage *literalmente* es en realidad desobedecer. Por ejemplo, si una persona que lucha con la lujuria se saca el ojo derecho, su ojo izquierdo todavía

---

1. Aquí estoy recurriendo a un ejemplo de clase tomado de Robert Stein.

sería igual de lujurioso. Un segundo peligro es apelar a la comprensión de la naturaleza hiperbólica de la enseñanza para justificar la desobediencia. "¡Oh, eso es solo lenguaje hiperbólico! Jesús en realidad no quiere que yo me saque el ojo. ¡Menos mal que he estudiado hermenéutica!" puede decir el pecador lujurioso mientras sigue felizmente por el camino de la destrucción.

Principios para reconocer la exageración

Para clasificar una enseñanza en las Escrituras como "exageración", debemos tener una justificación textual clara. A continuación presentamos ocho principios para ayudar al intérprete a reconocer la exageración. Los ejemplos están limitados en su mayoría a la enseñanza de Jesús, pero pueden aplicarse fácilmente a otros géneros.[2]

1. *La declaración es literalmente imposible.* Si un texto describe algo que es literalmente imposible, aunque el autor parece dar por supuesto que el evento es de hecho una posibilidad real, nos inclinamos a entenderlo como hipérbole.[3] Por ejemplo, en Mateo 19:24, Jesús dice: "Otra vez os digo, que es más fácil pasar un camello por el ojo de una aguja, que entrar un rico en el reino de Dios". (Y, sí, es imposible que un camello pase por el ojo de una aguja). Jesús emplea un lenguaje hiperbólico para hacer hincapié en lo difícil que es, para las personas envueltas en comodidades mundanas, ser salvas (cp. 1 Ti. 6:10). Al final, sin embargo, Jesús dice que la gracia de Dios puede vencer incluso un corazón encostrado de riqueza (Mt. 19:26; cp. 1 Co. 1:26; 1 Ti. 6:17-19).

   Hay una larga tradición de intérpretes que hablan de la Puerta Ojo de Aguja en Jerusalén, que era tan pequeña que solo los camellos sin carga podían apenas pasar por ella. A pesar de ser una ilustración memorable para un sermón, la Puerta Ojo de Aguja no tiene ninguna base histórica. Es una ficción nacida de haber malentendido la hipérbole bíblica. Otros ejemplos de exageración literalmente imposibles incluyen Mateo 6:3 ("Mas tú cuando des limosna, no sepa tu izquierda lo que hace tu derecha") y Mateo 7:3-5 ("la viga que está en tu propio ojo").

2. *La declaración está en conflicto con lo que Jesús dice en otra parte.* Jesús dijo: "Y no llaméis padre vuestro a nadie en la tierra; porque uno es

---

2. En estas directrices dependo directamente de Robert H. Stein, *A Basic Guide to Interpreting the Bible: Playing by the Rules*, 2ª ed. (Grand Rapids: Baker Academic, 2011), 174-188.
3. En el caso de la ley en el Antiguo Testamento, sin embargo, encontramos una demanda literalmente imposible (la santidad perfecta, Lv. 11:45) que apunta más allá de sí misma a la provisión divina de justicia en Cristo (Ro. 3:9-31).

vuestro Padre, el que está en los cielos" (Mt. 23:9). No obstante, en otra parte, Jesús encargó a un hombre joven: "Honra a tu padre y a tu madre" (Mt. 19:19). Note que Jesús no dijo: "Honra a tu progenitor masculino y a tu madre". Jesús no dudó en llamar al progenitor masculino del joven "padre".

La intención de la enseñanza de Jesús en Mateo 23:9 no es evitar que nuestra boca pronuncie las dos sílabas de "Pa-dre" (o los equivalentes griego y arameo) cuando nos referimos o nos dirigimos a nuestro progenitor masculino. En Mateo 23:7-12, Jesús está denunciando el uso de títulos que exaltan a los líderes religiosos humanos en una manera que reduce la gloria de Dios y crea una alta clase sacerdotal de profesionales religiosos. Tengo que prestar atención a esa enseñanza porque, con frecuencia, la gente se dirige a mí con los títulos de "profesor" y "doctor". ¿Son los títulos delante de mi nombre simplemente cortesías y atenciones sociales o exaltaciones idólatras?

Cuando me contrataron como profesor asistente en el seminario donde enseño, la secretaria del decano descubrió que yo estaba a menudo en mi oficina. Mi disponibilidad y bajo rango profesional motivaron la transferencia frecuente de consultas telefónicas externas.[4] Una de esas personas que llamaba estaba teniendo problemas para entender un texto hiperbólico, por lo que apelé a lo que yo pensaba que era un ejemplo inequívoco de exageración. Le dije: "Vea cómo en Mateo 23:9 Jesús dijo que no llamáramos a nadie 'padre'. Ahora bien, usted ciertamente deja que sus hijos le llamen 'padre', ¿no es así? ¿Se da cuenta de que la preocupación real de Jesús estaba con el uso de títulos para exaltarnos a nosotros mismos de forma pecaminosa por encima de los demás?".

Él me respondió: "Yo nunca he dejado que mis hijos me llamaran 'padre'". Me quedé de piedra. Al menos podemos decir que este hombre era coherente en su hermenéutica literal. Yo no me atreví a preguntarle si todavía tenía el ojo derecho y la mano derecha (Mt. 5:29-30). Otros ejemplos de afirmaciones exageradas que están en conflicto con las enseñanzas de Jesús en otra parte incluyen: Mateo 6:6 ("cuando ores, entra en tu aposento, y cerrada la puerta, ora a tu Padre" [cp. Mt. 6:9-13]) y Lucas 14:26 ("Si alguno viene a mí, y no aborrece a su padre, y a su madre… no puede ser mi discípulo" [vea Lc. 6:27]).

4. Basándome en algunas de aquellas llamadas de teléfono, podría escribir otro libro titulado "Preguntas y respuestas inusuales sobre la Biblia".

3. *La declaración está en conflicto con las acciones de Jesús en otros lugares.* En Lucas 14:26, Jesús dice: "Si alguno viene a mí, y no aborrece a su padre, y madre, y mujer, e hijos, y hermanos, y hermanas, y aun también su propia vida, no puede ser mi discípulo". Así que, ¿tenemos que aborrecer a nuestra propia familia? Esa afirmación está claramente en contradicción con las enseñanzas de Jesús en otra parte (Mr. 7:9-13). Además, Jesús no actúa con aborrecimiento hacia María, su madre. En efecto, en la cruz, en sus últimos momentos, Él se asegura de que María tuviera protección y cuidado (Jn. 19:26-27). El hecho de que la declaración de Jesús en Lucas 14:26 (aborrecer la familia) entra en conflicto con sus palabras y acciones en otros lugares indica que debemos entender Lucas 14:26 como una hipérbole. Jesús está diciendo categóricamente que nuestra devoción a Él debe ser mucho mayor que cualquier otra relación. Otros ejemplos de exageración que están en conflicto con el comportamiento de Jesús incluyen Mateo 5:33-37 ("No juréis en ninguna manera" [cp. Mt. 26:63-64]) y Mateo 10:34 ("No he venido para traer paz, sino espada" [cp. Mr. 14:43-50; Lc. 23:14; Mt. 5:9]).

4. *La declaración está en conflicto con la enseñanza general de las Escrituras.* Mirando ese mismo versículo de nuevo (Lc. 14:26), observamos que el mandato de Jesús de aborrecer a tu propia familia está en desacuerdo con la enseñanza del Antiguo Testamento de honrar, amar y obedecer a nuestros padres (Éx. 20:12; Dt. 5:16; Pr. 23:22). Por supuesto, en algunos casos, Jesús intensifica o modifica la enseñanza del Antiguo Testamento (Mt. 5:33-37), pero en este tema en particular, sus palabras en otros lugares afirman sin duda alguna los mandatos del Antiguo Testamento de honrar a los padres (Mt. 15:3-6; 19:19). Por tanto, un conflicto entre una lectura literal de las palabras de Jesús (de aborrecer a los padres) y las palabras del Antiguo Testamento (de honrar a los padres) proporciona evidencia de que Jesús quiso que su enseñanza se entendiera como una hipérbole.

   Una lectura literal de Lucas 14:26 (el mandato de aborrecer a su propia familia) también entra en conflicto con la enseñanza amplia del Nuevo Testamento. Pablo escribe: "Pero si alguna viuda tiene hijos, o nietos, aprendan éstos primero a ser piadosos para con su propia familia, y a recompensar a sus padres; porque esto es lo bueno y agradable delante de Dios" (1 Ti. 5:4). Pablo, un apóstol inspirado, no entendió que Jesús nos hubiera dado instrucciones de aborrecer literalmente a nuestra familia. Como mensajeros encargados personalmente por Jesús, los apóstoles son los mejores guías para entender el significado de la enseñanza de Cristo. Además, como cristianos, creemos que las palabras escritas de los apóstoles son inspiradas y preservadas de todo error (vea la pregunta 4, "¿Contiene la Biblia errores?").

A veces, los autores de los Evangelios, como portavoces inspirados y autorizados, transmiten y traducen la enseñanza de Jesús, y nos dan pistas sobre sus intenciones no literales. Es importante recordar que Jesús enseñó principalmente, si no exclusivamente, en lengua aramea.[5] Los Evangelios, sin embargo, fueron escritos en griego, la lengua universal de aquel tiempo. A veces, los autores de los Evangelios nos dan una traducción más literal (palabra por palabra) de la enseñanza de Jesús en arameo, y en ocasiones nos dan una traducción más dinámica (de pensamiento a pensamiento). La redacción de Lucas del mandato de Jesús de "aborrecer a tu familia" en 14:26 es una traducción palabra por palabra, que es paralela a una traducción pensamiento por pensamiento en Mateo 10:37, que dice: "El que ama a padre o madre más que a mí, no es digno de mí; el que ama a hijo o hija más que a mí, no es digno de mí". Como vemos en esta traducción pensamiento por pensamiento, Mateo no entendió que Jesús estuviera mandando aborrecer literalmente a la familia.

Otro ejemplo en el que una lectura literal de las palabras de Jesús entra en conflicto con la enseñanza más amplia del Nuevo Testamento es sobre el tema de los juramentos. Jesús prohíbe prestar juramento de cualquier clase (Mt 5:33-37), pero en otras partes el apóstol Pablo hace juramentos para afirmar la veracidad de sus escritos (2 Co. 11:31; Gá. 1:20; Fil. 1:8). Jesús testifica bajo juramento en su juicio (Mt. 26:63), y el autor de Hebreos describe a Dios como haciendo un juramento (He. 6:13-14). En cuanto a Mateo 23:16-20, parece que la preocupación de Jesús con los juramentos estaba en el mal uso del juramento para justificar la falta de honradez (p. ej., "Yo no tengo que cumplir mi palabra contigo, porque yo tenía mis dedos cruzados cuando dije eso"). Teniendo en cuenta la evidencia del Nuevo Testamento, no parece que Jesús tuviera la intención de prohibir categóricamente los juramentos, sino más bien prohibir jurar en falso.

Por tanto, si le piden hacer un juramento en un tribunal, ¿qué debe hacer? Si usted quiere ponerse dramático, podría decir: "Como

---

5. M. O. Wise nos ofrece una evaluación conservadora de los idiomas de Jesús. Él escribe: "Basado en Marcos 5:41 podemos decir que Jesús ciertamente habló arameo en ocasiones. Eso es lo que cabe esperar sobre la base de nuestro conocimiento de la lengua dominante entre los judíos de Galilea. La cuestión de si Él también sabía hebreo y griego puede responderse solamente sobre una base teórica" ("Languages of Palestine", en *DJG*, 442).

un seguidor de Jesús, todas mis palabras han de ser completamente veraces. Poner la mano sobre la Biblia y decir el juramento no me hará más veraz, porque Dios siempre me exige honradez. Sin embargo, si le place al tribunal que yo haga este juramento como una evidencia pública de mi intención de decir la verdad, así lo haré".

5. *La declaración no siempre se cumplió literalmente en la práctica.* El hecho de que a veces una declaración no se cumplió literalmente nos indica que debemos entenderla hiperbólicamente. Por ejemplo, en referencia al templo, Jesús dice: "¿Ves estos grandes edificios? No quedará piedra sobre piedra, que no sea derribada" (Mr. 13:2). Por supuesto, si usted va hoy a las ruinas del antiguo templo judío en Jerusalén, todavía se pueden ver una buena parte de las piedras apiladas una encima de otra como estaban hace dos mil años. En cuanto a esta evidencia, los cristianos que creen en la Biblia se enfrentan a dos opciones. (1) Pueden entender el lenguaje de Jesús como hiperbólico. Del mismo modo, si el 10 de septiembre de 2001, un profeta moderno en Nueva York hubiera declarado: "Las torres del World Trade Center quedarán derribadas mañana", nadie le acusaría de falsedad porque una pequeña parte de una escalera seguía en pie al final del 11 de septiembre. De hecho, habría sido un poco extraño para Jesús decir: "¿Ves todos estos grandes edificios? Solo un 0,97 por ciento de las piedras quedará en pie una sobre otra". (2) Otra opción es ver la declaración de Jesús como no incluyendo la antigua muralla de retención (cuyos restos constituyen el llamado Muro Occidental o de las Lamentaciones). Este significado es posible, aunque no veo que adoptar la primera opción afecte para nada a la verdad de la profecía de Jesús. De hecho, la profecía de Jesús fue tan sorprendentemente cumplida que los eruditos escépticos han acusado de que fue escrita después de los hechos (a *vaticinium ex eventu*, vea la pregunta 23 sobre la profecía). Otro ejemplo de una afirmación exagerada que en la práctica no se cumplió literalmente es Marcos 11:22-24 ("cualquiera que dijere a este monte: Quítate y échate en el mar, y no dudare en su corazón, sino creyere que será hecho lo que dice, lo que diga le será hecho").

6. *El cumplimiento literal de la declaración no lograría la meta deseada.* En la enseñanza sobre la lujuria, Jesús dijo:

> Por tanto, si tu ojo derecho te es ocasión de caer, sácalo, y échalo de ti; pues mejor te es que se pierda uno de tus miembros, y no que todo tu cuerpo sea echado al infierno. Y si tu mano derecha

te es ocasión de caer, córtala, y échala de ti; pues mejor te es que se pierda uno de tus miembros, y no que todo tu cuerpo sea echado al infierno.

La lujuria es en última instancia una cuestión del corazón (Mr. 7:20-23), y la extirpación de un ojo o un apéndice no va a limpiar el corazón. Sin embargo, las medidas radicales de autonegación demuestran un corazón que responde a la gracia de Dios en arrepentimiento. Jesús llama a sus discípulos a este tipo de negación.

7. *La declaración utiliza una forma particular literaria propensa a la exageración.* Algunos géneros literarios cargados de emoción como los proverbios, la poesía y la profecía son especialmente propensos a utilizar un lenguaje exagerado. Por ejemplo, en el lamento de David por la muerte de Saúl y Jonatán, él dijo: "Más ligeros eran que águilas, más fuertes que leones" (2 S. 1:23). David no tenía la intención de decir que Saúl y Jonatán podían correr más rápido que las águilas o que eran literalmente más fuertes que leones. La poesía no funciona de esa manera. Se podría comparar un poema de amor de hoy en día en el que el poeta declara que ha estado pensando en su amada "cada segundo del día". Esperamos la exageración en los poemas, por lo que la mujer a la que va dirigido ese verso no protestaría: "Yo no creo que usted piense en mí 86.400 segundos al día".

   Un modismo es una expresión cuyo significado no literal se ha convertido en habitual en una lengua. Tenemos muchos modismos en español. Por ejemplo, si yo digo: "La señorita le dio calabazas" o "El hombre no dio su brazo a torcer", los que han crecido hablando español entienden muy bien su significado. Del mismo modo, los autores de las Escrituras usan diferentes modismos que eran comunes y corrientes en el idioma y cultura de su tiempo. Muchas veces esas expresiones se traducen de forma dinámica en nuestras versiones modernas en español expresando el pensamiento y la intención originales para evitar posibles malentendidos (p. ej., en 1 Jn. 3:17 se traduce la palabra griega que significa "entrañas" [expresión que habla del asiento de las emociones] por la palabra corazón en el español moderno). En tiempos de Jesús, una serie de textos judíos hablaban de "mover montañas" como una hazaña realizada por personas con gran fe (cp. Zac. 14:4; 1 Co. 13:2).[6] Por

6. Para los paralelismo rabínicos vea J. B. Lightfoot, *A Commentary on the New Testament from the Talmud and Hebraica* (Oxford: Oxford University Press, 1859; reimpresión, Peabody, MA: Hendrickson, 1997), 2:283. D. A. Carson escribe: "Quitar montañas era una expresión proverbial

tanto, no debemos entender literalmente a Jesús cuando dice: "Porque de cierto os digo, que si tuvieres fe como un grano de mostaza, diréis a este monte: Pásate de aquí allá, y se pasará; y nada os será imposible" (Mt. 17:20). Jesús no está preparando a sus seguidores para que trabajen en empresas de minería del carbón moviendo las cimas de montañas físicas. Más bien, a través de la fe en Dios, los seguidores de Jesús superarán obstáculos aparentemente imposibles.

Una vez escuché una conferencia en la que el carácter idiomático de la expresión "mover montañas" no se entendía con claridad. El profesor habló sobre la supuesta alusión de Jesús a Herodes el Grande que movió la cima de una colina para construir el Herodium, uno de sus palacios. La conferencia, aunque interesante, parecía perderse la intención de la expresión idiomática de Jesús.

8. *La declaración utiliza un lenguaje todo inclusivo o universal.* A veces la palabra *todo* significa literalmente "todo", pero no siempre. Veamos un ejemplo fuera de los Evangelios. En Colosenses 1:23, Pablo escribe: "... el evangelio que habéis oído; el cual es predicado a toda criatura que está debajo del cielo" (RVA). ¿Proclamado a *toda criatura* debajo del cielo? ¿Pájaros? ¿Reptiles? ¿Insectos? ¿Posiblemente solo a todas las criaturas humanas? Si es así, ¿por qué tiene Pablo la meta de seguir predicando a Cristo allí donde todavía no es conocido (Ro. 15:20)? Está claro que Pablo está usando el lenguaje universal de una manera hiperbólica. Podríamos decir algo parecido en español moderno: "Esa iglesia está influyendo en todos los rincones de esta ciudad", o "En nuestros días, el evangelio está entrando en toda China".

   También podríamos pensar en expresiones como "todos" y "cada uno" como expresando "todos sin distinción", pero no "todos sin excepción". En el caso de Pablo, el evangelio estaba llegando a todo tipo de personas sin distinción: esclavos, libres, mujeres, hombres, pobres, ricos, judíos, gentiles. No hay clase social o raza humana que el evangelio no haya logrado alcanzar.

En resumen

La exageración es una forma memorable de enfatizar una idea y se encuentra con frecuencia en algunas porciones de la Biblia (p. ej., proverbios, poesía, las enseñanzas de Jesús). Al calificar un texto de hiperbólico, el intérprete

---

de superar grandes dificultades (cp. Is. 40:4; 49:11; 54:10; Mt. 21:21-22; Mr. 11:23; Lc. 17:6; 1 Co. 13:2)" (*Matthew, Chapters 13–28*, EBC [Grand Rapids: Zondervan, 1995], 391).

debe tener una justificación clara. Más arriba se perfilaron ocho principios para reconocer la exageración.

Se advirtió sobre dos peligros interpretativos relacionados con la hipérbole: (1) comprender de forma literal el lenguaje exagerado, y (2) justificar la desobediencia de la enseñanza bíblica porque "solo es una hipérbole". Más bien es al contrario; el lenguaje urgente y emotivo de la exageración nos llama a un énfasis y una obediencia más radicales.

Preguntas para la reflexión

1. ¿Ha escuchado alguna vez una declaración hiperbólica en las Escrituras enseñada equivocadamente como lenguaje literal? Relate el incidente.
2. ¿Hay alguna declaración hiperbólica en las Escrituras que inicialmente malentendió, pero luego llegó a entender bien como exagerada en la forma?
3. ¿Puede pensar en dos o tres ejemplos de lenguaje exagerado de uso común en español moderno?
4. De los dos peligros de interpretación de lenguaje exagerado presentado más arriba (aplicación demasiado literal o desestimar la enseñanza), ¿de cuál de ellas está usted en mayor peligro?
5. Elija una de las declaraciones exageradas de Jesús, y pregunte a varias personas qué piensan que es la enseñanza.

PREGUNTA **27**

¿Cómo se interpretan las figuras del lenguaje?

Una figura del lenguaje es una expresión que básicamente no debe entenderse de forma literal. Los oradores y autores emplean figuras del lenguaje para "énfasis, claridad o frescura de pensamiento".[1] Por ejemplo, esta frase utiliza una figura del lenguaje: "Este sitio es un horno". Se entiende, por supuesto, que hace mucho calor en ese lugar. Ese lenguaje figurado transmite un poco más de emoción que la expresión "Hace calor".

Todos los idiomas y culturas tienen esas formas de hablar. Las figuras del lenguaje son a veces difíciles de entender para los hablantes no nativos debido a nuestra tendencia natural a entender literalmente las nuevas expresiones. A continuación encontrará ejemplos de algunas figuras comunes del lenguaje, tanto del Antiguo como del Nuevo Testamento.

Metáfora

En una metáfora, se aplica una descripción en sentido figurado a una persona o cosa sin usar términos explícitos de comparación. Por ejemplo, en Amós 4:1, el profeta se dirige a las mujeres pecaminosamente lujosas de Israel, diciendo:

> Oíd esta palabra, vacas de Basán, que estáis en el monte de Samaria, que oprimís a los pobres y quebrantáis a los menesterosos, que decís a vuestros señores: Traed, y beberemos.

Notemos que Amós no dice: "Ustedes las mujeres ricas y orgullosas sois *como* vacas gordas". Eso sería un símil, con la palabra *como* usada con un significado explícito de comparación.

Símil

Un símil es semejante a una metáfora en el que se aplica una descripción en sentido figurado a una persona o cosa. La única diferencia es que, en un

1. Richard A. Young, *Intermediate New Testament Greek: A Linguistic and Exegetical Approach* (Nashville: Broadman & Holman, 1994), 235. He encontrado de mucha ayuda el estudio de Young sobre el lenguaje figurado.

símil, se utilizan las palabras de comparación *como* o *igual*. Por ejemplo, en el Salmo 1:3, encontramos un símil para describir al hombre sabio que medita en la Palabra de Dios.

> Será como árbol plantado junto a corrientes de aguas, que da su fruto en su tiempo, y su hoja no cae; y todo lo que hace, prosperará.

> Otro ejemplo es Mateo 24:27, donde Jesús declara:

> Porque como el relámpago que sale del oriente y se muestra hasta el occidente, así será también la venida del Hijo del Hombre.

Como en todos los símiles y metáforas, tenemos (a) el tema tratado (la venida del Hijo del Hombre), (b) la imagen con respecto al tema (relámpago), y (c) el punto de comparación (visibilidad innegable).[2] Cuando un autor utiliza una metáfora o símil, puede optar por insinuar uno o más de estos tres elementos.

Merismo

Un merismo es una figura retórica en la que dos elementos juntos representan la totalidad de algo. Por ejemplo, en Génesis 1:1, a Dios se le describe como creando "los cielos y la tierra". Esa expresión se entiende mejor como un merismo que habla de todo el orden creado. Del mismo modo, en el texto hebreo del Salmo 105:14, "*adam* ('hombre') y *melakim* ('reyes') indican cualquiera y todo el mundo".[3]

Endíadis

El "endíadis es la expresión de una idea utilizando dos o más palabras similares, es decir, dos palabras que se usan para lo mismo".[4] Por ejemplo, en 2 Timoteo 1:10, Pablo dice que Jesús "quitó la muerte y sacó a luz la vida y la inmortalidad por el evangelio". Aquí "vida" e "inmortalidad" se refieren a la misma realidad de la vida eterna.[5] Otro ejemplo se encuentra en Santiago 4:2, donde la expresión griega literal: "Matáis y ardéis de envidia", posiblemente se debe entender como el endíadis: "Están llenos de celos mortales" o "ustedes tienen envidia asesina".[6]

---

2. Ibíd., 236.
3. Willem A. VanGemeren, *Psalms*, en Expositor's Bible Commentary 5 (Grand Rapids: Zondervan, 1991), 26.
4. Young, *Intermediate New Testament Greek*, 243.
5. Ibíd.
6. Joseph B. Mayor señala esta posibilidad (*The Epistle of St. James*, 2ª ed. [Nueva York: Macmillan, 1897], 130).

Sinécdoque

La sinécdoque es una expresión literaria en la que la parte representa el todo o el todo representa la parte. Por ejemplo, cuando se dice: "Quedó sola con cinco bocas que alimentar", se refiere a los hijos. Del mismo modo, cuando leemos "¡Cuán hermosos son sobre los montes los pies del que trae alegres nuevas" (Is. 52:7; cp. Ro. 10:15), entendemos que los pies son una sinécdoque de la persona que anuncia la evangelio. El autor de Isaías no está realmente interesado en los pies del predicador. Como una parte del cuerpo del predicador que representa la llegada de buenas noticias, los pies son elegidos para resaltar el deleite en la llegada del heraldo.

Otro ejemplo de sinécdoque lo encontramos en la conocida petición de la Oración del Señor: "El pan nuestro de cada día, dánoslo hoy" (Mt. 6:11). Aquí, "pan", como un elemento básico de consumo habitual, sirve como una sinécdoque para toda la categoría de alimentos, o posiblemente como una sinécdoque para todas las necesidades diarias.

Metonimia

La metonimia es una expresión en la que una palabra o frase toma el lugar de otra con la que está estrechamente asociada. Por ejemplo, en Estados Unidos podríamos decir: "La Casa Blanca vetó el proyecto de ley". La Casa Blanca, por supuesto, es la residencia de piedra y cemento del presidente de los Estados Unidos de América. Una casa en realidad no puede vetar nada. Sin embargo, debido a nuestra íntima asociación mental entre el presidente y su residencia oficial, usamos "Casa Blanca" como una metonimia del "presidente de EE.UU.".

De igual manera, el griego y el hebreo de la Biblia tienen ejemplos culturales específicos de metonimia. Por ejemplo, en la parábola del hombre rico y Lázaro (Lc. 16:19-31), después de que el hombre rico le pide a Abraham que envíe a Lázaro de entre los muertos para advertir a sus hermanos, leemos:

> Y Abraham le dijo: A Moisés y a los profetas tienen; óiganlos. Él [el hombre rico] entonces dijo: No, padre Abraham; pero si alguno fuere a ellos de entre los muertos, se arrepentirán. Mas Abraham le dijo: Si no oyen a Moisés y a los profetas, tampoco se persuadirán aunque alguno se levantare de los muertos (Lc. 16:29-31).

Los hermanos del hombre rico no tenían en realidad en sus manos la persona de Moisés, que hacía mucho tiempo que había muerto (Dt. 34:7). Tampoco tenían en su poder su esqueleto o cuerpo momificado. No, aquí el nombre "Moisés" (el autor del Pentateuco) sirve claramente como una metonimia de los escritos que él produjo.[7] Del mismo modo, a veces en el Nuevo Testamento, "la cruz" sirve como una metonimia de la muerte expiatoria de Jesús (p. ej., Gá. 6:14; Ef. 2:16; Fil. 3:18).

Personificación

La personificación es la presentación de una cosa (un objeto inanimado) o una idea como teniendo las cualidades o las acciones de una persona. Por ejemplo, Jesús dijo:

> Mas cuando tú des limosna, no sepa tu izquierda lo que hace tu derecha, para que sea tu limosna en secreto; y tu Padre que ve en lo secreto te recompensará en público (Mt. 6:3-4).

No es posible, por supuesto, para las extremidades o apéndices de nuestros cuerpos saber realmente nada. Pero en esta personificación de la mano derecha e izquierda de una persona, Jesús nos pide de manera enfática y memorable que demos con generosidad. El apóstrofe, como un subconjunto de la personificación, es una figura del lenguaje en el que se aborda la cosa personificada como una persona. Damos a continuación un ejemplo del apóstrofe en los Salmos, donde el que habla se dirige a las montañas personificadas.

> ¿Por qué observáis, oh montes altos, al monte que deseó Dios para su morada? Ciertamente Jehová habitará en él para siempre (Sal. 68:16).

Antropomorfismo

Un antropomorfismo es la presentación de Dios como teniendo características o acciones humanas. Por ejemplo, en 2 Crónicas 16:9, leemos:

> Porque los ojos de Jehová contemplan toda la tierra, para mostrar su poder a favor de los que tienen corazón perfecto para con él.

Por supuesto, como un ser espiritual (Jn. 4:24), Dios no tiene ojos físicos que literalmente contemplen la tierra. Sin embargo ¿de qué otra manera pueden los seres humanos, que saben de la vista solo en la experiencia concreta de nuestra propia existencia física, describir que los ojos de Dios ven todas las cosas? Del mismo modo, los pasajes bíblicos que hablan del brazo o de la mano de Dios no son descripciones físicas de la apariencia divina (p. ej., Sal. 98:1), sino antropomorfismos (cp. Éx. 33:18-23).

---

7. Los ejemplos de la Casa Blanca y Moisés están sacados de Richard Young, *Intermediate New Testament Greek*, 237.

Litote

"El litote se produce cuando una afirmación se hace mediante la negación de lo contrario".[8] Por ejemplo, si alguien le pregunta: "¿Cuánto decoraste tu casa esta Navidad?", y usted responde: "No me contuve", en realidad lo que quiere decir es que "la decoró ampliamente". De manera similar, en Hechos 15:2, cuando Lucas dice que Pablo y Bernabé "tuviesen una discusión y contienda no pequeña [con los falsos maestros que exigían que los gentiles se circuncidaran]", él está empleando un litote en el sentido de que hubo "un serio altercado y debate".

Modismo

Es importante notar la diferencia entre una expresión que aparece una vez o en raras ocasiones y las expresiones comunes. Cualquiera puede acuñar una nueva frase hecha, y a veces la originalidad de la expresión es especialmente eficaz en captar la atención del oyente. Por ejemplo, alguien podría decir: "Peso más que un portaaviones. Será mejor que empiece a hacer ejercicio". Si bien esa expresión hiperbólica transmite la intensidad del pensamiento del que habla, es dudoso que otros la repitan. Sin embargo, si la expresión se repite y se hace habitual (p. ej., "Peso una tonelada"), entonces se convierte no solo en un ejemplo de hipérbole, sino también en un modismo.

Muchos modismos de la Biblia quedan suavizados en las traducciones a las lenguas modernas, de modo que el lector no suele notarlos. Por ejemplo, E. W. Bullinger señala que la frase, "respondió y dijo" es una frase idiomática hebrea para introducir cualquier tipo de discurso (es decir, no simplemente una respuesta). Bullinger escribió: "[La frase] no debe ser, por tanto, traducida literalmente, "Respondió y dijo", sino traducida de forma que exprese cualquiera que sea el tipo particular de discurso al que se refiere el verbo".[9] Otro ejemplo de un modismo bíblico común es la frase hebrea, "partir el pan", que significa "consumir alimento" y se utiliza frecuentemente en referencia a las comidas.[10]

En resumen

Una figura del lenguaje es una expresión que pretende ser entendida de un modo no literal, y que se usa para proporcionar énfasis o variación creativa. Todas las lenguas emplean figuras del lenguaje, pero cuando nos encontra-

---

8. Young, *Intermediate New Testament* Greek, 241.
9. E. W. Bullinger, *Figures of Speech Used in the Bible* (London: Eyre and Spottiswoorde, 1898; reimpresión, Grand Rapids: Baker, 2003), 837. Bullinger aporta muchos ejemplos de modismos bíblicos (ibíd., 819-860).
10. Ibíd., 839.

mos por primera vez con expresiones de este tipo con las que no estamos familiarizados, tendemos a interpretarlas de manera demasiado literal. Más arriba hemos examinado diez tipos comunes de expresiones figuradas que se hallan en la Biblia: (1) metáfora, (2) símil, (3) merismo, (4) endíadis, (5) sinécdoque, (6) metonimia, (7) personificación, (8) antropomorfismo, (9) lítote y (10) modismo. Hay que advertir al lector que no debe confundir a otros usando estos términos más técnicos para las figuras del lenguaje. De hecho, lo importante no es conocer el nombre de una figura del lenguaje, sino entender el significado que el autor quiso transmitir por medio de una expresión figurada y comunicar ese sentido a los demás con fidelidad.

Preguntas para la reflexión

1. ¿Puede usted definir una "figura del lenguaje"?
2. Dé algunos ejemplos de figuras del lenguaje del idioma español.
3. ¿Fue alguna de las figuras del lenguaje descritas más arriba nueva para usted? ¿Cuál de ellas?
4. Elija una de las expresiones de la Biblia con sentido figurado estudiadas más arriba. ¿De qué manera la lectura literal de esa expresión daría como resultado un malentendido?
5. ¿Por qué usan las personas lenguaje figurado en vez de expresiones más directas y fáciles de traducir?

Sección B: Géneros principalmente del Antiguo Testamento

PREGUNTA **28**

¿Cómo se interpretan los proverbios?

Poco después de que naciera nuestra primera hija, recibí un correo electrónico de un amigo mediante el cual me retaba a "reclamar la promesa" de Proverbios 22:6 ("Instruye al niño en su camino, y aun cuando fuere viejo no se apartará de él"). ¿Es eso en realidad una "promesa"? Si, al llegar a la edad adulta, mi hija se alejara del Señor, ¿significaría eso que al final mi instrucción es la culpable? Tener una comprensión correcta del género de los proverbios nos permitirá responder a estas preguntas.

La mayoría de los proverbios son verdades generales que suponen excepciones

Un proverbio es un subgrupo de la literatura sapiencial. La literatura sapiencial es un género amplio en el que los dichos y las reflexiones de los sabios quedan registrados. Estas palabras pueden tomar la forma de debates (Job), autorreflexión poética y lamento (Eclesiastés), u observaciones sentenciosas sobre el funcionamiento normal de la vida (Proverbios).[1] En esta pregunta, nos centraremos en los proverbios, que no solo aparecen en el libro de la Biblia con ese nombre, sino también los encontramos dispersos entre otros géneros bíblicos (p. ej., 1 R. 20:11; Mt. 26:52).

Las dos últimas partes del libro de Proverbios (caps. 10—31) contienen dichos breves que fácilmente reconoceríamos como proverbios en español. Los primeros nueve capítulos de Proverbios, sin embargo, consisten sobre todo de discursos más largos, con un padre que da consejos a su hijo o la personificación de la "Sabiduría" que llama a las personas que pasan. En muchos sentidos, estos primeros nueve capítulos proporcionan un marco a través del

1. D. A. Hubbard escribe: "[La literatura sapiencial es] una familia de *géneros* literarios comunes en el antiguo Cercano Oriente, en los que se ofrecen instrucciones para la vida exitosa o se analizan las complejidades de la existencia humana. Existen, en líneas generales, dos tipos: sabiduría proverbial —dichos breves y sentenciosos que consignan reglas para la felicidad y la ventura personales (p. ej., Proverbios)—, y la sabiduría especulativa —monólogos (p. ej., Eclesiastés) o diálogos (p. ej., Job) que intentan ahondar en problemas tales como el sentido de la existencia y la relación entre Dios y el hombre—. La sabiduría especulativa es práctica y empírica, no teórica. Los problemas de la existencia humana se consideran en función de ejemplos concretos: 'Hubo… un varón llamado Job'". ("Sapiencial, Literatura", en *Nuevo diccionario bíblico Certeza*, ed. J. D. Douglas [Buenos Aires: Certeza Unida, 2003], 1240).

cual entendemos mejor el material que viene después en el libro. Sin embargo, la vida verdaderamente sabia y pragmática se fundamenta siempre en "el temor de Jehová" (Pr. 1:7).[2]

Todas las lenguas y culturas tienen proverbios: consejos sabios en expresiones cortas y memorables. Posiblemente debido a la obsesión que nosotros tenemos con la productividad, muchos proverbios estadounidenses tienen que ver con la eficiencia, el dinero, el empleo o el contentamiento. Por ejemplo, un proverbio común es: "Una puntada a tiempo, ahorra nueve". En otras palabras, si usted ve una tela que empieza a rasgarse y se detiene para coserla ahora, evitará que tenga que hacer una costura mucho más grande después. Este proverbio, utilizando el lenguaje de la aguja, se aplica a cualquier situación en la que un poco de previsión y trabajo ahora evitará una tarea mucho mayor más adelante (mantenimiento del auto, reparaciones del hogar, asuntos de relaciones humanas, etc.). Asimismo, reconocemos que el proverbio no es una promesa infalible. Nos describe las cosas en la manera que funcionan normalmente. Usted podría dar un par de puntadas en una camiseta que está empezando a romperse, solo para descubrir más tarde que la rotura ha empeorado. La tela mal hecha no puede ser arreglada con una puntada inicial. Sin embargo, a pesar de esas excepciones el proverbio no es falso, pues en él se describen las cosas como normalmente funcionan.

¿En qué son diferentes los proverbios bíblicos de los demás proverbios? Para empezar, los proverbios de la Biblia están divinamente inspirados (2 Ti. 3:16). Por tanto, esos proverbios aprueban lo que Dios aprueba y condenan lo que Dios condena. Además, estarán libres de todo error (vea la pregunta 4, "¿Contiene la Biblia errores?"). Aunque muchos proverbios no bíblicos demuestran perspicacia, también a veces exaltan la maldad y tergiversan a Dios y su creación. Confucio, el sabio chino (551-479 a.C.), dijo muchas cosas sabias. Por ejemplo, dijo: "El que es demasiado rápido para hablar de algo tendrá dificultades para llevarlo a cabo".[3] También dijo: "La felicidad todavía puede existir con alimento básico para comer, agua fría para beber y un brazo doblado como almohada. Las riquezas y el rango obtenidos injustamente me parecen tan insustanciales como las nubes que flotan en el cielo".[4] Sin embargo,

2. Longman escribe: "Los capítulos 1—9 sirven como una introducción, incluso como una especie de prisma hermenéutico, a través del cual debemos leer el resto del libro. La primera parte del libro requiere una decisión por parte de los hombres jóvenes, que representan al lector. ¿Con quién va a cenar, con la Sabiduría o la Necedad? Esto requiere una decisión religiosa, una decisión entre el Dios verdadero y los dioses falsos" (Tremper Longman III, *Proverbs*, Baker Commentary on the Old Testament [Grand Rapids: Baker, 2006], 61).
3. Luo Chenglie, Liangwen Guo, Tianchen Li, y Jiasen Zhang, *A Collection of Confucius' Sayings: An English-Chinese Bilingual Textbook* (Jinan: Qi Lu, 1988), 65.
4. Ibíd., 35.

a Confucio se le atribuye también este dicho horrendo: "Cien mujeres no valen lo que un solo testículo".[5] Mientras que los dos primeros proverbios de Confucio coinciden con la revelación bíblica, este último está por completo en contra de la enseñanza bíblica sobre la igualdad, dignidad y valor de los sexos (Gn. 1:26-27; 1 Co. 11:11-12; Ef. 5:21-33).

¿En qué son similares los proverbios bíblicos a otros proverbios? Ambos generalmente asumen excepciones. Estas excepciones son inherentes a la naturaleza de dichos sabios acerca de la forma de vida como *normalmente* funciona. Por ejemplo, en Proverbios 10:4, leemos: "La mano negligente empobrece; mas la mano de los diligentes enriquece". Esto es cierto en general. Si usted es perezoso, después de un tiempo, usted será pobre. O, como leemos en Proverbios 6:10-11: "Un poco de sueño, un poco de dormitar, y cruzar por un poco las manos para reposo; así vendrá tu necesidad como caminante, y tu pobreza como hombre armado". Por otro lado, los que trabajan con diligencia adquirirán gradualmente riqueza. Pero hay situaciones con circunstancias atenuantes en las que esta verdad general no resulta ser cierta. Por ejemplo, algunos niños nacen en familias tan inmensamente ricas, que son capaces de vivir perezosa y lujosamente toda su vida y aún morir ricos. Hay otras personas trabajadoras a las que se les niega injustamente el fruto de su trabajo. De hecho, otros proverbios observan esa gran injusticia. Por ejemplo, Proverbios 13:23 afirma: "En el campo del pobre hay abundante comida, pero esta se pierde donde hay injusticia" (NVI). El hecho de que a primera vista algunos proverbios bíblicos entran en conflicto con los demás nos recuerda que los proverbios son situacionales u ocasionales. Cada proverbio aborda una cierta ocasión como normalmente nos la encontramos, pero no pretende describir todas las excepciones. Si se enumeran todas esas excepciones, el proverbio resultante estaría lejos de ser corto o memorable. Sería más bien un ensayo titulado "Una verdad general, con todas las excepciones posibles".

He aquí un ejemplo de dos proverbios bíblicos puestos uno al lado del otro que parecen, a primera vista, estar en conflicto:

> No respondas a los argumentos absurdos de los necios o te volverás tan necio como ellos (Pr. 26:4, NTV).[6]

---

5. Escuché por primera vez este proverbio de Confucio en una conferencia sobre el sexismo en la escuela secundaria. Una búsqueda en Internet muestra que el proverbio es ampliamente citado, aunque yo no tuve acceso a una colección impresa de proverbios de Confucio que lo incluya.
6. Es importante señalar que en la literatura sapiencial, el "necio" es un "pagano no creyente que ignora a Dios y se guía por sí mismo" (Grant R. Osborne, *The Hermeneutical Spiral: A Comprehensive Introduction to Biblical Interpretation*, ed. rev. [Downers Grove, IL: InterVarsity Press, 2006], 244).

> Responde a los argumentos absurdos de los necios o se creerán sabios en su propia opinión (Pr. 26:5, NTV).

Debemos darnos cuenta de la naturaleza circunstancial de esos proverbios para afirmar la verdad de ambos. Dependiendo de la receptividad del necio a la reprensión, uno de esos proverbios se aplicará a cualquier tontería del insensato. En otras palabras, si un tonto está imprudentemente inclinado a no escuchar el consejo de otros, usted mismo se pone a la altura del tonto al intentar razonar con él (Pr. 26:4). Sin embargo, hay situaciones en las que llamar la atención a las acciones insensatas de una persona le pueden impedir seguir adelante en su destructivo autoengaño (Pr. 26:5). Es necesario conocer bien la situación para saber qué proverbio aplicar.[7]

Una cuestión importante a considerar es la función de los proverbios. Un proverbio bíblico nos puede ayudar aquí. Proverbios 26:7 dice: "Las piernas del cojo penden inútiles; así es el proverbio en la boca del necio". En otras palabras, simplemente conocer o recitar un proverbio es inútil si no deriva en un cambio de comportamiento. Los proverbios nos llaman a la acción. Los proverbios bíblicos nos llaman a responder a Dios en fe y obediencia.

Algunos proverbios, sin embargo, no tienen excepciones

Al tratar de corregir el error común de que los proverbios son como promesas, los intérpretes pueden a veces perderse el hecho de que algunos proverbios bíblicos son siempre verdaderos. Algunos proverbios *son* esencialmente promesas. Estos proverbios tienen que ver con la naturaleza de Dios. En la medida en que un proverbio describe una cualidad de Dios (santidad, conocimiento, etc.), ese proverbio es cierto, sin excepción, porque Dios no está sujeto a las vicisitudes humanas (Nm. 23:19). Por ejemplo, en Proverbios 11:1, leemos: "El peso falso es abominación a Jehová; mas la pesa cabal le agrada". Puesto que Dios es justo, Él siempre aborrece el engaño en los negocios, sin excepción.[8] Del mismo modo, vemos una lista en Proverbios 6:16-19 que no tiene excepciones:

---

7. Tremper Longman III nos ofrece una comprensión similar de estos dos proverbios: "Este par de proverbios [Pr. 26:4-5] son una evidencia principal que lleva hacia la comprensión del género de los proverbios. Los proverbios no son leyes universalmente verdaderas, sino principios circunstanciales relevantes… En pocas palabras, la respuesta depende de la naturaleza del necio con quien uno está conversando. En otras palabras, la persona sabia debe evaluar si este es un tonto que simplemente va a agotar nuestra energía sin resultados positivos, o si la respuesta va a ser fructífera para el necio o tal vez para aquellos que escuchan. El sabio no solo conoce el refrán, sino también puede leer las circunstancias y personas con las que está dialogando" (*Proverbs*, 464). Osborne advierte: "No nos atrevamos a leer más en la declaración proverbial de lo que está ahí. Por su propia naturaleza son afirmaciones generales, destinadas a dar consejos en lugar de establecer códigos rígidos por los cuales Dios obra" (*Hermeneutical Spiral*, 247).
8. Acerca de este mismo proverbio, Longman escribe: "Si hay excepciones a este proverbio, no son tan raras que carecen de importancia" (*Proverbs*, 33).

> Seis cosas aborrece Jehová, y aun siete abomina su alma: Los ojos altivos, la lengua mentirosa, las manos derramadoras de sangre inocente, el corazón que maquina pensamientos inicuos, los pies presurosos para correr al mal, el testigo falso que habla mentiras, y el que siembra discordia entre hermanos.

Dios no aborrece unas veces estas cosas y otras veces no las aborrece. Como un Dios absolutamente santo, son cosas que Él siempre odia.

¿Qué hay en cuanto a los proverbios que describen las intervenciones de Dios en este mundo? Por ejemplo, en Proverbios 10:3, leemos: "Jehová no dejará padecer hambre al justo; mas la iniquidad lanzará a los impíos". ¿Hay alguna excepción a este proverbio? ¿Nunca pasan hambre los hijos de Dios (los justos)? La mayoría de los intérpretes reconocen que algunos de los hijos de Dios pasan hambre de vez en cuando. El apóstol Pablo dice que él a veces pasó hambre y sed (2 Co. 11:27). Leemos que las multitudes que escuchaban a Jesús tuvieron hambre hasta el punto de que hubieran desmayado de haber sido despedidos sin comida (Mt. 15:32). Sin embargo, si usted es un cristiano, es probable que haya visto al Señor proveyendo para sus necesidades básicas en forma milagrosa, y habrá oído hablar de la forma en que lo ha hecho con otros creyentes. Mientras vamos caminando por la vida, esperamos normalmente que Dios obre de la manera que describe Proverbios 10:3. Pero si no lo hace, sabemos que "[su] poder se perfecciona en la debilidad" y su gracia es suficiente para nosotros (2 Co. 12:9).

Es también digno de mención que porciones de la literatura sapiencial apuntan a la intervención final de la justicia de Dios como fuera de la breve duración de la vida humana terrenal. En otras palabras, la rendición final de cuentas ante Dios nos espera después de la muerte y, finalmente, juzgará todas las cosas en el día del juicio final. En el Salmo 73 (un salmo sapiencial), Asaf lucha por comprender las injusticias a su alrededor y encuentra la respuesta en el más allá. Él escribe: "Cuando pensé para saber esto, fue duro trabajo para mí, hasta que entrando en el santuario de Dios, comprendí el fin de ellos [los malvados]" (Sal. 73:16-17).

A continuación se presentan algunos proverbios que implican la intervención divina más allá de esta vida temporal.[9]

> Las riquezas mal habidas no sirven de nada, pero la justicia libra de la muerte (Pr. 10:2, NVI).

9. Vea también Proverbios 12:28; 15:24; 23:13-14. Longman ve estos versículos como apuntando posiblemente a la vida eterna.

> En el día de la ira de nada sirve ser rico, pero la justicia libra de la muerte (Pr. 11:4, NVI).
>
> Muere el malvado, y con él su esperanza; muere también su ilusión de poder (Pr. 11:7, NVI).

Por tanto, aunque los proverbios bíblicos suelen referirse a la intervención de Dios a favor de su pueblo como algo que experimentan en la vida diaria normal, los proverbios aluden a una trayectoria eterna que apunta al día del juicio final.

La interpretación de otra literatura sapiencial

Son aquí oportunos unos breves comentarios con respecto a la interpretación de otras literaturas sapienciales. Tanto en los debates de Job como en los monólogos de Eclesiastés, el contexto es más importante que con los proverbios y su estilo entrecortado (staccato). Hay que interpretar Eclesiastés a la luz de la declaración del resumen final: "El fin de todo el discurso oído es este: Teme a Dios, y guarda sus mandamientos; porque esto es el todo del hombre. Porque Dios traerá toda obra a juicio, juntamente con toda cosa encubierta, sea buena o sea mala" (Ec. 12:13-14). Cuando uno pierde de vista esta verdad organizadora, las vanidades de la vida son atractivas y parece razonable buscarlas, como indica la parte primera del libro. Lo mismo sucede con Job. Hay que leer toda la obra para descubrir que Dios desacredita algunos de los consejos aparentemente racionales y sabios de los amigos de Job (Job 42:7). Los amigos de Job parecen haber tomado las maneras en que Dios normalmente trabaja (es decir, proverbios) y hacen de ellos leyes absolutas sin excepciones (p. ej., Job 4:7-9; 8:3-7). Al final, el libro de Job alaba el misterio de la obra providencial de Dios (Job 42:1-6).

Longman sostiene que Eclesiastés y Job son correctivos canónicos útiles para evitar posibles malentendidos de los proverbios bíblicos. Nos muestran que los proverbios no son promesas, porque hay muchas injusticias desconcertantes y caprichosas en esta vida. En última instancia, todos nos enfrentamos a situaciones en las que debemos someternos a la misteriosa soberanía de Dios.[10]

El Cantar de los Cantares es generalmente reconocido como un híbrido de la literatura sapiencial y de la canción poética. Como acertadamente señala un comentarista: "La sabiduría es la aplicación de la voluntad de Dios a lo esencial y básico de la vida".[11] Como corresponde, pues, el Cantar de los Cantares

---

10. Longman, *Proverbs*, 63.
11. Tremper Longman III, *Song of Songs*, NICOT (Grand Rapids: Eerdmans, 2001), 49. Para una enseñanza práctica sobre el Cantar de los Cantares, remitimos al lector a la obra de Daniel Akin,

ofrece una perspectiva divina sobre la experiencia del amor romántico entre un marido y su mujer. A pesar de los muchos intentos de alegorizar el texto, se entiende mejor como un sello de inspiración divina de aprobación en las alegrías emocionales y físicas comunes en el matrimonio.

En resumen

Los proverbios son observaciones breves y memorables respecto a cómo funciona la vida *normalmente*. Los proverbios no solo se encuentran en el libro bíblico con ese nombre, sino también se encuentran dispersados por otros géneros bíblicos (p. ej., 1 R. 20.11; Mt. 26:52). Al igual que los proverbios no bíblicos, la mayoría de los proverbios que se encuentran en la Biblia son verdades *generales*, salvo excepciones. No obstante, los proverbios que describen una cualidad inherente de Dios en lo abstracto (p. ej., la santidad o la justicia) no son una excepción. Algunos proverbios también aluden a una trayectoria eterna de las intervenciones de Dios, por las que su vindicación final de su pueblo se produce más allá de la tumba. Eclesiastés y Job, "literatura sapiencial" no proverbial, proveen la confirmación canónica de que los proverbios no son promesas, sino descripciones de situaciones específicas y el modo en que las cosas normalmente funcionan.

Preguntas para la reflexión

1. ¿Tiene usted un proverbio bíblico favorito? Si es así, ¿es un proverbio que asume excepciones?
2. ¿Cuáles son algunos proverbios (no bíblicos) modernos?
3. ¿Puede usted pensar en algún proverbio no bíblico que contradiga las verdades de las Escrituras?
4. ¿Es Proverbios 22:6 ("Instruye al niño en su camino, y aun cuando fuere viejo no se apartará de él") una promesa? Si no, ¿cuáles son algunas posibles excepciones?
5. Reto: A partir del primer día del mes, lea un capítulo de Proverbios cada día durante todo el mes. (Hay treinta y un capítulos en el libro de Proverbios).

God on Sex: The Creator's Ideas about Love, Intimacy, and Marriage (Nashville: Broadman & Holman, 2003).

PREGUNTA 29

¿Cómo se interpreta la poesía?

Asistí una vez a un estudio bíblico en el que un oyente estaba desconcertado por Proverbios 6:16-19 ("Seis cosas aborrece Jehová, y aun siete abomina su alma..."). De hecho, un lector inexperto podría preguntarse: "¿Se olvidó inicialmente el autor de una cosa en su lista ('seis cosas') y luego la añadió rápidamente para corregirlo ('siete')?". En realidad, estos versículos demuestran un estilo común en la poesía semítica (la forma poética "x, x + 1"). El autor no se olvidó de algo y luego lo añadió. Esta forma poética era más bien una manera reconocida de presentar una lista de manera enfática y memorable.

La poesía aparece en muchos géneros bíblicos: proverbios, narrativa histórica, profecía, salmos, etc. Para entender correctamente la poesía, lo primero que hay que hacer es reconocer que se trata de un texto poético. Luego hemos de tener un cierto entendimiento de los supuestos que subyacen en la poesía. Por último, debemos emplear sólidos principios hermenéuticos en la interpretación de diversas formas poéticas.

Reconozca que es un texto poético

Pida a una persona de hoy que recite un poema de memoria, y probablemente recordará una canción de la guardería de niños o la letra de una canción popular. Aunque muchos poemas en español no riman, solemos asociar la poesía con la rima y la métrica regular (sílabas repetidas y patrones de énfasis). Por el contrario, la poesía hebrea y griega rara vez rima. Más bien, tal poesía es reconocida por sílabas repetidas o patrones de acentuación, líneas paralelas, repetición de sonidos similares (consonantes, vocales, diptongos), etc.[1] La mayoría de estos indicadores poéticos comunes no se traducen fácilmente a otros idiomas. Por tanto, las personas que leen la Biblia en otros idiomas, aparte del hebreo y el griego, dependen de los traductores y los editores de la Biblia para indicar la poesía mediante la disposición del texto. Casi todas las Biblias modernas presentan la poesía en formas reconocibles: estrofas espaciadas, agrupación de líneas paralelas, dejando suficiente espacio en blanco alrededor de los pasajes poéticos por lo que se ven distintos de las secciones en prosa, etc. Pase las páginas de una versión moderna de la Biblia y verá

1. Hay considerable desacuerdo entre los estudiosos con respecto a la relación de los patrones de sílabas y acentos o énfasis para demarcar la métrica semítica.

rápidamente los distintos diseños de secciones poéticas a diferencia de los pasajes en prosa. Por ejemplo, todo el libro de los Salmos, junto con otros muchos libros proféticos, se presentan poéticamente.

Tenga en cuenta los supuestos subyacentes en la poesía

Un escritor u orador puede emplear la poesía por varias razones. Dos de las principales razones se mencionan aquí. Primera, algunos escritores u oradores emplean poesía para hacer sus palabras más memorables. De hecho, un gran porcentaje de la enseñanza de Jesús sigue formas poéticas semíticas. Como el maestro más grande que jamás haya existido, Jesús enseñó en formas que invitaban a la participación. Jesús tenía el propósito de que su enseñanza fuera recordada, obedecida y repetida (Mt. 7:24-29; Mr. 6:7-13, 30). Su estilo de enseñanza hacía que la tarea de recordar sus palabras resultara fácil. Segunda, los escritores u oradores emplean a menudo la poesía por razones afectivas. Es decir, se utiliza la poesía para expresar y evocar emociones fuertes. La poesía emplea imágenes fuertes y lenguaje hiperbólico. Al leer la poesía, no encontramos listas de hechos científicos y objetivos. Esperamos que nos presenten una realidad conmovedora y que nos conmueva a nosotros. Por supuesto, eso no significa negar que el autor del poema tenga la intención de transmitir información objetiva. Sin embargo, debemos esperar el lenguaje figurado (no literal) y exagerado, que, si se toma literalmente, sería mal entendido (vea la pregunta 26, "¿Cómo se interpreta el lenguaje exagerado o hiperbólico?"). En efecto, la pregunta hermenéutica clave siempre es: "¿Qué mensaje quería el autor inspirado transmitir con estas palabras y frases?". Por ejemplo, en el Antiguo Testamento, las descripciones poéticas de batallas o imágenes cósmicas se utilizan a veces en un sentido figurado. Las estrellas caerán del cielo, la luna no dará su resplandor, y el sol se oscurecerá (Is. 13:10; 34:4; Ez. 32:7; Jl. 2:10; 3:15). Si las descripciones de tales catástrofes cósmicas se producen dentro de las secciones poéticas y otros marcadores textuales dan a entender que la vida en este planeta continua con normalidad, entonces probablemente este lenguaje cósmico se debería entender como descripciones figurativas de agitación nacional o internacional.

En mis clases de hermenéutica, encuentro a veces que los estudiantes que reconocen fácilmente el lenguaje figurado en la poesía inglesa se resisten a reconocerlo en la Biblia. Esa dificultad se basa a menudo en una piedad equivocada, pues piensan que clasificar un texto como lenguaje figurado es negar su veracidad. Es decir, "lenguaje figurado" se considera como equivalente a "mitológico", un epíteto usado para negar la veracidad y autoridad de las Escrituras, a la vez que se trata de mantener su "significancia". Una vez más, la pregunta central es: "¿Qué nos intenta decir el autor inspirado?". Si el autor bíblico dio a sus palabras un sentido figurado, estamos de hecho siendo infieles si las entendemos literalmente. Vea la pregunta 27, "¿Cómo se interpretan las figuras del lenguaje?", para disponer de más ayuda en la comprensión de algunas figuras retóricas comunes en la Biblia.

Familiarícese con las formas poéticas comunes

Parte de la interpretación correcta de la poesía depende de reconocer las formas poéticas y de leerlas a la luz de los supuestos del autor asociados con tales formas. A continuación encontrará una lista de las formas poéticas bíblicas comunes y los supuestos asociados.

1. *El paralelismo sinónimo.* El paralelismo es una de las formas más comunes en la poesía semítica. Dan McCartney y Charles Clayton definen el paralelismo como sigue:

   > El paralelismo se da cuando dos o más líneas de longitud aproximadamente igual (en número de sílabas) y con una estructura gramatical semejante tratan el mismo tema. La segunda línea proporciona un poco más de información o una representación diferente de la primera línea, ya sea por adición, contraste o especificación.[2]

   El paralelismo sinónimo, un subgrupo del paralelismo, se caracteriza por dos líneas poéticas con significado muy cercano entre sí, si no sinónimo. Una línea inicial oscura puede quedar dilucidada por una segunda más clara. Por ejemplo, en el Salmo 52:8, leemos:

   > Pero yo soy como un olivo verde
   > que florece en la casa de Dios;
   > yo confío en el gran amor de Dios
   > eternamente y para siempre (NVI).[3]

   Sin la segunda línea sinónima, podríamos quedar confundidos en cuanto a de qué forma es David como un olivo. La segunda línea parece aclarar la primera imagen que tiene la intención de darnos un cuadro de dependencia y fecundidad sostenida.

2. *El paralelismo antitético.* Una segunda forma común de paralelismo es el paralelismo antitético, en el que la segunda línea contrasta con

---

2. Dan McCartney y Charles Clayton, *Let the Reader Understand: A Guide to Interpreting and Applying the Bible*, 2ª ed. (Phillipsburg, NJ: P&R, 2002), 230.
3. McCartney y Clayton también dan este versículo como un ejemplo del paralelismo sinónimo (ibíd.).

la primera al afirmar la verdad opuesta. Por ejemplo en el Magníficat (Lc. 1:46–55), María canta diciendo que Dios humilla a los soberbios (línea 1) y exalta a los humildes (línea 2):

> Quitó de los tronos a los poderosos,
> Y exaltó a los humildes (v. 52).

Mediante esa repetición antitética, la afirmación inicial en la primera línea se aclara aún más y se realza de forma memorable.

3. *El paralelismo sintético.* Una tercera forma de parelismo, el paralelismo sintético, reconoce la adición de información o énfasis en la segunda línea, a tal grado que esa segunda línea ya no puede ser tenida como sinónimo (llamado también a veces paralelismo progresivo). Hay una tendencia general entre los estudiosos de permitir un mayor paralelismo sintético en la Biblia. Los intérpretes temen que se pierda el sabor de los matices que los autores bíblicos querían dar, si se clasifica demasiado rápido las líneas poéticas como sinónimas. Un ejemplo de paralelismo sintético también lo podemos ver en el Magnificat.

> Hizo proezas con su brazo;
> Esparció a los soberbios en el pensamiento de sus corazones (Lc. 1:51).

Aquí la segunda línea hace algo más que reafirmar la primera. La segunda línea nos da un ejemplo específico de una acción poderosa que Dios ha hecho: esparcir a los soberbios.[4]

4. *La forma poética "X, X + 1".* Como mencionamos en la introducción a esta pregunta, la poesía semítica usa a veces la forma "x, x + 1" para enfatizar una lista de dos o más elementos. Por ejemplo, Proverbios 30:18-19 dice:

> Hay tres cosas que me asombran;
>   no, son cuatro las que no comprendo:
> cómo planea el águila por el cielo,
>   cómo se desliza la serpiente sobre la roca,

4. Para un análisis más detallado de la subdivisión del paralelismo hebreo, vea las gráficas, "Types of Hebrew Parallelism", en *Chronological and Background Charts of the Old Testament*, por John H. Walton, ed. rev. (Grand Rapids: Zondervan, 1994), 47.

cómo navega el barco en el océano,
y cómo ama el hombre a la mujer (NTV).

Hay otros muchos ejemplos bíblicos de esta configuración "x, x + 1" (Sal. 62:11; Pr. 30:15-16, 21-23, 29-31; Mi. 5:5).

5. *La repetición de sonidos similares.* Un autor puede optar por repetir sonidos similares (p. ej., consonantes, vocales o diptongos) como un recurso de memorización, de arte literario, humor, o alguna otra razón. Por supuesto, normalmente no es posible mantener una repetición similar de sonidos en una traducción del texto. Por ejemplo, en Santiago 1:1-2, las palabras en griego para "saludos" (*chairein*) y "gozo" (*charan*) suenan muy similares. Santiago vincula a veces sus secciones mediante la repetición de palabras con un sonido similar. Este recurso organizativo se pierde para el lector que no lee el griego, aunque las notas al pie de página de una Biblia de estudio o un comentario bíblico probablemente informen al lector de estos recursos literarios.

6. *Acróstico.* En varios pasajes del Antiguo Testamento, encontramos acrósticos. Un acróstico es "una composición en verso en el que un conjunto de letras (como las letras iniciales o últimas de las líneas) puestas en orden forman una palabra o una frase o una secuencia regular de las letras del alfabeto".[5] Por ejemplo, un poema acróstico basado en el nombre de "Pedro" comenzaría la primera línea con la letra *P*, la segunda línea con la letra *E*, y así sucesivamente (P.E.D.R.O). Un poema acróstico puede también repetir letras al principio de cada estrofa. Los acrósticos en la Biblia se basan en el orden regular de las letras del alfabeto hebreo (p. ej., Sal. 9; 10; 25; 34; 37; 111; 112; 119; 145; Pr. 31:10-31; Lm. 1—4; Nah. 1:2-10).

7. *El quiasmo.* Un quiasmo "es una serie de dos o más elementos seguidos por una serie de elementos correspondientes en orden inverso".[6] Una representación visual de la forma más simple de esta estructura es:

A
    B
    B'
A'

5. Diccionario Merriam-Webster online (consultado el 14 de octubre de 2008).
6. Richard A. Young, *Intermediate New Testament Greek: A Linguistic and Exegetical Approach* (Nashville: Broadman & Holman, 1994), 243.

Un ejemplo del Nuevo Testamento, Marcos 2:27, aparece impreso abajo en forma quiástica:

El día de reposo fue hecho
    por causa del hombre,
    y no el hombre
por causa del día de reposo.[7]

En resumen

La poesía está presente en muchos géneros bíblicos (proverbios, salmos, profecía, narrativa histórica, etc.). Los autores bíblicos emplearon la poesía por dos razones principales: (1) para hacer sus palabras más memorables, y (2) para expresar y evocar emociones fuertes. Como muchos rasgos poéticos son difíciles de transmitir en una traducción (p. ej., sílabas repetidas o patrones de acentuación), los lectores de las distintas Biblias dependen de los traductores y editores para presentar la poesía de manera que se reconozca como un texto distinto de la prosa.

Dado que la poesía emplea a menudo un lenguaje exagerado o figurado, es especialmente importante buscar el sentido que pretende el autor, que podría estar reñido con una interpretación literal del texto. Una herramienta hermenéutica útil es la familiaridad con la formas poéticas bíblicas comunes y los supuestos subyacentes. Más arriba consideramos estas formas comunes: (1) el paralelismo sinónimo, (2) el paralelismo antitético, (3) el paralelismo sintético, (4) la forma poética "*x, x + 1*", (5) la repetición de sonidos similares, (6) el acróstico y (7) el quiasmo.

Preguntas para la reflexión

1. ¿Se resiste usted a interpretar pasajes bíblicos en sentido figurado? ¿Por qué sí o por qué no?
2. ¿Distingue su Biblia claramente los textos que son poéticos? ¿Cómo?
3. De las formas poéticas comunes que encontramos en la Biblia y de las que hablamos más arriba, ¿era alguna de ellas desconocida para usted?
4. ¿En qué se diferencia la poesía moderna española de la poesía bíblica?
5. ¿Cuántos poemas en lengua española puede usted recitar de memoria? ¿Por qué, en su opinión, es la poesía raramente empleada en nuestra cultura moderna?

---

7. Richard Young también habla de este versículo como un ejemplo de quiasmo (ibíd.).

PREGUNTA **30**

¿Cómo se interpretan los salmos? (Clasificación de los salmos)

Crecer en una granja en Tennessee me enseñó a identificar los árboles comunes: arces, robles, álamos, pinos, frutales, etc. Siempre me sorprende encontrar gente que ve cada ejemplar arbóreo único como "otro árbol". Del mismo modo, muchos acuden el libro de los Salmos dando por supuesto que cada salmo es "solo otro cántico de adoración". En realidad, hay formas reconocibles (subgéneros) que encontramos repetidos entre los salmos. En esta pregunta inicial, vamos a enumerar y explicar brevemente los tipos comunes de salmos. Luego, en la siguiente pregunta, nos ocuparemos de las estrategias para la interpretación de los salmos.

Aunque es parte del género más amplio de la poesía, el libro de los Salmos (150 cantos individuales) constituye una parte distinta y conocida de las Escrituras que merece una atención especial. En esta sección, veremos cómo los salmos pueden ser organizados en subgrupos basados en características comunes. A continuación encontrará descripciones breves de siete de los tipos más comunes de salmos.[1]

Salmos de lamento

Los salmos de lamento son el subgénero más extendido de salmos. Alrededor de un tercio del libro de Salmos está compuesto de salmos de lamento (Sal. 3; 9; 12; 13; 17; 42; 60; 74; 94; 139). En un lamento, un individuo o grupo clama a Dios en su angustia y dificultad. A la luz de cuánta música actual cristiana de adoración ignora las dificultades de la vida, es instructivo ver que en los Salmos se da prominencia a hablarle sinceramente a Dios acerca de los problemas propios. John Hayes enumera las siete partes que se encuentran comúnmente en los salmos de lamento: (1) texto dirigido a Dios; (2) descripción de angustia; (3) petición de liberación; (4) declaración de confianza en Dios; (5) confesión de pecados; (6) compromiso de hacer ciertas cosas cuando Dios responde; y (7) alabanza o nueva exposición de la

1. En este estudio de los tipos de salmos, sigo la estructura presentada por Grant R. Osborne en *The Hermeneutical Spiral: A Comprehensive Introduction to Biblical Interpretation*, ed. rev. (Downers Grove, IL: InterVarsity Press, 2006), 232-236.

petición.[2] Cabe señalar que incluso cuando el salmista expresa su clamor sin restricciones (Sal. 3:1-2), casi en el mismo instante, expresa la confianza en Dios (Sal. 3:3-8). El lamento y la fe son expresiones complementarias. Incluso el grito de Jesús en la cruz: "¿Por qué me has desamparado?" va acompañado de las palabras de confianza: "Dios mío, Dios mío" (Mt. 27:46; cp. Sal. 22:1).

Salmos de alabanza

Estos salmos se caracterizan por el motivo destacado de alabar a Dios (Sal. 106; 111—113; 146; 150). Dios es alabado como Creador (Sal. 104), como Salvador de Israel (Sal. 149), y soberano de la historia (Sal. 103).[3] La estructura básica de estos salmos incluye: (1) texto dirigido a Dios; (2) llamamiento a uno mismo y a otros a unirse en la adoración; (3) enumeración de la razón o las razones para alabar a Dios; y (4) bendición o repetición del llamamiento inicial a la adoración.[4]

Salmos de acción de gracias

Como indica el título, estos cantos dan gracias a Dios por su respuesta a la petición del adorador o adoradores. Los salmos están escritos por personas (Sal. 18; 32; 40; 92) o grupos (Sal. 65; 75; 107; 136). Los componentes habituales de un salmo de acción de gracias son: (1) invitación a otros para agradecer o alabar a Dios; (2) expresión de la necesidad del salmista de una intervención divina; (3) alabanza a Dios por su salvación; (4) "lenguaje del templo" de sacrificios, procesiones festivas, peregrinación, música, danza, o incienso; (5) bendición pronunciada sobre los fieles; y (6) exhortación final.[5]

Salmos de celebración

Estos salmos "celebran la relación de pacto de Dios con el rey y la nación".[6] Dos subgrupos de este grupo son: (a) salmos reales y (b) cantos de Sión. Los salmos reales (Sal. 2; 24; 93; 101; 110) celebran al rey de Israel como el

---

2. John H. Hayes, *Understanding the Psalms* (Valley Forge, PA: Judson, 1976), 58-59. Osborne saca de Hayes su estructura de lamento (*Hermeneutical Spiral*, 232-233). Artur Weiser escribe: "En su *estructura formal* tanto los lamentos colectivos como los individuales están en su mayoría compuestos de los siguientes elementos constitutivos: invocación; lamentación; súplica; motivación; votos. La secuencia de estos varios elementos no es igual en todas partes ni se encuentra completa en todas partes" (*The Psalms*, trad. Herbert Hartwell, The Old Testament Library [Philadelphia: Westminster Press, 1962], 67).
3. Gordon D. Fee y Douglas Stuart, *How to Read the Bible for All Its Worth*, 4ª ed. (Grand Rapids: Zondervan, 2014), 220-221.
4. Osborne, *Hermeneutical Spiral*, 233. Weiser nos ofrece una explicación similar de los salmos de alabanza o himnos, como él los llama (*Psalms*, 53).
5. Osborne, *Hermeneutical Spiral*, 234.
6. Ibíd.

gobernante que representa a Dios y, por otra parte, el representante de la nación ante Dios. Bruce Waltke argumenta convincentemente que todos los salmos son, en cierto sentido, reales, ya sea por el sobreescrito (explícitamente) o por detalles dentro de los salmos (implícitamente) que presentan al que habla como el rey de Israel.[7] Más aún, la suposición consistente de los salmistas de un portavoz real legitima el uso mesiánico que hace el Nuevo Testamento de los salmos, con Jesús como el Rey davídico prometido.[8] Los cantos de Sión (Sal. 46; 76; 87; 125) resuenan con elogios por la elección de Dios de Jerusalén (también llamada "Sión") para la ubicación de su templo, fiestas de peregrinación, y el rey elegido.

Salmos de sabiduría

Como un híbrido de cantos y de literatura sapiencial (vea la pregunta 28, "¿Cómo se interpretan los proverbios?"), los salmos de sabiduría tratan temas como el origen divino y la naturaleza de la verdadera sabiduría (Sal. 1; 19; 119) y preguntas acerca de las injusticias experimentadas o presenciadas en esta vida (Sal. 73). Los salmos de sabiduría presentan los temas de la literatura sapiencial como cantos de adoración. Así como el himnario de la iglesia sirve a menudo como el texto de teología para el creyente común promedio, es instructivo ver cuánta teología sólida se encuentra en el himnario de los antiguos israelitas.

Salmos penitenciales

Los salmos penitenciales, ya sean individuales o colectivas, dan voz al arrepentimiento del salmista. Probablemente el salmo penitencial más conocido sea el Salmo 51, que deja constancia del arrepentimiento de David por su adulterio con Betsabé y por el asesinato de su marido, Urías el hitita (vea también Sal. 6; 32; 38; 102; 130; 143).

Salmos imprecatorios

Estos son los llamados "salmos de maldición", de los cuales el más conocido es el Salmo 137 (vea también Sal. 35; 60; 70; 109; 140). En estos salmos, el que habla pide a Dios que promulgue su justicia divina contra los enemigos del salmista. Con frecuencia, la petición va acompañada de la afirmación de inocencia del salmista. Los cristianos tienen a veces problemas para cuadrar esos salmos con los mandatos bíblicos de perdonar a nuestros enemigos (Mt.

---

7. Bruce K. Waltke, "A Canonical Process Approach to the Psalms", en *Tradition and Testament: Essays in Honor of Charles Lee Feinberg*, eds. John S. Feinberg y Paul D. Feinberg (Chicago: Moody Press, 1981), 11-13.
8. Ibíd., 16.

5:43-48; Ro. 12:14, 17). Sin embargo, en el Antiguo y Nuevo Testamentos, los autores de las Escrituras apuntan a la intervención final de Dios contra los malvados como una fuente de consuelo (Sal. 73:17-20; Ro. 12:19; 2 Ts. 1:6-8). Al clamar por la intervención de Dios, el adorador libera sus emociones y confía en el único Juez que conoce todos los corazones, palabras y acciones (Sal. 44:21; Hch. 1:24).[9] El mismo David, que pronunció fuertes oraciones imprecatorias contra Saúl (Sal. 18; 52), fue capaz de exhibir una moderación y gracia increíbles hacia su enemigo en la vida diaria (1 S. 18:18; 24:3-15; 26:9-11; 2 S. 1:17).[10] En la lectura de los salmos imprecatorios, es también importante recordar que el salmista habla a menudo como rey o representante de Israel, *el pueblo de Dios*. Un llamado a la vindicación es un llamamiento a Dios para que muestre su fidelidad con su pueblo. Además, las protestas del salmista de su inocencia son situacionales (Sal. 73:13). Es decir, el salmista no afirma ser ontológicamente libre de pecado, sino en la cuestión debatida él está diciendo que él está en lo correcto. Del mismo modo, si usted es acusado injustamente en un tribunal moderno por robo, usted puede apelar apasionadamente diciendo: "¡Escuchen, yo no he hecho *nada* malo!".

En la lectura de los salmos imprecatorios, también se nos recuerda que nosotros hemos actuado con injusticia y maldad hacia otros.[11] ¡Otras personas tendrán todo el derecho de recitar estas oraciones en contra de nosotros! Cuán agradecidos debemos estar, pues, por el evangelio. Dietrich Bonhoeffer escribe sobre los salmos imprecatorios:

> La venganza de Dios no cayó sobre los pecadores, sino sobre el único hombre sin pecado que ocupó el lugar de los pecadores, es decir, el Hijo de Dios. Jesucristo sufrió la ira de Dios, por cuya ejecución se ora en el salmo. Él calmó la ira de Dios hacia el pecado y oró en el momento de la ejecución de la sentencia divina: "¡Padre, perdónalos, porque no saben lo que hacen". Nadie más que Él, que cargaba con la ira de Dios,

---

9. D. A. Carson escribe: "Aunque los cristianos ponen la otra mejilla, esto no quiere decir que se relajen en cuanto a la justicia. Creemos que Dios es perfectamente justo, y Él es Aquel que dice: 'Mía es la venganza y la retribución' (Dt. 32:35). Por eso, debemos 'dejad lugar a la ira de Dios' (Ro. 12:19). Él es el único que finalmente puede hacer cuadrar los libros con precisión, y pensar lo contrario es pretender que podemos tomar el lugar de Dios" (*For the Love of God: A Daily Companion for Discovering the Riches of God's Word*, vol. 1 [Wheaton, IL: Crossway, 1998], reflexión del 24 de abril).
10. Osborne, *Hermeneutical Spiral*, 236.
11. C. S. Lewis escribe: "Yo, que estoy excepcionalmente bendecido por haber tenido una forma de vida en la que, teniendo poco poder, he tenido poca oportunidad de oprimir y amargar a los demás. Que todos nosotros que nunca hemos sido prefectos escolares, suboficiales, maestros, matronas de hospitales, funcionarios de prisiones, o incluso magistrados, demos sinceras gracias por ello" (*Reflections on the Psalms* [Nueva York: Harcourt Brace Jovanovich, 1958], 25).

> podía orar de esta manera. Eso puso fin a todos los pensamientos falsos sobre el amor de Dios que no toman en serio el pecado. Dios odia y redirige a sus enemigos hacia el único justo, y este le pide perdón por ellos. Solo en la cruz de Jesucristo se encuentra el amor de Dios.[12]

Al orar por nuestros enemigos, debemos asegurarnos de que nosotros preferimos que miren a Cristo en arrepentimiento por sus pecados en vez de que experimenten personalmente la ira incontenible de Dios.

Si nos pusiéramos a estudiar una serie de comentarios sobre los salmos, hallaríamos más de estos siete tipos de salmos que hemos considerado. Además, encontraríamos una terminología variada y a veces el mismo salmo clasificado de forma diferente.[13] Parte de la razón de esa variación en la clasificación son las formas mixtas de los salmos. Es decir, lo que una persona podría clasificar como un lamento apasionado, otra lo clasificaría como un salmo imprecatorio. ¿Es el Salmo 19 un salmo alabanza, que honra a Dios como Creador (vv. 1-6), o es un salmo de sabiduría que enseña a los oyentes la sabiduría escrita (vv. 7-14)? Parece ser que el salmo se ajusta a ambas categorías. Y muchos otros salmos podrían clasificarse en más de una categoría.[14] Además, es importante tener en cuenta que una serie de salmos o cantos se encuentran en la Biblia fuera del libro de los Salmos (p. ej., Éx. 15:1-18; Jue 5; 1 S. 2:1-10; Lc. 1:46-55).

En resumen

El libro de los Salmos contiene 150 cánticos, los cuales nos enseñan a orar y a cantar a Dios, tanto si estamos viviendo en gozo exaltado o luchando con la depresión y las dificultades. En esta pregunta contemplamos siete subcategorías comunes de salmos: salmos de lamento, salmos de alabanza, salmos de

---

12. Dietrich Bonhoeffer, *Psalms: The Prayer Book of the Bible* (Minneapolis: Augsburg, 1970), 58. Este libro es una traducción de la octava edición de *Das Gebetbuch der Bibel* (Verlag für Missions und Bibel-Kunde, 1966).
13. Bonhoeffer estudia los salmos según su tema teológico principal. Él escribe: "Vamos a ordenar los temas tratados en las oraciones del salterio de la siguiente manera: la creación; la ley; la historia sagrada; el Mesías; la iglesia; la vida; el sufrimiento; la culpa; los enemigos; el final" (*Psalms*, 27). Basándose en 1 Crónicas 16:4, Peter Gentry afirma que todos los salmos deberían ser clasificados en las categorías amplias de lamentos (peticiones), acciones de gracias, y alabanza (conversación personal, 8 de octubre de 2008). Además, Gentry ve todo el salterio organizado conforme a este amplio movimiento (lamento → acción de gracias → alabanza).
14. Note el enfoque escéptico que tienen McCartney y Clayton en cuanto a los tipos de salmos: "En la interpretación de un salmo, es mejor determinar su carácter mirando el salmo mismo antes de leer cualquier comentario para ver cuál se supone que 'debe ser' su clasificación. Algunos salmos desafían ser agrupados con otros, e imponerles una clasificación puede oscurecer, en vez de aclarar, su significado" (Dan McCartney y Charles Clayton, *Let the Reader Understand: A Guide to Interpreting and Applying the Bible*, 2ª ed. [Phillipsburg, NJ: P&R, 2002], 231).

acción de gracias, salmos de celebración, salmos de sabiduría, salmos penitenciales y salmos imprecatorios. En la siguiente pregunta hablaremos de estrategias para interpretar los salmos.

Preguntas para la reflexión

1. Antes de leer el material expuesto, ¿era usted consciente de los diferentes subgéneros dentro del salterio?
2. ¿Cuál es el beneficio en cuanto a la interpretación si clasifica correctamente un salmo en el subgénero apropiado?
3. ¿Qué tipo de salmo expresa mejor la situación de su vida actual con Dios (p. ej., la acción de gracias, el lamento, la alabanza)?
4. Puesto que el pueblo de Dios ya no vive en la tierra de Israel bajo un monarca judío, ¿cuál es la importancia continua de los salmos reales o los cantos de Sión?
5. Use las siete categorías de salmos que acabamos de estudiar y clasifique los siguientes salmos: 1, 13, 21, 48, 51, 95, 137.

PREGUNTA **31**

¿Cómo se interpretan los salmos? (Principios de interpretación)

Nos referimos con frecuencia al libro de Salmos como el himnario del antiguo judaísmo y de la iglesia cristiana. ¿Por qué, entonces, están los salmos ausentes en muchas iglesias modernas? La respuesta es porque usan estribillos repetitivos de alabanza como sustitutos de la lectura o canto de los salmos. Cuando se utilizan los salmos, solo se leen selecciones cortas. Se pasan por alto versículos difíciles y salmos enteros. Si vamos a recuperar los salmos para la adoración personal y comunitaria, debemos primero leerlos y entenderlos. ¿Cuáles son algunos de los principios que ayudan a los cristianos a interpretar los salmos?

Note la organización del libro de los Salmos

El salterio es el libro más largo de la Biblia. Ciento cincuenta cánticos, algunos de longitud sorprendente (Sal. 119), pueden ser abrumadores para el intérprete principiante. A la luz de este reto, puede ser útil tener en cuenta las divisiones estructurales dentro del mismo libro, que organiza los cantos en grupos más manejables. Los salmos están divididos en cinco libros distintos:

- Libro 1: Salmos 1—41
- Libro 2: Salmos 42—72
- Libro 3: Salmos 73—89
- Libro 4: Salmos 90—106
- Libro 5: Salmos 107—150

Posiblemente, los salmos fueron agrupados de esa manera en una imitación consciente del Pentateuco, los cinco libros de Moisés (Génesis, Éxodo, Levítico, Números y Deuteronomio). Algunos estudiosos han detectado un movimiento general en el libro de los Salmos que va de la petición a la acción de gracias y luego a la alabanza, como si toda la colección estuviera organizada como un gran salmo de lamento. Otros han propuesto que los cinco libros distintos facilitaban un programa regular de lectura en la sinagoga.[1] Más tentadora es la sugerencia que ve un tema de desarrollo davídico como la clave para entender la organización de los Salmos. Christopher Seitz resume su estudio de este tema.

> La estructura quíntuple de los Salmos supone un movimiento más o menos lineal. Empezamos con un énfasis en el David terrenal. Luego David como tal comienza a jugar un papel mucho menos prominente, y entra en juego el destino de la nación más ampliamente considerado, culminando en el castigo y exilio. A continuación es recordada y lamentada la función especial de David en los planes de Dios, lo que lleva a la afirmación de la justicia de Dios como soberano sobre toda la creación. Las esperanzas que antes se asociaban con David y Sión aparecen una vez más en primer plano al tiempo que el salterio concluye con David cantando cánticos de ascensión.[2]

Lea los Salmos

Uno puede pasar horas o incluso días leyendo información introductoria sobre los Salmos, pero es mucho más importante la lectura misma de los Salmos. Hay una razón por la que los Salmos se han conservado durante miles de años, mientras que cientos de escritos acerca de ellos ya se han perdido u olvidado. Los estudios actuales sobre los Salmos, ahora aclamados, también serán olvidados. El libro de los Salmos, sin embargo, permanecerá: "Sécase la hierba, marchítase la flor; mas la palabra del Dios nuestro permanece para siempre" (Is. 40:8).

Como ya indicamos (en la pregunta 21, "¿Cómo se identifica un género literario, y por qué es importante?"), Kierkegaard dijo una vez: "La erudición cristiana es un invento prodigioso de la raza humana para defenderse del Nuevo Testamento, para asegurarse de que podemos seguir siendo cristianos sin dejar que el Nuevo Testamento se acerque demasiado".[3] Se podría decir lo mismo de la erudición sobre los Salmos. Tomos de investigación proponen varios trasfondos cúlticos o de festivales para los Salmos. Otros estudiosos reconstruyen la supuesta "evolución" de la antigua religión israelita y sus para-

1. Pius Drijvers, *The Psalms: Their Structure and Meaning* (Freiburg: Herder; London: Burns & Oates, 1965), 20.
2. Christopher Seitz, "Royal Promises in the Canonical Books of Isaiah and the Psalms", en *Word without End: The Old Testament as Abiding Theological Witness* (Grand Rapids: Eerdmans, 1998), 165.
3. Søren Kierkegaard, *Søren Kierkegaard's Journals and Papers*, ed. y trad. Howard V. Hong y Edna H. Hong (Bloomington: Indiana University Press, 1975), 3:270.

lelismos con otras literaturas del antiguo Cercano Oriente.[4] Castillos inmensos de especulación se edifican sobre las arenas de la suposición. Mientras tanto, se olvidan de las palabras mismas de los Salmos. Lea los Salmos.

Identifique el subgénero del salmo

Hay varios subgéneros reconocidos en el libro de los Salmos. Siete de los principales tipos de salmo ya se presentaron en la pregunta anterior. Por varias razones, es útil identificar el tipo de salmo que se está estudiando:

1. Conocer los elementos normales del subgénero del salmo que se está leyendo le permite al intérprete notar cuándo faltan porciones esperadas o ampliadas. Uno es capaz de ver con mayor claridad los énfasis del salmo.

2. Especialmente con los subgéneros más difíciles (p. ej., los salmos imprecatorios), puede ser de ayuda tener en cuenta las salvedades estudiadas en los tipos de salmos en la pregunta 30, "¿Cómo se interpretan los salmos? (Clasificación de los salmos)". Tenemos más de dos mil años de reflexión cristiana sobre los Salmos. Sería tonto no aprender de aquellos que vinieron antes que nosotros. De hecho, la única razón por la que podemos ver tanto y tan claramente es porque estamos parados sobre los hombros de los gigantes que nos precedieron.

3. Una vez que ha identificado el subgénero del salmo en cuestión, puede ser útil echar un vistazo a otros salmos del mismo tipo. Además, puede serle de ayuda comparar el salmo con salmos en otros subgéneros. Al igual que los proverbios, los salmos hablan a menudo de situaciones particulares sin dar todas las excepciones o condiciones. Sin embargo, al contemplar todo el salterio empezamos a tener una visión más completa de Dios y de la vida vivida como sus seguidores.

Note cualquier información contextual dada en el encabezamiento del salmo

Muchos salmos tienen encabezamientos que nos dicen quién es el autor y a veces el motivo del salmo en cuestión (vea el cuadro 13). Por ejemplo, el enca-

4. Note la crítica de J. G. S. S. Thomson y F. D. Kidner: "No obstante, el legado de Gunkel y Mowinckel perdura, en la atención que la mayoría de los comentaristas presta a la labor de asignar cada salmo a la clase que le corresponde, y en la consideración de casi todo el material como eclesiástico [es decir, cúltico]" ("Salmos, Libro de los", en *Nuevo diccionario bíblico Certeza*, ed. J. D. Douglas [Buenos Aires: Certeza Unida, 2003], 1204).

bezamiento del Salmo 51 dice: "Al músico principal. Salmo de David, cuando después que se llegó a Betsabé, vino a él Natán el profeta". Los eruditos debaten la antigüedad y autenticidad de estos encabezamientos, pero los manuscritos mejores y más antiguos de los Salmos los incluyen. Por otra parte, el uso que el Nuevo Testamento hace de los Salmos parece presuponer la verdad de la información del encabezamiento.[5] Parece que los encabezamientos deben ser aceptados como auténticos. La información contenida en ellos añade a veces concreción a la angustia o alegría expresada por el salmista (p. ej., Sal. 51).

CUADRO 13: ATRIBUCIÓN DE LOS SALMOS

SALMOS ATRIBUIDOS A...	NÚMERO DE SALMOS ATRIBUIDOS
David*	73
Asaf	12
Hijos de Coré	12
Salomón	2
Hemán ezraíta	1
Etán ezraíta	1
Moisés	1
(ninguna atribución indicada)	48

*La traducción griega del Antiguo Testamento (la Septuaginta, o LXX) atribuye 84 salmos a David (Bruce K. Waltke, "A Canonical Approach to the Psalms", en *Tradition and Testament: Essays in Honor of Charles Lee Feinberg*, eds. John S. Feinberg y Paul D. Feinberg [Chicago: Moody Press, 1981], 10).

Preste atención a la segmentación del salmo

Como poesía hebrea, los salmos están divididos en varias líneas y estrofas. Las decisiones de los traductores sobre cómo dar formato a sus traducciones en un idioma moderno se basan en sílabas, énfasis o acentos y otras marcas en el texto original hebreo. Los lectores en español dependen, por tanto, de los traductores para transmitir fielmente la segmentación poética del texto

5. Por ejemplo, Mateo 22:43, 45; Marcos 12:36, 37; Lucas 20:42; Hechos 1:16; 2:25; Romanos 4:6; 11:9; Hebreos 4:7. Peter Gentry señala esto en un folleto sin fecha entregado en clase titulado "Títulos de los salmos. Los salmos en la vida de David". Gentry señala también que otros himnos del antiguo Cercano Oriente tienen encabezamientos y anotaciones finales similares. Esto es, ese material se habría esperado en el salmo, o al menos no se consideraría inusual.

original. Afortunadamente, contamos con muchas traducciones modernas en español que transmiten bien esta información Un vistazo rápido a cualquier página de los Salmos revela una buena cantidad de espacio en blanco alrededor de las líneas impresas. Este espacio es el resultado de agrupar las líneas paralelas y separar las estrofas. Un sermón o lección sobre un determinado salmo debe tratar de seguir la estructura del salmo. En otras palabras, si el salmo tiene cuatro estrofas, el sermón podría estar mejor organizado en torno a cuatro aplicaciones o proposiciones.

Reconozca el lenguaje poético del salmo

Los salmos son poemas para ser cantados. Como tales, están llenos de lenguaje poético: metáfora, símil, aliteración, hipérbole, paralelismo, etc. Aunque la poesía hebrea es similar a la poesía en el idioma español, tiene también algunas características únicas. De modo que para no malentenderla o malinterpretarla, se aconseja al lector que lea la pregunta 29, "¿Cómo se interpreta la poesía?".

Los autores utilizan la poesía como expresión estética, o como un recurso de memoria, o para transmitir emociones intensas. Al tratar de comprender los salmos nosotros mismos y enseñarlos a otros, debemos ser cautelosos para no malentender la poesía hebrea, ni reducir tales composiciones atronadoras en proposiciones prosaicas. Hay que buscar la ayuda de Dios para transmitir la intensidad de los cánticos originales a nuestros oyentes modernos. A veces, una traducción dinámica equivalente o paráfrasis, como la traducción *Dios Habla Hoy*, puede ayudarnos a escuchar de nuevo estos poemas tan vigorosos.

Examine la importancia mesiánica del salmo

Dios prometió a David que uno de sus descendientes reinaría siempre sobre su trono (2 S. 7:12-13). El Nuevo Testamento declara que Jesús es el Rey davídico prometido. En referencia al Salmo 16:8-11, Pedro declara a la multitud judía:

> Varones hermanos, se os puede decir libremente del patriarca David, que murió y fue sepultado, y su sepulcro está con nosotros hasta el día de hoy. Pero siendo profeta, y sabiendo que con juramento Dios le había jurado que de su descendencia, en cuanto a la carne, levantaría al Cristo para que se sentase en su trono, viéndolo antes, habló de la resurrección de Cristo, que su alma no fue dejada en el Hades, ni su carne vio corrupción (Hch. 2:29-31).

Pedro parece decir aquí que David era consciente de que sus palabras apuntaban hacia un descendiente específico y preeminente, una predicción proposicional cumplida en una sola persona: el Mesías. Hay otros salmos, sin embargo, que los autores del Nuevo Testamento aplican a Jesús que se leen como teniendo una referencia inicial más natural a la propia vida de David (Sal. 69:9; cp. Jn. 2:17). Estos salmos incluyen, por ejemplo, las confesiones de actos ilícitos de David (Sal. 69:5). Este uso de los salmos se entiende mejor como tipológico, presentando a David como el tipo y a Jesús como el antitipo correspondiente. Por ejemplo, si David soportó la oposición de los impíos a su alrededor, cuánto más el Justo por excelencia tiene que soportar la oposición de los malvados (Sal. 69:4). Para más información sobre la tipología y la naturaleza cristológica de las Escrituras, vea la pregunta 18, "¿Es realmente toda la Biblia acerca de Jesús?", y la pregunta 24, "¿Cómo se interpreta la profecía? (Tipología)". Solo el contexto indicará si los autores del Nuevo Testamento citan el salmo como una predicción proposicional o como una correspondencia tipológica.

Debido a que casi la mitad de los salmos se atribuyen a David, algunos expertos han abogado por la lectura de todos los salmos de David como, en cierto sentido, mesiánico. Como mínimo, podemos decir que cada salmo davídico citado en el Nuevo Testamento que se cumple en Jesús es mesiánico. Además, Jesús enseñó a sus discípulos que los Salmos hablaban de él (Lc. 24:44). Con un poco de vacilación, me parece a mí que otras correspondencias tipológicas pueden ser propuestas para los otros salmos de David, si no para todo el salterio.[6] Bonhoeffer sin duda tiene este enfoque. Él escribe:

> De acuerdo con el testimonio de la Biblia, David es, como el rey ungido del pueblo elegido de Dios, un prototipo de Jesucristo. Lo que le sucede a él le sucede por el bien de aquel que está en él y que se dice que procede de él, es decir, Jesucristo. Y él no es consciente de esto, pero "siendo profeta, y sabiendo que con juramento Dios le había jurado que de su descendencia, en cuanto a la carne, levantaría al Cristo para que se sentase en su trono, viéndolo antes, habló de la resurrección de Cristo" (Hch. 2:30-31). David era un testigo de Cristo en su oficio, en su vida y en sus palabras. El Nuevo Testamento dice incluso más. En los salmos

---

6. Waltke argumenta que la mayoría de los salmos, si no todos, deben entenderse como expresados por el rey y, en última instancia, por el Rey mesiánico. Él escribe: "Para ser justos, parece como si los escritores del Nuevo Testamento no están tratando de identificar y limitar los salmos que prefiguran a Cristo, sino que asumen que el salterio en su conjunto tiene a Jesucristo en su punto de mira y que esa debe ser la forma normativa de interpretación de los salmos" ("Canonical Process Approach to the Psalms", 7).

> de David, el Cristo prometido ya habla (He. 2:12; 10:5) o, como también parece que se indica, el Espíritu Santo (He. 3:7). Estas mismas palabras que David pronunció, por tanto, el futuro Mesías las habló a través de él. Las oraciones que David oró también fueron oradas por Cristo. O mejor aún, Cristo mismo las oró por medio de David su precursor.[7]

Ore los salmos

Los salmos son poemas y cánticos, pero también son oraciones. Como una variada colección de oraciones, vemos que cubren toda la gama de emociones y experiencias que enfrentan las personas en esta vida variopinta. Además, son oraciones *inspiradas* que nos enseñan a orar por las cosas de Dios en la manera que Él desea. Bonhoeffer señala el valor pedagógico de orar los salmos.

> Y por eso debemos aprender a orar. El niño aprende a hablar porque su padre le habla. Aprende el lenguaje de su padre. Así que aprendemos a hablar con Dios, porque Él nos ha hablado y nos sigue hablando. Por medio del habla del Padre celestial, sus hijos aprenden a hablar con Él. Al repitir las palabras de Dios después de Él, comenzamos a orar a Dios.[8]

Los salmos no solo pueden orarse palabra por palabra, sino también pueden ser meditados, mentalmente digeridos, y orados contextualmente basándose en las situaciones únicas que cada uno enfrenta.[9] Es también importante destacar que muchos de los salmos son oraciones corporativas. El cuerpo de Cristo, la Iglesia, está llamado a orar juntos (Hch. 1:14, 24; 4:24, 31; 13:3). Cuando Jesús dio a sus discípulos un modelo de oración ("La Oración del Señor"), fue corporativa (Mt. 6:9-13: "Padre *nuestro*... el pan nuestro... *dánoslo*...").

Memorice los salmos

Una forma de empezar a orar los salmos es memorizarlos. Entonces, en momentos de oración enfocada y en tareas mundanas de la vida cotidiana,

---

7. Dietrich Bonhoeffer, *Psalms: The Prayer Book of the Bible* (Minneapolis: Augsburg, 1970), 18-19.
8. Ibíd., 11. También escribe: "La riqueza de la Palabra de Dios es la que debe determinar nuestra oración, no la pobreza de nuestro corazón" (15).
9. Osborne comenta: "El valor de esos salmos para cada creyente es evidente. Ya sea que esté enfermo, asediado por los enemigos o consciente de pecado, los salmos de lamento ofrecen no solo aliento, sino también modelos de oración. Muchos han afirmado que uno debe orarlos directamente, estoy de acuerdo, pero prefiero meditar y contextualizar esos salmos, y luego orarlos según se aplican a mi situación" (Grant R. Osborne, *The Hermeneutical Spiral: A Comprehensive Introduction to Biblical Interpretation*, ed. rev. [Downers Grove, IL: InterVarsity, 2006], 233).

encontrará que las palabras de los salmos vienen a los labios. Para la importancia de reflexionar sobre los salmos —para la devoción, la instrucción y la inspiración— vea estos versículos del Salmo 19:

> La ley de Jehová es perfecta, que convierte el alma; el testimonio de Jehová es fiel, que hace sabio al sencillo. Los mandamientos de Jehová son rectos, que alegran el corazón; el precepto de Jehová es puro, que alumbra los ojos. El temor de Jehová es limpio, que permanece para siempre; Los juicios de Jehová son verdad, todos justos. Deseables son más que el oro, y más que mucho oro afinado; y dulces más que miel, y que la que destila del panal. Tu siervo es además amonestado con ellos; en guardarlos hay grande galardón (Sal. 19:7-11).

Cante los salmos

Si bien es una delicia para los cristianos leer y meditar en cualquiera de los salmos, esta porción de las Escrituras encuentra posiblemente su máxima expresión en cánticos. Escritos originalmente como cánticos de adoración individuales y corporativos, todo salmo cantado hoy por el pueblo de Dios es como un coro continuado cuyo eco se escucha desde hace más de tres mil años.

En resumen

En esta pregunta hemos sugerido algunos principios para interpretar los Salmos del modo adecuado: (1) Note la organización del libro de los Salmos. (2) Lea los Salmos. (3) Identifique el subgénero del salmo. (4) Note cualquier información contextual dada en el encabezamiento del salmo. (5) Preste atención a la segmentación del salmo. (6) Reconozca el lenguaje poético del salmo. (7) Examine la importancia mesiánica del salmo. (8) Ore los salmos. (9) Memorice los salmos. (10) Cante los salmos.

Preguntas para la reflexión

1. Al leer los salmos, ¿los ha interpretado a la luz de la información contenida en los encabezamientos?
2. ¿Es válido leer los salmos de David como "mesiánicos" si no aparecen citados en el Nuevo Testamento?
3. En cuanto a las cinco partes del libro de los Salmos, ¿cree usted que los elementos teológicos o temáticos internos explicarían su agrupación en cinco libros?

4. Reto: Aprenda una canción o himno de adoración que se base directamente en un salmo bíblico. Cántelo al Señor en persona o en adoración colectiva.
5. Reto: Memorice un salmo (p. ej., Sal. 19) y medite en él durante todo el día: mientras espera el autobús, corta el césped, o cambia el pañal del bebé, etc.

Sección C
Géneros principalmente del Nuevo Testamento

PREGUNTA **32**

¿Cómo se interpretan las parábolas? (Historia de la interpretación)

Alrededor de un tercio de la enseñanza de Jesús está en parábolas. Tan influyentes son esas parábolas que incluso las personas que nunca han leído la Biblia usan expresiones sacadas de ellas (p. ej., "el buen samaritano", o "el hijo pródigo"). Aunque son ampliamente conocidas, las parábolas de Jesús son también notorias por ser malinterpretadas con frecuencia. En esta pregunta, voy a definir la *parábola* y dar un breve repaso histórico de cómo se han interpretado. Luego, en la siguiente pregunta, voy a ofrecer algunos principios para su correcta interpretación.

Cuando se les pregunta por la definición de una parábola, la mayoría de los cristianos podría responder: "Es una historia terrenal con significado celestial". La definición del diccionario es: "Narración literaria, oral o escrita, de carácter pedagógico y moral, mediante la cual se reviste la idea o el pensamiento que se quiere expresar en forma de historia creíble y aceptable para todo el mundo".[1] Aunque estas definiciones son correctas, el componente más fundamental de una parábola es que debe haber una comparación.[2] Por ejemplo, en la parábola del tesoro escondido, el reino de los cielos es comparado a un tesoro ("El reino de los cielos es semejante a un tesoro escondido en un campo", Mt. 13:44). La palabra griega *parabolē*, que subyace en nuestro término *parábola* tiene una amplia gama de significados. Puede referirse a proverbios, símiles, dichos figurativos, relatos, etc. Sin embargo, para nuestros propósitos, limitaremos nuestro análisis principalmente a las historias en parábolas que encontramos en la Biblia.

Para un estudio amplio de la historia de la interpretación bíblica, vea la pregunta 9, "¿Cómo se ha interpretado la Biblia a lo largo de la historia de la Iglesia?". En esta pregunta, sin embargo, estudiaremos específicamente una visión general de la interpretación de las parábolas. Este resumen será útil en dos sentidos: (1) Al ver los errores de interpretación comúnmente cometidos

1. *Gran diccionario usual de la lengua española* (Barcelona, España: Larousse Editorial, S.L., 2011).
2. Stein define la parábola como "una figura del lenguaje en la que hay una comparación breve o amplia" (Robert H. Stein, *An Introduction to the Parables of Jesus* [Philadelphia: Westminster Press, 1981], 22). Stein ha tenido una gran influencia en mi conocimiento de la historia de la interpretación de las parábolas.

a lo largo de la historia, el lector quedará advertido para no repetirlos, y (2) puede ser instructivo ver cómo ideas científicas motivaron cambios significativos en la comprensión de las parábolas. Estudiaremos la interpretación de las parábolas en cinco períodos históricos.

El trasfondo original de Jesús y la escritura de los Evangelios

Como mínimo, podemos decir que Jesús y los autores de los Evangelios inspirados entendieron correctamente sus parábolas. Por tanto, cuando Jesús da una explicación sobre sus propias parábolas (Mt. 13:36-43; Mr. 4:13-20) o los autores de los Evangelios dan pistas contextuales en cuanto al significado de las parábolas (p. ej., Lc. 10:29; 15:1-2), las interpretaciones son definitivas. Es importante señalar que si bien Jesús utilizó parábolas para ilustrar la verdad (Mr. 12:12; Lc. 10:36-37), Él también las usó para ocultar la verdad y aumentar la culpabilidad de sus adversarios tan duros de corazón (Mr. 4:10-12, 33-34; cp. 2 Ts. 2:11-12).[3]

Desde la iglesia primitiva hasta la Reforma

Poco después de completarse el Nuevo Testamento, los primeros cristianos comenzaron a interpretar el texto alegóricamente. Es decir, propusieron muchos significados alegóricos sin tener en mente los autores bíblicos. Por ejemplo, todas las primeras interpretaciones posteriores al Nuevo Testamento de la parábola del buen samaritano (Lc. 10:25-37) explican la historia como un mensaje alegórico de la salvación, con el Buen Samaritano representando a Jesús (vea, p. ej., el cuadro 14). En el texto, sin embargo, está claro que Jesús nos cuenta la historia para responder a la pregunta de un judío, experto en leyes: "¿Y quién es mi prójimo?" (Lc. 10:29).

Los primeros cristianos interpretaron las parábolas de esa manera por varias razones. (1) Jesús mismo explica alegóricamente al menos unos pocos detalles de sus parábolas (Mr. 4:13-20; Mt. 13:36-43). Si Jesús puede hacerlo, ¿por qué no sus seguidores? (2) La alegoría era un enfoque común para la interpretación de los textos religiosos en el mundo greco-romano. Los primeros cristianos adoptaron sin reservas los métodos de interpretación de su época. (3) La interpretación alegórica enfatiza el acceso del intérprete al significado "secreto" de las parábolas. Ese método es inevitablemente atractivo para los seres humanos que tienen una propensión hacia lo secreto y la conspiración.

---

3. Stein comenta: "El hecho de que durante siglos se ha perdido el significado de las parábolas, debido a la interpretación alegórica y a la ignorancia de la *Sitz im Leben* [trasfondo original o contexto] de Jesús, indica también que las parábolas no son ilustraciones evidentes por sí mismas" (Robert H. Stein, *The Method and Message of Jesus' Teachings*, ed. rev. [Louisville: Westminster John Knox, 1994], 40).

La Reforma

Los reformadores protestantes del siglo XVI denunciaron los excesos alegóricos de sus antecesores. Martín Lutero (1483-1546) dijo que las interpretaciones alegóricas de Orígenes eran "tontas", "disparates increíbles", "absurdas" y "completamente inútiles".[4] Si bien a lo largo de la historia de la iglesia anterior a la Reforma voces aisladas habían criticado la alegoría ilegítima, en la Reforma fue la primera vez que dicha crítica bien centrada descendió sistemáticamente incluso sobre las parábolas. Lamentablemente, por costumbre, descuido o por otras razones, muchos reformadores siguieron aportando reflexiones alegóricas sobre las parábolas. Juan Calvino (1509-1564), el príncipe de los expositores bíblicos de la Reforma, fue el más consistente en interpretarlas de acuerdo a la intención del autor de las parábolas. En referencia a la interpretación alegórica, específicamente como se representa en la alegorización de la parábola del buen samaritano, Calvino escribió:

> Yo reconozco que no tengo ninguna simpatía por ninguna de esas interpretaciones; sino que debemos tener un respeto más profundo por las Escrituras que darnos a nosotros mismos la libertad de ocultar su significado natural. Y de hecho, cualquiera puede ver que la curiosidad de algunos hombres les ha llevado a idear esas especulaciones que son contrarias a la intención de Cristo.[5]

Desde la Reforma hasta finales del siglo XIX

La Reforma quebró el dominio alegórico sobre gran parte de la Biblia, pero la mayoría de los escritores cristianos siguieron alegorizando las parábolas. Los muchos detalles inexplicables y sorprendentes en estas historias de Jesús eran como un forraje irresistible para estos intérpretes, los cuales, debido a influencias históricas, estaban predispuestos a ver significados alegóricos en los que los autores bíblicos no pensaron para nada.

Desde finales del siglo XIX hasta principios del siglo XXI

Varios acontecimientos importantes en la interpretación de las parábolas tuvieron lugar en el último siglo y medio. En 1888, Adolf Jülicher, el estudioso alemán del Nuevo Testamento, publicó la primera parte de su obra en dos

---

4. Martín Lutero, *Lectures on Genesis, Chapters 1–5, en Luther's Works*, ed. J. Pelikan (St. Louis: Concordia, 1958), 1:91, 98, 233.
5. Juan Calvino, *Commentary on a Harmony of the Evangelists, Matthew, Mark, and Luke*, trad. William Pringle (Edinburgh: Calvin Translation Society, s.f.; reimpresión, Grand Rapids: Baker, 2003), 3:63 (vol. 17 en la serie reimpresa).

volúmenes, *Die Gleichnisreden Jesu* (Las parábolas hablan de Jesús).[6] El estudio de Jülicher fue como el toque de difuntos para la interpretación alegórica de las parábolas.[7] En vez de alegorizar los detalles de una parábola, él se centró en la razón principal por la que Jesús contó la parábola. Lamentablemente, Jülicher interpretó las parábolas según sus predilecciones teológicas escépticas y liberales, y clasificó mal muchas enseñanzas legítimas de Jesús como adiciones históricas posteriores.[8]

CUADRO 14: LA PARÁBOLA DEL BUEN SAMARITANO, COMO FUE INTERPRETADA POR ORÍGENES (185-254 d.C.)*

DETALLES DE LA PARÁBOLA	EXPLICACIÓN ALEGÓRICA
El hombre que desciende a Jericó	Adán
Jerusalén	El paraíso
Jericó	El mundo
Ladrones	Poderes hostiles (Jn. 10:8)
Sacerdote	La ley
Levita	Los profetas
Samaritano	Cristo
Heridas	Desobediencia, vicios y pecado
Cabalgadura (asno)	El cuerpo del Señor, que carga con nuestros pecados
Mesón	La iglesia
Los dos denarios	Conocimiento del Padre y del Hijo
Mesonero	Cabeza de la iglesia "a quien se le ha encargado su cuidado" (ángel de la guarda)
El regreso prometido por el samaritano	La segunda venida del Salvador

*Orígenes, *Homiliae in Lucam* 34.3-9. Es interesante saber que Orígenes se basó en un predecesor, sin mencionar su nombre, para esta interpretación. Empieza diciendo: "Uno de los ancianos quería interpretar la parábola de esta manera..." (*Homiliae in Lucam* 34.3). Para una traducción al inglés de los sermones existentes de Orígenes sobre Lucas, vea Orígenes: *Homilies on Luke, Fragments on Luke*, trad. Joseph T. Lienhard, *The Fathers of the Church* 94 (Washington, DC: The Catholic University of America Press, 1996).

6. Adolf Jülicher, *Die Gleichnisreden Jesu* (Freiburg: Mohr, 1888). Esta obra no existe en español ni en inglés.
7. La sentencia de muerte en los círculos académicos, por lo menos (K. R. Snodgrass, "Parables," en *DJG*, 591). La interpretación alegórica en la literatura más popular ha continuado hasta el día de hoy.
8. Ibíd., 591.

Al comienzo de la segunda mitad del siglo XX, eruditos tales como C. H. Dodd y Joachim Jeremias pidieron a los intérpretes que escucharan las parábolas como fueron oídas por los oyentes palestinos originales de Jesús en el siglo I.[9] Jesús anunció una irrupción del reino de Dios mediada a través de su reinado mesiánico. Cualquier interpretación de las parábolas que no tiene en cuenta este contexto histórico original está condenada al fracaso.

A partir de mediados del siglo XX, los estudiosos conocidos como críticos de redacción llamaron la atención sobre las contribuciones editoriales finales de los autores de los Evangelios. Para las parábolas, este énfasis fue importante porque los autores de los Evangelios dieron a sus lectores pistas editoriales sobre la correcta interpretación de las parábolas de Jesús. Estos autores dieron orientación para la correcta comprensión de las parábolas de Jesús al agrupar parábolas similares, proporcionar información contextual importante o emplear otros recursos literarios.

A finales de siglo XX y principios del siglo XXI, ha habido un cierto retroceso hacia tendencias alegóricas anteriores. Por un lado, los defensores del enfoque de la respuesta del lector y los críticos "estéticos" insisten en la lectura de las parábolas, aparte de su contexto histórico original.[10] Las parábolas se interpretan como teniendo un significado dinámico que produce una vida polivalente por sí mismas. Si bien esta descripción puede sonar algo atractiva en abstracto, en la vida real eso significa que las parábolas pueden significar lo que el lector quiera que signifiquen. Sin embargo, está claro que Jesús usó las parábolas para transmitir verdades concretas y definibles. Es cierto que el poder afectivo de una historia no puede ser reproducido en un resumen proposicional, pero el significado básico de las parábolas de Jesús puede y debiera ser resumido así.

Por otro lado, ha habido un creciente interés *incondicional* en la historia de la interpretación de la iglesia de los textos bíblicos.[11] En otras palabras, las diversas interpretaciones de pasajes bíblicos son valoradas por su propio derecho y se les da un nivel de autoridad e influencia que a veces es igual o supera a la del texto inspirado. Si bien un estudio de la historia de la recepción (la forma en que un texto ha sido recibido a lo largo de la historia) puede ser muy informativo, el texto en sí debe mantener una clara primacía sobre las interpretaciones aberrantes.

---

9. C. H. Dodd, *Las parábolas del reino* (Madrid: Cristiandad, 2001); y Joachim Jeremias, *The Parables of Jesus*, trad. S. H. Hooke, ed. rev. (Nueva York: Charles Scribner's Sons, 1963).
10. Por ejemplo, D. O. Via, *The Parables* (Philadelphia: Fortress, 1967).
11. Vea, por ejemplo, la descripción de Treier del movimiento de la interpretación teológica de las Escrituras (TIS) (Daniel J. Treier, *Introducing Theological Interpretation of Scripture* [Grand Rapids: Baker, 2008], 39-55).

En resumen

En esta pregunta, examinamos la historia de la interpretación de las parábolas de Jesús. Dividimos el estudio en cinco períodos históricos: (1) el trasfondo original de Jesús y la escritura de los Evangelios; (2) desde la iglesia primitiva hasta la Reforma; (3) la Reforma; (4) desde la Reforma hasta finales del siglo XIX; y (5) desde finales del siglo XIX hasta principios del siglo XXI. Se espera que este breve resumen ayude al lector a evitar los errores interpretativos del pasado, además de ofrecer un ejemplo histórico de la influencia de la erudición cristiana en las tendencias interpretativas.

Preguntas para la reflexión

1. Si Jesús dio explicaciones alegóricas de algunos detalles en sus parábolas, ¿que hay de malo en dar el siguiente paso y proporcionar esas explicaciones para *todos* los detalles?
2. La alegoría fue uno de los enfoques dominantes en la literatura de principios del mundo greco-romano. ¿Cuál diría usted que es el enfoque dominante en la literatura de nuestro tiempo?
3. Examine de nuevo la explicación de Orígenes de la parábola del buen samaritano. ¿Cómo respondería su iglesia a un sermón sobre la parábola que la interpreta de esa manera?
4. ¿Recuerda usted haber oído o leído una interpretación alegórica no válida para una parábola? En el momento de tener esa experiencia, ¿le pareció convincente la interpretación? ¿Por qué sí o por qué no?
5. ¿Qué le diría usted a alguien que afirma: "La interpretación de Orígenes del buen samaritano me convenció para confiar en Cristo para mi salvación, por lo que la interpretación debe ser correcta"?

PREGUNTA **33**

¿Cómo se interpretan las parábolas? (Principios de interpretación)

Si las parábolas han sido tan mal interpretadas a lo largo de historia de la Iglesia (vea la pregunta anterior), ¿cuáles son algunas pautas hermenéuticas que nos ayudarán a mantenernos en el rumbo correcto?

Para empezar, es importante tener en cuenta que Jesús empleó a menudo las parábolas para enseñar acerca del reino de Dios. Klyne Snodgrass afirma que el significado de casi todas las parábolas se podría clasificar bajo el tema más amplio del reino, que fue el tema central de la predicación de Jesús (Mr. 1:15). De hecho, muchas parábolas comienzan con una frase explícita introductoria como: "Así es el reino de Dios, como..." (Mr. 4:26). Snodgrass escribe:

> El foco primario de las parábolas es la venida del reino de Dios y el discipulado resultante que se requiere. Cuando Jesús proclamó el reino, Él quiso decir que Dios estaba ejerciendo su poder y gobierno para traer el perdón, vencer el mal y establecer la justicia en cumplimiento de las promesas del Antiguo Testamento.[1]

Este tema del reino se expresa, a su vez, con frecuencia a través de tres principales subtemas teológicos: "la gracia de Dios, las demandas del discipulado, y los peligros de la desobediencia".[2]

A continuación, encontrará varias sugerencias para determinar la intención del autor en cuanto al significado de la parábola.[3]

Determine las enseñanzas principales de la parábola

El principio más importante en la interpretación de las parábolas es determinar la razón por la que se pronunció la parábola y por qué fue incluida en el canon de las Escrituras. Existe un cierto debate entre los evangélicos en

---

1. K. R. Snodgrass, "Parables" en *DJG*, 599.
2. Craig L. Blomberg, *Interpreting the Parables*, 2ª ed. (Downers Grove, IL: IVP Academic, 2012), 448.
3. Aunque los autores de los Evangelios (Mateo, Marcos, Lucas, y Juan) son técnicamente los autores de las parábolas (en el sentido de que ellos las escribieron), damos por supuesto que ellos, al ser autores inspirados, transmitieron fielmente el sentido de Jesús.

cuanto a si cada parábola tiene una sola enseñanza principal (p. ej., Robert Stein) o si una parábola puede tener varios puntos principales (p. ej., Craig Blomberg). En realidad, estas dos perspectivas no son tan distintas como puede parecer inicialmente.

Por ejemplo, Craig Blomberg insiste en que las parábolas pueden tener una, dos o tres enseñanzas principales, *determinadas por el número de personajes/asuntos principales en la parábola.*[4] Así, por ejemplo, en la parábola del hijo pródigo (Lc. 15:11-32), hay tres personajes principales: el padre, el hermano mayor y el hermano menor. Los tres asuntos principales, basados en la actividad de los tres caracteres representativos, serían:

1. *El padre:* Dios el Padre es compasivo y perdonador.
2. *El hermano mayor:* Los seguidores de Dios deberían ser conscientes de la actitud negativa hacia la gracia y el perdón que el Padre ejerce hacia otros.
3. *El hermano menor:* Dios recibe a los rebeldes que confiesan su pecado, se arrepienten y aceptan su misericordia.[5]

Por el contrario, Stein sostiene que es más útil expresar la idea principal en una frase. Él podría explicar el significado de la parábola de la manera siguiente: Dios (representado por el padre) es misericordioso con los pecadores (el hermano menor), por lo que no debemos despreciar su amor por los demás (como hizo el hermano mayor). El punto focal de la parábola, según Stein, está en la respuesta del hermano mayor y en su falta de voluntad para regocijarse en el regreso de su hermano y en la plena aceptación de su padre. Este análisis queda confirmado por el contexto, como Lucas indica claramente que Jesús responde a los fariseos por su actitud de mala gana hacia la misericordia de Dios (Lc. 15:1-2).

Pero, ¿cómo determinamos la enseñanza principal de una parábola? Stein recomienda estas preguntas adicionales.[6]

---

4. Blomberg, *Interpreting the Parables*, 447-448.
5. Blomberg resume los puntos principales: "(1) Así como el hijo pródigo tuvo siempre la opción de arrepentirse y volver a casa, así también todos los pecadores, sin importar cuán perversos sean, pueden confesar sus pecados y volverse a Dios en arrepentimiento. (2) Del mismo modo que el padre estuvo dispuesto a ir al encuentro del pródigo para ofrecerle reconciliación, así también Dios ofrece a todos, aunque no lo merezcan, el completo perdón de pecados si ellos están dispuestos a aceptarlo. (3) Igual que el hermano mayor no debió enojarse por la restauración de su hermano, sino alegrarse por ello, así los hijos de Dios debieran regocijarse y no enojarse porque Dios extiende su gracia incluso a los que menos la merecen" (ibíd., 200-201).
6. Preguntas adaptadas de la obra de Robert H. Stein, *A Basic Guide to Interpreting the Bible: Playing by the Rules*, 2ª ed. (Grand Rapids: Baker Academic, 2011), 170-172.

1. *¿Quiénes son los personajes principales?* Como ya hemos visto con la parábola del hijo pródigo, los personajes principales son el padre, el hermano menor y el hermano mayor. Stein sugiere que, de los tres, debemos prestar la mayor atención al padre y al hermano mayor.

2. *¿Qué ocurre al final?* Como Jesús, con frecuencia, hace hincapié en su enseñanza principal al final de la parábola, el hecho de que la parábola del hijo pródigo termine con una reprimenda al hermano mayor (Lc. 15:31-32) apoya también que Jesús se centra en corregir la actitud malvada hacia el tratamiento compasivo que tiene Dios con los pecadores.

3. *¿Qué ocurre en el discurso directo (entre comillas)?* Las citas directas centran la atención del lector o del oyente en la enseñanza que se enfatiza en la parábola. Por ejemplo, en la parábola del hijo pródigo, tenga en cuenta la colocación enfática de palabras citadas del hermano mayor hacia el final de la parábola (Lc. 15:29-30).

4. *¿Quién/qué consigue la mayor parte del espacio?* (Es decir, ¿a quién o qué se dedican la mayoría de los versículos?) Jesús nos enseñó dónde ponía el énfasis al dar simplemente más espacio literario a una determinada persona o elemento de la parábola.

Reconozca las imágenes habituales en las parábolas

Cuando enseño sobre las parábolas, a veces pido a un estudiante internacional que sirva como voluntario. Dirigiéndome al estudiante, le digo: "Imagínese que abre un periódico y encuentra un dibujo con un asno y un elefante hablándose el uno al otro. ¿A qué se refiere ese dibujo?". Las sugerencias son inevitablemente divertidas, y completamente equivocadas. Los estadounidenses en la clase reconocen inmediatamente al asno como el símbolo del partido político demócrata y al elefante como el símbolo de los republicanos. Los reconocemos porque estamos acostumbrados a esas imágenes por nuestro condicionamiento cultural.

Los oyentes de Jesús en el siglo I y los primeros lectores de los Evangelios también estaban acostumbrados a unas ciertas imágenes habituales. Estas imágenes, paralelas a las que vemos en el Antiguo Testamento y otras fuentes judías tempranas, se encuentran a lo largo de las parábolas de Jesús como protagonistas o acciones centrales (vea el cuadro 15). A veces una imagen, que no es habitual, juega un papel central y el estudio cuidadoso debe determinar su importancia. Los detalles adicionales de la historia no tienen otro objeto, en general, que simplemente hacer la historia interesante y memorable.

Tenga en cuenta los detalles sorprendentes o inesperados

Mi esposa y yo dimos una vez un vídeo en árabe sobre el Evangelio según Lucas a unos nuevos inmigrantes sudaneses. Cuando nos sentamos en su sala de estar para ver el vídeo con ellos, me llamó la atención cuántas veces ellos se rieron o se miraron con expresión divertida. Jesús fue un maestro increíble e interesante. Lamentablemente, nuestras mentes han quedado embotadas por la familiaridad. Las parábolas de Jesús están llenas de detalles sorprendentes, giros inesperados, declaraciones impactantes y resultados sorprendentes. Cuando esos componentes para captar la atención están presentes, debemos prestar atención, porque lo que viene es enseñanza importante. Por ejemplo, en la parábola del siervo que no perdonó (Mt. 18:23-35), deberíamos notar la diferencia casi abismal entre la deuda que el siervo debía al rey ("diez mil talentos" o "miles y miles de monedas de oro" [NVI]) y la deuda contraída con él por otro funcionario ("cien denarios" o "cien monedas de plata" [NVI]). Aquí Jesús hace hincapié en la inmensa gracia de Dios al perdonar la profundidad de nuestro pecado, a la vez que pone en una perspectiva adecuada los pecados que nos pide perdonar a otros. Otro ejemplo de un detalle que llama la atención se encuentra en la parábola de la viuda y el juez injusto (Lc. 18:1-8). La persistencia descarada de la viuda habría sido escandalosa, sobre todo en la sociedad tradicional de la época de Jesús. Con este cuadro vivo de determinación, Jesús llama a sus seguidores a la persistencia en la oración. Del mismo modo, un hombre mayor que corre hacia algo, y mucho menos a un encuentro con un hijo renegado (Lc. 15:20), habría sido un espectáculo poco digno en el Israel del primer siglo. Cuánto más sorprendente es, pues, la gracia anhelante de Dios Padre hacia los pecadores arrepentidos.

No pretenda encontrar significado en todos los detalles

No todos los detalles de una parábola tienen significado. Más bien, muchos detalles simplemente hacen la historia interesante, memorable o fiel a la realidad de los oyentes. Por ejemplo, en la parábola del siervo que no perdonó (Mt. 18:23-35), la cantidad de dinero ("diez mil talentos") y la unidad de dinero ("talento") no tienen ningún significado especial, aparte de indicar una gran deuda en una moneda conocida. Del mismo modo, en la parábola del hijo pródigo, cuando el padre saluda a su hijo arrepentido entregándole ropa nueva, zapatos nuevos, un anillo y preparándole un banquete (Lc. 15:22-23), estos regalos significan aceptación y celebración. No tienen cada uno de ellos un significado simbólico que debe ser descifrado. De hecho, intentar tal decodificación es ir por el camino equivocado de la interpretation alegórica.[7]

Dado que cada personaje *central* de la parábola transmite generalmente solo *un elemento principal de comparación*, no debe sorprendernos que algunos personajes actúen de manera desfavorable. El juez de la parábola de Lucas 18:1-8, en cierto sentido representa a Dios, a quien llevamos nuestras peticiones. Sin embargo, aunque al juez humano hay que importunarle para que haga justicia (Lc. 18:4-5), Dios está dispuesto a intervenir en favor de su pueblo (Lc. 18:7). El punto principal de comparación en la parábola es la necesidad de persistir en la oración (Lc. 18:1). En la parábola de las vírgenes prudentes e insensatas (Mt. 25:1-13), las prudentes son elogiadas por prepararse adecuadamente al llevar suficiente aceite para sus lámparas (Mt. 25:4). Aunque el novio retrasa su venida, las vírgenes prudentes estaban todavía listas para su llegada. Del mismo modo, los seguidores de Jesús estamos llamados a estar listos (al vivir en obediencia fiel), aunque su venida pueda retrasarse (Mt. 25:13). El hecho de que cinco vírgenes eran prudentes y cinco insensatas no quiere decir que el 50 por ciento del mundo será salvado y el otro 50 por ciento condenado. Jesús tampoco nos está enseñando que no debemos compartir (las vírgenes prudentes se negaron a compartir su aceite [Mt. 25:9]). Jesús fue un maestro de la narración, y Él incluyó muchos detalles con el fin de hacer sus historias interesantes.

Un amigo me habló una vez acerca del sermón que su pastor predicó sobre Mateo 13:44-46 (las parábolas del tesoro en el campo y la perla de gran precio). Su pastor afirmó que el tesoro y la perla representaban al creyente cristiano o la iglesia y que Jesús era el que compraba el tesoro o la perla. El pastor afirmó que esta interpretación debe de ser verdad porque nosotros no compramos el reino. Más bien, Jesús nos compra con su sangre. Esta interpretación parece muy sincera, pero se basa en una mala interpretación del lenguaje de las parabólas. En ambas parábolas, Jesús pone ante sus oyentes una crisis, en la que todo lo demás es menos importante que el tesoro o la perla. La predicación de Jesús nos llama a "buscad primeramente el reino de Dios y su justicia" (Mt. 6:33). Sí, en última instancia, podemos buscar el reino solamente por la gracia que nos ha sido dada (Ef. 2:8-10). En estas parábolas, sin embargo, Jesús está llamando a la gente a responder valorándole a Él y a

7. Clemente de Alejandría (ca. 150-215 d.C.) hizo en realidad eso con la parábola del buen samaritano. Por consiguiente, él interpretó las imágenes de la parábola de la siguiente manera: el buen samaritano = prójimo = Cristo; los ladrones = gobernadores de las tinieblas; las heridas = temor, lujuria, ira, dolor, engaño, placeres; el vino = la sangre de la vid de David; el aceite = la compasión del Padre; vínculo = amor, fe, esperanza (leído en la obra de Robert H. Stein, *An Introduction to the Parables of Jesus* [Philadelphia: Westminster Press, 1981], 44).

su reino mesiánico por encima de cualquier otra cosa. La soberanía divina no niega la responsabilidad humana.

CUADRO 15: IMÁGENES EN LAS PARÁBOLAS DE JESÚS

IMAGEN	SIGNIFICADO	EJEMPLO
Padre	Dios	Lucas 15:11-32
Señor	Dios	Marcos 12:1-11
Juez	Dios	Lucas 18:1-8
Pastor	Dios	Mateo 18:12-14
Rey	Dios	Mateo 18:23-35
Hijo	Israel, un seguidor de Dios	Luke 15:11-32
Viña	Israel	Mateo 21:33-41
Vid	Israel o el pueblo de Dios	Juan 15:5
Higuera	Israel	Marcos 11:13
Oveja	Pueblo de Dios	Mateo 25:31-46
Siervo	Seguidor de Dios	Mateo 25:14-30
Enemigo	El diablo	Mateo 13:24-30
Cosecha	Juicio	Mateo 13:24-30
Fiesta de boda	Banquete mesiánico, la era venidera	Mateo 25:1-13

Preste atención al contexto literario e histórico de la parábola

Los autores de los Evangelios nos dan a menudo pistas sobre el significado de una parábola mediante la inclusión de información acerca de por qué Jesús pronunció esa parábola, o mediante la agrupación de parábolas sobre temas similares. Un ejemplo claro se produce al comienzo de la parábola de la viuda y el juez injusto (Lc. 18:1-8). En las primeras líneas del relato, Lucas nos dice: "También les refirió Jesús una parábola sobre la necesidad de orar siempre y no desmayar" (Lc. 18:1). Cualquier interpretación que deje de lado esta palabra autorizada de orientación es seguro que va por mal camino.

Lucas nos ofrece igualmente información contextual útil antes de la serie de las tres parábolas de Jesús en Lucas 15 (que culmina con la parábola del hijo pródigo). Lucas nos dice:

> Se acercaban a Jesús todos los publicanos y pecadores para oírle, y los fariseos y los escribas murmuraban, diciendo: Este a los pecadores recibe, y con ellos come. Entonces él les refirió esta parábola…

Lucas no tiene que darnos esta información, pero esta introducción nos ayuda a ver que estas parábolas fueron dichas en respuesta a la hipocresía religiosa que no entiende la gracia de Dios para con los pecadores (cp. Lc. 15:31-32). Además, tanto antes como después de la parábola del buen samaritano, Lucas muestra claramente que esa parábola es la respuesta de Jesús a un investigador santurrón que quiere limitar ilegítimamente el término *prójimo* (Lc. 10:25-29, 36-37; cp. Lc. 14:7; 19:11).

No sabemos si Jesús pronunció juntas originalmente las cuatro parábolas de Mateo 24:45—25:46 (el siervo fiel e infiel, las diez vírgenes, los talentos y las ovejas y las cabras) sin ningún comentario entre ellas. Pero no es un error que las encontremos juntas y que vayan inmediatamente pisando los talones a su discurso escatológico de Mateo 24:1-44. Todas las parábolas llaman a los discípulos de Jesús a la obediencia fiel mientras esperan su regreso.

El conocimiento de la historia o del trasfondo cultural ayuda a veces en la interpretación de una parábola. Por ejemplo, para entender mejor la parábola del buen samaritano, el lector debe saber que los judíos de la época de Jesús tenían una actitud muy negativa en contra de los samaritanos. Al presentar al samaritano como el único "prójimo bueno" en el relato (Lc. 10:33, 36), Jesús condenó a sus contemporáneos hipócritas, que limitaban el amor para excluir a ciertas razas o personas.[8] Si bien la información de trasfondo suele estar disponible a partir de una lectura cuidadosa de toda la Biblia (p. ej., Juan 4:9; 8:48), las personas menos familiarizadas con la Biblia pueden consultar una Biblia de estudio o un libro que ofrezca un estudio breve y perspicaz de cada parábola en los Evangelios.

En resumen

En esta pregunta examinamos diversos principios para la interpretación de las parábolas: (1) Determine las enseñanzas principales de la parábola. Para determinarlas es útil plantear las siguientes preguntas: (a) ¿Quiénes son los personajes principales? (b) ¿Qué ocurre al final? (c) ¿Qué ocurre en el discurso directo? (d) ¿Quién/qué consigue la mayor parte del espacio? (2) Reconozca las imágenes habituales en las parábolas. (3) Tenga en cuenta los detalles sorprendentes o inesperados. (4) No pretenda encontrar significado en todos los detalles. (5) Preste atención al contexto literario e histórico de la parábola.

---

8. Es, por tanto, lógico que en su paráfrasis moderna del Evangelio de Lucas, ubicada en el sureste de los Estados Unidos en la década de 1950, Clarence Jordan sustituya al samaritano por un negro estadounidense. El sacerdote y el levita son representados por un "predicador blanco" y un "líder de adoración blanco" (*The Cotton Patch Version of Luke and Acts* [Nueva York: Association Press, 1969], 46-47).

Preguntas para la reflexión

1. ¿Cuál encuentra usted más convincente: el enfoque de una enseñanza única en las parábolas o la comprensión de que las parábolas pueden tener tantas enseñanzas como personajes principales?
2. ¿Por qué, en su opinión, los predicadores y escritores cristianos se desvían con tanta frecuencia cayendo en la interpretación alegórica de las parábolas?
3. Además de un asno y un elefante, ¿puede usted pensar en alguna otra imagen habitual reconocida en la cultura estadounidense moderna o en la cultura de su país?
4. Reto: Elija una parábola de Mateo 13 y aplique las directrices sugeridas anteriormente.
5. Reto: Elija una parábola y haga las cuatro preguntas sugeridas por Stein (¿Quiénes son los personajes principales?, ¿Qué ocurre al final? ¿Qué ocurre en el discurso directo? ¿Quién/qué consigue la mayor parte del espacio?). Responder a esas preguntas, ¿le ayuda a determinar la enseñanza principal?

PREGUNTA 34

¿Cómo se interpretan las cartas o epístolas? (Estructura y naturaleza)

De los veintisiete libros del Nuevo Testamento, veintiuno son cartas. Algunas son cartas a individuos, pero la mayoría fueron escritas a congregaciones. A medida que la naciente iglesia cristiana se extendía rápidamente por tierras lejanas, los apóstoles y sus sucesores enviaron aliento e instrucción a través de estas cartas (también llamadas epístolas).[1] Lo que inicialmente encontramos como una conversación temporal en las cartas es en realidad una palabra de Dios dirigida a nosotros. Las cartas en el Nuevo Testamento son algo más que una comunicación limitada en el tiempo; son obras inspiradas por el Espíritu Santo para la instrucción autorizada de la Iglesia en todas las épocas.

En esta primera pregunta relacionada con las cartas, estudiaremos su estructura, las formas literarias utilizadas dentro de las epístolas, su carácter ocasional, y la cuestión de los seudónimos. En la siguiente pregunta, ofreceremos directrices prácticas para la interpretación de las cartas en el Nuevo Testamento.

La estructura de las cartas antiguas

En su estructura, las cartas antiguas son bastante similares a las cartas modernas o correos electrónicos. Las cartas del Nuevo Testamento comienzan, en general, identificando al remitente y al receptor ("Pablo, apóstol... a las iglesias de Galacia" [Gá. 1:1-2]). Este saludo va generalmente seguido por unas palabras de oración y/o acción de gracias (1 Co. 1:3-9). Uno puede tener la tentación de hojear rápidamente a través de las porciones iniciales de una carta del Nuevo Testamento, pero el intérprete cuidadoso notará que las ideas introducidas en el comienzo de una carta reaparecerán con frecuencia más

1. Algunos eruditos han usado el término *epístolas* para referirse a cartas escritas cuidadosamente para el público en general, a diferencia de una correspondencia más informal (p. ej., Adolf Deissmann, *Light from the Ancient East: The New Testament Illustrated by Recently Discovered Texts of the Graeco-Roman World*, trad. Lionel R. M. Strachan [Nueva York: George H. Doran, 1927; reimp., Peabody, MA: Hendrickson, 1995], 228-241). Yo utilizo los dos términos (*cartas* y *epístolas*) de forma intercambiable, como suelen hacer ahora la mayoría de los estudiosos. Pablo escribió cartas a situaciones particulares, pero él también fue siempre consciente de su apostolado y de la comunidad cristiana en general (1 Co. 1:1-2; Col. 4:16).

adelante como temas importantes. Por ejemplo, en Gálatas 1:1, Pablo se identifica enfáticamente como "Pablo, apóstol (no de hombres ni por hombre, sino por Jesucristo y por Dios el Padre que lo resucitó de entre los muertos)". No hay que leer mucho más en la carta para descubrir que la legitimidad del apostolado de Pablo (y por tanto el evangelio apostólico) había sido cuestionada (Gá. 1:10-11). Los estudiosos reconocen que las introducciones y conclusiones de la mayoría de las cartas del Nuevo Testamento proporcionan "paréntesis hermenéuticos enmarcadores", los cuales nos permiten ver con más claridad los énfasis y propósitos de la obra.[2]

Después de la sección de oración y/o acción de gracias viene el cuerpo de la carta. Este núcleo se puede dividir a veces a grandes rasgos en instrucciones teológicas (Ef. 2:1—3:21) y éticas (Ef. 4:1—6:20). Otras cartas son mucho más difíciles de bosquejar o subdividir (p. ej., Santiago, 1 Juan). Las cartas concluyen a menudo con una bendición o saludo formal (Ef. 6:21-24). Por supuesto, esta estructura es la forma *general* de una carta, de la que hay muchas posibles desviaciones. Por ejemplo, puede que el autor no se identifique de forma explícita en el saludo (Hebreos), o puede omitir la sección de acción de gracias (Gálatas). Cuando un autor se aparta de la estructura habitual, el lector debe preguntarse si hay una razón para tales anormalidades. En el caso de la carta de Pablo a los creyentes gálatas, parece que el alejamiento de ellos del evangelio apostólico hizo que fuera imposible la acción de gracias (Gá. 1:6). El cuadro 16 ofrece un ejemplo del esquema de una carta del Nuevo Testamento.

Cabe señalar que las Biblias de estudio y los comentarios bíblicos suelen aportar bosquejos más amplios de las cartas del Nuevo Testamento. Aunque siempre es mejor descubrir por uno mismo la información, un esquema de este tipo puede proporcionar un panorama general muy útil del pensamiento y argumento del autor.

Formas literarias usadas en las cartas

Al leer un comentario o las notas de una Biblia de estudio, no es raro encontrar la afirmación de que una carta del Nuevo Testamento está citando un himno o confesión cristiana antiguos (p. ej., Fil. 2:6-11; 2 Ti. 2:11-13). Los eruditos hacen conjeturas sobre esa ascendencia literaria basándose en indicios contextuales (frases introductorias), vocabulario inusual, expresiones estilizadas, etc. Al final, aunque el origen de esas determinadas partes de las

2. L. Ann Jervis, *The Purpose of Romans: A Comparative Letter Structure Investigation*, JSNTSup 55 (Sheffield: JSOT, 1991); P. Schubert, *Form and Function of Pauline Thanksgivings* (Berlin: Töpelmann, 1939); y P. T. O'Brien, *Introductory Thanksgivings in the Letters of Paul* (Leiden: Brill, 1977).

Escrituras son cuestiones de innegable curiosidad, el origen de un pasaje no tiene efecto en nuestra interpretación. Por ejemplo, en cuanto a Filipenses 2:6-11 (el famoso "himno a Cristo"), tanto si Pablo está citando un himno como si está componiendo el texto mientras escribe, está claro que él está de acuerdo con ello. Conocer el origen de versículos específicos (p. ej., los pensamientos de Pablo inspirados por el Espíritu, o una tradición autorizada de la iglesia) no cambia el significado del texto.

CUADRO 16: ESQUEMA DE UNA CARTA DEL NUEVO TESTAMENTO: FILIPENSES

I. Introducción (1:1-11)
  A. Saludos (1:1-2)
  B. Acción de gracias por su participación en el evangelio y la oración por una fidelidad incluso mayor (1:3-11)
II. Llamamiento a la unidad por amor al evangelio (1:12—2:30)
  A. Pablo como un modelo de alguien que vive dedicado completamente al evangelio (1:12-26)
  B. Exhortaciones a la iglesia (1:27—2:18)
    1. Llamamiento a la unidad en vivir para el evangelio (1:27—2:4)
    2. Llamamiento a imitar a Jesús (2:5-11)
    3. Llamamiento a la obediencia gozosa como hijos de Dios (2:12-18)
  C. Exhortaciones a la imitación (2:19-30)
    1. Imitar a Timoteo (2:19-24)
    2. Imitar a Epafrodito (2:25-30)
III. Llamamiento a imitar a Pablo y no a los falsos maestros (3:1—4:1)
  A. El valor de la repetición (3:1)
  B. Cuidado con la circuncisión, y sigan a Pablo (3:2-11)
  C. No un llamamiento a la perfección (3:12-16)
  D. Sigan a aquellos que muestran el camino recto (3:17—4:1)
IV. Un ultimo llamamiento a la unidad y al gozo (4:2-9)
V. Acción de gracias por el compromiso de los filipenses con el evangelio expresado en su generosidad con Pablo (4:10-20)
VI. Saludos finales y bendición (4:21-23)

Adaptado directamente de la obra de Thomas R. Schreiner, "Introduction to New Testament, Part II Notebook: Acts, Epistolary Literature, and the Revelation" (notas de clase, Seminario Teológico Bautista del Sur, s.f.), 35-37.

Otra forma literaria que es extraña para algunos intérpretes modernos es la diatriba. Una diatriba es un debate con un compañero ficticio que representa un punto de vista que uno está tratando de corregir. Por tanto, cuando Pablo escribe: "Mas antes, oh hombre, ¿quién eres tú, para que alterques con Dios?" (Ro. 9:20), el apóstol no tiene en mente un oponente en particular, sino en el estilo de la diatriba está corrigiendo un adversario ficticio que da voz al error teológico o moral que él está tratando de corregir (vea Stg. 2:18-20).

El carácter ocasional de las cartas

Las cartas en el Nuevo Testamento no son tratados abstractos de teología sistemática. Son a menudo apelaciones apasionadas, escritas a personas específicas en situaciones concretas en el siglo I d.C. En una palabra, son ocasionales, dirigidas a situaciones específicas.

Por un lado, el carácter ocasional de las cartas del Nuevo Testamento las hace difícil de aplicar. Pablo, el escritor de 1 Corintios, murió hace mucho tiempo, junto con todos los creyentes en Corinto, a los que él se dirigía en la carta. Además, si bien nos encontramos hoy con situaciones análogas, ninguno de los asuntos tratados en la carta son *exactamente* los mismos que los de hoy. Sin embargo, incluso en estas cartas ocasionales, vemos indicios de que los autores y receptores originales vieron en su composición una autoridad que trasciende al tiempo. El apóstol Pedro se refirió a las cartas de Pablo como "las Escrituras" (2 P. 3:16). Pablo insiste en que sus cartas sean copiadas y leídas por iglesias a las que originalmente no fueron dirigidas (Col. 4:16). Pablo se dirige en 1 Corintios no solo a los creyentes de Corinto, sino también a "todos los que en cualquier lugar invocan el nombre de nuestro Señor Jesucristo" (1 Co. 1:2). Además, los autores de las cartas del Nuevo Testamento escribieron con autoridad (1 Co. 5:4-5), presentando su enseñanza no como sugerencias, sino como la transmisión de "la fe que ha sido una vez dada a los santos" (Jud. 3). Incluso las epístolas a personas, tales como las cartas de Pablo a Filemón y Timoteo, dan indicios de que se destinan para que la iglesia en general las escuche y preste atención a las instrucciones de las cartas personales" (Flm. 2; 1 Ti. 6:21; 2 Ti. 4:22).[3]

La cuestión de los escritos seudónimos

No es raro que los eruditos no cristianos o cristianos liberales afirmen que ciertas cartas en el Nuevo Testamento no fueron escritas por las personas mencionadas en las salutaciones.[4] Recientemente, sin embargo, hasta algunos estudiosos evangélicos muy conocidos han sugerido que algunas de las cartas del Nuevo Testamento puede que sean seudónimas (es decir,

---

3. En el texto griego, se emplea la forma plural "vosotros" en 1 Timoteo 6:21 y 2 Timoteo 4:22 (vea también Tit. 3:15).
4. Vea, p. ej., la discusión de W. G. Kümmel sobre las Epístolas Pastorales en *Introduction to the New Testament*, trad. Howard Clark Kee, ed. rev. (Nashville: Abingdon, 1975), 370-387.

escritas bajo un nombre falso).[5] Estos eruditos evangélicos han afirmado que el uso de seudónimos, si se empleaba, debió haber sido un recurso literario transparente, conocido por el autor y los lectores con el fin de evitar engaños culpables.

D. A. Carson y Douglas Moo ofrecen un razonamiento convincente contra los seudónimos en las epístolas del Nuevo Testamento. Una presentación elaborada de su argumento está más allá del alcance de este libro, pero mencionaremos algunas breves observaciones.[6]

1. Declaraciones en el Nuevo Testamento sugieren que las obras seudónimas no eran aceptables (2 Ts. 2:2; 3:17).

2. Si los escritos seudónimos fueron aceptados y *esperados*, ¿por qué hay varias cartas del Nuevo Testamento que no mencionan el nombre del autor (Hebreos, 1 Juan, 2 Juan)? Es decir, ¿por qué los primeros cristianos no se sintieron obligados a añadir el nombre de un ilustre autor en esas obras formalmente "anónimas"?

3. En la iglesia primitiva, cuando reconocieron los escritos seudónimos, estos fueron siempre condenados y rechazados.[7] No hay ninguna constancia de que la iglesia primitiva aceptara a sabiendas algún escrito seudónimo.

En resumen

Veintiuno de los veintisiete libros del Nuevo Testamento son cartas. Si bien se escribieron para tratar ocasiones específicas de la iglesia del siglo I ("cartas ocasionales"), también son palabras inspiradas de Dios para la Iglesia de todos los tiempos. En la explicación más arriba, examinamos varios aspectos de las cartas del Nuevo Testamento: (1) la estructura de las cartas antiguas, con un esquema modelo de Filipenses; (2) formas literarias usadas en las cartas; (3) el carácter ocasional de las cartas; y (4) la cuestión de los escritos seudónimos.

---

5. P. ej., I. Howard Marshall, *New Testament Theology: Many Witnesses, One Gospel* (Downers Grove, IL: InterVarsity Press, 2004), 398.
6. D. A. Carson y Douglas J. Moo, *Una introducción al Nuevo Testamento* (Barcelona: Clie, 2005), 272-286.
7. Tertuliano, *De baptismo* 17; Eusebio, *Historia Eclesiástica* 6.12.3; *Canon Muratori* 64-65; y Cirilo de Jerusalén, *Catequesis* 4.36 (ejemplos citados por Carson y Moo, *Una introducción al Nuevo Testamento*, 277-278).

Preguntas para la reflexión

1. Las cartas del Nuevo Testamento son ocasionales y eternas. ¿En qué sentido es esto un reto y un beneficio para el intérprete cristiano moderno?
2. Al estudiar pasajes de las cartas del Nuevo Testamento, ¿los lee usted a la luz del contexto histórico de toda la carta? ¿Por qué sí o por qué no?
3. Al leer las cartas personales en el Nuevo Testamento (p. ej., 1 y 2 Timoteo, Tito, Filemón, 3 Juan), ¿ha pensado usted en esas obras como escritas en primer lugar para individuos? ¿Supone eso alguna diferencia?
4. La aceptación de libros bíblicos seudónimos, ¿socava la autoridad de la Biblia y de su inspiración?
5. De la evidencia presentada más arriba, ¿cuál es el mejor argumento en contra de aceptar la autoría seudónima de cartas en el Nuevo Testamento?

PREGUNTA **35**

¿Cómo se interpretan las cartas o epístolas? (Directrices generales)

En la pregunta anterior, hablamos de una serie de cuestiones introductorias para comprender las cartas del Nuevo Testamento (la estructura, las formas literarias utilizadas en las cartas, el carácter ocasional de las mismas y los argumentos relativos a la autoría). La reflexión anterior se da por supuesta al pasar a presentar algunas directrices generales para la comprensión e interpretación de las cartas del Nuevo Testamento.

Utilice la lectura de espejo con precaución

Durante un curso de religión en el seminario, mi profesor ilustró el proceso de interpretar cartas del Nuevo Testamento entregando fotocopias de la letra de una canción popular.[1] Procedió a mostrar cómo a través de los versos a veces oscuros, podríamos reconstruir la situación detrás de la canción. Por ejemplo, a partir de ciertas afirmaciones, podríamos suponer que el cantante había tenido previamente una relación y un trabajo satisfactorios, y que ahora se lamentaba de esa pérdida. Este proceso de interpretación se denomina "lectura de espejo".[2] Con frecuencia hacemos análisis similares cuando oímos hablar a alguien por teléfono y nos imaginamos el otro lado de la conversación. Del mismo modo, cuando leemos las cartas en el Nuevo Testamento, no tenemos conocimiento histórico independiente, de las situaciones del receptor o de las cartas de las congregaciones (si las hay) que motivaron a los autores del Nuevo Testamento. Escuchar solo la mitad de la conversación (la del escritor inspirado a los destinatarios) nos hace sintetizar inevitablemente una serie de comentarios para reconstruir la situación que ocasionó la carta. Pero hay que hacerlo con mucho cuidado.

Un ejemplo de este proceso de lectura de espejo lo encontramos en 1 Juan. Podemos sacar las siguientes conclusiones sobre la situación que Juan está tratando.

1. Este ejercicio fue llevado a cabo por E. P. Sanders en la universidad de Duke.
2. J. M. G. Barclay, "Mirror-Reading a Polemical Letter: Galatians as a Test Case", *JSNT* 31 (1987): 73-93.

1. Algunas personas se habían separado de la comunidad a la que Juan se dirige (1 Jn. 2:19).

2. Las personas que habían salido sostenían una cristología herética (1 Jn. 2:20-26; 4:1-6; cp. 2 Jn. 7).

3. Las personas que salieron habían mostrado un comportamiento inmoral y carente de amor (1 Jn. 2:3-6; 3:10-12).

4. Las cuestiones fundamentales de quién realmente pertenece a Dios y la seguridad de la salvación parece que preocupaban a la comunidad a la que Juan escribe (1 Jn. 5:13).

No hay sustituto para la lectura cuidadosa y repetida de la carta con el fin de reconstruir la situación histórica detrás de su escritura. Como Pascal sabiamente señaló: "La gente está generalmente mejor dispuesta a convencerse por las razones que ellos mismos han descubierto que por aquellas que vienen de la mente de otros".[3] Al mismo tiempo, muchas personas se verán beneficiadas al consultar los comentarios introductorios sobre un carta del Nuevo Testamento que vienen en una Biblia de estudio. Asimismo, cualquier información cultural o histórica disponible para el lector medio (como una explicación de "carne sacrificada a los ídolos" en 1 Co. 8-10) aparecerá bien explicada en una Biblia de estudio. También, antes de estudiar una carta en el Nuevo Testamento, puede ser aconsejable leer un resumen del texto de la misma en un estudio del Nuevo Testamento, tal como *Una introducción al Nuevo Testamento*, por D. A. Carson y Douglas J. Moo.

Familiarizarse uno mismo con el trasfondo de cualquier libro de la Biblia requiere un estudio que ocupa tiempo. No obstante, para la interpretación de las distintas secciones de una carta, no hay mejor ayuda que una buena comprensión de toda la obra. Este solo hecho es un buen argumento para la predicación y la enseñanza a través de libros enteros de la Biblia, sección por sección. Pocos de nosotros tenemos tiempo para hacer la lectura de espejo y un estudio del trasfondo cada semana, y mucho menos todos los días. Es mucho más fácil edificar sobre una base de conocimiento bien establecido.

Divida el texto en unidades de discurso

Cuando hacemos un estudio completo de una carta, es útil dividir el texto en unidades más manejables. Al hacerlo, debemos seguir las pistas literarias y

3. Pascal, *Pensées*, fragmento 10, en *Great Books of the Western World: Pascal*, ed. Mortimer J. Adler, 2ª ed. (Chicago: Encyclopedia Britannica, 1990), 30:173. Dentro de este volumen, *Pensées* fue traducido por W. F. Trotter.

estructurales que el autor nos ha dado. ¿Cambia de tema? ¿Pasa de la tercera a la segunda persona? ¿Señalan las conjunciones o exclamaciones el movimiento a un nuevo tema?

Los comités de traducción y edición de casi todas las versiones modernas de la Biblia se han hecho estas preguntas (y muchas otras) al ir dividiendo el texto en párrafos y grandes unidades de discurso. La mayoría de las Biblias modernas insertan títulos útiles para las secciones unificadas de pensamiento.

Cuando se realiza un estudio detallado de un texto en particular, es aconsejable comparar varias traducciones modernas y notar dónde difieren en cuanto a la segmentación del texto. Además, cualquier buen comentario examinará la organización del texto. Allí donde las traducciones y los comentarios no están de acuerdo, el intérprete tendrá que evaluar la información y tomar sus propias decisiones.

Entienda la organización dentro de una unidad literaria

Una vez que una sección de pensamiento unificado (una unidad de discurso) ha sido elegida, el intérprete debe prestar especial atención al desarrollo de la argumentación del escritor dentro de la unidad más pequeña. ¿Está el autor apelando a la experiencia de sus lectores, al Antiguo Testamento, o a su propia autoridad? ¿Cuál es la relación entre las frases y las oraciones: causal ("porque"), concesivas ("aunque o si bien"), instrumental ("por medio de"), etc? Hay varias maneras de conseguir entender estas conexiones literarias más estrictas, pero una sugerencia elemental es: ¡Anótelo! Representar visualmente el flujo lógico del texto en papel ayuda a la mayoría de los estudiantes en la digestión mental y espiritual. En su libro *Interpreting the Pauline Epistles,* Tom Schreiner nos ofrece dos métodos sugeridos para esos análisis visuales.[4] Lo más importante, sin embargo, es intentar hacer *algo*, incluso si se trata simplemente de marcar y etiquetar las secciones subordinadas del texto.

Determine el significado de palabras individuales

Las palabras teológicas importantes dignas de un estudio concentrado se encuentran en toda la Biblia. Sin embargo, en el argumento denso y lógico de muchas epístolas del Nuevo Testamento, hay una frecuencia muy alta de tales palabras. Si bien hay peligros de interpretación en los estudios superficiales de palabras, nunca antes ha habido mejores herramientas disponibles para que el intérprete curioso y diligente haga estudio de palabras. En la pregunta 13, "¿Qué libros o herramientas útiles hay disponibles para la

4. Thomas R. Schreiner, *Interpreting the Pauline Epistles,* 2a ed. (Grand Rapids: Baker, 2011), 69-124. Además, en biblearc.com encontrará videos gratuitos sobre cómo analizar estructuralmente un texto bíblico (solo disponible en inglés).

interpretación bíblica?", encontrará algunas sugerencias de libros útiles o herramientas para la interpretación de la Biblia. En el nivel más básico, si el intérprete está teniendo dificultades para obtener el sentido exacto de una palabra o frase, puede comparar varias traducciones modernas disponibles hoy (vea la pregunta 7, "¿Cuál es la mejor traducción de la Biblia en español?").

Aplique el mensaje hoy

No estudiamos las cartas del Nuevo Testamento con el fin último de llegar a la reconstrucción histórica más convincente y precisa. Más bien, hacemos ese estudio histórico y exegético a fin de entender el mensaje original del autor inspirado, de manera que podamos aplicarlo fielmente a situaciones análogas en la actualidad.

Es difícil, a veces, determinar si las instrucciones en una carta son culturalmente vinculantes, en casos específicos, si se aplican directamente sin cambio, o encarnan un principio fundamental que debe aplicarse de manera diferente en un nuevo escenario. En la pregunta 19, "¿Tienen todos los mandamientos de la Biblia aplicación para hoy?", se dan muchas directrices para ayudar a determinar de qué manera las instrucciones de las Escrituras se aplican en la actualidad. Un breve ejemplo, sin embargo, se puede dar a partir de 1 Corintios 8—10. En estos capítulos, Pablo instruye a los corintios acerca de comer carne sacrificada a los ídolos. Pablo dice que si un cristiano compra carne en el mercado que ha sido ofrecida a los ídolos o come esa carne en casa de un no creyente, esa acción no es pecado. Comprar o comer carne que otra persona ha sacrificado a un ídolo no es, en sí mismo, una participación en la idolatría. Sin embargo, si hay nuevos creyentes en la congregación que, a causa de una conciencia débil, piensan que comer esa carne es como adorar a un ídolo, los cristianos con una conciencia fuerte deben abstenerse de comer carne sacrificada a los ídolos. Si un cristiano fuerte fuera a comer la carne, el hermano más débil podría sentirse inclinado a participar también y pecar contra su conciencia. La consideración por la edificación de los demás tiene prioridad sobre la libertad personal.

Pocas personas que leen este libro se enfrentan hoy a acuciantes problemas ministeriales relacionados con carne sacrificada a ídolos. Sin embargo, los principios eternos de 1 Corintios 8—10 tienen que ver con muchos problemas actuales. Por ejemplo, estos principios podrían incluir los siguientes.[5]

---

5. Estos principios están tomados directamente de mi artículo "Eating Idol Meat in Corinth: Enduring Principles from Paul's Instructions", *SBJT* 6, no. 3 (2002): 58-74. Puede hacer una búsqueda en Google del título completo de este artículo para encontrar una copia digital gratuita (solo disponible en inglés).

1. La reflexión ética debe estar enraizada en la verdad teológica. (Pablo apela al monoteísmo bíblico para mostrar que los ídolos no son nada en sí mismos [1 Co. 8:4-6]).

2. Desde una perspectiva bíblica, hay tres categorías morales: el bien, el mal, e intrascendentes (o *adiaphora*).

3. Incluso si un comportamiento no es objetivamente inmoral, si una persona piensa que está mal y después lo hace, peca.

4. Un cristiano debe mostrar amor sacrificial para proteger a otros cristianos de la tentación y del pecado, incluso cuando esos otros cristianos son de alguna manera "débiles" o "imaduros" en su juicio.

5. El comportamiento cristiano no debería estar gobernado simplemente en última instancia por las categorías de "bueno" o "malo". En la esfera de la *adiaphora* (las cosas intrascendentes), el comportamiento del cristiano debe estar formado por la preocupación doble: (a) por la salud espiritual de otros cristianos, (b) por la conversión de los no creyentes.

En resumen

En esta segunda pregunta sobre las cartas del Nuevo Testamento, hemos examinado algunas cuestiones prácticas relacionadas con el estudio de las epístolas: (1) utilice la lectura de espejo con precaución; (2) divida el texto en unidades de discurso; (3) entienda la organización de una unidad literaria; (4) determine el significado de palabras individuales; y (5) aplique el mensaje hoy.

Preguntas para la reflexión

1. ¿Está usted o su iglesia estudiando, enseñando, o predicando actualmente a través de un libro entero de la Biblia? Si no es así, ¿cuál sería el beneficio de cambiar a este método?
2. Al estudiar la Biblia, ¿ha participado alguna vez en un estudio de palabras? ¿Qué recursos utilizó? ¿Qué aprendió?
3. Cuando prepara estudios bíblicos o sermones, ¿cómo decide qué sección del texto va a tratar (es decir, dónde empezar el estudio y dónde terminarlo)?

4. Al tratar de comprender la estructura de un pasaje epistolar, ¿ha intentado alguna vez un método visual (es decir, escribirlo estableciendo marcas o diagramas)?
5. Reto: Elija un pasaje favorito de las cartas del Nuevo Testamento y estúdielo de nuevo la semana que viene a la luz de los métodos sugeridos más arriba.

CUARTA PARTE

Temas prácticos y actuales

Las preguntas 36–39 de la primera edición de este libro están disponibles en formato PDF de forma gratuita en www.portavoz.com/estudios-biblicos/40-preguntas-sobre-como-interpretar-la-biblia/.

PREGUNTA 36

¿Qué nos dice la Biblia acerca del futuro?

Personas que nunca han mostrado interés en la Biblia, a veces sienten curiosidad por la escatología (es decir, lo que la Biblia afirma sobre el fin del mundo y la eternidad). Ya sea por curiosidad sobre su propio destino o por el deseo de ver el sentido que tienen tiempos complejos e impredecibles, la gente suele escuchar a un maestro que pretende dilucidar predicciones de la Biblia sobre el futuro. Por desgracia, los falsos maestros también aprovechan esta curiosidad generalizada por la difusión de enseñanzas extrañas y nada bíblicas, tal como Jesús dijo que sucedería (Mr. 13:21-23).

Lo que la Biblia enseña claramente sobre el futuro

La Biblia contiene numerosas afirmaciones claras sobre el futuro, y lo mejor es comenzar con esas verdades en lugar de hacerlo con doctrinas más especulativas. A continuación damos una lista de las enseñanzas bíblicas acerca del futuro, sobre las que los cristianos que creen en la Biblia están de acuerdo.

1. *Jesús vendrá otra vez en forma visible y corporal para consumar su reino eterno.* En Hechos 1:11, dos ángeles declararon a los discípulos que acababan de ver a Jesús ascender: "Varones galileos, ¿por qué estáis mirando al cielo? Este mismo Jesús, que ha sido tomado de vosotros al cielo, así vendrá como le habéis visto ir al cielo".[1] Muchos otros pasajes del Nuevo Testamento afirman la segunda venida de Jesús (p. ej., Mt. 24:27-44; 1 Ts. 4:13-18; 1 Jn. 3:2). Como cristianos, se nos exhorta repetidas veces a que estemos preparados o velando para este regreso prometido (p. ej., Mt. 24:42; 25:13; Mr. 13:34-37; Lc.

---

1. Note que cuando Jesús ascendió, una nube lo ocultó (Hch. 1:9). En mi opinión, es mejor entender el cielo como una dimensión coexistente de la realidad, la entrada a la cual está mejor representada por un movimiento ascendente. Así, como el cosmonauta ruso Yuri Gagarin supuestamente señaló, él no vio a Dios en el espacio exterior. Sin embargo, el registro bíblico (1 R. 8:22-23, 27; 2 R. 2:11; 2 Cr. 7:1; Is. 6:1; 2 Co. 12:2; 1 Ti. 2:8), así como el temperamento humano, testifican que la grandeza y el poder de Dios nos llevan a mirar y extendernos hacia arriba, no porque Dios esté físicamente en el espacio exterior, sino porque nosotros no tenemos otra forma de pensar acerca de una dimensión celestial exaltada que está más allá de nuestra capacidad de comprender.

12:37; 1 Ts. 5:1-11; Ap. 16:15). Velar no quiere decir quedarse mirando al cielo o hacer listas elaboradas que especulan sobre el momento de la venida de Jesús. De hecho, Jesús dijo: "Pero de aquel día y de la hora nadie sabe, ni aun los ángeles que están en el cielo, ni el Hijo, sino el Padre" (Mr. 13:32). Como se desprende de la enseñanza de Jesús sobre su regreso, velar implica la fiel mayordomía del tiempo, habilidades y recursos que el Señor ha confiado a su pueblo (Mt. 24:45—25:46). Los cristianos deben servir fielmente al Señor, para que no sean avergonzados ante Él en su regreso (1 Jn. 2:28—3:3). El cristiano perezoso o descuidado encontrará que su trabajo inferior mostrará lo que realmente es.

2. *El retorno de Jesús revelará quiénes son los verdaderos creyentes.* Habrá muchos falsos creyentes, personas que dicen ser cristianas, pero a las cuales el Señor dirá al final: "Nunca os conocí; apartaos de mí, hacedores de maldad" (Mt. 7:23; vea también Mt. 13:24-30). Los corazones transformados de aquellos que realmente conocen al Señor se evidenciarán por la revelación de sus palabras y hechos dirigidos por el Espíritu (Mt. 7:15-20; 12:36-37; Stg. 2:14-26; 1 Jn. 2:3-6).

3. *Entre el tiempo de la primera y la segunda venida de Jesús, habrá un período de agitación política, espiritual y del medio ambiente.* En su famoso "discurso escatológico" (Mt. 24:4-44; Mr. 13:5-37; Lc. 21:8-36), Jesús describe los acontecimientos que tendrán lugar entre su primera y segunda venida. Los estudiosos debaten cuáles de estas señales se cumplieron en la vida de los apóstoles y cuáles quedaron pendientes, pero, excluyendo la destrucción de Jerusalén (que sucedió en el año 70 d.C.), parece mejor entender las señales predichas como caracterizando todo el período entre ambas venidas (es decir, descriptivo de todo el tiempo entre la primera y la segunda venida de Jesús).[2] Estas señales incluyen la inestabilidad política, los engañadores religiosos, las guerras, las hambrunas, los terremotos, y la persecución de los seguidores de Jesús. Un vistazo a un libro de historia o a las noticias en línea demuestra que Jesús predijo con exactitud el futuro.

¿Cuándo aumentará esta agitación, y seremos capaces de discernir este aumento como una señal del regreso inminente de Jesús? Los estudiosos no están de acuerdo en estos temas, pero la Biblia enseña

---

2. Vea la exposición de este pasaje por Craig Blomberg en el comentario sobre *Mateo*, NAC 22 (Nashville: Broadman, 1992), 351-380.

claramente que un adversario importante de Cristo, el anticristo, o el "hombre de pecado", se levantará antes de la segunda venida de Jesús (1 Jn. 2:18; 4:3; 2 Ts. 2:3). No está claro cuánto tiempo le será permitido al anticristo engañar y hasta qué punto los cristianos serán capaces de reconocerlo antes de su derrota a manos de Cristo. Los cristianos en siglos anteriores han tachado de anticristo a varios líderes malvados en sus días, pero el paso del tiempo ha demostrado en repetidas ocasiones que estaban equivocados. El apóstol Juan señaló ya en su día "así ahora han surgido muchos anticristos" (1 Jn. 2:18), aunque todavía se espera un gran adversario final de Cristo (1 Jn. 2:18-22; 1 Jn. 4:3). Del mismo modo, Pablo dice que el misterio de la iniquidad ya está en acción en el mundo, a pesar de que todavía no se ha manifestado el último "hombre de pecado" (2 Ts. 2:3-7). Un rápido vistazo a los intentos anteriores de identificar al anticristo o el momento del regreso de Cristo debiera prevenirnos contra tales conjeturas.

4. *Un día, todas las personas resucitarán y serán juzgadas y entrarán en un estado eterno e inmutable de gloria o de condenación.* Algunos de los detalles en cuanto a lo que ocurre entre la muerte y el juicio se debaten, pero las Escrituras parecen enseñar la secuencia siguiente: Cuando alguien muere, si esa persona ha confiado en Cristo para el perdón de sus pecados, su espíritu/alma pasa a estar con el Señor (2 Co. 5:6-9; Fil. 1:21-24). Si una persona no ha recibido el perdón de Dios en Cristo, va inmediatamente a un lugar de tormento (Lc. 16:19-31). Cuando Cristo vuelva, los cuerpos de todas las personas que han muerto serán resucitados/reconstituidos (Dn. 12:2; Jn. 5:28-29; 1 Ts. 4:16). Todas las personas (las que ya fallecieron y las que siguen vivas en el momento del regreso de Cristo) comparecerán ante el Juez eterno, e irán a la felicidad eterna en la presencia de Dios o al tormento eterno sin Dios (Mt. 16:27; 25:31-33; Jn. 5:22, 27; Hch. 10:42; 2 Co. 5:10; Ap. 20:1-15). Los justificados por Jesucristo (declarados justos sobre la base de la vida y muerte de Jesús) recibirán cuerpos glorificados y entrarán en la bienaventuranza eterna en la presencia de Dios (1 Jn. 2:2; Ap. 7:14). Los que han sido justificados por la fe habrán demostrado la realidad del Espíritu que mora en ellos a través de su comportamiento, como quedará claro en el juicio final (Mt. 25:35-40). Las Escrituras también hablan de grados de recompensa para los glorificados y de castigo para los condenados (Mt. 11:21-24, Lc. 12:47-48; 19:11-27; 1 Co. 3:14-15).

Cuestiones escatológicas acerca de las cuales los cristianos creyentes en la Biblia están en desacuerdo

Una de las mayores necesidades en el debate sobre la escatología es la humildad.[3] Debemos tratar de mantener una perspectiva apropiada en tales asuntos, no elevando una cuestión menor a una mayor, o hacer una prueba de fuego de una doctrina discutible. Esto no quiere decir que no podamos tener convicciones sobre cuestiones discutibles, pero hay que reconocer nuestra finitud y la falta de claridad explícita en la Biblia sobre algunas cuestiones escatológicas. A continuación verá una breve lista de asuntos relacionados con los últimos tiempos sobre los cuales los cristianos están legítimamente en desacuerdo.

1. *El rapto.* En 1 Tesalonicenses 4:16-17, Pablo dice que los creyentes que estén vivos en el momento del regreso de Jesús, junto con los santos resucitados, seremos arrebatados en el aire para encontrarnos con el Señor. Los cristianos bíblicos y fieles creyentes están de acuerdo en eso. Pero entonces, ¿qué pasa? ¿Van los cristianos a descender inmediatamente con su Señor para gobernar y reinar (el punto de vista correcto, en mi opinión)? ¿O van a ser los cristianos secretamente arrebatados fuera del mundo, seguido de un período de intensa tribulación (un punto de vista, expuesto por primera vez por J. N. Darby en la década de 1830 y que se ha vuelto muy popular entre algunos cristianos conservadores)? Estos son solo algunos de los desacuerdos que cristianos sinceros y amantes de Jesús, fieles creyentes en la Biblia, tienen en relación con el rapto.

2. *El libro de Apocalipsis.* ¿Nos da el libro de Apocalipsis un plan detallado de las turbulencias mundiales que vienen (la posición futurista)? ¿O han tenido ya lugar a lo largo de la historia de la iglesia algunos de los eventos de los que nos habla el Apocalipsis, y algunos otros están aún por venir (el enfoque historicista o histórico)? ¿O nos está informando el Apocalipsis de eventos que estaban sucediendo en el momento de su escritura, pero ahora ya se han cumplido (la visión preterista)? ¿O está el Apocalipsis hablando de un modo simbólico y eterno de la vida de la iglesia entre las venidas de Cristo (el punto de vista simbólico o idealista)? ¿O la forma correcta de ver Apocalipsis es una combinación de todos estos enfoques?

---

3. En relación a la especulación escatológica, T. C. Hammond escribe: "Fanáticos bien intencionados pero incautos han hecho mucho daño al dar rienda suelta a su entusiasmo mediante afirmaciones imprudentes y dogmáticas sobre puntos en los que el dogmatismo es imposible. Aún más daño han hecho aquellos que se han aferrado a ciertos textos aislados y han tejido a su alrededor doctrinas que son incompatibles con el resto de las Escrituras" (*In Understanding Be Men: An Introductory Handbook of Christian Doctrine*, rev. y ed. David F. Wright, 6ª ed. [Leicester: Inter-Varsity Press, 1968], 179).

3. *El milenio*. Cuando Cristo regrese, ¿establecerá Él un reino por mil años (milenio) que cumpla las promesas literales de tierra y monarquía dadas a la nación de Israel (la visión premilenial)? ¿O juzgará Cristo al mundo y dará paso inmediatamente al nuevo cielo y nueva tierra sin la intervención de un reino milenario (la posición amilenial, en la que el reinado de mil años de Apocalipsis 20 es tomado a menudo como un símbolo de la era de la iglesia entre ambas venidas)? ¿O está Cristo obrando providencialmente a través de la historia para dar lugar a una edad milenaria de oro, seguida por su regreso glorioso (la posición postmilenial que fue una vez popular, pero que ahora cuenta con pocos adeptos)?

4. *La nación de Israel*. ¿Ha llegado la iglesia a convertirse de verdad en el nuevo Israel, de modo que Dios ya no hace ninguna distinción entre los judíos étnicos y los gentiles? ¿O continúa Dios salvando a un remanente de los judíos (y, por tanto, son en cierto sentido distintos), con estos judíos siendo incorporados en el único pueblo de Dios, el verdadero Israel, los herederos de las promesas hechas a Abraham y David (que yo creo es el punto de vista bíblico)? ¿O son los tratos de Dios con la iglesia solo un paréntesis en la historia de su obra de salvación? ¿Volverá Dios a Israel en el futuro y cumplirá de manera literal las promesas hechas a los patriarcas (el punto de vista dispensacional popularizado por libros como la serie *Dejados atrás*)?

En resumen

La Biblia habla del futuro, pero antes de embarcar en una formulación doctrinal más especulativa, deberíamos empezar por sus enseñanzas claras: (1) Jesús vendrá otra vez en forma visible y corporal para consumar su reino eterno. (2) El retorno de Jesús revelará quiénes son los verdaderos creyentes. (3) Entre el tiempo de la primera y la segunda venida de Jesús, habrá un período de agitación política, espiritual y del medio ambiente. (4) Un día, todas las personas resucitarán y serán juzgadas y entrarán en un estado eterno e inmutable de gloria o de condenación. Estas enseñanzas escatológicas pretenden dar esperanza a los cristianos en medio de las pruebas y alentarlos a la fidelidad. Otras cuestiones más debatidas de los tiempos postreros, sobre las que los cristianos deberían mostrar humildad interpretativa, son: (1) la naturaleza del rapto; (2) los enfoques interpretativos del libro de Apocalipsis; (3) el significado del milenio en Apocalipsis 20; y (4) el papel del Israel étnico en los propósitos salvíficos continuos de Dios.

Preguntas para la reflexión

1. ¿Creció usted con creencias o expectativas determinadas sobre el fin del mundo y el regreso de Cristo? ¿Dónde adquirió esas creencias?
2. En su opinión, ¿qué doctrinas escatológicas son absolutamente esenciales para que las crean todos los cristianos? ¿Por qué piensa eso?
3. ¿Se ha encontrado alguna vez con enseñanzas extrañas sobre los tiempos del fin? ¿Qué es lo que dicen las Escrituras con respecto a estos temas?
4. De los enfoques mencionados más arriba, ¿cuál es la forma correcta de ver el Apocalipsis? ¿Puede usted defender su posición con la Biblia?
5. De los enfoques mencionados más arriba, ¿cuál es la forma correcta de ver a los judíos étnicos en relación con los propósitos salvadores que Dios está llevando a cabo?

PREGUNTA **37**

¿Cómo puedo usar la Biblia en las devociones diarias? (Pasos prácticos para estudiar la Biblia)

Todo este libro de la serie "40 preguntas sobre..." es acerca de cómo interpretar la Biblia con mayor fidelidad, tanto en nuestro tiempo devocional como en el ministerio a los demás. ¿Por qué, pues, debemos considerar esta pregunta adicional sobre cómo usar la Biblia en las devociones personales? Existen al menos tres razones: (1) Muchas personas no leerán este libro en su totalidad y pasarán a una pregunta que les genere interés. Fortalecer las devociones personales es algo que preocupa a los cristianos saludables. (2) Un pastor que usó la primera edición de este libro para formar a su iglesia local recomendó que añadiera esta pregunta práctica. (3) Los cristianos sienten, en general, una sensación de obligación (o culpa) respecto a leer la Biblia a diario en su tiempo devocional, pero no lo hacen, no saben cómo o se sienten ineficaces en su vida devocional actual. A continuación consideraremos la lectura de la Biblia en las devociones personales desde diferentes ángulos.

¿Por qué se debe leer la Biblia a diario?

"Yo oro con frecuencia. ¿Realmente necesito leer la Biblia cada día?". Esta pregunta me la hizo un amigo de la universidad con quien compartía habitación durante el verano. Yo quería gritarle: "¡Por supuesto que tienes que leer la Biblia cada día!". Pero, ¿por qué pensaba yo así?

A lo largo de algunos períodos de la historia de la Iglesia (e incluso en lugares remotos del mundo actual), muchos cristianos no han tenido acceso a un ejemplar personal de la Biblia. Sin embargo, para ser un cristiano sincero, que crece, es necesario escuchar la Palabra de Dios y reflexionar sobre ella. En tiempos antiguos, esta realidad se expresó como un grupo de cristianos que escuchaban a un creyente leer la Biblia en voz alta. En tiempos modernos, los cristianos curiosos pueden escuchar la Biblia en reproductores de audio que funcionan con energía solar. No obstante, usted (el lector de este libro) tiene el maravilloso privilegio de poseer y poder leer una Biblia. No hay forma más eficiente de oír y reflexionar en la Palabra de Dios que leerla por uno mismo.

El inspirado autor del Salmo 1 describe la imagen de dos formas de vida.

La persona que conoce y medita en las Escrituras será "como árbol plantado junto a corrientes de aguas, que da su fruto en su tiempo, y su hoja no cae; y todo lo que hace, prosperará" (Sal. 1:3). Por otra parte, las personas que permiten que el mundo impío influya en sus valores "son como el tamo que arrebata el viento" (Sal. 1:4). Un estudio reciente de Lifeway Research confirma que uno de los principales predictores de que un adolescente no abandonará la iglesia cuando se haga más mayor es la práctica de la lectura personal de la Biblia.[1] En este mismo momento le recomiendo que haga una pausa para abrir su Biblia al Salmo 1 y leerlo en oración. Pregúntese: "¿Cómo quiero que sea mi vida?". Una vida espiritual floreciente y bendecida debe estar arraigada en la Palabra de Dios.

Jesús hizo una descripción similar de dos estilos de vida en su parábola sobre el constructor sabio y el constructor necio. El necio edificó su casa sobre la arena. El sabio lo hizo sobre un fundamento de piedra. Cuando llegaron las fuertes tormentas la casa sobre la arena se derrumbó, pero la que estaba sobre la roca permaneció firme. Jesús advirtió: "Cualquiera, pues, que me oye estas palabras, y las hace, le compararé a un hombre prudente, que edificó su casa sobre la roca" (Mt. 7:24). ¿Cómo escuchará usted las palabras de Jesús (y otras Escrituras) a menos que lea la Biblia (o la escuche) a diario? Si no le gusta leer, pruebe la aplicación gratuita "Bible.com", que le permite escucharla en muchas versiones e idiomas distintos.

Uno de los mayores retos para una vida devocional saludable es la lucha por mantener una costumbre. Vivimos en una época de distracción, y desarrollar una práctica de lectura de la Biblia requiere tiempo y disciplina. La formación de un hábito se ha convertido recientemente en un tema popular. Existen muchos libros, pódcasts, videos y artículos sobre el tema, y los cristianos no deben tener miedo a "saquear" a los egipcios (vea Éx. 11:2-3) en busca de ideas que les ayuden a permanecer en el camino. Además, los cristianos pueden sentirse alentados al tener también la presencia personal del Dios Todopoderoso que los guía y los mantiene en las Escrituras. Pida ayuda divina en oración para formar el hábito duradero de leer la Biblia. "No tenéis… porque no pedís" (Stg. 4:2).

¿Qué traducción leer?

Para una explicación adicional sobre las traducciones de la Biblia, vea la pregunta 7, "¿Cuál es la mejor traducción de la Biblia en español?". Sobre este punto, siempre que esté leyendo una traducción moderna reconocida (y no

---

1. https://www.thegospelcoalition.org/blogs/trevin-wax/parents-take-note-spiritual-practices-common-kids-flourish-adults/ (consultado el 7 de mayo de 2020).

una versión adulterada producida por una secta como los mormones o los testigos de Jehová), no se preocupe. Para quienes inician el nuevo hábito de leer la Biblia, es aconsejable usar una traducción más moderna y legible, como la Nueva Traducción Viviente (NTV), la Nueva Biblia de las Américas (NBLA) o la Nueva Versión Internacional (NVI). La Reina-Valera de 1960 (RVR60) es la traducción más leída y es ideal para el cuidadoso análisis versículo a versículo.

¿Cuánto leer?

Llegados a este punto, seamos sinceros: para muchas personas que leen este libro, será un reto encontrar tiempo a diario para leer la Biblia. No permita que el plan "perfecto" de lectura de la Biblia sea el enemigo del "buen" plan alcanzable. En otras palabras, no imagine que tiene que leer tres o cuatro capítulos cada día. Empezar con un párrafo o un capítulo cada día es un movimiento en la dirección correcta. Con el tiempo, se espera que su lectura de la Biblia madure en dos sentidos distintos: (1) una lectura más amplia, y (2) un estudio detallado de porciones más breves. Así, por ejemplo, puede elegir leer entre tres y cuatro capítulos al día durante todo un año. Si lo hace así, leerá fácilmente toda la Biblia en un año. Puede empezar por Génesis 1:1 y seguir leyendo por el orden canónico, o guiarse por un plan como el Plan de lectura bíblica de M'Cheyne,[2] que tiene lecturas diarias del Antiguo y del Nuevo Testamento. Después de leer toda la Biblia en un año, usted puede decidir estudiar con mayor lentitud un libro de la Biblia, versículo a versículo. Por ejemplo, puede dedicar tres meses a Gálatas, leyendo despacio y reflexionado en cada párrafo.

¿Cómo leer?

Como ya se ha indicado, todo este libro de la serie "40 preguntas sobre..." es acerca de cómo interpretar la Biblia con mayor fidelidad. Sin embargo, ¿qué "resumen práctico" podemos proporcionar para un método de lectura bíblica devocional? El método "OIA" se ha recomendado desde hace mucho tiempo para el estudio personal de la Biblia, y sigue siendo una estrategia útil. Las letras OIA significan "observación, interpretación, aplicación". En otras palabras, usted empieza a estudiar mediante una cuidadosa observación de lo que afirma el texto bíblico. A continuación, examina la interpretación (el significado). Por ejemplo, podría preguntar por qué el autor inspirado incluyó esos detalles. ¿Qué es lo que quería que sus lectores originales creyeran o hicieran? Finalmente, debe preguntarse cómo se aplica esta enseñanza a su

---

2. https://www.coalicionporelevangelio.org/articulo/plan-lectura-biblica-mcheyne/ (consultado el 23 de mayo de 2022)..

vida y en su contexto cultural (aplicación). ¿Qué debe creer y hacer personalmente por causa de este texto? Dividir un papel en tres partes (observación, interpretación, aplicación) puede ayudarle y obligarle a comprometerse en los tres pasos recomendados de la lectura devocional.

Supongamos que está leyendo Gálatas 1. (Puede abrir su Biblia ahora y leer el capítulo). Bajo la sección de "observación" puede apuntar que Pablo insiste mucho en que su apostolado no es de origen humano; es cuestión de nombramiento divino. Pablo también expresa desconcierto y decepción al ver que los gálatas corren el peligro de abandonar el mensaje del evangelio que él les predicó. El apóstol dedica también un espacio importante a narrar su conversión/llamado (¡directamente de Jesucristo!), y a dar detalles de las pocas interacciones que ha tenido con los apóstoles de Jerusalén, recalcando así su independencia apostólica, a la vez que señala también que ellos reconocían su autoridad y que eran uno con él en la doctrina y en la misión. Se podrían enumerar otras observaciones también a partir de este texto.

¿Qué intención tenía, pues, Pablo al informar de estos detalles en su carta? (interpretación). ¿Por qué está diciendo estas cosas en este momento? ¿Cuál es su significado? Pablo quiere retar a aquellos gálatas a pertenecer fieles al evangelio apostólico, que él les había predicado, frente a los falsos maestros. La verdad y la autoridad del evangelio de Pablo están vinculadas a su comisión apostólica; así, defiende extensamente su comisión y niega que su autoridad derive de los apóstoles de Jerusalén o que, de alguna manera, su encomienda sea inferior a la de ellos. (Se puede deducir que esta crítica de Pablo procedía de sus oponentes).

Entonces, ¿qué? ¿Qué significa este texto para nosotros? (aplicación). ¿Cómo se aplica la preocupación de Pablo a nuestra época? Podemos afirmar que nosotros también nos enfrentamos a falsos maestros y falsos evangelios, y que es imperativo que conozcamos bien el verdadero evangelio (tal como se recoge en los escritos apostólicos) y que permanezcamos fieles al evangelio. La autoridad profética y apostólica de los escritos bíblicos es única y se deben proteger contra la sustracción o los añadidos. ¿Qué efecto tendría sobre nosotros conocer ese mensaje incluso mejor? ¿Cómo podemos estar en guardia en nuestra vida personal y en nuestra comunidad cristiana contra la falsa enseñanza?

Si tiene interés en examinar otro enfoque a la lectura devocional después de probar el método OIA, puede hacer estas tres preguntas sobre cualquier pasaje que lea:

1. ¿Qué me enseña este pasaje sobre Dios?
2. ¿Qué me enseña este pasaje sobre los seres humanos?

3. ¿Cómo quiere el autor bíblico que responda a sus enseñanzas sobre Dios y los seres humanos? (Es decir, qué expresiones específicas de arrepentimiento, fe y obediencia se esperan?).

También es recomendable que incorpore la oración meditativa a su lectura diaria de la Biblia. Así, por ejemplo, si está estudiando el Salmo 1, puede hacer una pausa y orar: "Señor, hazme ser un árbol plantado junto a las corrientes refrescantes de tu Palabra. Que en ella encuentre mi consuelo y mi sabiduría. Que mi esposa e hijos no sean moldeados por el mundo impío, sino que sea tu Palabra la que los forme y los alimente, etc.". Un libro breve y maravilloso, que le enseña a orar las Escrituras de un modo práctico es *Orando la Biblia*, de Donald S. Whitney. También puede encontrar recursos útiles y enlaces a la página web de Whitney, biblicalspirituality.org. Además, el libro de D. A. Carson, *Praying with Paul,* es un excelente manual para permitir que las oraciones en la Biblia den forma y contenido a las oraciones de usted.

El uso de libros devocionales

¿Debería usar un libro devocional? Probablemente no. Dicho esto, leo una página del devocional de D. A. Carson *Por amor a Dios* (vol. 1 o 2), casi cada día.[3] Sin embargo, si tiene que dejar de leer la Biblia o su libro devocional, deje el segundo.

Sí, se han publicado excelentes libros devocionales. Pero, con toda sinceridad, muchos de ellos contienen gran cantidad de relleno que no es bíblico. (¡Es mejor consumir una comida equilibrada, nutritiva que un plato de pastelitos con relleno de crema!). Además, incluso los libros devocionales escritos por figuras históricas muy respetadas o cristianos vivos reconocidos, a veces se desvían a reflexiones que son monólogos interiores. Si desea incorporar un libro devocional en su tiempo diario con Dios, busque uno que presente una consideración esmerada y meditada del significado del autor inspirado, interpretado con fidelidad dentro de todo el flujo canónico de las Escrituras. (¡Por eso me gustan los devocionales de D. A. Carson!).

El uso de la tecnología para el estudio bíblico

Leer su Biblia en una pantalla es mejor que no leerla en absoluto, pero para muchos de nosotros resulta muy fácil distraerse mientras se lee en una computadora, iPad, tableta, Kindle o teléfono inteligente. A menos que usted limite por la fuerza su acceso a otras apps o páginas webs, resulta muy tentador

3. Publicados en español por Publicaciones Andamio. Puede leer una buena reseña en la página web de Coalición por el Evangelio, https://www.coalicionporelevangelio.org/resenas/por-amor-a-dios-resena/.

consultar el tiempo, echar un vistazo a las fotos de sus amigos en Instagram, ver si tiene respuesta a su correo electrónico, consultar el precio de un nuevo neumático, etc. Las personas tienen diferentes personalidades y, por tanto, diversas capacidades de enfocarse. Tal vez sea mejor hacer una evaluación sincera de usted mismo, y ver si sería mejor leer la Biblia en formato impreso para no pasar la mitad de su tiempo devocional intentando permanecer en el camino. Incluso ahora, mientras tecleo el manuscrito de este libro, mi iPhone está al otro lado de la oficina. Si quiero comprobarlo, tengo que subirme en una silla y agarrarlo de la estantería superior. Existe una razón para este inconveniente planeado. De otro modo, ¡nunca acabaré este proyecto!

¿Debería usar una Biblia de estudio o un comentario?

¿Son las Biblias de estudio y los comentarios útiles para entender la Biblia? Claro que sí, siempre y cuando no le impidan leer , pensar, orar y responder a la Biblia. (Vea la pregunta 13, "¿Qué libros o herramientas útiles hay disponibles para la interpretación bíblica?"). La Biblia es la Palabra de Dios, no un comentario ni las notas explicativas de una Biblia de estudio. Al mismo tiempo, Dios ha levantado y dotado a maestros en su iglesia para explicar y enseñar la Biblia (Ef. 4:11-13). Estos maestros talentosos pueden ser pastores o maestros de la escuela dominical de tu iglesia, autores de comentarios y notas de una Biblia de estudio, o incluso cristianos que llevan siglos muertos pero que nos han dejado sus escritos.

Si acude a la Biblia con preguntas muy específicas sobre cuestiones modernas (p. ej., el transgenerismo o la fecundación in vitro), es aconsejable buscar las reflexiones de maestros de la Biblia sabios y fieles que han dedicado muchos años a pensar sobre cómo habla la eterna Palabra de Dios a las cuestiones éticas o científicas actuales. Para la fiel reflexión bíblica sobre temas modernos, recomiendo comenzar por las páginas web de Coalición por el Evangelio (https://www.coalicionporelevangelio.org/) y The Family Research Council (https://www.frc.org/worldview-espanol).

En resumen

Uno de los indicadores más importantes de su salud espiritual es si lee o escucha la Biblia a diario (Sal. 1:3-4). En la pregunta 37, examinamos varias formas de utilizar la Biblia en sus devociones diarias. Se recomendaron dos técnicas de lectura devocional: (1) el método "OIA" (observar, interpretar, aplicar); y (2) hacerse tres preguntas sobre cada texto que se lee: (a) ¿Qué me enseña este pasaje sobre Dios? (b) ¿Qué me enseña este pasaje sobre los seres humanos? (c) ¿Cómo quiere el autor bíblico que responda a sus enseñanzas sobre Dios y los seres humanos? (Es decir, ¿qué expresiones concretas de arrepentimiento, fe y obediencia se esperan?) También examinamos los beneficios y peligros de usar libros devocionales, tecnología, Biblias de estudio y comentarios.

Preguntas para la reflexión

1. ¿Con cuánta frecuencia lee usted la Biblia? (Sea sincero. Mantenga quizá un registro durante una semana para comprobar la exactitud de su estimación).
2. ¿Qué traducción de la Biblia lee? ¿Por qué?
3. ¿Cuál es el objetivo de la lectura personal de la Biblia? (Responda con sus propias palabras).
4. ¿Cuáles cree que son algunas de las ideas erróneas de los cristianos respecto a leer la Biblia de forma devocional?
5. ¿Cuál es un recurso que ya posee y que le resultará útil para leer la Biblia? ¿Qué recurso puede añadir a su "lista de deseos" para el estudio de la Biblia?

PREGUNTA **38**

¿Cómo puedo dirigir un grupo de estudio bíblico?

Pablo le dice a Timoteo que un hombre que desea ser obispo (pastor) en la iglesia local "buena obra desea" (1 Ti. 3:1). Incluso si alguien no está realmente preparado para ser pastor, desear serlo es una meta loable. De manera similar, si usted quiere dirigir un grupo de estudio bíblico, ¡es un deseo maravilloso! Aunque no esté preparado para dirigirlo ahora, puede buscar el conocimiento y las aptitudes necesarias para hacerlo en el futuro. Consideremos ahora algunas cosas en las que debe pensar para poder dirigir un estudio de la Biblia.

¿Es usted cristiano?

Es probable que haya oído hablar de John Wesley (1703–1791), el fundador del metodismo. Sin embargo, es posible que no conozca su lucha por asegurarse de la genuinidad de su fe cristiana. Wesley ya era un pastor anglicano ordenado en 1736, cuando viajó en barco desde Inglaterra hacia el Nuevo Mundo (América). Había sido invitado a servir como pastor en Savannah, Georgia. Una terrible tormenta sacudió la nave, ¡e incluso hizo que el mástil principal se partiera en dos! Wesley y los demás pasajeros estaban aterrados. Mientras tanto, un grupo de misioneros moravos que estaban a bordo permanecían tranquilos, cantando himnos durante toda aquella terrible prueba. Aquella experiencia confrontó a Wesley con su temor a la muerte, no resuelto en su corazón. A su llegada a Savannah, buscó consejo ministerial del líder moravo Gottlieb Spangenberg, y fue confrontado de nuevo, esta vez por una línea directa de preguntas. Registró la conversación en su diario:

> [Spangenberg] dijo: "Hermano mío, primero debo hacerle una o dos preguntas. ¿Tiene el testimonio en su interior? ¿Le da testimonio el Espíritu de Dios a su espíritu de que es hijo de Dios?". Me sentí sorprendido y no supe qué contestar. Él se dio cuenta, y preguntó: "¿Conoce usted a Jesucristo?". Yo hice una pausa y respondí: "Sé que Él es el Salvador del mundo". "Ciertamente", contestó él, "pero ¿sabe que Él le

ha salvado a usted?". Yo repliqué: "Espero que muriera para salvarme". Él se limitó a añadir: "¿Lo sabe usted?". Y yo afirmé: "Sí".[1]

Sin embargo, Wesley añadió esta posdata a su relato de la conversación: "Sin embargo, me temo que [mis palabras afirmando la certeza de mi fe] fueron palabras vanas". Más tarde, tras regresar a Inglaterra, Wesley siguió buscando la seguridad que le faltaba y por fin la encontró. En su diario, anotó que su "corazón se sintió extrañamente reconfortado" (en genuina regeneración espiritual o seguridad de esa salvación) mientras escuchaba la lectura pública del prefacio del comentario de Martín Lutero a Romanos. Merece la pena repetir aquí el relato (escrito por John Wesley en primera persona):

> Al atardecer, acudí a regañadientes a una sociedad en la calle Aldersgate, donde alguien estaba leyendo el prefacio de Lutero a la Epístola a los Romanos. Hacia las nueve menos cuarto, mientras él describía el cambio que Dios obra en el corazón, por medio de la fe en Cristo, sentí mi corazón extrañamente reconfortado. Sentí que confiaba en Cristo, solo en Él para la salvación; y recibí la seguridad de que Él había quitado *mis* pecados, incluso los *míos*, y *me* había salvado del pecado y de la muerte.[2]

¿Qué me dice de usted? ¿Sabe que Jesús le ha salvado? Antes de guiar a otros en una explicación de la Palabra de Dios, es importante asegurarse de que conoce al Dios que inspiró esa Palabra. Es un cliché, pero es verdad que, en última instancia, el cristianismo no es una religión, sino una relación. ¿Ha reconocido que es un pecador, separado de Dios por su rebelión y sin esperanza de perdón aparte de Jesucristo? ¿Se ha alejado de la vida de pecado y del autogobierno para confiar en la muerte expiatoria de Jesús para el perdón de sus pecados? ¿Existe alguna prueba en su vida de que pertenece a Dios? Por ejemplo, cuando mira en retrospectiva a las semanas recientes, ¿ve en usted una piadosa tristeza por el pecado, un deseo de obedecer a Dios, un amor por otros, una confianza en Jesús, etc.?[3] Los cristianos verdaderos pueden seguir luchando con la seguridad, pero hasta no tener una creciente confianza en la realidad de la relación con Dios, por medio de Cristo, no serán eficaces en el liderazgo cristiano.

1. *Journal*, 7 de febrero de 1736, como cita Justo L. González, *The Story of Christianity*, vol. 2, The Reformation to the Present Day (Nueva York: HarperCollins, 1985), 210. Publicado en español por Unilit con el título *Historia del Cristianismo*, Mi relato de la vida de Wesley está tomado y resumido de la obra de González.
2. *Journal*, 24 de mayo de 1738, citado por González, 212. El prefacio de Lutero (en inglés) está disponible gratuitamente en Internet y es una fuente recomendable de la verdad del evangelio: https://ccel.org/ccel/luther/prefacetoromans/prefacetoromans.iii.html (consultado el 8 de mayo del 2020).
3. Recomiendo la lectura de 1 Juan, cuando reflexiona sobre la seguridad cristiana de la salvación.

Sométase a la autoridad

En muchas situaciones es aceptable (¡y hasta recomendable!) reunir a algunas personas, abrir una Biblia y empezar a comentar juntos los temas. ¡Hágalo y tendrá un estudio bíblico! Sin embargo, si las personas que está reclutando forman parte de una comunidad cristiana más grande (p. ej., una iglesia o un ministerio universitario), es conveniente buscar la bendición de los líderes reconocidos de ese grupo. Es muy probable estos líderes estén encantados de conocer su interés en guiar a otros cristianos a un conocimiento más profundo de la Palabra de Dios. Sin embargo, es posible que existan estructuras o una formación exigida que usted desconoce. Someterse a los líderes cristianos es una parte hermosa y necesaria de ser un fiel seguidor de Jesús. El autor de Hebreos, aludiendo principalmente a los pastores como líderes de la iglesia, resume bien esta idea:

> Obedeced a vuestros pastores, y sujetaos a ellos; porque ellos velan por vuestras almas, como quienes han de dar cuenta; para que lo hagan con alegría, y no quejándose, porque esto no os es provechoso (He. 13:17).

¿Existen situaciones en las que líderes impíos se oponen erróneamente a la formación de grupos de estudio bíblico? Por supuesto que eso ocurre a veces. Del mismo modo, pueden haber situaciones en las que personas ilusas o rebeldes intentan formar un grupo sin estar capacitados para dirigirlo. Si encuentras dificultades a la hora de iniciar un grupo de estudio bíblico, ore pidiendo humildad y sabiduría al Señor para ver la situación como Él la ve.

Tenga un propósito claro

¿Cuál es su propósito en dirigir un grupo de estudio bíblico? Es una buena idea pensar detenidamente en esta pregunta a la luz de la Biblia, e incluso tal vez anotar su respuesta meditada. La vida de Esdras puede proveerle el modelo. Esdras fue un líder judío ejemplar del siglo V a.C. Las Escrituras informan sobre él: "[Esdras] había preparado su corazón para inquirir la ley de Jehová y para cumplirla, y para enseñar en Israel sus estatutos y decretos" (Esd. 7:10). Vemos aquí que Esdras no se propuso simplemente enseñar a otros el significado de las Escrituras. Primero, se dedicó al estudio personal y a la obediencia. El primer objetivo que usted deber tener como líder de un grupo de estudio bíblico es llegar a conocer mejor a Dios y ver la obra transformadora de su Espíritu en su propia vida. Luego, puede derramar sus conocimientos en la vida de los demás.

En Efesios 4, Pablo habla de la labor de capacitación de diversos oficios (líderes) en la iglesia de Dios. ¿Cuál es el propósito de entrenar a otros cristianos en el conocimiento y la aplicación personal de la Palabra de Dios?

> a fin de perfeccionar a los santos para la obra del ministerio, para la edificación del cuerpo de Cristo, hasta que todos lleguemos a la unidad de la fe y del conocimiento del Hijo de Dios, a un varón perfecto, a la medida de la estatura de la plenitud de Cristo; para que ya no seamos niños fluctuantes, llevados por doquiera de todo viento de doctrina, por estratagema de hombres que para engañar emplean con astucia las artimañas del error, sino que siguiendo la verdad en amor, crezcamos en todo en aquel que es la cabeza, esto es, Cristo, de quien todo el cuerpo, bien concertado y unido entre sí por todas las coyunturas que se ayudan mutuamente, según la actividad propia de cada miembro, recibe su crecimiento para ir edificándose en amor (Ef. 4:12-16).

Una vez que tenga claro su objetivo para el grupo, no solo debe recordárselo a sí mismo, sino también comunicarlo con regularidad a los miembros de su grupo. ¿Ha observado alguna vez a un líder que puede transmitir una visión, recordándoles a quienes están a su cargo la dirección hacia donde se dirigen juntos? Podría no resultarle natural expresar la visión de esta forma, pero incluso si se siente incómodo, ¡inténtelo! Cada vez que se reúna con el grupo, exprese su visión de lo que quiere que el grupo llegue a ser. Asimismo, invite a los participantes del grupo a "aceptar" la visión y a compartir sus deseos para la comunidad. Existen maneras cautivadoras y opresivas de hacerlo. Opte por la primera.

Sea claro en su proceso

Predicar o dar una conferencia sobre la Biblia es muy diferente a guiar a las personas de manera inductiva en el estudio de un texto. Antes de dirigir su propio grupo de estudio bíblico, lo ideal es que tenga la oportunidad de escuchar a un experimentado líder de un grupo de estudio bíblico. Su meta como líder no es fomentar la ignorancia compartida, sino proveer preguntas y comentarios hábiles de modo que las personas puedan escuchar el significado del autor bíblico inspirado y considerar la aplicación del texto a su propia vida. Cuando los participantes salgan de una de sus reuniones de estudio bíblico, usted aspira a que sepan nuevas verdades sobre Dios y que saboreen con mayor profundidad la obra terminada de Jesús. Los participantes de su grupo de estudio deben aprender juntos lo que significa vivir fielmente como discípulos de Jesús. Cuanto más se prepare para cada reunión (orando, estudiando, consultando recursos, anotando preguntas e ideas) mejor será la experiencia para usted y para los participantes.

Sea una persona de carácter piadoso

En las listas de los requisitos pastorales del Nuevo Testamento, se enfatiza más el carácter piadoso que las habilidades prácticas (1 Ti. 3, Tit .1). Por extensión, si usted dirige un grupo de personas en el estudio de la Palabra de Dios, no debe ser un hipócrita viviendo en flagrante violación de esa Palabra. No se equivoque: "todos ofendemos muchas veces" (Stg. 3:2). Cualquiera que afirme estar sin pecado es un mentiroso (1 Jn. 1:8). Sin embargo, cuando dirigimos a otros en la lectura de la Biblia, es inevitable que busquen en nosotros el ejemplo. Podemos perjudicar gravemente la vida espiritual de otros al desviarlos doctrinal o moralmente. Si tiene un temperamento descontrolado, si cuenta chismes con malicia, si su entendimiento de la ortodoxia cristiana es deficiente, o si es adicto a la pornografía, no necesita enfocar su energía en dirigir un grupo de estudio bíblico, sino en buscar la obra transformadora del Espíritu Santo en su vida. Las palabras directas de Santiago merecen ser repetidas: "no os hagáis maestros muchos de vosotros, sabiendo que recibiremos mayor condenación" (Stg. 3:1).

Sea algo más que un grupo de estudio bíblico

Cualquier comunidad cristiana genuina implicará algo más que el estudio bíblico. Dado que el amor es una de las principales características del verdadero cristiano (Jn. 13:34-35), los cristianos que se reúnen para estudiar la Biblia también acabarán amándose unos a otros en formas prácticas y sacrificadas (Gá. 6:2). Una reunión saludable de cristianos también se verá involucrada en actividades como las siguientes: orar (1 Ts. 5:17), confesar los pecados (Stg. 5:16), adorar (Ro. 12:1) y servir a los necesitados (Hch. 2:45). ¡No descuide la gracia común divina de la buena comida, la conversación y las celebraciones de vida con sus hermanos y hermanas en Cristo!

Permítame también retarle a pensar en cómo su grupo de estudio bíblico puede estar arraigado y relacionado con una iglesia local. Demasiados estudiantes de la escuela secundaria y de la universidad no logran desarrollar relaciones en una iglesia local. Después de graduarse y de que su grupo de comunión cristiana vinculado a la escuela se disuelve, acaban alejándose de la fe por su desconexión de un cuerpo local perdurable de creyentes que (1) observan con regularidad las ordenanzas cristianas (el bautismo, la Cena del Señor) y (2) tienen oficiales en la iglesia (pastores, diáconos) que se ocupen de la administración y los sirvan. El plan de Dios para el mundo incluye a la iglesia local (Mt. 16:18). ¡No se lo pierda!

En resumen

En esta pregunta, analizamos cómo dirigir un grupo de estudio bíblico. Lo más importante es conocer a Dios por medio de Cristo y estar creciendo como discípulo cristiano. También es fundamental respetar las estructuras de autoridad o los procedimientos establecidos en la iglesia local o el ministerio cristiano en el que usted pretende iniciar un grupo de estudio bíblico. No se trata de una reunión social. Su objetivo como líder es proporcionar preguntas y comentarios hábiles para que los participantes puedan escuchar el significado del autor bíblico inspirado y considerar la aplicación del texto a sus propias vidas. Sin embargo, cualquier reunión regular de verdaderos cristianos acabará siendo algo más que un estudio; los creyentes en Jesucristo no pueden evitar desbordarse en amor y servicio los unos por los otros.

Preguntas para la reflexión

1. ¿Cómo respondería usted a las preguntas que el líder moravo Gottlieb Spangenberg le hizo a John Wesley? (vea más arriba).
2. ¿Ha participado alguna vez en un grupo de estudio bíblico? ¿Qué tuvo de bueno? ¿Qué de malo?
3. ¿Ha dirigido alguna vez un grupo de estudio bíblico? ¿Cómo fue? ¿Le gustaría dirigir un grupo de estudio bíblico en el futuro? ¿Por qué sí o por qué no?
4. ¿Puede alguien ser un líder eficaz de un grupo de estudio bíblico si tiene en su vida un patrón de pecado impenitente? ¿Por qué sí o por qué no?
5. ¿Qué parte de dirigir un grupo de estudio bíblico le resultaría más natural? ¿Qué parte le exigiría un esfuerzo más intencionado?

PREGUNTA **39**

¿Enseña la Biblia que los cristianos serán saludables y ricos?

Uno de mis amigos, Ben Cornish, proporciona formación teológica en los lugares menos alcanzados del mundo.[1] Con frecuencia pasa una o dos semanas en "medio de la nada" cuando enseña a los pastores los fundamentos de la fe cristiana. Ben me cuenta que una de las necesidades teológicas más acuciantes alrededor del mundo es contrarrestar la falsa enseñanza del "evangelio de la prosperidad". Tal vez usted mismo se haya encontrado con esa enseñanza; ¡incluso en horario televisivo de máxima audiencia! Los maestros del evangelio de la prosperidad afirman que Dios quiere que su pueblo sea saludable y rico, y si usted no lo es, se debe a su falta de fe. ¿Es esta una falsa enseñanza? En realidad, ¿qué dice la Biblia sobre la salud y las riqueza?

La visión escatológica (la línea de tiempo de Dios)

Es cierto que un día todo el pueblo de Dios disfrutará de buena salud y morará en una abundancia inagotable (Ap. 21:15-21; 22:1-5). El libro de Apocalipsis informa que en el nuevo cielo y la nueva tierra "[e]njugará Dios toda lágrima de los ojos [de su pueblo]; y ya no habrá muerte, ni habrá más llanto, ni clamor, ni dolor; porque las primeras cosas pasaron" (Ap. 21:4). Durante el ministerio de Jesús, vimos atisbos de este reino venidero. Había personas sanadas de sus enfermedades (Mt. 15:30-31), alimentadas con abundancia sobrenatural (Mt. 15:31-38), liberadas de la opresión demoníaca (Mt. 15:21-28), e incluso resucitadas de la muerte (Mt. 9:18-25). No obstante, hasta que Jesús regrese y establezca su reino escatológico, seguiremos viendo solo destellos de ese reino venidero en un mundo muy quebrantado y manchado por el pecado. La luz de la nueva era ha amanecido, pero el sol no ha ascendido del todo (1 Jn. 2:8). Todas las personas morirán. Los tornados y los huracanes destrozarán casas y vidas. Los virus y las infecciones matarán a millones de manera prematura. Las leyes injustas y los gobernantes impíos privarán a incontables obreros de sus ingresos ganados con el sudor de su frente. Los cristianos no son inmunes a estos sufrimientos. El apóstol Pablo describió a toda la creación "gimiendo" (Ro. 8:22), anhelando ser liberada del quebranto

1. Vea el ministerio al que pertenece: teachingtruthinternational.org.

y de la decadencia que actualmente sufre. Esta liberación solo llegará, al final, cuando Jesús regrese (Ro. 8:18-21).

Jesús advirtió de manera explícita que a sus fieles seguidores les aguardaban problemas y dificultades, y que muchos de ellos serían incluso entregados a la muerte (Mt. 5:11-12; Mr. 13:12-13). El apóstol Pablo (que escribió trece de los veintisiete libros del Nuevo Testamento), señala que aunque le suplicó muchas veces a Dios que sanara físicamente el "aguijón en [su] carne" (2 Co. 12:7), se le contestó "Bástate mi gracia, porque mi poder se perfecciona en la debilidad" (2 Co. 12:9). Este es el mismo Pablo que había realizado milagros sensacionales de sanidad (Hch. 19:11-12). Sin embargo, en su propio caso, la respuesta recibida por el apóstol fue que no era la voluntad del Señor curarle, sino más bien que viera la gracia sobrenatural de Dios demostrada por medio de su debilidad. Dios puede escoger glorificarse a sí mismo sanando a usted de forma milagrosa (Jn. 9:3) o sustentándole durante el sufrimiento (Ro. 5:3-4). Nuestro papel consiste en clamar a nuestro amoroso Padre celestial, confiando en que Él es bueno y capaz de librarnos. Sin embargo, su elección soberana y perfecta podría implicar nuestra perseverancia continuada en medio de la dificultad (2 Co. 12:7-10).

Es probable que algunas personas que lean este libro necesiten sentir mayor entusiasmo y estar más expectantes por ver destellos del reino venidero de Dios en la era presente. Él realmente sana, libera y provee. A Dios le agrada que sus hijos clamen a Él y con gusto supla sus necesidades (Mt. 6:7-12). Otros lectores precisaran ser retados a someterse a la misteriosa soberanía de Dios, quien no siempre elimina el sufrimiento o la pobreza. Todos debemos llegar al punto en el que podamos declarar con Job: "Aunque él [Dios] me matare, en él esperaré" (Job 13:15). Parte de la fidelidad bíblica en esta vida consiste en soportar esta tensión entre las partes del reino de Dios que "ya" experimentamos y la plenitud que es "todavía no" y que anticipamos. Si usted insiste en que Dios debe demostrar la plenitud de su reino venidero en su vida ahora, es que usted se ha desviado del camino de la fidelidad bíblica.

La riqueza en la Biblia

La enseñanza bíblica sobre la riqueza es variada, matizada y compleja. Prácticamente cualquier falso maestro que enseña sobre el tema podría encontrar unos pocos versículos que parezcan respaldar sus puntos de vista, Es cierto que en el Antiguo Testamento la riqueza es algo que se destaca como señal de la provisión y del favor de Dios (Gn. 13:1-2). También es cierto que la riqueza ostentosa se menciona a veces como base para condenar a quienes no usan sus bendiciones materiales para amar y servir a los demás (Is. 3:16-26; Am. 2:6-8).

Cuando los israelitas salieron de Egipto, Dios hizo que los egipcios tuvieran una buena disposición para con ellos, de manera que quienes antes los habían oprimido ahora los colmaron de oro y otras riquezas (Éx. 12:35-36). Son estos mismos israelitas los que murmuraron luego contra Dios y perecieron en el desierto (Nm. 26:65).

En Malaquías 3:10 (un pasaje citado con frecuencia), Dios retó a los antiguos israelitas: "Traed todos los diezmos al alfolí y haya alimento en mi casa; y probadme ahora en esto, dice Jehová de los ejércitos, si no os abriré las ventanas de los cielos, y derramaré sobre vosotros bendición hasta que sobreabunde". Al leer este texto, debemos recordar que, en ese punto de la historia redentora, Dios se estaba revelando por medio de la nación-estado teocrático del antiguo Israel. El "diezmo" mencionado implicaba mucho más que el 10 por ciento del ganado y de la producción agrícola (probablemente algo más parecido a un 23,3 por ciento).[2] Conforme el plan redentor de Dios ha seguido desarrollándose y ha alcanzado su apogeo en la venida de Jesús, Dios ya no se revela a través de una nación-estado cuyos rebaños y campos son bendecidos, sino por medio de comunidades reunidas de pecadores comprados con sangre y dispersados por todo el mundo.

Los proverbios bíblicos son especialmente útiles para recordarnos que la riqueza no puede atribuirse de inmediato a la aprobación divina. Sí, los fieles seguidores de Dios trabajan a menudo con diligencia y son bendecidos con abundancia (Pr. 14:23; 21:5). También es posible que un líder injusto abuse de su poder y se enriquezca oprimiendo a otros. "El terreno de los pobres tiene mucho de comer, pero se pierde por la injusticia" (Pr. 13:23, NBLA).

Jesús advirtió que el corazón de un rico tiene dificultades para admitir la "bancarrota espiritual" necesaria para recibir el don gratuito de la justicia de Dios. Jesús declaró: "De cierto os digo, que difícilmente entrará un rico en el reino de los cielos. Otra vez os digo, que es más fácil pasar un camello por el ojo de una aguja, que entrar un rico en el reino de Dios" (Mt. 19:23-24). De manera similar, Jesús desaconsejó acumular riqueza: "No os hagáis tesoros en la tierra, donde la polilla y el orín corrompen, y donde ladrones minan y hurtan; sino haceos tesoros en el cielo, donde ni la polilla ni el orín corrompen, y donde ladrones no minan ni hurtan. Porque donde esté vuestro tesoro, allí estará también vuestro corazón" (Mt. 6:19-21). En Proverbios 30:8-9, Agur, en su oración ejemplar, no pide riqueza, sino que solicita: "No me des pobreza ni riquezas; mantenme del pan necesario; no sea que me sacie, y te niegue, y

2. Vea la obra de Craig L. Blomberg, *Ni pobreza ni riquezas: Una teología bíblica de las posesiones materiales* (Barcelona: Editorial Clie, 2002); y también la de David A. Croteau, *You Mean I Don't Have to Tithe? A Deconstruction of Tithing and a Reconstruction of Post-Tithe Giving*, McMaster Theological Studies 3 (Eugene, OR: Wipf and Stock, 2010).

diga: ¿Quién es Jehová? O que siendo pobre, hurte, y blasfeme el nombre de mi Dios". El apóstol Pablo expresa una perspectiva similar en su advertencia a Timoteo:

> Pero gran ganancia es la piedad acompañada de contentamiento; porque nada hemos traído a este mundo, y sin duda nada podremos sacar. Así que, teniendo sustento y abrigo, estemos contentos con esto. Porque los que quieren enriquecerse caen en tentación y lazo, y en muchas codicias necias y dañosas, que hunden a los hombres en destrucción y perdición; porque raíz de todos los males es el amor al dinero, el cual codiciando algunos, se extraviaron de la fe, y fueron traspasados de muchos dolores (1 Ti. 6:6-10).

Algunos cristianos serán ricos en verdad, y cuando el apóstol Pablo escribe a su protegido en el ministerio, Timoteo, proporciona instrucciones sobre cómo instruir a los miembros ricos de la congregación en Éfeso:

> A los ricos de este siglo manda que no sean altivos, ni pongan la esperanza en las riquezas, las cuales son inciertas, sino en el Dios vivo, que nos da todas las cosas en abundancia para que las disfrutemos. Que hagan bien, que sean ricos en buenas obras, dadivosos, generosos; atesorando para sí buen fundamento para lo por venir, que echen mano de la vida eterna (1 Ti. 6:17-19).

La pobreza en la Biblia

En el Antiguo Testamento podemos ver que la privación económica del antiguo Israel era, en ocasiones, una señal de la desaprobación o del juicio de Dios (Dt. 28:38-38). Sin embargo, al mirar en retrospectiva al pueblo de Dios a lo largo de los siglos precedentes, el autor de Hebreos nos recuerda que algunos de los profetas o líderes más fieles de Dios en el Antiguo Testamento experimentaron gran privación y sufrimiento físico (He. 11:36-38). Debemos someternos a los sufrimientos ordenados en nuestro camino, aunque estén causados de un modo indirecto por los pecados de otros. Habacuc sabía que Israel (en conjunto) estaba sufriendo justamente por sus pecados, y señala: "Aunque la higuera no florezca, ni en las vides haya frutos, aunque falte el producto del olivo, y los labrados no den mantenimiento, y las ovejas sean quitadas de la majada, y no haya vacas en los corrales; con todo, yo me alegraré en Jehová, y me gozaré en el Dios de mi salvación" (Hab. 3:17-18). Confiar en Dios en medio del sufrimiento físico y la privación económica inexplicables honra a Dios de una forma especial. El libro de Job resalta esta verdad.

Las Escrituras llaman a los pobres a adoptar una perspectiva divina respecto a sus pruebas muy temporales. Pablo escribe: "Pues tengo por cierto que las aflicciones del tiempo presente no son comparables con la gloria venidera que en nosotros ha de manifestarse" (Ro. 8:18). Aunque un cristiano pobre pueda tener ahora una posición humilde en el mundo, será levantado para reinar con Cristo en la eternidad. Incluso ahora, está (posicionalmente) sentado con Cristo en los lugares celestes (Ef. 2:6). Santiago declara de un modo memorable: "El hermano que es de humilde condición, gloríese en su exaltación" (Stg. 1:9).

La salud y la enfermedad en la Biblia

Cuando Dios creó el mundo no había enfermedad. Todo era completamente bueno (Gn. 1:31). Las dolencias y el pecado entraron en el mundo por culpa de la rebeldía humana (Gn. 3:1-19). Al final, cada una de las criaturas vivas de este mundo roto enfermará y morirá. Esa enfermedad y muerte nos recuerda que anhelemos la renovación de todas las cosas, cuando Dios genere el nuevo cielo y la nueva tierra donde no habrá la frustración, la enfermedad y la corrupción que son características del presente orden.

Como cualquier otro tema de las Escrituras, los autores bíblicos tratan la enfermedad de un modo variado y matizado. Con frecuencia, la enfermedad no es el resultado de pecados específicos, sino más bien el resultado de vivir en un mundo maldito, manchado de pecado(Jn. 9:1-3). Sin embargo, las experiencias individuales de enfermedad no están fuera de los propósitos soberanos de Dios para refinar a su pueblo y revelar su gloria (Jn. 9:3). La enfermedad siempre es una invitación a recordar nuestra frágil condición humana y a confesar los pecados que el Señor trae a nuestra mente (Stg. 5:14-16). Cualquier tragedia, desastre natural, pérdida o enfermedad es una oportunidad para tener un "reinicio espiritual". Con demasiada facilidad pensamos en este mundo como nuestro hogar final, pero en un instante, todo tesoro terrenal (incluida la salud) nos puede ser arrebatado (Stg. 4:13-17). ¿Estamos sosteniendo estas bendiciones de Dios en manos abiertas? ¿Estamos amando a Dios en lugar de las cosas que nos da? ¿Estamos preparados para comparecer ante nuestro Creador y entender que, para pecadores como nosotros, la única forma de ser reconciliados con Él es aceptar el don gratuito de la justicia que nos ha ofrecido en su Hijo?

Cuando se le pidió un comentario sobre la injusticia política de su época, Jesús aprovechó la oportunidad para retar a sus interlocutores a que estuvieran preparados cuando llegara la muerte inesperada o un desastre. Deberíamos estar siempre listos para comparecer ante Dios con un corazón caracterizado por el arrepentimiento y la fe genuinos. En Lucas capítulo 13 leemos:

> En este mismo tiempo estaban allí algunos que le contaban acerca de los galileos cuya sangre Pilato había mezclado con los sacrificios de ellos. Respondiendo Jesús, les dijo: ¿Pensáis que estos galileos, porque padecieron tales cosas, eran más pecadores que todos los galileos? Os digo: No; antes si no os arrepentís, todos pereceréis igualmente. O aquellos dieciocho sobre los cuales cayó la torre en Siloé, y los mató, ¿pensáis que eran más culpables que todos los hombres que habitan en Jerusalén? Os digo: No; antes si no os arrepentís, todos pereceréis igualmente (Lc. 13:1-5).

La enfermedad e incluso la muerte pueden ser una disciplina divina contra el pecado impenitente (Hch. 5:1-11; 1 Co. 11:27-32), pero, en general, los cristianos no deben ver una relación tan directa entre el pecado y la enfermedad. Cuando experimentamos la enfermedad o la fragilidad personales, es correcto y bueno pedir sanidad a Dios (Stg. 5:14). También lo es confiar en Él si la respuesta es "no" o "espera". Podemos decir con el apóstol Pablo:

> ... de buena gana me gloriaré más bien en mis debilidades, para que repose sobre mí el poder de Cristo. Por lo cual, por amor a Cristo me gozo en las debilidades, en afrentas, en necesidades, en persecuciones, en angustias; porque cuando soy débil, entonces soy fuerte (2 Co. 12:9-10).

En resumen

A muchos cristianos se les ha enseñado erróneamente que el propósito de la fe bíblica es llegar a tener salud y riqueza en esta vida terrenal. Si bien todos los dones y bendiciones provienen de Dios (Stg. 1:17) y Dios provee abundantemente para su pueblo (Sal. 37:25), el objetivo del discipulado cristiano es conocer el perdón de Dios por medio de Cristo (Fil. 3:10-11), y esto da como resultado una vida de amor por Dios y por los demás (Mt. 22:37-39). Muchos cristianos están llamados al sufrimiento y a la privación económica para la gloria de Dios (Mt. 5:11-12). Con corazones todavía marcados por el pecado, la riqueza puede ser muy peligrosa y provocar una autosuficiencia pecaminosa que nos aleja de Dios (Mt. 6:19-21). En los cielos nuevos y la tierra nueva no habrá pecado, ni enfermedad, ni necesidad (Ap. 21:15-21; 22:1-5), pero todavía estamos a la espera, anhelando esa realidad (Ro. 8:18-21).

Preguntas para la reflexión

1. ¿Se ha encontrado usted alguna vez con "el evangelio de la prosperidad"? Comparta esa experiencia.
2. En su opinión, ¿cuáles son los textos bíblicos o las observaciones más eficaces para contrarrestar la falsa enseñanza sobre la salud y la riqueza?
3. ¿Qué textos bíblicos cree usted que deberían añadirse a la explicación más arriba? ¿Hay algún punto en el que no esté de acuerdo con la presentación o el énfasis dado?
4. ¿Tiene usted un testimonio personal sobre cómo proveyó Dios para usted o cómo lo sanó?
5. ¿Tiene un testimonio personal de cómo Dios le fortaleció para perseverar en medio de la pobreza, la enfermedad o el sufrimiento?

PREGUNTA **40**

¿Cuáles son algunas de las tendencias actuales en la interpretación bíblica?

En la primera edición de este libro, la parte más impopular fue la sección final de cuatro capítulos (del 36 al 39) que trataban con la erudición bíblica actual y las tendencias interpretativas actuales. Un pastor me dijo: "Me gusta su libro, pero aconsejo a las personas que se salten los cuatro últimos capítulos". Aunque la familiaridad con la crítica de las fuentes o el movimiento de la interpretación teológica de las Escrituras (ITE) no es necesaria para la mayoría de las personas laicas, los estudiantes ministeriales necesitan estar expuestos a estos conceptos. Así, he condensado los cuatro capítulos originales en un solo capítulo actualizado. (Los cuatro capítulos originales están disponibles gratuitamente como descarga de PDF en www.portavoz.com/estudios-biblicos/40-preguntas-sobre-como-interpretar-la-biblia/.

Crítica bíblica

Cuando la gente oye la palabra *crítica*, la mayoría piensa en comentarios despectivos. En realidad, la crítica bíblica o varios enfoques críticos de la Biblia no son para atacar la Biblia, sino más bien tienen que ver con el estudio académico cuidadoso de la misma. Lamentablemente, debido a las presuposiciones antisobrenaturales de muchos destacados eruditos bíblicos en los últimos 250 años, la crítica bíblica ha desarrollado mala fama. El término se asocia a menudo con una objetividad engañosa que, en realidad ,es anticristiana en sus suposiciones y conclusiones. Existen diversas formas de crítica bíblica, algunas de ellas muy antiguas (p. ej., la crítica textual y la crítica de las fuentes) y otras más recientes. Vamos a examinar algunas de las formas más significativas de la crítica bíblica bajo los encabezamientos siguientes.

Crítica textual

La crítica textual es el estudio cuidadoso de los textos antiguos en un esfuerzo por establecer lo que decían los manuscritos originales de la Biblia (los autógrafos). Tenemos registros históricos de extensa crítica textual desde por lo menos el tiempo de Orígenes (185-254 d.C.), pero el florecimiento actual de la disciplina siguió a la introducción de la imprenta en Europa (1454) y a la reactivación de los conocimientos eruditos del griego y del hebreo en la época de la Reforma. La crítica textual ha florecido especialmente en los últimos doscientos años, con los descubrimientos de manuscritos antiguos y un creciente consenso académico sobre los métodos. En las dos últimas décadas, los escaneos digitales de alta calidad de los manuscritos antiguos han democratizado la disciplina. Cabe señalar que algunos críticos textuales recientes son más escépticos respecto a la reconstrucción de la redacción "original" de los textos bíblicos y se centran más en el análisis de los métodos de los escribas o en la teología implícita de las variantes en los manuscritos. No obstante, la mayoría de los eruditos siguen confiando, y con razón, en llegar a la redacción original de los apóstoles y los profetas mediante el estudio y la comparación de los antiguos manuscritos de los libros bíblicos. Vea la pregunta 5, "¿Fueron transmitidos con exactitud los antiguos manuscritos de la Biblia?", para obtener más información sobre las conclusiones de la crítica textual.

Crítica histórica

La crítica histórica es el estudio histórico cuidadoso de los documentos en la Biblia y los escritos, eventos y personas relacionados. El "método histórico-crítico" trata de establecer lo que realmente sucedió en la historia y lo que un texto significó para el autor y los lectores originales.[1] En un sentido similar, los estudiosos bíblicos hablan de hacer exégesis "histórico-gramatical". Es decir, a partir de una comprensión adecuada de lo que dice el texto en el idioma original (gramatical), los estudiosos investigan las afirmaciones de la Biblia acerca de lo que pasó (histórico). La exégesis histórico-gramatical se puede hacer con las presuposiciones cristianas (es decir, creyendo que lo que la Biblia dice es verdad) o con prejuicios escépticos y anticristianos. A causa del abuso por parte de los estudiosos liberales, algunos cristianos conservadores denuncian el uso de la crítica histórica (y también la mayoría de las otras críticas que aparecen más abajo). Debe recordarse, sin embargo, que son las suposiciones erróneas que acompañan al método lo que lleva a conclusiones anticristianas. Sin duda, la llamada a profundizar en el estudio de la gramática y la historia del texto bíblico no puede ser mala en sí misma. Sin embargo, algunos críticos recientes del movimiento de la Interpretación Teológica de las Escrituras han argumentado que, al hacer secundaria la aplicación moderna del texto, el método histórico-crítico implícitamente trunca la naturaleza misma de las Escrituras como la Palabra de Dios al pueblo de Dios (vea más abajo para información sobre el movimiento de la interpretación teológica de las Escrituras).

---

1. Arthur G. Patzia y Anthony J. Petrotta, "Historia crítica", en *Diccionario de bolsillo de estudios bíblicos* (Miami, FL: Spanish House, 2008)..

Crítica de las formas

La crítica de las formas es el estudio de cómo las diversas partes del texto (p. ej., historias individuales, leyes, proverbios, poemas) circularon en forma oral antes de ser escritas. Muchos escritos de la crítica de las formas se dedican a la especulación en cuanto a los trasfondos históricos en los que las unidades orales circularon originalmente. Por ejemplo, Hermann Gunkel (1862-1932) propuso extensos (y, con frecuencia, infundados) orígenes cúlticos para la mayoría de los salmos.[2] Los críticos liberales de las formas del Nuevo Testamento han especulado mucho sobre cómo las historias de Jesús fueron embellecidas o incluso creadas en períodos de circulación orales.[3] Por otro lado, los críticos conservadores de las formas reconocen el valor de aislar y clasificar las unidades anteriormente orales, pero no adoptan un enfoque escéptico a la historicidad del material.[4]

Crítica de las fuentes

La crítica de las fuentes tiene por objeto establecer las fuentes literarias en las que se basó el autor/editor bíblico. Por ejemplo, Julius Wellhausen (1844–1918), un erudito liberal del Antiguo Testamento, argumentó que el Pentateuco[5] estaba compuesto por cuatro fuentes literarias: la yahvista (J), la elohista (E), la sacerdotal (P) y la deuteronomista (D).[6] La evidencia para esta construcción JEPD es en realidad bastante débil. Los datos apoyan la autoría tradicional mosaica del Pentateuco, aunque obviamente dando cabida también a alguna recopilación y edición del material mosaico.[7]

En el Nuevo Testamento, la crítica de las fuentes se aplica especialmente a Mateo, Marcos y Lucas (los "Evangelios sinópticos") debido a su similitud en la redacción y el orden. La mayoría de los eruditos del Nuevo Testamento creen que Lucas y Mateo utilizaron dos fuentes principales en su composición: el Evangelio escrito de Marcos y "Q". "Q" es una abreviatura de la palabra alemana *Quelle* (fuente) y representa una colección de escritos y fuentes orales que Mateo y Lucas tuvieron en común. De hecho, Lucas indica explícitamente

---

2. Hermann Gunkel, *The Psalms: A Form-Critical Introduction*, trad. Thomas M. Horner (Philadelphia: Fortress, 1967).
3. Por ejemplo, Rudolf Bultmann, *Historia de la tradición sinóptica* (Salamanca: Ediciones Sígueme, 2000).
4. Por ejemplo, Vincent Taylor, *The Formation of the Gospel Tradition*, 2ª ed. (London: Macmillan, 1935).
5. Es decir, los cinco primeros libros del Antiguo Testamento.
6. Los fundamentos de la teoría son anteriores a Wellhausen (especialmente en la obra de K. H. Graf), pero la teoría recibió su expresión clásica en los escritos de Wellhausen (R. K. Harrison, *Introducción al Antiguo Testamento,* vol. 1 [Grand Rapids: Libros Desafío, 1994], 21). Esta teoría se conoce como la hipótesis documentaria o la hipótesis de Graf-Wellhausen.
7. Vea Gleason L. Archer, *Reseña crítica de una introducción al Antiguo Testamento* (Grand Rapids: Portavoz, 1987), 115-130.

que se basó en varias fuentes para la composición de su Evangelio (Lc. 1:1-4). Como muchos padres de la Iglesia comentaron sobre las fuentes literarias detrás de los Evangelios (es decir, qué autores de los Evangelios dependían de otros), la crítica de las fuentes es realmente una disciplina antigua.[8]

Crítica de la redacción

La crítica de la redacción es el estudio de la función del redactor (editor) en la composición final del texto bíblico. En otras palabras, si bien muchos autores bíblicos tuvieron conocimiento de primera mano de los acontecimientos (p. ej., el apóstol Juan) y dispusieron también de fuentes orales y escritas desde donde pudieron extraer los datos (p. ej., Lucas 1:1-4), el redactor mostró, en última instancia, sus intereses teológicos y propósitos a través de la selección, omisión, edición y resumen del material para su texto. (Por supuesto, los cristianos reconocen que el Espíritu Santo estaba obrando a través de los redactores en este proceso). Aproximadamente entre 1950 y 1990, la crítica de redacción era un método muy popular para el estudio de los Evangelios sinópticos (Mateo, Marcos, Lucas). Robert H. Stein (n. 1935) es el principal líder evangélico de la crítica de la redacción.[9]

Crítica de la tradición

La crítica de la tradición tiene por objeto establecer la historia de un texto antes de alcanzar su forma final escrita. Por tanto, la crítica de la tradición abarca el trasfondo oral y literario de un texto. Incluye la crítica de las formas, de las fuentes y de la redacción (vea más arriba).

Crítica literaria

A principios de la década de 1980, varios tipos de crítica literaria se hicieron cada vez más populares entre los eruditos de la Biblia. Como la mayoría de los anteriores métodos críticos habían tratado de explicar la historia física o literaria reconstruida detrás del texto, aquí había un enfoque que ahora permitía que el texto se estudiara como una unidad, evitando las cuestiones debatidas de la historicidad o la autoría. La crítica literaria parecía prometer una nueva forma intermedia entre las posiciones polarizadas de los eruditos bíblicos liberales y conservadores.

En el nivel más fundamental, un enfoque literario de la Biblia reconoce los diversos géneros literarios dentro del canon y estudia esas obras como piezas unificadas de literatura. Los evangélicos han utilizado generalmente la

---

8. Por ejemplo, Agustín de Hipona, *La concordancia de los evangelistas*, trad. Pío de Luis, https://www.augustinus.it/spagnolo/consenso_evangelisti/consenso_evangelisti_1.htm.
9. Robert H. Stein, *Gospels and Tradition: Studies on Redaction Criticism of the Synoptic Gospels* (Grand Rapids: Baker, 1991).

crítica literaria para llamar la atención sobre la intención del autor y el mensaje del texto. Sin embargo, hay muchas permutaciones diferentes de un enfoque literario de la Biblia. Influenciado por las tendencias literarias seculares, un enfoque de la "respuesta del lector" a la Biblia celebra la creación de sentido por parte del lector con poca o ninguna preocupación por la intención del autor. Otro enfoque, el análisis literario técnico, fue especialmente popular entre los estudiosos de la Biblia durante el apogeo de la crítica literaria (1985-1995). Muchos artículos, tesis y monografías afirmaron aclarar el texto bíblico a través del uso de un sinnúmero de expresiones oscuras como *el lector implícito, el lector ideal, el autor implícito, el comentario implícito*, etc. La desaparición casi total de publicaciones tan cargadas técnicamente testifica que un enfoque de más sentido común a la interpretación literaria es la clase que va a perdurar. La crítica narrativa, un subconjunto de la crítica literaria, emplea un enfoque literario para estudiar las narraciones (historias) en las Escrituras.

Crítica retórica

Cuando la gente habla de la "crítica retórica" de la Biblia, por lo general se refiere a una de dos cosas. En cuanto al Nuevo Testamento, ellos hablan a menudo de identificar las categorías greco-romanas del discurso reconocidas en el Nuevo Testamento. De 1970 a 1990, muchos estudiosos del Nuevo Testamento trataron de ofrecer un nuevo conocimiento sobre la estructura y propósito de los textos del Nuevo Testamento a través del análisis retórico. La mayoría de los eruditos están ahora de acuerdo en que identificaciones excesivamente técnicas de los textos del Nuevo Testamento usando categorías retóricas latinas y griegas no resistirá un mayor escrutinio académico.

La "crítica retórica" puede también referirse a la detección de patrones de belleza y eficacia en la expresión del texto. Esto a veces se le llama "nueva retórica" para distinguirlo del método de imposición ilegítimo de categorías greco-romanas en el Nuevo Testamento.[10]

Interpretación teológica de las Escrituras

Una de las corrientes hermenéuticas recientes más relevantes es el movimiento de la interpretación teológica de las Escrituras (ITE). La etiqueta ITE se ha aplicado a un conjunto diverso de estudios, tanto liberales como conservadores, protestantes y católicos. ¿Cuáles son los elementos comunes de este movimiento generalizado? Uno de los rasgos principales es descontento con el método históricó-crítico y la falta de interés por el trasfondo histórico o literario debatido de un texto bíblico. Los escritores ITE quieren explorar el

---

10. G. W. Hansen, "Rhetorical Criticism", en *DPL*, eds. Gerald F. Hawthorne, Ralph P. Martin, y Daniel G. Reid (Downers Grove, IL: InterVarsity, 1993), 824-825.

significado teológico de los documentos bíblicos completos, sobre todo en el contexto de parámetros confesionales como los credos niceno y calcedonio. Daniel J. Treier remonta los intereses de los autores ITE a precursores como Karl Barth y la "Escuela Yale" (un movimiento en la crítica literaria nacido en Yale).[11] Otros pioneros más recientes (de la década de 1990) incluyen a Francis Watson, Stephen Fowl y Kevin Vanhoozer.[12] Aun así, es difícil encontrar una monografía anterior al 2005 que utilice el identificador de "interpretación teológica" en el sentido técnico que ha adquirido con rapidez.[13] Al mismo tiempo, los defensores de la interpretación teológica no se ven a sí mismos como proponiendo algo nuevo, sino como regresando al estudio transformador de la Biblia, basado en la iglesia, que caracterizó a generaciones de cristianos antes del período de la Ilustración.[14] Varios escritores ITE están especialmente interesados en apropiarse de la hermenéutica de los primeros padres de la Iglesia,[15] que se involucraron con frecuencia en la exégesis alegórica sin preocuparse por la intención de los autores humanos inspirados de las Escrituras. Aplaudo la forma en que estos autores ITE consideran la Biblia como un todo unificado, dirigido a una comunidad creyente. Pero prevengo contra aquellos que siguen la hermenéutica de los padres primitivos de la Iglesia sin sentido crítico.[16]

Historia de la recepción

La historia de la recepción se centra en la manera en que un texto bíblico ha sido "recibido" o entendido por los cristianos en toda la historia de la Iglesia. En los últimos años, algunos eruditos de la Biblia han hecho un llamamiento a enfocarse en la historia de la recepción como una manera de salir del punto muerto y la confusión en la disciplina de la teología bíblica.[17] Los eruditos deben admitir que incluso la mayoría de los "expertos" saben muy poco sobre la forma en que los textos bíblicos fueron leídos antes del siglo XVIII. Por otra parte, la atención a la "historia de la interpretación" de un texto posiblemente pro-

---

11. Treier, *Introducing Theological Interpretation of Scripture*, 17-19.
12. Ibíd., 11.
13. Pero, vea Stephen E. Fowl, ed. *The Theological Interpretation of Scripture: Classic and Contemporary Readings* (Cambridge, MA: Blackwell, 1997).
14. Nótese el subtítulo del libro de Treier, *Recovering a Christian Practice* (Recuperando una práctica cristiana).
15. Vea, por ejemplo, Peter J. Leihart, *Deep Exegesis: The Mystery of Reading Scripture* (Waco, TX: Baylor University Press, 2009); Hans Boersma, *Scripture as Real Presence: Sacramental Exegesis in the Early Church* (Grand Rapids: Baker Academic, 2017); Keith D. Stanglin, *The Letter and Spirit of Biblical Interpretación: From the Early Church to Modern Practice* (Grand Rapids: Baker Academic, 2018).
16. Para una crítica útil de la apropiación no crítica de la hermenéutica de los primeros padres de la Iglesia, vea Iain Provan, T*he Reformation and the Right Reading of Scripture* (Waco, TX: Baylor University Press, 2017).
17. Por ejemplo, Judith Kovacs y Christopher Rowland, *Revelation: The Apocalypse of Jesus Christ*, Blackwell Bible Commentaries (Oxford: Blackwell, 2004), 1-38.

porciona una base más objetiva para la discusión en curso y ayuda a reavivar el reconocimiento académico de las preocupaciones prácticas y confesionales. Lamentablemente, una celebración de la manera en que se ha recibido un texto puede ser una sutil aceptación de polivalencia (es decir, recibir diversas interpretaciones incongruentes como igualmente válidas). Evitar el espinoso tema de la veracidad de un texto puede ser una negación implícita de esa afirmación. "La historia eficaz" es un ámbito de estudio relacionado, pero más amplio, en el que los eruditos no solo catalogan las interpretaciones teológicas de un texto, sino sus "efectos" (p. ej., sobre el arte, las prácticas de la iglesia, la cultura social, el gobierno, la política mundial, etc.) a lo larga de un plazo designado de tiempo.

Intertextualidad

No hace mucho, en una celebración de graduación en mi seminario, el decano leyó el título de una tesis doctoral que incluía la palabra *intertextualidad*. Un colega se inclinó y susurró: "Nunca he oído esa palabra antes". Le respondí: "Es un tema candente en los estudios bíblicos". En pocas palabras, la intertextualidad presta atención a la forma en que un texto bíblico es aludido o utilizado por otro autor bíblico. En función de los intereses de un erudito, un estudio intertextual puede inclinarse más hacia temas literarios, teológicos o históricos. Al ver la Biblia como un libro unificado, algunos críticos intertextuales estudian el desarrollo de los motivos a lo largo de las diversas perspectivas de los escritores bíblicos. Patzia y Petrotta señalan:

> En general, el estudio de la intertextualidad bíblica se centra más en los *procesos* por los que los textos bíblicos fueron refundidos y las *diferencias* entre los textos: los textos fueron ampliados en significado, pero también traspuestos o incluso refutados. El énfasis tiende hacia el estudio de la *pluralidad* de posibles lecturas en lugar de *conformidad* de lecturas.[18]

Otras tendencias en los estudios sobre el Antiguo y el Nuevo Testamento

Las personas ajenas al campo de los estudios bíblicos a menudo se preguntan: "¿Cómo pueden los eruditos de la Biblia escribir algo nuevo? ¿No han dicho ya todo lo que se podía decir sobre un conjunto de escritos tan limitado?". ¡Ja! Cada año se publican cientos (¿miles?) de nuevos libros académicos relacionados con la Biblia. En estos escritos vemos una fractura continuada de las disciplinas y un aumento en la especialización en la crítica de texto (o quizás solo en los manuscritos siríacos de un cierto período de tiempo!), en los estudios del trasfondo,

---

18. Arthur G. Patzia y Anthony J. Petrotta, "Intertextualidad", *Diccionario de bolsillo de estudios bíblicos* (Miami, FL: Spanish House, 2008); cursivas en el original.

la lengua hebrea, la lengua griega, la teología paulina, la carta de Santiago, etc. Se forman nuevas ramas del aprendizaje a medida que las disciplinas externas (p. ej., el análisis sociológico o retórico) se aplican a las Escrituras. La búsqueda de la última tendencia o del aplauso mundano son un peligro siempre presente, pero, para el erudito bíblico cristiano, la fidelidad debe ser siempre el objetivo. Para tener una idea del estado presente de los estudios, se refiere al lector a *The Face of Old Testament Studies,* de David W. Baker y Bill T. Arnold (eds.). Para una actualización sobre la erudición neotestamentaria, vea T*he State of New Testament Studies,* de Scot McKnight o *A Beginner's Guide to New Testament Studies: Understanding Key Debates,* de Nijay K. Gupta.

En resumen

La Biblia nunca cambia, pero debido a los contextos cambiantes de los intérpretes, las personas que leen la Biblia se plantean perpetuamente preguntas nuevas y diferentes. ¿Cuál es la mejor manera de responder a estas preguntas y, de hecho, son válidas estas preguntas? Siempre es necesario tener una actitud crítica en nuestro planteamiento del estudio de la Biblia. Con la esperanza de facilitar esa actitud, hemos examinado algunas tendencias interpretativas modernas en el campo de la interpretación bíblica. Entre ellas se encuentran: crítica bíblica, crítica textual, crítica histórica, crítica de las formas, crítica de las fuentes, crítica de la redacción, crítica de la tradición, crítica literaria, crítica retórica, interpretación teológica de las Escrituras, historia de la recepción e intertextualidad.

Preguntas para la reflexión

1. Antes de leer el material anterior, ¿había oído usted hablar de algunas de estas formas de crítica bíblica? ¿Cuáles?
2. ¿Ha leído alguna vez un artículo o libro en el que un erudito liberal usara uno de los métodos mencionados arriba con suposiciones o conclusiones anticristianas?
3. En su opinión, ¿es aconsejable que un erudito cristiano emplee alguno de los métodos aludidos más arriba en su estudio de las Escrituras? En caso de que no, ¿qué enfoques alternativos recomendaría?
4. ¿Cuál de los métodos que figuran más arriba parece más prometedor para entender el significado del autor en un texto?
5. ¿Ha observado usted algunas características del movimiento de la interpretación teológica de las Escrituras (ITE) en libros recientes que ha leído o en oradores que ha escuchado?

Epílogo

Imagine que usted y yo estamos conversando juntos en un cálido día de verano y que le estoy describiendo en detalle el delicioso sabor de una nueva clase de helado. Luego saco uno de una caja y se lo ofrecezco a usted. Cuando se lo introduce en la boca para empezar a saborearlo, de repente siente algo elástico y suave en su boca. Una envoltura de papel celofán casi invisible que cubría todo el helado le ha impedido disfrutar del helado.

Este libro es como un envoltorio de celofán. He pasado mucho tiempo hablando de la Biblia, pero a menos que usted, el lector, tome en realidad la Palabra de Dios en sus manos y la saboree por sí mismo, esta envoltura blanda de un libro quedará pronto olvidada. Sin embargo, si tengo éxito en motivarle a leer, orar, cantar y meditar en las Escrituras, entonces este libro habrá cumplido su propósito. Que el Dios y Padre de nuestro Señor Jesucristo le guíe por el poder de su Espíritu Santo en un viaje de por vida de deleite en su Palabra.

—Rob Plummer
Marzo de 2010

"Para mí es más valiosa tu enseñanza que millares de monedas de oro y de plata" (Sal. 119:72, NVI).

"¡Cuán dulces son a mi paladar tus palabras! Más que la miel a mi boca" (Sal. 119:103).

Epílogo (segunda edición)

El epílogo original de arriba sigue expresando el deseo de mi corazón. Estoy muy complacido de que la primera edición de este libro haya sido utilizada por Dios para acercar a la gente a Él por medio de su Palabra. Es mi oración que esta edición revisada continúe esa gozosa misión.

—Rob Plummer
Agosto de 2020

Bibliografía

Archer, Gleason. *Reseña crítica de una introducción al Antiguo Testamento*. Grand Rapids: Editorial Portavoz, 1987.

Benware, Paul. *Panorama del Antiguo Testamento*. Grand Rapids: Editorial Portavoz, 1994.

__________. *Panorama del Nuevo Testamento*. Grand Rapids: Editorial Portavoz, 1993.

__________. *Entienda la profecía de los últimos tiempos*. Grand Rapids: Editorial Portavoz, 2010.

Biblia en orden cronológico. Grand Rapids: Editorial Portavoz, 2008.

Biblia de estudio arqueológica. Miami: Editorial Vida, 2009.

Biblia de estudio NVI. Miami: Editorial Vida, 2002.

Biblia de estudio Ryrie ampliada. Grand Rapids: Editorial Portavoz, 2011.

Bruce, F. F. *El canon de la Escritura*. Barcelona: Editorial Clie, 2002.

__________. *Los manuscritos del mar muerto*. Barcelona: Editorial Clie, 2011.

__________. *¿Son fidedignos los documentos del Nuevo Testamento?* San José, Costa Rica: Editorial Caribe, 1972.

Bullinger, E. W. *Diccionario de figuras de dicción usadas en la Biblia*. Barcelona: Editorial Clie, 1985.

Carballosa, Evis L. *Apocalipsis*. Grand Rapids: Editorial Portavoz, 1997.

Carson, D. A. y Douglas Moo. *Una introducción al Nuevo Testamento*. Barcelona: Clie, 2008.

Chou, Abner. *La hermenéutica de los escritores bíblicos*. Grand Rapids: Editorial Portavoz, 2019.

Díaz Pineda, Manuel. *La reforma en España: Origen, naturaleza y creencias*. Barcelona: Editorial Clie, 2017.

Enns, Paul. *Compendio Portavoz de teología*. Grand Rapids: Editorial Portavoz, 2010.

Erickson, Millard J. *Teología sistemática*. Barcelona: Editorial Clie, 2008.

Evans, Craig A. *El Jesús deformado: Cómo algunos estudiosos modernos tergiversan los Evangelios*. Santander: Sal Terrae, 2008.

Fee, Gordon D. y Douglas K. Stuart. *Cómo leer la Biblia libro por libro*. El Paso, TX: Editorial Mundo Hispano, 2005.

Fee, Gordon D. *Exégesis del Nuevo Testamento: Manual para estudiantes y pastores*. Miami: Editorial Vida, 1992.

González, Justo L.: *Historia del cristianismo*. Miami: Unilit, 2003.

Grudem, Wayne. *Teología sistemática: Una introducción a la doctrina bíblica.* Miami: Editorial Vida, 2007.

Harrison, Everett. *Comentario bíblico Moody: Nuevo Testamento.* Grand Rapids: Editorial Portavoz, 1971.

Longman III, Tremper. *Cómo leer los salmos.* Barcelona: Clie, 2000.

Lutzer, Erwin W. *Siete razones para confiar en la Biblia.* Grand Rapids: Editorial Portavoz, 2010.

MacArthur, John. Serie de Comentarios MacArthur del Nuevo Testamento. Grand Rapids: Editorial Portavoz.

MacArthur, John y Richard Mayhue. T*eología sistemática: Un estudio profundo de la doctrina bíblica.* Grand Rapids: Editorial Portavoz, 2018.

Pfeiffer, Charles F. *Comentario bíblico Moody: Antiguo Testamento.* Grand Rapids: Editorial Portavoz, 1993.

Phillips, John. *Cómo entender e interpretar la Biblia.* Grand Rapids: Editorial Portavoz, 2008.

Piper, John. *La lectura sobrenatural de la Biblia.* Grand Rapids: Editorial Portavoz, 2018.

________. *Una gloria peculiar: Cómo las Escrituras revelan su completa veracidad.* Grand Rapids: Editorial Portavoz, 2017.

Serrano, Rafael A. *Historia de la Biblia en español.* Auto-ed, 2014.

Willmington, Harold L. *Auxiliar bíblico Portavoz.* Grand Rapids: Editorial Portavoz, 1995.

________. *Compendio manual Portavoz.* Grand Rapids: Editorial Portavoz, 2003.

NUESTRA VISIÓN

Maximizar el efecto de recursos cristianos de calidad que transforman vidas.

NUESTRA MISIÓN

Desarrollar y distribuir productos de calidad —con integridad y excelencia—, desde una perspectiva bíblica y confiable, que animen a las personas a conocer y servir a Jesucristo.

NUESTROS VALORES

Nuestros valores se encuentran fundamentados en la Biblia, fuente de toda verdad para hoy y para siempre. Nosotros ponemos en práctica estas verdades bíblicas como fundamento para las decisiones, normas y productos de nuestra compañía.

Valoramos la excelencia y la calidad
Valoramos la integridad y la confianza
Valoramos el mérito y la dignidad de los individuos y las relaciones
Valoramos el servicio
Valoramos la administración de los recursos

Para más información acerca de nuestra editorial y los productos que publicamos visite nuestra página en la red: www.portavoz.com